★★★★★

本书荣获中国大学出版社优秀教材一等奖

普通高等院校公共基础课教材

新编大学语文

XINBIAN DAXUE YUWEN

侯洪澜◎主编

（第三版）

图书在版编目(CIP)数据

新编大学语文/侯洪澜主编. —3版. —兰州:兰州大学出版社,2005.5(2019.2重印)
ISBN 978-7-311-02526-7

Ⅰ.①新… Ⅱ.①侯… Ⅲ.①大学语文课—高等学校—教材 Ⅳ.①H19

中国版本图书馆CIP数据核字(2013)第024375号

策划编辑 梁建萍
责任编辑 高士荣
封面设计 刘 杰

书　　名 新编大学语文
作　　者 侯洪澜 主编
出版发行 兰州大学出版社 (地址:兰州市天水南路222号 730000)
电　　话 0931-8912613(总编办公室) 0931-8617156(营销中心)
　　　　 0931-8914298(读者服务部)
网　　址 http://press.lzu.edu.cn
电子信箱 press@lzu.edu.cn
印　　刷 甘肃发展印刷公司
开　　本 787 mm×1092 mm 1/16
印　　张 16.75
字　　数 410千
版　　次 2013年1月第3版
印　　次 2019年2月第5次印刷
书　　号 ISBN 978-7-311-02526-7
定　　价 28.00元

(图书若有破损、缺页、掉页可随时与本社联系)

编 写 说 明

通过大学语文教育提高大学生的人文素养是国家“十一五”文化发展纲要所提出的一个重要目标。本教材的编写旨在提高非语言文学专业学生的人文素养，丰富语言文学知识，培养对文学艺术的鉴赏能力和审美感知能力，使之适应复合型、高素质人才培养的要求，适应当今人文科学与自然科学日益交叉渗透的发展趋势。

总结近十年的大学语文教学经验，我们深感人文精神的建构、人文素质的培养不仅是人文知识传播与接受的过程，而且是人文理念的创新与发展过程。体现人文思想的整体框架，展示人文知识的深层意蕴，一直是我们追求的目标。因此，本教材的编写比较注重语文教学形式上的完整性和延续性，体现传统与现代的结合、中国和外国的比较、经典性和时代性的统一，突出文学艺术中的思想内容，使教学内容既具有知识性和教育性的特点，又能反映时代性和趣味性的要求。在为学生梳理文学史线索的同时，突出基本理论、基本规律、基本方法的教学，在培养学生阅读、理解、欣赏、表达能力的同时，努力提高他们的审美感知能力和创新能力。

本教材由文选和语言文学理论两大部分组成。文选部分包含六章，分别是经典导读、诸子研究、散文大观、小说阅读、诗性教育、戏剧欣赏。按作品的体裁分类编写，注重文体的多样性、选文的经典性、知识的前沿性、信息的广泛性，以广度与深度相结合、思想性与艺术性相统一、知识性与趣味性相融合为原则，并贯以逻辑性和哲理的思辨性。在传统名家名作名篇的基础上，选择一定量的符合当代大学生审美趣味的诗歌、散文、小说和戏剧，力求提供最大的信息量和最高的文化价值，以期取得思想启迪、道德熏陶、文学修养和审美陶冶的综合效应。语言文学理论部分包含四章，分别是语言学概要、文学史概述、文学鉴赏、文学批评。其中语言学理论立足于语言的变化、语言之间的传承关系及其在现实生活中的运用，注重语言的文化价值，力求用语言的流变来折射社会生活和文化的变迁；文学理论比较系统地概述了中外文学的流变历史、重要的文学理论及其在实际中的运用，使感性的文学知识得到理性的升华。

每篇选文均有作家简介、注释及思考与练习，力求体现选文的旨意和特点，以提供一定的阅读理解线索。

笔者在本书的编写过程中对全国各种大学语文教材多有借鉴，在此谨致谢意。对所存在的问题，更祈同行、专家惠予指教。

侯洪澜

2008 年 6 月

目　　录

上编　文选

第五章 诗性教育

下编　语言文学理论

上编　文选

第一章　经典导读

1. 子路、曾皙、冉有、公西华侍坐

《论语》

孔子(公元前551—前497年),名丘,字仲尼,春秋时鲁国陬邑(今山东曲阜)人。他出身没落的贵族世家,曾在鲁国短期做官,一生主要从事学术和教育活动,是我国古代伟大的政治家、思想家和教育家,儒家学派的创始人。其思想核心是"仁"。在政治上,提倡"仁者爱仁"、"克己复礼";在教育上,主张"有教无类"、"因材施教",积极创办私学,普及文化教育。晚年致力于整理"六经",对保存和传播我国古代文化做出了重要贡献。其思想学说一直被历代封建统治者赏识利用,对我国后世的政治、思想、文化、教育等均产生了深远的影响。

《论语》是一部语录体散文集,由孔子的弟子及其再传弟子编纂而成。书中辑录了孔子及其弟子的言行,是儒家学派的经典著作。魏人何晏集汉儒以来各家之说,成《论语集注》一书,是今天所能见到的最早的《论语》注本。

《论语》共20篇,每篇又分为若干章节,内容涉及政治、教育、伦理、道德修养等各个方面,比较集中地体现了孔子的政治主张、教育思想、伦理道德观念和品德修养,是研究孔子生活、思想的重要而可靠的资料。《论语》中的篇章言简意赅,平实深刻,形象隽永,为语录体的典范。其中不少总结社会生活经验的言论,后来逐步发展为格言或成语,对后代文学语言的形成和发展产生了巨大的影响。本文选自《论语·先进》。文章记述了孔子弟子子路等四人各述其人生理想以及孔子对他们的评价,形象生动地表现了孔子师徒不同的性格特点。

子路、曾皙、冉有、公西华侍坐[①]。

子曰:"以吾一日长乎尔[②],毋吾以[③]也。居则[④]曰:'不吾知[⑤]也!'如或知尔,则何以哉[⑥]?"

子路率尔[⑦]而对曰:"千乘之国[⑧],摄[⑨]乎大国之间,加之以师旅[⑩],因之以饥馑[⑪];由也为[⑫]之,比及[⑬]三年,可使有勇,且知方[⑭]也。"

夫子哂[⑮]之。"求!尔何如?"

对曰:"方六七十[⑯],如[⑰]五六十,求也为之,比及三年,可使足民[⑱]。如[⑲]其礼乐,以俟[⑳]君

子。"

"赤！尔何如?"

对曰:"非曰能之,愿学焉。宗庙之事[21],如会同[22],端章甫[23],愿为小相[24]焉。"

"点！尔何如?"

鼓瑟希[25],铿尔[26],舍瑟而作[27]。对曰:"异乎三子者之撰[28]。"子曰:"何伤乎？亦各言其志也。"

曰:"莫[29]春者,春服既成。冠者[30]五六人,童子六七人,浴乎沂[31],风乎舞雩[32],咏而归。"

夫子喟然叹曰:"吾与[33]点也!"

三子者出,曾皙后。曾皙曰:"夫三子者之言何如?"

子曰:"亦各言其志也已矣。"

曰:"夫子何哂由也?"

曰:"为国以礼,其言不让[34],是故哂之。"

"唯求则非邦也与[35]?"

"安见方六七十如五六十而非邦也者?"

"唯赤则非邦也与?"

"宗庙、会同,非诸侯而何？赤也为之小[36],孰能为之大?"

【注释】

①子路:姓仲,名由,字子路。曾皙(xī 西):名点,字皙,曾参的父亲。冉有:名求,字子有。公西华:姓公西,名赤,字子华。此四人均为孔子的弟子。侍坐:陪孔子闲坐。

②以:因为。乎:于,比。尔:你们。

③以:用。吾以:即"以吾",用我。

④居:平时。则:辄,常常。

⑤吾知:即"知吾",了解我。

⑥何以:即"以何",用什么。这句意为:你们用什么来从政?

⑦率尔:轻率急忙的样子。

⑧千乘(shèng)之国:拥有一千辆车的诸侯国。古代按土地出兵车,能出一千辆兵车的为四境各有一百里的诸侯国。乘:兵车。

⑨摄:边缘。

⑩师旅:军队,此指战争。

⑪因之:犹"继之"。饥馑:饥荒。

⑫为:治理。

⑬比及:等到。

⑭方:指明辨是非的道理。

⑮哂(shěn):微笑。

⑯方六七十:指四境每边只有六七十里长的小国家。

⑰如:或,或者。

⑱足民:使人民富足。

⑲如:至于。

⑳俟(sì):等待。

㉑宗庙之事:指诸侯祭祀祖先之事。宗庙:古代帝王、诸侯、大夫、士祭祀祖先的地方。

㉒如：或。会：诸侯国之间的盟会。同：诸侯国共同朝见天子。

㉓端：玄端，古人用整幅布做的一种礼服。章甫：一种礼帽。此处均用作动词，指穿礼服、戴礼帽。

㉔相：在诸侯国盟会或祭祀时，主持赞礼和司仪的人。相分卿、大夫、士三个等级，“小相”指最低的士。

㉕鼓：弹，用作动词。希：指瑟的声音逐渐稀疏，已近尾声。

㉖铿（kēng）尔：相当于“铿然”，象声词，形容瑟发出的声音。

㉗舍：放下。作：起，站起来。

㉘撰：述说。

㉙莫：同“暮”。

㉚冠（guàn）者：指成年人。古时男子到 20 岁须行冠礼，表示进入成年。

㉛沂（yí）：水名，在今山东曲阜南。此水有温泉流入，暮春时即可入浴。

㉜风：吹风，乘凉。舞雩（yú）：鲁国祭天求雨之处，在今山东曲阜东南。

㉝与（yù）：赞同。

㉞让：谦让。

㉟“唯求”句：难道冉有说的就不是治国大事吗？唯：句首语气词。邦：国家。与：同“欤”，语气词。

㊱小：小相。下文“大”指大相。

【思考与练习】

1. 分析本文的文学审美特征。
2. 简析子路、曾皙、冉有和公西华的个性化语言，并概括其性格特征。
3. 本文表现了孔子怎样的政治理想？

2. 齐桓晋文之事

《孟子》

《孟子》是重要的儒家经典之一，由孟子的弟子及再传弟子所著。全书共 7 篇，主要记述了孟子的政治活动、政治学说及伦理道德思想。孟子的“性善论”、“仁政”和“民本”思想对后世有重大影响，是对孔子学说的继承和发展。本文选自《孟子·梁惠王上》。

齐宣王[①]问曰：“齐桓[②]、晋文之事，可得闻乎？”孟子对曰：“仲尼之徒无道桓、文之事者，是以后世无传焉，臣未之闻也。无以，则王乎？”曰：“德何如，则可以王矣？”曰：“保民而王，莫之能御也。”曰：“若寡人者，可以保民乎哉？”曰：“可。”曰：“何由知吾可也？”曰：“臣闻之胡龁[③]曰：王坐于堂上，有牵牛而过堂下者。王见之曰：‘牛何之？’对曰：‘将以衅钟。’王曰：‘舍之！吾不忍其觳觫[④]，若无罪而就死地。’对曰：‘然则废衅钟与？’曰：‘何可废也？以羊易之。’不识有诸？”曰：“有之。”曰：“是心足以王矣。百姓皆以王为爱也，臣固知王之不忍也。”王曰：“然。诚有百姓者，齐国虽褊小，吾何爱一牛？即不忍其觳觫，若无罪而就死地，故以羊易之也。”曰：“王无异于百姓之以王为爱也。以小易大，彼恶知之？王若隐其无罪而就死地，则牛羊何择焉？”王笑曰：“是诚何心哉！我非爱其财而易之以羊也。宜乎百姓之谓我爱也。”曰：“无伤也，是乃仁术也。见牛未见羊也。君子之于禽兽也，见其生，不忍见其死；闻其声，不忍食其肉。是以君子远庖厨也。”

王说，曰：“《诗》云：‘他人有心，予忖度[⑤]之’。夫子之谓也。夫我乃行之，反而求之，不得吾心。夫子言之，于我心有戚戚焉。此心之所以合于王者，何也？”曰：“有复于王者曰：‘吾力足以举百钧，而不足以举一羽；明足以察秋毫之末，而不见舆薪。’则王许之乎？”曰：“否。”“今恩足以及禽兽，而功不至于百姓者，独何与？然则一羽之不举，为不用力焉；舆薪之不见，为不用明焉；百姓之不见保，为不用恩焉。故王之不王，不为也，非不能也。”曰：“不为者与不能者之形何以异？”曰：“挟太山以超北海，语人曰‘我不能’，是诚不能也；为长者折枝，语人曰‘我不能’，是不为也，非不能也。故王之不王，非挟太山以超北海之类也；王之不王，是折枝之类也。老吾老以及人之老，幼吾幼以及人之幼，天下可运于掌。《诗》云：‘刑于寡妻，至于兄弟，以御于家邦。’言举斯心加诸彼而已。故推恩足以保四海，不推恩无以保妻子。古之人所以大过人者，无他焉，善推其所为而已矣。今恩足以及禽兽，而功不至于百姓者，独何与？权，然后知轻重；度，然后知长短。物皆然，心为甚。王请度之。抑王兴甲兵，危士臣，构怨于诸侯，然后快于心与？”王曰：“否，吾何快于是？将以求吾所大欲也。”曰：“王之所大欲，可得闻与？”王笑而不言。曰：“为肥甘不足于口与？轻煖[⑥]不足于体与？抑为采色不足视于目与？声音不足听于耳与？便嬖不足使令于前与？王之诸臣皆足以供之，而王岂为是哉？”曰：“否，吾不为是也。”曰：“然则王之所大欲可知已。欲辟土地，朝秦楚，莅中国，而抚四夷也。以若所为，求若所欲，犹缘木而求鱼也。”王曰：“若是其甚与？”曰：“殆有甚焉。缘木求鱼，虽不得鱼，无后灾；以若所为，求若所欲，尽心力而为之，后必有灾。”曰：“可得闻与？”曰：“邹人与楚人战，则王以为孰胜？”曰：“楚人胜。”曰：“然则小固不可以敌大，寡固不可以敌众，弱固不可以敌强。海内之地，方千里者九，齐集有其一；以一服八，何以异于邹敌楚哉？盖亦反其本矣！今王发政施仁，使天下仕者皆欲立于王之朝，耕者皆欲耕于王之野，商贾皆欲藏于王之市，行旅皆欲出于王之涂[⑦]，天下之欲疾其君者皆欲赴愬于王。其若是，孰能御之？”

王曰：“吾惛[⑧]，不能进于是矣。愿夫子辅吾志，明以教我。我虽不敏，请尝试之。”曰：“无恒产而有恒心者，惟士为能。若民则无恒产，因无恒心。苟无恒心，放辟邪侈，无不为已。及陷于罪，然后从而刑之，是罔民也。焉有仁人在位，罔民而可为也？是故明君制民之产，必使仰足以事父母，俯足以畜妻子，乐岁终身饱，凶年免于死亡，然后驱而之善，故民之从之也轻。今也制民之产，仰不足以事父母，俯不足以畜妻子，乐岁终身苦，凶年不免于死亡，此惟救死而恐不赡，奚暇治礼义哉？王欲行之，则盍反其本矣？五亩之宅，树之以桑，五十者可以衣帛矣；鸡豚狗彘之畜，无失其时，七十者可以食肉矣；百亩之田，勿夺其时，八口之家可以无饥矣；谨庠序[⑨]之教，申之以孝悌之义，颁白者不负戴于道路矣。老者衣帛食肉，黎民不饥不寒，然而不王者，未之有也。”

【注释】

①齐宣王：齐威王之子，姓田，名辟疆，公元前 319—前 301 年在位。

②齐桓：齐桓公，姓姜，名小白，公元前 685—前 643 年在位，春秋五霸中的第一个霸主。

③胡龁：齐宣王的近臣。

④觳觫：恐惧发抖的样子。

⑤忖度：揣度，猜测。

⑥煖：“暖”的异体字。

⑦涂：通“途”。

⑧惛：“昏”的异体字。

⑨庠序：地方上的学校，殷曰序，周曰庠。

【思考与练习】

1. 分析孟子在本文中所倡导的政治理念。
2. 阐述本文的论辩特点。
3. 比较孔子与孟子主导思想的异同点。

3. 诚　意

《大学》

《大学》原本是《礼记》中的一篇，传为孔子的弟子曾参（公元前505—前434年）所作。唐代韩愈、李翱维护道统而推崇《大学》，北宋程颐、程颢称其为“初学入德之门也”。南宋朱熹继承二程思想，把《大学》从《礼记》中抽出来，与《论语》、《孟子》、《中庸》并列为“四书”，成为中国传统文化的重要典籍。

“大学”是相对于“详训诂，明句读”的“小学”而言的，是关于治国安邦的大人之学。其中的“明德、亲民、止于至善”三条纲领，“格物、致知、诚意、正心、修身、齐家、治国、平天下”八个条目，成为中国传统社会的士人的行动纲领和准则，对后世中国文化的形成和发展产生了重要的影响。本文选自《大学》，题目自拟。

所谓诚其意[①]者，毋自欺也，如恶恶臭，如好好色。此之谓自谦。故君子必慎其独也。

小人闲居[②]为不善，无所不至，见君子而后厌然，揜[③]其不善而著其善。人之视己，如见其肺肝然，则何益矣？此谓诚于中，形于外。故君子必慎其独也。

曾子曰：“十目所视，十手所指，其严乎！”

富润屋，德润身，心广体胖[④]，故君子必诚其意。

【注释】

①意：意念，念头。

②闲居：独处。

③ 揜：同“掩”。

④胖：安泰舒坦。

【思考与练习】

1. 怎样理解儒家学说中的“慎独”？
2. 结合本文对《大学》作一评析。

4. 博　学

《中庸》

《中庸》原来也是《礼记》中的一篇，一般认为是由孔子的孙子子思（公元前483—前402）所作，唐代韩愈、李翱维护道统开始推崇《中庸》，北宋程颐、程颢则认为《中庸》是“孔门传授心法”。南宋朱熹继承二程思想，把《中庸》从《礼记》中抽出，与《论语》、《孟子》、《大学》并列为“四书”，成为中国传统文化的重要典籍。《中庸》所阐述的是以“诚”为核心观念的政治伦理思想体系，它提出“诚”是世界的本体，“不诚无物”，“诚”乃天意、天地精神。这些思想对后世产生了重要影响，在传统思想文化中占有重要地位。本文选自《中庸》，题目自拟。

博学之，审[①]问之，慎思之，明辨之，笃行之。有弗学，学之弗能，弗措[②]也。有弗问，问之弗知，弗措也。有弗思，思之弗得，弗措也。有弗辨，辨之弗明，弗措也。有弗行，行之弗笃，弗措也。人一能之，己百之；人十能之，己千之。果能此道[③]矣，虽愚必明，虽柔必强[④]。

【注释】

①审：详细。

②措：放下。

③道：方法。

④柔：脆弱。强：坚强。

【思考与练习】

1. 谈谈博学、审问、慎思、明辨和笃行的意义。
2. 结合本文对《中庸》作一评析。

5. 大　同

《礼记》

《礼记》为西汉戴圣编纂，共20卷49篇，是一部记载先秦社会礼仪制度的典籍，同时也是一部关于中国古代社会情况、儒家学说和文物制度的史料汇编。戴圣搜集了孔子弟子及其再传、三传弟子有关礼仪的论著以及其他各种讲礼的古籍，编成此书。唐代《礼记》被列为“九经”之一，宋代列入“十三经”中。

《礼记》中所阐述的政治思想、行为准则、伦理道德、治学方法和艺术修养原理对中国传统社会的思想文化产生了重要的影响，也奠定了中国“礼仪之邦”的文化基础。本文选自《礼记·礼运》篇。

昔者仲尼与于蜡宾，事毕，出游于观[①]之上，喟然而叹。仲尼之叹，盖叹鲁也。言偃[②]在侧曰：“君子何叹？”孔子曰：“大道之行也，与三代之英，丘未之逮也，而有志焉。”[③]

大道之行也，天下为公。选贤与能，讲信修睦。故人不独亲其亲，不独子其子，使老有所终，壮有所用，幼有所长，矜寡孤独废疾者皆有所养[④]。男有分，女有归[⑤]。货恶其弃于地也，不必藏于己；力恶其不出于身[⑥]也，不必为己。是故谋闭而不兴，盗窃乱贼而不作，故外户而不闭，是谓大同[⑦]。

今大道既隐，天下为家[⑧]。各亲其亲，各子其子，货力为己；大人世及以为礼，城郭沟池以为固，礼义以为纪，以正君臣，以笃父子，以睦兄弟，以和夫妇，以设制度，以立田里，以贤勇知，以功为己[⑨]。故谋用是作，而兵由此起。禹、汤、文、武、成王、周公，由此其选也。此六君子者，未有不谨于礼者也。以著其义，以考其信。著有过，刑仁讲让，示民有常。如有不由此者，在势者去，众以为殃，是谓小康。

【注释】

①与：参与。蜡（zhà）：古代国君的年终祭祀。宾：陪祭者，以国中有地位的人充任。观：门阙，宫殿或宗庙前面的大门楼。

②言偃：字子游，吴国人，孔子的学生。

③这句话是孔子感叹自己没有赶上看实行大道的时代和三代贤明的君主，只能看到典籍上的记载。大道：指五帝时代所遵行的礼乐标准。三代：指夏、商、周三代。英：英明的君主。有志：有志于此。

④与：通“举”。亲其亲：与亲属保持亲近。子其子：养育自己的儿子。矜：同“鳏”，老而无妻。寡：老而无夫。孤：幼而无父。独：老而无子。废疾：残废的人。有所养：有所供养。

⑤分：职务。归：归于适合的人家。

⑥货：财物。恶：嫌恶。力：劳力。身：自身。

⑦谋闭：阴谋闭藏。大同：和平，平等，这是儒家的理想社会。

⑧隐：隐没，消失。天下为家：天下成为一人的私家。

⑨大人：指天子、诸侯。世及：犹“世袭”。沟池：护城河。固：指坚固的防守设备。纪：法纪。田里：阡陌闾里。贤勇知：重用有勇有智之人。知：通“智”。以功为己：认为功绩是自己的。

【思考与练习】

1. 儒家关于理想社会的思想与道家的有何不同？

2. “大同”、“小康”的文化理念对中国现代构建和谐社会有何影响？

第二章 诸子研究

6.《老子》四章

《老子》

关于老子其人,历来说法不一。一般认为老子姓李,名耳,字聃,春秋楚国人。曾为周守藏室史官。周室衰微,老子辞官西行,至函谷关,应关令尹喜之请,著5000言而去,不知所终。老子是道家学派的创始人,"道"是其思想基础,"自然无为"是其哲学思想的核心。

《老子》5000余字,分上、下两篇。上篇的第一句是"道可道,非常道",下篇的第一句是"上德不德,是以有德",因此,《老子》又叫《道德经》。本篇选自《老子》的第一章、第二章、第八十章、第八十一章。

道可道,非常道,名可名,非常名①。无,名天地之始;有,名万物之母②。故常无,欲以观其妙;常有,欲以观其徼③。此两者同出而异名,同谓之玄。玄之又玄,众妙之门④。

天下皆知美之为美,斯恶矣;皆知善之为善,斯不善矣⑤。故有无相生,难易相成,长短相形,高下相倾,音声相和,前后相随⑥。是以圣人处无为之事,行不言之教⑦。万物作焉而不辞,生而不有,为而不恃,功成而弗居⑧。夫唯不居,是以不去。

小国寡民。使有什伯之器而不用,使民重死而不远徙。虽有舟舆,无所乘之;虽有甲兵,无所陈之⑨。使民复结绳而用之⑩。甘其食,美其服,安其居,乐其俗⑪。邻国相望,鸡犬之声相闻,民至老死不相往来。

信言不美,美言不信。善者不辩,辩者不善。知者不博,博者不知。圣人不积,既以为人己愈有,既以与人己愈多。天之道,利而不害;圣人之道,为而不争。

【注释】

①"道可道"句:可以用语言来表述的,就不是永恒的"道";能够叫得出名字称谓的,就不是永恒的"名"。第一个"道"与第三个"道"为名词,指老子哲学范畴的道,第二个"道"为动词,称道,说得出。第一个"名"与第三个"名"为名词,指老子特定的哲学概念,第二个"名"为动词,称道,说得出。

②"无"句:用"无"来称述天地之始原,用"有"来称述万物之根本。

③"故常无"句:所以应该从万物永恒的原始状态去观察道的微妙,从万物不变的根本之处去体察道的边际。徼:北京白云观印《老子道德经》河上公章句解为"归趣",引申为广大无边。

④玄:幽深微妙,高远莫测。门:总门径。

⑤"天下皆知"句:当天下人都知道有美和善的时候,这就有了与之对立的恶和不善了(自然之道,原本是浑朴的,既没有美丑也没有善恶,及至纷争产生,道体分裂,就有了善恶美丑)。

⑥"故有无相生"句:其他如有和无也相对产生,难和易也相对而形成,长和短也相对而显出,高和下也相对而显现,音和声也相对而应和,前和后也相对而成序。

⑦"是以圣人"句:以"无为"的态度治理国家,不发布政令而使人自动归附。

⑧“万物作焉而不辞”句:让万物生长而不去干涉。作:生长。不辞:一作“弗始”,一种解释为默不作声;一种解释为“司”的假借字,“司”古义为“主”,不司即不作主宰。为而不恃:施予而不自恃其能。功成而弗居:成就了万物却不自居其功。

⑨“虽有舟舆”句:虽有船和车,没有机会去乘坐;虽有兵器,没有必要去陈列。

⑩使民复结绳而用之:使百姓再回到用结绳来记事的时代。

⑪“甘其食”句:意动用法,以自己的食物为甘,以自己的衣服为美,以自己的居所为安,以自己的风俗为乐。

【思考与练习】

1. 阐述老子的哲学思想。

2. 比较道家和儒家的圣人观,并对它们给予评价。

3. 老子的思想在中国传统文化中的地位如何?

7. 逍遥游

《庄子》

庄子(约公元前369—前286年),名周,战国蒙(今河南商丘)人,与孟子同时代或稍后。他曾做过蒙漆园吏。一生过着穷困潦倒的生活,轻视高官厚禄,主张无为,要求适己任性。他是继老子之后道家学派的重要代表人物。

《庄子》一书,共33篇,包括内篇7篇,外篇15篇,杂篇11篇。一般认为内篇是庄子自著,外篇和杂篇是庄子后学所作。庄子的散文在先秦诸子中独具风格,其创作吸收了神话创作的精神,采用寓言故事作为论证的根据,想像奇妙,善于运用大胆的夸张、奇谲的譬喻、辛辣的讽刺,语言富赡铿锵,艺术境界恢宏,最富浪漫主义色彩。其人其文对后世有极其深远的影响。本文选自《庄子·内篇》。

北冥[①]有鱼,其名为鲲[②]。鲲之大,不知其几千里也。化而为鸟,其名为鹏。鹏之背,不知其几千里也;怒而飞,其翼若垂天[③]之云。是鸟也,海运则将徙[④]于南冥。南冥者,天池也。《齐谐》者,志[⑤]怪者也。《谐》之言曰:“鹏之徙于南冥也,水击三千里,抟扶摇而上者九万里,去以六月息[⑥]者也。”

野马也,尘埃也,生物[⑦]之以息相吹也。天之苍苍,其正色邪?其远而无所至极邪[⑧]?其视下也,亦若是则已矣。

且夫水之积也不厚[⑨],则其负大舟也无力。覆杯水于坳堂之上,则芥[⑩]为之舟;置杯焉则胶,水浅而舟大也。风之积也不厚,则其负大翼也无力。故九万里则风斯在下矣[⑪],而后乃今培风;背负青天而莫之夭阏者,而后乃今将图南。蜩与学鸠[⑫]笑之曰:“我决起而飞,抢榆枋,时则不至,而控于地而已矣,奚以[⑬]之九万里而南为?”适莽苍[⑭]者,三飡而反,腹犹果然;适百里者,宿舂粮;适千里者,三月聚粮。之二虫[⑮],又何知!小知不及大知,小年[⑯]不及大年。奚以知其然也?朝菌[⑰]不知晦朔,蟪蛄不知春秋,此小年也。楚之南,有冥灵[⑱]者,以五百岁为春,五百岁为秋;上古有大椿者,以八千岁为春,八千岁为秋,此大年也。而彭祖[⑲]乃今以久特闻,众人匹之,不亦悲乎!

汤之问棘也是已:“穷发[⑳]之北,有冥海者,天池也。有鱼焉,其广数千里,未有知其修[㉑]

者，其名为鲲。有鸟焉，其名为鹏，背若泰山，翼若垂天之云，抟扶摇羊角[22]而上者九万里，绝云气，负青天，然后图南且适南冥也。斥▮[23]笑之曰：'彼且奚适也！我腾跃而上，不过数仞而下，翱翔蓬蒿之间，此亦飞之至也。而彼且奚适也！'"此小大之辩[24]也。

故夫知效一官[25]，行比一乡，德合一君，而徵一国者，其自视也，亦若此矣。而宋荣子[26]犹然笑之。且举世誉之而不加劝，举世非之而不加沮，定乎内外[27]之分，辩乎荣辱之境，斯已矣。彼其于世，未数数然[28]也。虽然，犹有未树[29]也。夫列子[30]御风而行，泠然善也，旬有五日而后反。彼于致福[31]者，未数数然也。此虽免乎行，犹有所待[32]者也。若夫乘天地之正[33]而御六气之辩，以游无穷者，彼且恶乎待哉！故曰：至人无己，神人无功，圣人无名[34]。

尧让天下于许由[35]，曰："日月出矣，而爝火[36]不息；其于光也，不亦难乎！时雨降矣，而犹浸灌[37]；其于泽[38]也，不亦劳乎！夫子[39]立而天下治，而我犹尸[40]之，吾自视缺然[41]，请致[42]天下。"许由曰："子治天下，天下既已治也；而我犹代子，吾将为名乎？名者，实之宾[43]也。吾将为宾乎？鹪鹩[44]巢于深林，不过一枝；偃鼠[45]饮河，不过满腹。归休乎君[46]，予无所用天下为[47]！庖人虽不治庖[48]，尸祝不越樽俎[49]而代之矣！"

肩吾问于连叔[50]曰："吾闻言于接舆[51]，大而无当[52]，往而不反[53]。吾惊怖其言，犹河汉而无极[54]也；大有径庭[55]，不近人情焉。"连叔曰："其言谓何哉？"曰："藐姑射之山[56]，有神人居焉，肌肤若冰雪，淖约[57]若处子，不食五谷，吸风饮露，乘云气，御飞龙，而游乎四海之外；其神凝[58]，使物不疵疠[59]而年谷熟。吾以是狂[60]而不信也。"连叔曰："然。瞽者[61]无以与乎文章之观，聋者无以与乎钟鼓之声，岂唯形骸[62]有聋盲哉！夫知[63]亦有之。是其言也，犹时[64]女也。之[65]人也，之德也，将旁礴[66]万物以为一。世蕲乎乱，孰弊弊[67]焉以天下为事！之人也，物莫之伤，大浸稽[68]天而不溺，大旱金石流[69]、土山焦而热。是其尘垢粃糠将犹陶铸[70]尧舜者也，孰肯以物为事[71]！宋人资[72]章甫而适诸越，越人断发文身[73]，无所用之。尧治天下之民，平海内之政，往见四子[74]藐姑射之山、汾水之阳，窅然丧[75]其天下焉。"

惠子[76]谓庄子曰："魏王贻我大瓠[77]之种，我树之成而实[78]五石。以盛水浆，其坚不能自举[79]也。剖之以为瓢，则瓠落无所容[80]。非不呺然[81]大也，吾为其无用而掊[82]之。"庄子曰："夫子固拙于用大矣！宋人有善为不龟[83]手之药者，世世以洴澼▮[84]为事。客闻之，请买其方百金。聚族而谋曰：'我世世为洴澼▮，不过数金。今一朝而鬻技百金，请与之。'客得之，以说吴王。越有难，吴王使之将，冬与越人水战，大败越人，裂地而封之。能不龟手一也，或以封，或不免于洴澼▮，则所用之异也。今子有五石之瓠，何不虑以为大樽而浮于江湖，而忧其瓠落无所容，则夫子犹有蓬之心也夫！"

惠子谓庄子曰："吾有大树，人谓之樗[85]。其大本臃肿而不中绳墨，其小枝卷曲而不中规矩。立之涂，匠者不顾。今子之言，大而无用，众所同去也。"庄子曰："子独不见狸狌乎？卑身而伏，以候敖者；东西跳梁，不辟高下，中于机辟，死于罔罟。今夫斄牛，其大若垂天之云。此能为大矣，而不能执鼠。今子有大树，患其无用，何不树之于无何有之乡，广莫之野，彷徨乎无为其侧，逍遥乎寝卧其下。不夭斤斧，物无害者，无所可用，安所困苦哉？"

【注释】

①北冥：北海。冥：同"溟"，海水深黑为溟。

②鲲：本是鱼卵，此处借指大鱼。

③怒而飞：鼓翼奋飞。垂天：天边。垂：同"陲"，边际。

④海运:大海波涛翻腾动荡。徙:迁移。
⑤《齐谐》:书名。志:记述。
⑥抟:拍击。扶摇:盘旋而上的大风、狂飙。息:风。
⑦野马:指地面水分蒸发,水气上腾如奔马。生物:有生机之物。
⑧其:代天。邪:同“耶”。
⑨积:积蓄。厚:深。
⑩覆:倒。坳:低洼。芥:小草。
⑪风斯在下矣:风就在(大鹏之)下。
⑫蜩:蝉。学鸠:小鸟名。
⑬奚以:何以。
⑭适:往。莽苍:旷野草色发青的景色。
⑮二虫:指蜩与学鸠。
⑯知:同“智”。年:指寿命。小年:指寿命短的。
⑰朝菌:朝生暮死的一种菌。
⑱冥灵:大木名。一说,大龟名。
⑲彭祖:传说中的长寿者。
⑳棘:商汤时的大夫。穷发:传说中北极的不毛之地。
㉑修:长。
㉒羊角:风名,其旋转而上似羊角。
㉓斥▮:小雀。
㉔辩:同“辨”。
㉕知效一官:才智只能胜任较低的官职。
㉖宋荣子:即宋外钘,战国宋人,其思想近于墨家。
㉗劝:劝勉。内外:内我与外物。
㉘数数然:急急忙忙的样子。
㉙树:树立。
㉚列子:列御寇,郑国人。
㉛致福:求福。
㉜有所待:有依靠的东西。
㉝若夫:至于。乘天地之正:顺应天地万物的自然之性。
㉞至人无己:至德之人无我。无功:无意于求功。无名:无意于求名。
㉟许由:上古传说中的高士。
㊱爝火:火炬,此指小光。
㊲浸灌:灌溉。
㊳泽:指润泽禾苗。
㊴夫子:指许由。
㊵尸:古时享祭的神主,引申为无其实而空居名位的人。
㊶缺然:不足。
㊷致:送,给予。
㊸宾:从属、附属之物。
㊹鷦鹩:一种巧于筑巢的小鸟,又名巧妇鸟。
㊺偃鼠:一作鼹鼠,喜饮河水,常在田中穿穴而行。
㊻归休乎君:“君归休乎”的倒装句。

㊼予无所用天下为:天下对我有什么用!

㊽庖人:厨工。不治庖:不管好膳食。

㊾俎:盛肉之器。

㊿肩吾、连叔:大约是作者虚拟的人物。

(51)接舆:春秋时楚国隐士,佯狂避世,与孔子同时。

(52)当:底。

(53)反:同“返”。

(54)河汉:银河。极:边际。

(55)径庭:差别甚大。径:门外路。庭:堂前地。

(56)姑射之山:传说中的神山。

(57)淖约:同“绰约”,体态柔美的样子。

(58)凝:指精神凝注、专一。

(59)疵疠:恶疾,灾害。

(60)狂:通“诳”。

(61)瞽者:盲人。

(62)形骸:形体。

(63)知:同“智”。

(64)时:同“是”。

(65)之:这。

(66)旁礴:无所不包,无所不及。

(67)弊弊:疲惫不堪。

(68)大浸:大水。稽:至。

(69)金石流:金石熔化为流质。

(70)陶铸:烧制瓦器和熔铸金属的模具,这里是培植、造就的意思。

(71)以物为事:把外物作为自己的事业。

(72)资:卖。

(73)断发文身:剪断头发,身刺花纹。

(74)四子:司马彪认为指王倪、啮缺、被衣、许由。

(75)丧:忘掉。

(76)惠子:即惠施,战国时期宋人。

(77)瓠:葫芦。

(78)树:种植。实:果实。

(79)不能自举:承受不住,不能提举。

(80)瓠落:大而平浅之意。无所容:无法容纳东西。

(81)呺然:空虚而巨大的样子。

(82)掊:击破。

(83)龟:皮肤因天冷而冻裂。

(84)洴澼:漂洗。▮:细棉絮。

(85)樗:臭椿,树干高大而木质粗劣。

【思考与练习】

1. 谈谈你对“鲲鹏”意象的理解。

2. 庄子的人生理想境界是什么?

3. 庄子的价值观与儒家的价值观有何不同？

8. 兼爱(中)

《墨子》

墨子(约公元前468—前376年),名翟,战国初期鲁国人(一说宋国人)。出身贫寒,自称“贱人”,早年曾习儒学,后创立墨家学派,主张兼爱、非攻、尚贤、节用,推重贤才,反对战争,倡导俭朴生活,反对奢侈浪费,且富于实践精神。

《墨子》一书为墨家学派的著作总汇,大部分是墨子的弟子或再传弟子对墨子言行的记述。《汉书·艺文志》著录《墨子》71篇,今仅存53篇。本文选自《墨子·兼爱》。

子墨子[①]言曰:“仁人之所以为事者,必兴天下之利,除去天下之害,以此为事者也。”然则天下之利何也?天下之害何也?子墨子言曰:“今若国之与国之相攻,家之与家之相篡[②],人之与人之相贼[③],君臣不惠忠,父子不慈孝,兄弟不和调,此则天下之害也。”然则崇此害亦何用生哉?以不相爱生邪?子墨子言:“以不相爱生。今诸侯独知爱其国,不爱人之国,是以不惮[④]举其国以攻人之国。今家主[⑤]独知爱其家,而不爱人之家,是以不惮举其家以篡人之家。今人独知爱其身,不爱人之身,是以不惮举其身以贼人之身。是故诸侯不相爱则必野战,家主不相爱则必相篡,人与人不相爱则必相贼,君臣不相爱则不惠忠,父子不相爱则不慈孝,兄弟不相爱则不和调。天下之人皆不相爱,强必执弱,富必侮贫,贵必敖[⑥]贱,诈必欺愚。凡天下祸篡怨恨,其所以起者,以不相爱生也,是以仁者非之。”

既以非之,何以易之?子墨子言曰:“以兼相爱、交相利之法易之。”然则兼相爱、交相利之法将奈何哉?子墨子言:“视人之国若视其国,视人之家若视其家,视人之身若视其身。是故诸侯相爱则不野战,家主相爱则不相篡,人与人相爱则不相贼,君臣相爱则惠忠,父子相爱则慈孝,兄弟相爱则和调。天下之人皆相爱,强不执弱,众不劫寡,富不侮贫,贵不敖贱,诈不欺愚。凡天下祸篡怨恨可使毋起者,以相爱生也,是以仁者誉之。”

然而今天下之士君子曰:“然。乃若兼则善矣,虽然,天下之难物于故也。”子墨子言曰:“天下之士君子特不识其利、辩[⑦]其故也。今若夫攻城野战,杀身为名,此天下百姓之所皆难也,苟君说之,则士众能为之。况于兼相爱、交相利,则与此异。夫爱人者,人必从而爱之;利人者,人必从而利之;恶人者,人必从而恶之;害人者,人必从而害之。此何难之有?特上弗以为政,士不以为行故也。昔者晋文公[⑧]好士之恶衣,故文公之臣皆牂羊之裘[⑨],韦以带[⑩]剑,练帛[⑪]之冠,入以见于君,出以践于朝。是其故何也?君说之,故臣为之也。昔者楚灵王好士细要[⑫],故灵王之臣皆以一饭[⑬]为节,胁息然后带[⑭],扶墙然后起。比期年[⑮],朝有黧[⑯]黑之色。是其故何也?君说之,故臣能之也。昔越王句践[⑰]好士之勇,教训其臣,和合之焚舟失火,试其士曰:‘越国之宝尽在此!’越王亲自鼓其士而进之。士闻鼓音,破碎乱行,蹈火而死者,左右百人有余。越王击金而退之。”是故子墨子言曰:“乃若夫少食恶衣,杀身而为名,此天下百姓之所皆难也,若苟君说之,则众能为之。况兼相爱、交相利,与此异矣!夫爱人者,人亦从而爱之;利人者,人亦从而利之;恶人者,人亦从而恶之;害人者,人亦从而害之。此何难之有焉?特上不以为政,而士不以为行故也。”

【注释】

①子墨子：前面的“子”字是弟子用以尊其师的敬称。

②篡：夺取，抢夺。

③贼：伤害，残害。

④惮：畏惧，害怕。

⑤家主：指有封邑的卿大夫。卿大夫受封的采邑叫家，采邑的主人叫家主。

⑥敖：通“傲”，高傲自大，轻视别人。

⑦特：只。辩：通“辨”，辨明。

⑧晋文公：春秋时晋国国君，名重耳，献公次子，公元前636—前628年在位。

⑨牂(zāng)：母羊。裘：皮衣。

⑩韦：柔皮。带：佩挂。

⑪练帛：大帛，即粗疏的缯帛，粗疏的丝绸。

⑫楚灵王：春秋时楚国国君，熊氏，后改名虔，共王次子，公元前540—前529年在位。要：通“腰”。

⑬一饭：每日只吃一顿饭。

⑭胁息：吸气，屏气。带：紧束腰带。

⑮比：及，等到。期年：一周年。

⑯朝：此指朝廷之臣。黧：黑色。

⑰句践：即“勾践”，春秋末年越国国君，公元前497—前465年在位。

【思考与练习】

1. 试比较墨子的“兼爱”思想和儒家的“仁爱”思想。

2. 本文是如何论证中心论点的?

9. 天　论

《荀子》

荀子(公元前330—前230年?)，名况，又称为荀卿，战国时期赵国人。荀子属于儒家学派，但又受到各家的影响，是先秦诸子中的一位集大成者。荀子是性恶论的提出者。他认为人性本恶，但后天的客观环境可以改变它。在政治上，他主张用礼、法和术来维持社会秩序。他的学说对后来的法家思想的发展有一定的影响。

《荀子》在西汉刘向整理时定为32篇，其中22篇是由荀子自己著述的，其余出自门人之手。本文选自《荀子》。

天行有常，不为尧存，不为桀亡。应之以治则吉，应之以乱则凶。彊[①]本而节用，则天不能贫；养备而动时，则天不能病；循道而不贰，则天不能祸。故水旱不能使之饥，寒暑不能使之疾，袄怪[②]不能使之凶。本荒而用侈，则天不能使之富；养略而动罕，则天不能使之全；倍道而妄行，则天不能使之吉。故水旱未至而饥，寒暑未薄而疾，袄怪未至而凶。受时与治世同，而殃祸与治世异，不可以怨天，其道然也。故明于天人之分，则可谓至人矣。

不为而成，不求而得，夫是之谓天职。如是者，虽深，其人不加虑焉；虽大，不加能焉；虽精，不加察焉。夫是之谓不与天争职。天有其时，地有其财，人有其治，夫是之谓能参。舍其所以参，而愿其所参，则惑矣！

列星随旋，日月递炤，四时代御，阴阳大化，风雨博施，万物各得其和以生，各得其养以成，不见其事而见其功，夫是之谓神。皆知其所以成，莫知其无形，夫是之谓天功。唯圣人为不求知天……

治乱，天邪？曰：日月、星辰、瑞历[3]，是禹、桀之所同也，禹以治，桀以乱，治乱非天也。时邪？曰：繁启蕃长于春夏，畜积收臧于秋冬，是又禹、桀之所同也，禹以治，桀以乱，治乱非时也。地邪？曰：得地则生，失地则死，是又禹、桀之所同也，禹以治，桀以乱，治乱非地也。《诗》曰："天作高山[4]，大王荒之；彼作矣，文王康之。"此之谓也。

天不为人之恶寒也辍冬，地不为人之恶辽远也辍广，君子不为小人之匈匈[5]也辍行。天有常道矣，地有常数矣，君子有常体矣。君子道其常，而小人计其功。《诗》曰："礼义之不愆，何恤人之言兮。"此之谓也。

楚王后车千乘，非知也；君子啜菽饮水，非愚也，是节然也。若夫志意修，德行厚，知虑明，生于今而志乎古，则是其在我者也。故君子敬其在己者，而不慕其在天者；小人错其在己者，而慕其在天者。君子敬其在己者，而不慕其在天者，是以日进也；小人错其在己者，而慕其在天者，是以日退也。故君子之所以日进，与小人之所以日退，一也。君子小人之所以相县[6]者在此耳……

星队木[7]鸣，国人皆恐。曰：是何也？曰：无何也。是天地之变，阴阳之化，物之罕至者也。怪之，可也；而畏之，非也。夫日月之有蚀，风雨之不时，怪星之党见，是无世而不常有之。上明而政平，则是虽并世起，无伤也。上暗而政险，则是虽无一至者，无益也。夫星之队，木之鸣，是天地之变，阴阳之化，物之罕至者也。怪之，可也；而畏之，非也。

物之已至者，人袄则可畏也。楛耕伤稼，耘耨失薉[8]，政险失民，田薉稼恶，籴贵民饥，道路有死人，夫是之谓人袄。政令不明，举措不时，本事不理，夫是之谓人袄。礼义不修，内外无别，男女淫乱，则父子相疑，上下乖离，寇难并至，夫是之谓人袄。袄是生于乱，三者错，无安国。其说甚尔，其菑甚惨。勉力不时，则牛马相生，六畜作袄。可怪也，而不可畏也。传曰："万物之怪，书不说。"无用之辩，不急之察，弃而不治。若夫君臣之义，父子之亲，夫妇之别，则日切磋而不舍也。

雩而雨，何也？曰：无何也，犹不雩而雨也。日月食而救之，天旱而雩，卜筮然后决大事，非以为得求也，以文之也。故君子以为文，而百姓以为神。以为文则吉，以为神则凶也。

在天者莫明于日月，在地者莫明于水火，在物者莫明于珠玉，在人者莫明于礼义。故日月不高，则光晖不赫；水火不积，则晖润不博；珠玉不睹乎外，则王公不以为宝；礼义不加于国家，则功名不白[9]。故人之命在天，国之命在礼。君人者，隆礼尊贤而王，重法爱民而霸，好利多诈而危，权谋倾覆幽险而尽亡矣。

大天而思之，孰与物畜而制之？从天而颂之，孰与制天命而用之？望时而待之，孰与应时而使之？因物而多之，孰与骋能而化之？思物而物之[10]，孰与理物而勿失之也？愿于物之所以生，孰与有物之所以成？故错人而思天，则失万物之情。

【注释】

①彊：同"强"，加强。

②祆:通“妖”。祆怪:指自然灾害等异常现象。

③瑞历:历象,指天文岁时等自然现象。

④作:创造。高山:指岐山,在今陕西省岐山县东北。

⑤匈匈:同“讻讻”,形容声音嘈杂。

⑥县:通“悬”,差别。

⑦队:通“坠”,坠落。木:树木。

⑧楛:粗糙低劣。耘耨失薉:耕作不及时而失之于荒芜。薉:同“秽”,荒芜。

⑨白:显赫,显著。

⑩思物而物之:思慕万物而希望得到它。

【思考与练习】

1. 荀子在本文中所阐述的“天与人”的关系是什么?
2. 分析本文的结构层次和特点。

第三章　散文大观

10. 兰亭集序

王羲之

王羲之(321—379 年),字逸少,琅邪临沂(今属山东)人,东晋伟大的书法家,被后人尊为“书圣”。他既工于书法,也长于诗文,但诗文之名为书法之名所掩。

《兰亭集序》,又名为《临河序》、《禊帖》、《三月三日兰亭诗序》等。晋穆帝永和九年(353 年)三月三日,时任会稽内史的王羲之与友人会聚兰亭,赋诗饮酒。会后王羲之将众人所赋诗作编成一集,并作序一篇,抒写内心的感慨。本文选自《晋书·王羲之传》。

永和九年[①],岁在癸丑。暮春之初,会于会稽山阴之兰亭[②],修禊[③]事也。群贤毕至,少长咸集。此地有崇山峻岭,茂林修竹;又有清流激湍,映带左右,引以为流觞曲水[④],列坐其次。虽无丝竹管弦之盛,一觞一咏,亦足以畅叙幽情。是日也,天朗气清,惠风和畅。仰观宇宙之大,俯察品类之盛,所以游目骋怀,足以极视听之娱,信可乐也。

夫人之相与,俯仰一世[⑤],或取诸怀抱,晤言[⑥]一室之内;或因寄所托,放浪形骸之外。虽取舍万殊,静躁不同,当其欣于所遇,暂得于己,快然自足,曾不知老之将至。及其所之既惓[⑦],情随事迁,感慨系之矣! 向之所欣,俯仰之间,已为陈迹,犹不能不以之兴怀。况修短随化,终期于尽。古人云:“死生亦大矣[⑧]!”岂不痛哉!

每览昔人兴感之由,若合一契,未尝不临文嗟悼[⑨],不能喻之于怀。固知一死生为虚诞,齐彭殇为妄作。后之视今,亦由今之视昔。悲夫! 故列叙时人,录其所述,虽世殊事异,所以兴怀,其致一也。后之览者,亦将有感于斯文。

【注释】

①永和九年:公元 353 年。永和,东晋穆帝司马聃的年号。

②兰亭:亭名,在绍兴城西南的兰渚。

③修禊:古代的一种祭祀风俗。

④流觞曲水:一种饮酒作诗的游戏。

⑤俯仰一世:俯仰之间就度过了一生,比喻时间短暂。

⑥晤言:面对面谈话。

⑦惓:满足。

⑧死生亦大矣:死生是人生的大事。《庄子·德充符》记载,仲尼曰:“死生亦大矣,而不得与之变。”

⑨嗟悼:忧伤感叹。

【思考与练习】

1. 作者在本文中抒发了什么情感?

2. 抒情散文的一般特点是什么?

11. 陈情表

李　密

李密(224—287 年),名虔,字令伯,犍为武阳(今四川省彭山县东)人。西晋文学家,早年就学于蜀汉大儒谯周,曾担任蜀汉郎官。

晋灭蜀后,他无意为官,赋闲在家。泰始三年(267 年),晋武帝立太子,慕李密之名,下诏征李密为太子洗马(官名)。为免于罪,李密以照顾祖母为由,向晋武帝呈《陈情表》,请求缓任。晋武帝感其情、辞,准其所请。《陈情表》也因其才情而成为上佳之作。本文选自《昭明文选》。

臣密言:臣以险衅,夙遭闵凶。生孩六月,慈父见背;行年四岁,舅夺母志。祖母刘,愍[①]臣孤弱,躬亲抚养。臣少多疾病。九岁不行。零丁孤苦,至于成立。既无伯叔,终鲜兄弟。门衰祚[②]薄,晚有儿息。外无朞功[③]强近之亲,内无应门五尺之僮。茕茕孑立,形影相弔[④]。而刘夙婴疾病,常在牀[⑤]蓐。臣侍汤药,未尝废离。

逮奉圣朝,沐浴清化。前太守臣逵[⑥],察臣孝廉;后刺史臣荣[⑦],举臣秀才。臣以供养无主,辞不赴命。诏书特下,拜[⑧]臣郎中。寻蒙国恩,除臣洗马[⑨]。猥以微贱,当侍东宫,非臣陨首所能上报。臣具以表闻,辞不就职。诏书切峻,责臣逋慢;郡县逼迫,催臣上道;州司临门,急于星火。臣欲奉诏奔驰,则刘病日笃;欲苟徇私情,则告诉不许。臣之进退,实为狼狈。

伏惟圣朝以孝治天下,凡在故老,犹蒙矜育,况臣孤苦,特为尤甚。且臣少仕伪朝[⑩],历职郎署[⑪],本图宦达,不矜名节。今臣亡国贱俘,至微至陋,过蒙拔擢,宠命优渥,岂敢盘桓,有所希冀!但以刘日薄西山,气息奄奄,人命危浅,朝不虑夕。臣无祖母,无以至今日;祖母无臣,无以终余年。母孙二人,更相为命。是以区区不能废远。

臣密今年四十有四,祖母刘今年九十有六,是臣尽节于陛下之日长,报刘之日短也。乌鸟私情,愿乞终养。臣之辛苦,非独蜀之人士及二州牧伯[⑫]所见明知,皇天后土,实所共鉴。愿陛下矜愍愚诚,听臣微志。庶刘侥幸,保卒余年。臣生当陨首,死当结草[⑬]。臣不尽犬马怖惧之情,谨拜表以闻。

【注释】

①愍:“悯”的异体字。

②祚:福,福气。

③朞功:“朞”与“功”本是丧服的名称,凡为期 1 年的丧服称“朞服”,为期 9 个月或 5 个月的丧服统称“功服”。这里是指“朞服之亲”与“功服之亲”。

④弔:“吊”的异体字,安慰。

⑤牀:“床”的异体字。

⑥逵:人名,姓氏及其生平事迹均已不详。

⑦荣:人名,姓氏及其生平事迹均已不详。

⑧拜:任命,授官。

⑨除:除去旧官而授予新官,任命。洗马:官名,为太子属官。

⑩伪朝:指已经灭亡的蜀汉。

⑪职郎署:就职于郎官的官署。李密曾在蜀汉担任尚书郎。

⑫二州:指梁、益二州。汉魏时有益州而无梁州,晋武帝时将益州的陕南汉中一带从益州分出,设为梁州。牧伯:刺史。

⑬结草:谓死后也将报恩。典出《左传·宣公十五年》。

【思考与练习】

1. 以本文为例,阐述中国传统“孝”文化的内涵。

2. 分析本文的辞、情特点。

12. 青春并不消逝,只是迁徙

张曼娟

张曼娟(1961—),台湾东吴大学中文系教授,台湾、美国、香港以及东南亚各华人地区最具知名度与最受欢迎的华文女作家。1961 年生于台湾,祖籍河北省丰润县。曾在东吴大学中文系主修中国文学,并获得硕士、博士学位。毕业后在东吴大学执教,1997 年 8 月应邀到香港中文大学任教,现任职东吴大学中文系教授,教授古典小说、现代小说、现代散文等课程。

自学生时代起,张曼娟就开始发表作品,曾先后获台湾“学生文学奖”小说首奖,“文艺创作小说”第一名,“文学散文奖”第一名等。近年来有 12 部作品先后问世。她的作品主要阐述自己对情感世界的体会,带有浓重的理想化色彩,但在本质上又很贴近现实生活,文字流畅清新,风格倾向于优美而准确的意象表达。

代表作品有小说《海水正蓝》、《笑拈梅花》、《鸳鸯纹身》、《我的男人是爬虫类》,散文集《缘起不灭》、《百年相思》、《人间烟火》、《风月书》、《夏天赤着脚走来》、《爱情可遇更可求》、《温柔双城记》等。本文选自《2002 中国年度最佳台湾散文》。

那时候的我,正当青春。

那一年我二十五岁,刚考上博士班,一边修习学位,一边创作,已经出版了第一本小说集《海水正蓝》,并且因为难以预料的畅销状况,引人侧目。我很安逸于古典世界与学院生活,那里是我小小的桃花源,我可以安静地圈点和阅读,把自己潜藏起来,遇见一个巧妙的词句,便可以赞叹玩味许久,得到很大的喜悦。不知从哪里看见形容男子“身形伟岸”的词汇,狠狠琢磨一回,那是怎样的形象呢?我们中文系的教授们,有温文儒雅的;有玉树临风的;有孤傲遗世的,但,都称不上伟岸,我心中仿佛有着对于伟岸的认识,只是难以描摹。

寒假过后,我遇见了这样一位教授,高大壮硕,行动从容,微微含笑,为我们讲授诗词,因为曾经是体育系的,他看起来不同于一般的中文系气质。每个周末,我们都要到老师家里上课,大家围着餐桌,并不用餐,而是解析一首诗或者一阕词。看见他朗然笑语,喷吐烟雾,我悄悄想着,这就是一个伟岸男子了吧?四十几岁的老师,当时在学术界很是活跃的,意气风发,锋芒耀眼,上他的课,常有一种戒慎恐惧的心情。我几乎是不说话的,一贯安静着,却从未停止兴味盎然地观看着他和他的家庭。

他有一个同样在大学里教书的妻子,两个儿子。当我们的课程即将结束时,师母和小儿子有时会一起进门。师母提着一些日用品或食物,小男孩十岁左右,背着小学生的双肩带书包,脱下鞋子,睁着好奇的黑眼睛盯着我们瞧,并不畏生。老师会停下正在讲解的课程,望向他们,有时交谈两句,那样的话语和眼神之中有不经意的眷恋。我渐渐明白,老师像一座植满绿杨垂柳的堤岸,他在微笑里,轻轻拥着妻与子,一大一小两艘船栖泊,所以,他是个伟岸的男子。

我们告辞的时候,老师家的厨房里有着锅炉的声响,晚餐渐渐开上桌了。我们散荡地漫步在高架桥下,走向公车站牌。一点点倦意,还有很多憧憬,我忽然想到自己的未来,会不会也有这样的一个温暖家庭呢?一种围桌共餐的亲密情感?一个背着双肩背包的小男孩?天黑下去,星星爬向天空了。

修完博士学位的暑假,邀集一群好友,将近一个月的神州壮游。回到台北,整个人变得懒懒的,开学前下了一场雨,秋天忽然来了。同学来电话,告诉我罹患癌症的师母过世了,大家要一起去公祭,他们想确定我已经归来。

不知道为什么,我一直觉得师母应该会康复的,她还年轻,有恩爱的丈夫;有还会撒娇的儿子,她应该会好起来。那一天,我去得很早,从头到尾,想着或许我可以帮什么忙。但,我能帮什么忙?告别仪式中,扩音器里播放的是费玉清[①]缭绕若丝的美声:“妹妹啊妹妹,你松开我的手,我不能跟你走……”我在诧异中抬起头,越过许多许多人,看见伏跪在地上的那个小男孩,那时候他其实已经是国中生了,因为失去母亲的缘故,看起来特别瘦小。

我有一种冲动想过去,走到他身边去,看住他的黑眼睛,说几句安慰的话。但我终于没有,因为我不知该说些什么,而且我怕看见他的眼泪便忍不住自己的眼泪。

人生真的有很多意外啊!只是,那时候我仍然天真地以为,我已经获得学位了,有了专任的教职,还有人替我介绍了留美博士为对象,只要我有足够的耐心,只要我足够努力,就可以获得幸福。我也以为,这个家庭的坎坷应该到此为止了,应该否极泰来了。

一年之后,我陷在因情感而引起的强烈风暴中,面临着工作上的艰难抉择,突然听闻老师脑干中风、病情危急的消息。到医院去探望时,老师已经从加护病房进入普通病房了,听说意识是清楚的,那曾经伟岸的身躯倒在病床上,全然不能自主。那个家庭怎么办?那两个男孩怎么办?同去的朋友试着对老师说话,我紧闭嘴唇没有出声,我只想问问天,这是什幺天意?不是说天无绝人之路吗?这算是一条什么路?

老师从三总转到荣总[②],开始做复健的时候,我去探望,那一天他正在学发声。五十岁的老师,应当是在学术界大展宏图最好的年龄;应当是吟哦着锦绣诗句的声音,此刻正费力地捕捉着:噫,唉,啊,呀……满头大汗,气喘吁吁,看护乐观地说老师表现得很棒,我们要给老师拍拍手哦。走出医院,我的眼泪倏然而落,顺着绿荫道一路哭一路走,这是怎样荒谬而残酷的人生啊!

同时间发生在我身上的挫伤并没有停止,总要花好大的力气去应付,应付自己的消沉。从那以后,我再没有去探望过老师,只从一些与老师亲近的人那儿探问老师的状况,老师出院了,回家调养了,原来的房子卖掉了,搬到比较清幽的地方去了。偶尔车行经过高架桥,我仍会在岁月里转头张望那个方向,带着惆怅的淡淡感伤。那里有一则秘密的,属于我的青春故事。

后来,我与青春恍然相逢。

这一年,我已经在大学里专任了第十一个年头了,即将跨入四十年纪。生活忽然繁忙起来,广播、电视和应接不暇的演讲,但,我尽量不让其它杂务影响了教学,总是抱着欣然的情绪走进教室,面对着那些等待着的眼睛。特别是为法商学院的学生开设的通识课程,在许多与生命相关的议题里,我每每期待着能将自己或者是他们带到一个意想不到的地方去。

每一年因为学生组合分子的不同,上课的气氛也不同,若有几个特别活泼又充分互动的学生,就会迸出精彩的火花。有时遇见安静却愿意深刻思考的学生,他们的意见挑战我的价值观和认知,也是很过瘾的事。一个学期的课,不敢期望能为学生们带来什么影响,只要是能提供机会让他们认识到自己,就已经够了。

这个学期,有几个学生聆听我叙述的故事时,眼中有专注的神采。有一个经济系的男生,特别捧场,哪怕我说的笑话自己都觉得不甚好笑,他一定笑得非常热切,因此他没出席的日子,课堂上便显得有点寂寥了。通常这样有参与感的学生在讨论时都会踊跃发言的,这个男生却几乎从不发言。该笑的时候大笑;该点头的时候用力点头,只是不发言,我猜想或许是因为他不擅言辞吧。轮到他上台报告时,他从余秋雨的《文化苦旅》说到神州大陆的壮丽山河,全不用讲稿,也不用大纲,侃侃而谈,不像是商学院的学生,倒更像是中文系的。我坐在台下,仰着头看他,原来是这样高的男孩子。明明是青春的脸孔,流利地报告着的时候,却仿佛有着一个老灵魂,隐隐流露出浅浅的沧桑。他在台上说话,焕发出光亮、自信的神态,在与台下忽然大笑起来的模样,是极其不同的。当他结束报告,掌声四起,连我也忍不住为他拍手了。

冬天来临时,通识课结束,我在教室里前后行走,看着学生们在期末考卷上振笔疾书。一张张考卷交到讲台上,我从那些或微笑或蹙眉的面容上,已经可以读到他们的成绩了。

捧着一叠考卷走出教室,那个经济系的男生等在门口。"老师,"他唤住我,"可以耽误你一点时间吗?"

我站住,并且告诉他,只能有一点时间,因为我赶着去电台。每个星期五的现场节目与预录,令我有些焦虑。

"好的。"他微笑着,看起来也很紧张,随时准备要逃离的样子,"我只是想问你还记不记得一位老师……"他说出一个名字。忽然一个名字被他说出来。

我感到一阵眩晕,那一段被烟尘封锁的记忆啊,云雾散尽,身形伟岸,微笑的老师,忽然无比清晰地走到我的面前来。我当然记得,即便多年来已不再想起,却不能忘记。"你是……"我仰着头看他,看着他镜片后的黑眼镜,眼泪是这样的岌岌可危。

暮色掩进教学大楼,天就要黑了,然后星星会亮起来,曾经,那是晚餐开上桌的时间,如今,我们在充满人声的拥挤的走廊上相逢。十几年之后,他念完五专,服完兵役,插班考进大学,特意选修了这门课,与我相识,那令我悬念过的小男孩,二十四岁,正当青春,我却是他母亲那样的年龄了。青春从不曾消逝,只是从我这里,迁徙到他那里。

后来,我听着他说起当年在家里看见我,清纯的垂着长发的往昔,那时候我们从未说过一句话,他却想着如何可以同这个姐姐说说话。我听他说着连年遭遇变故,有着寄人篱下的凄凉,父亲住院一整年,天黑之后他有多么不愿意回家,回到空荡荡的家。我专心聆听,并没料到不久之后,我的父亲急症住院,母亲在医院里日夜相陪,我每天忙完了必须回到空荡荡的家里去。那段祸福难测的日子里，我常常想起男孩对我叙述的故事，在一片恐惧的黑暗中，仿佛是他走到我的身边来，对我诉说着安慰的话，那是多年前我想说终究没有说出来的。我因此获得了平安。

与青春恍然相逢的刹那，我看见了岁月的慈悲。

【注释】

①费玉清：台湾著名歌手。

②三总：台北的三军总医院。荣总：台北荣民总医院。

【思考与练习】

1. 简析张曼娟的散文风格。
2. 以本文为例，谈谈你对于“青春”的感悟。
3. 怎样理解“岁月的慈悲”？

13. 阳关雪

余秋雨

余秋雨（1946— ），浙江余姚人，当代著名学者，散文作家，毕业于上海戏剧学院戏剧文学系，后留校任教。曾任上海戏剧学院院长，现任上海戏剧学院教授、上海写作学会会长。在海内外出版过史论专著多部，曾被授予“国家级突出贡献专家”、“上海市十大高教精英”等荣誉称号。余秋雨的散文在当代文坛享有盛誉，他着力将文化的探索和艺术的追求结合起来，将理性的思考和感性的体验结合起来，从而在现代散文创作中开辟出一个新的境界。

余秋雨的艺术理论著作也备受学术界重视。他的《戏剧理论史稿》是中国内地首部完整阐述世界各国自远古到现代的文化发展和戏剧思想的史论著作，曾获北京全国首届戏剧理论著作奖、文化部优秀教材一等奖；他的《戏剧审美心理学》是中国内地首部戏剧美学著作。主要作品有《文化苦旅》、《霜冷长河》、《千年一叹》、《国际现代艺术辞典》、《秋雨散文》、《一个王朝的背影》、《千禧之旅》、《霜天话语》、《山居笔记》、《中国戏剧文化史述》、《艺术创造工程》、《文明的碎片》以及黄梅戏剧本小说《秋千架》等。本文选自散文集《文化苦旅》。

中国古代，一为文人，便无足观。文官之显赫，在官而不在文，他们作为文人的一面，在官场也是无足观的。但是事情又很怪异，当峨冠博带[①]早已零落成泥之后，一杆竹管笔偶尔涂画的诗文，竟能镌刻山河，雕镂人心，永不漫漶[②]。

我曾有缘，在黄昏的江船上仰望过白帝城[③]，顶着浓烈的秋霜登临过黄鹤楼[④]，还在一个冬夜摸到了寒山寺[⑤]。我的周围，人头济济，差不多绝大多数人的心头，都回荡着那几首不必引述的诗。人们来寻景，更来寻诗。这些诗，他们在孩提时代就能背诵。孩子们的想象，诚恳而逼真。因此，这些城，这些楼，这些寺，早在心头自行搭建。待到年长，当他们刚刚意识到有足够脚力的时候，也就给自己负上了一笔沉重的宿债，焦渴地企盼着对诗境实地的踏访。为童年，为历史，为许多无法言传的原因。有时候，这种焦渴，简直就像对失落的故乡的寻找，对离散的亲人的查访。

文人的魔力，竟能把偌大一个世界的生僻角落，变成人人心中的故乡。他们褪色的青衫里，究竟藏着什么法术呢？

今天，我冲着王维的那首《渭城曲》⑥，去寻阳关⑦了。出发前曾在下榻的县城向老者打听，回答是："路又远，也没什么好看的，倒是有一些文人辛辛苦苦找去。"老者抬头看天，又说："这雪一时下不停，别去受这个苦了。"我向他鞠了一躬，转身钻进雪里。

一走出小小的县城，便是沙漠。除了茫茫一片雪白，什么也没有，连一个褶皱也找不到。在别地赶路，总要每一段为自己找一个目标，盯着一棵树，赶过去，然后再盯着一块石头，赶过去。在这里，睁疼了眼也看不见一个目标，哪怕是一片枯叶，一个黑点。于是，只好抬起头来看天。从未见过这样完整的天，一点也没有被吞食，边沿全是挺展展的，紧扎扎地把大地罩了个严实。有这样的地，天才叫天。有这样的天，地才叫地。在这样的天地中独个儿行走，侏儒也变成了巨人。在这样的天地中独个儿行走，巨人也变成了侏儒。

天竟晴了，风也停了，阳光很好。没想到沙漠中的雪化得这样快，才片刻，地上已见斑斑沙底，却不见湿痕。天边渐渐飘出几缕烟迹，并不动，却在加深，疑惑半晌，才发现，那是刚刚化雪的山脊。

地上的凹凸已成了一种令人惊骇的铺陈，只可能有一种理解：那全是远年的坟堆。

这里离县城已经很远，不大会成为城里人的丧葬之地。这些坟堆被风雪所蚀，因年岁而坍，枯瘦萧条，显然从未有人祭扫。它们为什么会有那么多，排列得又是那么密呢？只可能有一种理解：这里是古战场。

我在望不到边际的坟堆中茫然前行，心中浮现出艾略特的《荒原》⑧。这里正是中华历史的荒原：如雨的马蹄，如雷的呐喊，如注的热血。中原慈母的白发，江南春闺的遥望，湖湘稚儿的夜哭。故乡柳荫下的诀别，将军圆睁的怒目，猎猎于朔风中的军旗。随着一阵烟尘，又一阵烟尘，都飘散远去。我相信，死者临亡时都是面向朔北敌阵的；我相信，他们又很想在最后一刻回过头来，给熟悉的土地投注一个目光。于是，他们扭曲地倒下了，化作沙堆一座。

这繁星般的沙堆，不知有没有换来史官们的半行墨迹？史官们把卷帙一片片翻过，于是，这块土地也有了一层层的沉埋，堆积如山的二十五史，写在这个荒原上的篇页还算是比较光彩的，因为这儿毕竟是历代王国的边远地带，长久担负着保卫华夏疆域的使命。所以，这些沙堆还站立得较为自在，这些篇页也还能哗哗作响。就像干寒单调的土地一样，出现在西北边陲的历史命题也比较单纯。在中原内地就不同了，山重水复，花草掩荫，岁月的迷宫会让最清醒的头脑胀得发昏，晨钟暮鼓的音响总是那样的诡秘和乖戾。那儿，没有这么大大咧咧铺张开的沙堆，一切都在重重美景中发闷，无数不知为何而死的怨魂，只能悲愤懊丧地深潜地底。不像这儿，能够袒露出一帙风干的青史，让我用20世纪的脚步去匆匆抚摩。

远处已有树影。急步赶去，树下有水流，沙地也有了高低坡斜。登上一个坡，猛一抬头，看见不远的山峰上有荒落的土墩一座，我凭直觉确信，这便是阳关了。

树愈来愈多，开始有房舍出现。这是对的，重要关隘所在，屯扎兵马之地，不能没有这一些。转几个弯，再直上一道沙坡，爬到土墩底下，四处寻找，近旁正有一碑，上刻"阳关古址"四字。

这是一个俯瞰四野的制高点。西北风浩荡万里，直扑而来，踉跄几步，方才站住。脚是站住了，却分明听到自己牙齿打战的声音，鼻子一定是立即冻红了的。呵一口热气到手掌，捂住双耳用力蹦跳几下，才定下心来睁眼。这儿的雪没有化，当然不会化。所谓古址，已经没有什么故迹，只有近处的烽火台还在，这就是刚才在下面看到的土墩。土墩已坍了大半，可以看见一层层泥沙，一层层苇草，苇草飘扬出来，在千年之后的寒风中抖动。眼下是西北的群山，都积着雪，层层叠叠，直伸天际。任何站立在这儿的人，都会感觉到自己是站在大海边的礁石上，那些山，全是冰海冻浪。

王维实在是温厚到了极点。对于这么一个阳关，他的笔底仍然不露凌厉惊骇之色，而只是缠绵淡雅地写到："劝君更尽一杯酒，西出阳关无故人。"他瞟了一眼渭城[9]客舍窗外青青的柳色，看了看友人已打点好的行囊，微笑着举起了酒壶。再来一杯吧，阳关之外，就找不到可以这样对饮畅谈的老朋友了。这杯酒，友人一定是毫不推却、一饮而尽的。

这便是唐人风范。他们多半不会洒泪悲叹，执袂劝阻。他们的目光放得很远，他们的人生道路铺展得很广。告别是经常的，步履是放达的。这种风范，在李白、高适、岑参[10]那里，焕发得更加豪迈。在南北各地的古代造像中，唐人造像一看便可识认，形体那么健美，目光那么平静，神采那么自信。在欧洲看蒙娜丽莎[11]的微笑，你立即就能感受，这种恬然的自信只属于那些真正从中世纪的梦魇中苏醒、对前路挺有把握的艺术家们。唐人造像中的微笑，只会更沉着、更安详。在欧洲，这些艺术家们翻天覆地地闹腾了好一阵子，固执地要把微笑输送进历史的魂魄。谁都能计算，他们的事情发生在唐代之后多少年。而唐代，却没有把它的属于艺术家的自信延续久远。阳关的风雪，竟越见凄迷。

王维诗画皆称一绝，莱辛[12]等西方哲人反复论述过的诗与画的界线，在他是可以随脚出入的。但是，长安的宫殿，只为艺术家们开了一个狭小的边门，允许他们以卑怯侍从的身份躬身而入，去制造一点娱乐。历史老人凛然肃然，扭过头去，颤颤巍巍地重又迈向三皇五帝的宗谱。这里，不需要艺术闹出太大的局面，不需要对美有太深的寄托。

于是，九州的画风随之黯然。阳关，再也难于享用温醇的诗句。西出阳关的文人还是有的，只是大多成了谪官逐臣。

即便是土墩、是石城，也受不住这么多叹息的吹拂，阳关坍弛了，坍弛在一个民族的精神疆域中。它终成废墟，终成荒原。身后，沙坟如潮；身前，寒峰如浪。谁也不能想象，这儿，一千多年之前，曾经验证过人生的壮美，艺术情怀的弘广。

这儿应该有几声胡笳和羌笛的，音色极美，与自然浑和，夺人心魄。可惜它们后来都成了兵士们心头的哀音。既然一个民族都不忍听闻，它们也就消失在朔风之中。

回去罢，时间已经不早。怕还要下雪。

【注释】

①峨冠博带：高帽子和阔衣带，古代士大夫的装束。

②漫漶：模糊不清。

③白帝城：古城名，在今四川奉节东白帝山上。

④黄鹤楼：故址在今湖北武昌蛇山的黄鹤矶头，建造武汉长江大桥时楼前塔迁至附近的高观山。

⑤寒山寺：在江苏苏州枫桥镇。

⑥王维：唐朝著名诗人和画家，苏轼称他"诗中有画，画中有诗"。《渭城曲》：指王维诗歌名篇《送元二使安西》，即"渭城朝雨浥轻尘，客舍青青柳色新。劝君更进一杯酒，西出阳关无故人。"此诗经乐工采以入乐，名《渭城曲》。

⑦阳关：在玉门关南面，故址在今甘肃敦煌西南古董滩附近，汉唐时代是通往西域的重要门户。

⑧艾略特（1888—1965年）：英国诗人、文艺批评家，《荒原》是他的成名作，反映的主题是战后的欧洲

变成干旱的荒原。

⑨渭城：古县名，治所在今陕西咸阳东北 20 里。

⑩李白、高适、岑参：唐代诗人，都是盛唐时期边塞诗的重要作者。

⑪蒙娜丽莎：意大利文艺复兴时期艺术大师达·芬奇在他的杰作《蒙娜丽莎》中所创造的人物形象，她的微笑具有耐人寻味的艺术魅力。

⑫莱辛：德国 18 世纪的思想家、文艺理论家，他的《拉奥孔论绘画与诗的界限》是一部著名的美学论著。

【思考与练习】

1. 怎样理解景物描写中所蕴含的文化内涵？

2. 以本文为例，谈谈抒情散文的欣赏方法。

3. 余秋雨的文化散文在中国文学史上有何影响？

14. 诗　人

梁实秋

梁实秋（1903—1987 年），浙江省杭县（今余杭县）人，毕业于清华学校，后赴美留学。回国后，任教于南京东南大学、上海暨南大学等学校。抗战时期，在重庆编译馆主持翻译委员会，后迁至台湾，历任台北师范学院英语系主任、英语教研所主任、文学院院长、国立编译馆馆长。

梁实秋是现代著名的散文家、文学评论家兼翻译家。他的散文以小品最具特色，清新隽永精炼，取材于琐细的人情世态，用笔若不经意，但幽默中见其博雅与睿智，集文人散文与学者散文的特点于一体，代表作品有《雅舍小品》。本文选自《雅舍小品》。

有人说："在历史里一个诗人似乎是神圣的，但是一个诗人在隔壁便是个笑话。"这话不错。看看古代诗人画像，一个个的都是宽衣博带，飘飘欲仙，好像不食人间烟火的样子。"辋川图"[①]里的人物，弈棋饮酒，投壶流觞，一个个的都是儒冠羽衣，意态萧然，我们只觉得摩诘[②]当年，千古风流，而他在苦吟时堕入醋瓮里的那副尴尬相，并没有人给他写画流传。我们凭吊浣花溪畔的工部草堂，遥想杜陵野老典衣易酒卜居茅茨之状，吟哦沧浪，主管风骚，而他在耒阳狂啖牛炙白酒胀饫而死的景象，却不雅观。我们对于死人，照例是隐恶扬善，何况是古代诗人，篇章遗传，好像是痰唾珠玑，纵然有些小小乖僻，自当加以美化，更可资为谈助。王摩诘堕入醋瓮，是他自己的醋瓮，不是我们家的水缸，杜工部旅中困顿，累的是耒阳知县，不是向我家叨扰。一般人读诗，犹如观剧，只是在前台欣赏，并无须侧身后台打听优伶身世，即使刺听得多少奇闻轶事，也只合作梨园掌故而已。

假如一个诗人住在隔壁，便不同了。虽然几乎家家门口都写着"诗书继世长"，懂得诗的人并不多。如果我是一个名利中人，而隔壁住着一个诗人，他的大作永远不会给我看，我看了也必以为不值一文钱，他会给我以白眼，我看他一定也不顺眼。诗人没有常光顾理发店的，他的头发作飞蓬状，作狮子狗状，作艺术家状。他如果是穿中装的，一定像是算命瞎子，两脚泥；他如果是穿西装的，一定是像卖毛毯子的白俄，一身灰。他游手好闲，他白昼做梦，他无病呻吟，他有时深居简出，闭门谢客，他有时终年流浪，到处为家，他哭笑无常，他饮食无度，他有时贫无立锥，他有时挥金似土。如果是个女诗人，她口里可以衔只大雪茄；如果是男的，他向各形各色的女人去膜拜。他喜欢烟、酒、小孩、花草、小动物——他看见一只老鼠可以作一首诗，他在胸口上摸出一只虱子也会作成一首诗。他的生活习惯有许多与人不同的地方。有一个人告诉我，他曾和一个诗人比邻，有一次同出远游，诗人未带牙刷，据云留在家里为太太使用，问之曰："你们原来共用一把么？"诗人大惊曰："难道你们是各用一把么？"

诗人住在隔壁，是个怪物，走在街上尤易引起误会。白朗宁[③]有一首诗《当代人对诗人的观感》，描写一个西班牙的诗人好观察社会人生，以致被人误认为是一个特务，这是何等的讥讽！他穿的是一身破旧的黑衣服，手杖敲着地，后面跟着一条秃瞎老狗，看着鞋匠修理皮鞋，看人切柠檬片放在饮料里，看焙咖啡的火盆，用半只眼睛看书摊，谁虐打牲畜谁咒骂女人都逃不了他的注意——以他大概是个特务，把观察所得呈报国王。看他那个模样儿，上了点年纪，那两道眉毛，亏他的眼睛在下面住着！鼻子的形状和颜色都像鹰爪。某甲遇难，某乙失踪，某丙得到他的情妇——还不都是他干下的事？他费这样大的心机，也不知得多少报酬。大家都说他回家用晚膳的时候，灯火辉煌，墙上挂着四张名画，二十名裸体女人给他捧盘换盏。其实，这可怜的人过的乃是另一种生活，他就住在桥边第三家，新油刷的一幢房子，全街的人都可以看见他交叉着腿，把脚放在狗背上，和他的女仆在打纸牌，吃的是烙饼水果，十点钟就上床睡了。他死的时候还穿着那件破大衣，没膝的泥，吃的是面包壳，脏得像一条熏鱼！

这位西班牙的诗人还算是幸运的，被人当作特务，在另一个国度里，这样一个形迹可疑的诗人可能成为特务的对象。

变戏法的总要念几句咒，故弄玄虚，增加他的神秘，诗人也不免几分江湖气，不是谪仙，就是鬼才，再不就是梦笔生花，总有几分阴阳怪气。外国诗人更厉害，作诗时能直接地祷求神助，好像是仙灵附体的样子。

一颗沙里看出一个世界，
一朵野花里看出一个天堂，
把无限抓在你的手掌里，
把永恒放进一刹那的时光。

若是没有一点慧根的人，能说出这样的鬼话么？你不懂？你是蠢材！你说你懂，你便可跻身于风雅之林，你究竟懂不懂，天知道。

大概每个人都曾经有过做诗人的一段经验。在"怨黄莺儿作对，怪粉蝶儿成双"的时节，看花谢也心惊，听猫叫也难过，诗就会来了，如枝头舒叶那么自然。但是入世稍深，渐渐煎熬成为一颗"煮硬了的蛋"，散文从门口进来，诗从窗口出去了。"嘴唇在不能亲吻的时候才肯唱歌。"一个人如果达到相当年龄，还不失赤子之心，经风吹雨打，方寸间还能诗意盎然，他是得天独厚，他是诗人。

诗不能卖钱。一首新诗，如拈断数根须即能脱稿，那成本还是轻的，怕的是像牡蛎肚里的一颗明珠，那本是一块病，经过多久的滋润涵养才能磨炼孕育成功，写出来到哪里去找顾主？诗不能给富人客厅里摆设作装潢，诗不能给广大的读者以娱乐。富人要的是字画珍玩，大众要的是小说戏剧。诗，短短一橛，充篇幅都不中用。诗是这样无用的东西，所以以诗为业的诗人，如果住在你的隔壁，自然是个笑话。将来在历史上能否就成为神圣，也很渺茫。

【注释】

①辋川图:唐代诗人兼画家王维官至尚书右丞,有别墅在辋川。他曾在陕西蓝田清凉寺壁上绘辋川图。

②摩诘:王维,字摩诘,唐代诗人、画家。

③白朗宁:英国诗人,主要作品有《戏剧抒情诗》、《剧中人物》、《指环与书》。

【思考与练习】

1. 作者对诗人的看法有何新意?

2. 谈谈你对诗人的认识。

15. 独一无二的艺术家莫扎特

傅　雷

傅雷(1908—1966 年),我国著名文学翻译家、文艺评论家。早年留学法国,学习艺术理论,得以观摩世界级艺术大师的作品。回国后曾任教于上海美专,因不愿从流俗而闭门译书,几乎译遍法国重要作家如伏尔泰、巴尔扎克、罗曼·罗兰的重要作品。翻译作品共 34 部,主要有罗曼·罗兰的长篇巨著《约翰·克里斯朵夫》;传记《贝多芬传》、《米开朗基罗传》、《托尔斯泰传》;梅里美的《嘉尔曼》、《高龙巴》;丹纳的《艺术哲学》;巴尔扎克的《高老头》、《欧也妮·葛朗台》、《邦斯舅舅》、《贝姨》、《夏倍上校》、《搅水女人》、《于絮尔·弥罗埃》、《都尔的本堂神甫》、《赛查·皮罗多盛衰记》、《幻灭》等名著,译作约 500 万言,全部收录于《傅雷译文集》。此外,他还在绘画、音乐、文学等方面,均显示出独特的高超的艺术鉴赏力,有百余万言的著述收录于《傅雷文集》。他的遗著《世界美术名作二十讲》、《傅雷家书》深受读者喜爱。本文选自《傅雷文集》,是傅雷先生 1956 年为纪念莫扎特诞辰 200 周年所作。

在整部艺术史上,不仅仅在音乐史上,莫扎特是独一无二的人物。

他的早慧是独一无二的。

四岁学钢琴,不久就开始作曲;就是说他写音乐比写字还早。五岁那年,一天下午,父亲雷沃博带了一个小提琴家和一个吹小号的朋友回来,预备练习六支三重奏。孩子挟着他儿童用的小提琴也要加入。父亲呵斥道:“学都没学过,怎么来胡闹!”孩子哭了。吹小号的朋友过意不去,替他求情,说让他在自己身边拉吧,好在他音响不大,听不见的。父亲还咕噜着说:“要是听见你的琴声,就得赶出去。”孩子坐下来拉了,吹小号的乐师慢慢地停止了吹奏,流着惊讶和赞叹的眼泪,孩子把六支三重奏从头至尾都很完整地拉完了。

八岁,他写了第一支交响乐;十岁写了第一出歌剧。十四至十六岁之间,在歌剧的发源地意大利(别忘了他是奥地利人),写了三出意大利歌剧在米兰上演,按照当时的习惯,由他指挥乐队。十岁以前,他在日耳曼十几个小邦的首府和维也纳、巴黎、伦敦各大都市作巡回演出,轰动全欧。有些听众还以为他神妙的演奏有魔术帮忙,要他脱下手上的戒指。

正如他没有学过小提琴而能参加三重奏一样,他写意大利歌剧也差不多是无师自通的。童年时代常在中欧、西欧各地旅行,孩子的观摩与听的机会多于正规学习的机会,所以莫扎特的领悟与感受的能力,吸收与消化的迅速,是近乎不可思议的。我们古人有句话说:“小时了了,大未必佳。”欧洲人也认为早慧的儿童长大了很少有真正伟大的成就。的确,古今中外,有的是神童,但神童而卓然成家的并不多,而像莫扎特这样出类拔萃、这样早熟的天才而终于成为不朽的大师,为艺术界放出万丈光芒的,至此为止还没有第二个例子。

他的创作数量的巨大,品种的繁多,质地的卓越,是独一无二的。

巴哈、韩德尔、海顿①,都是多产的作家,但韩德尔与海顿都活到七十以上的高年,巴哈也有六十五岁的寿命,莫扎特却在三十五年的生涯中完成了大小622件作品,还有132件未完成的遗作,总数是754。举其大者而言,歌剧有22出,单独的歌曲、咏叹调与合唱曲67支,交响乐49支,钢琴协奏曲29支,小提琴协奏曲13支,其他乐器的协奏曲12支,钢琴奏鸣曲及幻想曲22支,小提琴奏鸣曲及变体曲45支,大风琴曲17支,三重奏四重奏五重奏47支。没有一种体裁没有他登峰造极的作品,没有一种乐器没有他的经典文献,在一百七十年后的今天,还像灿烂的明星一般照耀着乐坛。在音乐方面这样全能,乐剧与其他器乐的制作都有这样高的成就,毫无疑问是绝无仅有的。莫扎特的音乐灵感简直是一个取之不竭、用之不尽的水源,随时随地都有甘泉飞涌,飞涌的方式又那么自然,安详,轻快,妩媚。没有一个作曲家的音乐比莫扎特的更近于"天籁"了。

融和拉丁精神与日耳曼精神,吸收最优秀的外国传统而加以丰富与提高,为民族艺术形式开创新路而树立几座光辉的纪念碑,在这些方面,莫扎特又是独一无二的。

文艺复兴以后的两个世纪中,欧洲除了格鲁克②为法国歌剧辟出一个途径以外,只有意大利歌剧是正宗的歌剧。莫扎特却作了双重的贡献:他既凭着客观的精神,细腻的写实手法,刻画性格的高度技巧,创造了《费加罗的婚礼》与《唐·璜》,使意大利歌剧达到空前绝后的高峰;又以《后宫诱逃》与《魔笛》两件杰作为德国歌剧奠定了基础,预告了贝多芬的《斐但丽奥》、韦柏的《自由射手》和瓦格纳的《歌唱大师》。

他在一七八三年的书信中说:"我更倾向于德国歌剧,虽然写德国歌剧需要我费更多气力,我还是更喜欢它。每个民族有它的歌剧,为什么我们德国人就没有呢?难道德文不像法文英文那么容易唱吗?"一七八五年他又写到:"我们德国人应当有德国式的思想,德国式的说话,德国式的演奏,德国式的歌唱。"所谓德国式的歌唱,特别是在音乐方面的德国式的思想,究竟是指什么呢?据法国音乐学者加米叶·裴拉格的解释,在《后宫诱逃》中,男主角倍尔蒙唱的某些咏叹调,就是第一次充分运用了德国人谈情说爱的语言。同一歌剧中奥斯门的唱词,轻快的节奏与小调的混合运用,富于幻梦情调而甚至带点凄凉的柔情,和笑盈盈的天真的诙谐的交错,不是纯粹德国式的音乐思想吗?

和意大利人的思想相比,德国人的思想也许没有那么多光彩,可是更有深度,还有一些更亲切更通俗的意味。在纯粹音响的领域内,德国式的旋律不及意大利的流畅,但更复杂更丰富,更需要和声(以歌唱而言是乐队)的衬托。以乐思本身而论,德国艺术不求意大利艺术的整齐的美,而是逐渐以思想的自由发展,代替形式的对称与周期性的重复。这些特征在莫扎特的《魔笛》中都已经有端倪可寻。

交响乐在音乐艺术里是典型的日耳曼品种。虽然一般人称海顿为交响乐之父,但海顿晚年的作品深受莫扎特的影响。而莫扎特的降E大调、g小调、C大调(丘比特)交响乐,至今还比海顿的那组《伦敦交响乐》更接近我们。而在交响乐中,莫扎特也同样完满地熔拉丁精神(明朗、轻快、典雅)与日耳曼精神(复杂、谨严、深思、幻想)于一炉。正因为民族精神的觉醒和对于世界性艺术的领会,在莫扎特心中同时并存,互相交错,互相丰富,他才成为音乐史上承前启后的巨匠。以现代词藻来说,在音乐领域之内,莫扎特早就结合了国际主义与爱国主义，虽是不自觉的结合，但确是最和谐最美妙的结合。当然，在这一点上，尤其在追求清明恬静的境界上，我们没有忘记伟大的歌德。但歌德是经过了六十年的苦思冥索（以《浮士德》的著作年代计算），经过了狂飙运动和骚动的青年时期而后获得的；莫扎特却是自然而然的，不需要作任何主观的努力，就达到了拉斐尔[③]的境界，以及古希腊的雕塑家斐狄阿斯的境界。

莫扎特之所以成为独一无二的人物，还由于这种清明高远、乐天愉快的心情，是在残酷的命运不断摧残之下保留下来的。

大家都熟知贝多芬的悲剧而寄予极大的同情，关心莫扎特的苦难的，便是音乐界中也为数不多。因为贝多芬的音乐几乎每页都是与命运肉搏的历史，他的英勇与顽强对每个人都是直接的鼓励；莫扎特却是不声不响地忍受鞭挞，只凭着坚定的信仰，像殉道的使徒一般唱着温馨甘美的乐句安慰自己，安慰别人。虽然他的书信中常有怨叹，也不比普通人对生活的怨叹有什么更尖锐更沉痛的口吻。可是他的一生，除了童年时期饱受宠爱，像个美丽的花炮以外，比贝多芬多的只有更艰苦。《费加罗的婚礼》与《唐·璜》在布拉格所博得的荣名，并没给他任何物质的保障。两次受雇于萨尔斯堡[④]的两任大主教，结果受了一顿辱骂，被人连推带踢地逐出宫廷。从二十五到三十一岁，六年中间没有固定的收入。他热爱维也纳，维也纳只报以冷淡、轻视、嫉妒，音乐界还用种种卑鄙手段打击他几出最优秀的歌剧的演出。一七八七年，奥皇约瑟夫终于任命他为宫廷作曲家，年俸还不够他付房租和仆役的工资。

为了婚姻，他和最敬爱的父亲几乎决裂，至死没有完全恢复感情。而婚后的生活又是无穷无尽的烦恼：九年之中搬了十二次家，生了六个孩子，夭殇了四个。公斯当斯·韦柏产前产后老是闹病，需要名贵的药品，需要到巴登温泉去疗养。分娩以前要准备迎接婴儿，接着又往往要准备埋葬。当铺是莫扎特常去的地方，放高利贷的债主成为他唯一的救星。

在这样悲惨的生活中，莫扎特还是终生不断地创作。贫穷、疾病、妒忌、倾轧，日常生活中一切琐琐碎碎的困扰都不能使他消沉，乐天的心情一丝一毫都没受到损害。所以他的作品从来不透露他的痛苦的消息，非但没有愤怒与反抗的呼号，连挣扎的气息都找不到。后世的人单听他的音乐，万万想象不出他的遭遇而只能认识他的心灵——多么明智、多么高贵、多么纯洁的心灵！音乐史家都说莫扎特的作品所反映的不是他的生活，而是他的灵魂。是的，他从来不把艺术作为反抗的工具，作为受难的证人，而只借来表现他的忍耐与天使般的温柔。他自己得不到抚慰，却永远在抚慰别人。但最可欣幸的是他在现实生活中得不到的幸福，他能在精神上创造出来，甚至可以说他先天就获得了这幸福，所以他反复不已地传达给我们。精神的健康，理智与感情的平衡，不是幸福的先决条件吗？不是每个时代的人都渴望的吗？以不断的创造征服不断的苦难，以永远乐观的心情应付残酷的现实，不就是以光明消灭黑暗的具体实践吗？有了视患难如无物、超临于一切考验之上的积极的人生观，就有希望把艺术中美好的天地变为美好的现实。假如贝多芬给我们的是战斗的勇气，那么莫扎特给我们的是无限的信心。把他清明宁静的艺术和侘傺一世的生涯对比之下，我们更确信只有热爱生命才能克服忧患。莫扎特几次说过："人生多美啊！"这句话就是了解他艺术的钥匙，也是他所以成为这样伟大的主要因素。

虽然根据史实，莫扎特在言行与作品中并没表现出法国大革命以前的民主精神（他反抗萨尔斯堡大主教只能证明他艺术家的傲骨），也谈不到人类大团结的理想，像贝多芬的合唱交响乐所表现的那样，但一切大艺术家都受时代的限制，同时也有不受时代限制的普遍性——人间性。莫扎特以他朴素天真的语调和温婉蕴藉的风格，所歌颂的和平、友爱、幸福的境界，正是全人类自始至终向往的最高目标，尤其是生在今日的我们所热烈争取、努力奋斗的目标。

因此，我们纪念莫扎特二百周年诞辰的意义决不止一个：不但他的绝世的才华与崇高的成就使我们景仰不止，他对德国歌剧的贡献值得我们创造民族音乐的人揣摩学习，他的朴实而又典雅的艺术值得我们深深地体会；而且他的永远乐观、始终积极的精神，对我们是个极大的鼓励；而他追求人类最高理想的人间性，更使我们和以后无数代的人民把他当作一个忠实的、亲爱的、永远给人安慰的朋友。

【注释】

①巴哈：德国著名作曲家，家族具有深厚的音乐传统，祖父和父亲都是音乐家。他曾在莱比锡圣托马斯教堂任主领班，这是德国最重要的音乐职位之一。在此期间，他创作了一些了不起的作品。被后人称为"音乐之父"。

韩德尔：德国作曲家，在西欧音乐史中与巴哈占有同等重要的地位。他早年定居英国，取得了英国宫廷作曲家的职位，对英国的音乐发展起了重要的作用，并领导歌剧院的工作，致力于意大利风格的歌剧创作。一生中共创作歌剧50多部，清唱剧30多部，还有许多大协奏曲和室内乐、组曲、序曲等器乐作品。

海顿：维也纳古典乐派的奠基人。由于他对于交响曲体裁的形成和完善作出了巨大贡献，因此，被人们称为"交响乐之父"。海顿对古典音乐的主要贡献是交响曲和四重奏，最有代表性的作品有《惊愕交响曲》、《午别交响曲》、《时钟交响曲》、清唱剧《创世纪》和《皇帝四重奏》等。

②格鲁克：德国作曲家，是集意大利、法国和德奥音乐风格特点于一身的绝无仅有的作曲家。他的作品以质朴、典雅、庄重而著称，代表作有《伊菲姬尼在奥利德》、《阿尔米德》、芭蕾舞剧《唐·璜》等。

③拉斐尔：意大利杰出的画家，和达·芬奇、米开朗基罗并称文艺复兴时期艺坛三杰。代表作有油画《西斯廷圣母》、壁画《雅典学院》等。

④萨尔斯堡：奥地利名城，位于奥地利西部，地处阿尔卑斯山北麓，建有彼得教堂和米拉贝拉教堂。被誉为全世界最美丽的城市之一。

【思考与练习】

1. 如何理解傅雷散文的语言特点？
2. 论文学修养与音乐修养的关系。

16. 由不自由的自由到自由的不自由

李　敖

李敖（1935—），台湾当代学者，祖籍吉林省扶余县，1949年定居台中。李敖是台湾知名的作家，也是著名的"党外政论家"。他常以嬉笑怒骂的方式仗义执言，打抱不平，深受社会各界的敬佩。他的著述很多，主要以散文和评论文章为主，有《传统下的独白》、《胡适评传》、《闽变研究与文星讼案》、《上下古今谈》、《李敖文存》、《李敖的情话》、《蒋介石研究文集》和《李敖回忆录》、《李敖大全集》等100多部著作，被西方传媒追捧为"中国近代最杰出的批评家"。本文选自《李敖文存——李敖作品精选》。

二十年前,在台大文学院印度近代史的课堂上,一位风度翩翩的年轻老师,要学生交出笔记,给他看看。全班都交了笔记,可是一个学生却交不出来。老师问他:"你怎么没有笔记?"这个学生说:"笔记是中学生抄的,大学生不抄笔记。"

这位老师有雅量欣赏这个特立独行的学生,他给了这个学生最高评分。

这位老师,就是国民党员吴俊才先生;这个学生,就是"党外人士"——我。

一般情形是:师生缘分,都随走出校门而结束,但像吴俊才先生那样继续帮助学生的老师,却很少有,一如像我这样继续研究老师著作的学生也很少有一样。

吴俊才先生现任中国国民党中央委员会副秘书长,住在普通公寓里,很穷;我现坐"党外人士"冷板凳第一把交椅,住在吴老师家前面豪华大厦里,很阔。我因为经年累月不下楼,大隐于市;又因为水深浪阔,不愿给吴老师不方便,所以一直疏于礼数,不去看他。去年他礼贤下士,大驾光临,我说:"古人'天涯若比邻',老师和我,却'比邻若天涯'!"吴老师太熟悉我那一套,他不见怪。

吴俊才先生是学者、专家,尤精于印度史,受了他的启迪,我对印度史也小有研究。我由"大作家"变成"大坐牢家"的时候,看书无数。其中一部大书,就是看了又看的吴老师的名著——《甘地与现代印度》。这部大书功力极深,有志之士,人人该看,只可惜交由一家不太会搞宣传的书局出版,并没有引起应有的注意。

因为我在牢里读这部书,最引起我注意的,是甘地[①]的监狱生活。据我统计,甘地共坐了两千三百三十八天的牢,他失掉身体自由的时间,从广义说,比我要短。但他是先进,先进的坐牢哲学,闲来无事,倒也不妨研究研究。

不料研究之下,使我得到了新境界。

甘地有着伟大的精神力量,爱因斯坦说:"后代子孙很难相信这世界上曾经走过这样一位血肉之躯。"(Generations to come will scarce belive that such a one as this ever in flesh and blood walked upon this earth.)这是对甘地最高明的描绘。甘地思想的精华是他的"不合作主义"(satyagraha),不合作主义的形成,部分来自《湖滨散记》的作者梭罗[②]。梭罗坐牢的时候,他说他"从不曾想到我是给关起来了,高墙实在等于浪费材料。……他们根本不知道如何对付我。……他们总以为我唯一目的是想站到墙外面。每在我沉思的时候,看守那种紧张样子,真叫人好笑。他们哪里知道才一转身,我就毫无阻挡地跟着出去了。……"

梭罗当然不会小说中穿墙透壁的功夫,他这种来去自如,是指观念上的解脱,观念上"从不曾想到我是给关起来了"。他虽然身在两坪之内,但却心在六合之外,神游四海,志驰八方,就像拉夫瑞斯(Richard Lovelace)在牢里写诗给情人一样。

甘地师承了梭罗的不合作主义,也师承了梭罗的坐牢哲学。甘地说志士仁人——"在狱中,他所受到的苦,实比平日受的苦要少得多;在狱中,他也只需要听狱吏一人的命令,而不像平日要受许多人的支配;在那里,他更不必担心一日三餐,也用不着自己烧饭,政府会照顾一切,如果有病,更可免费治疗;在那里,他有足够的操做,借以锻炼体格,许多坏的习惯也可以改过。他的灵魂是自由的。他可有充分的时间祈祷。肉体虽被拘禁,灵魂并未桎梏。反而他的日常生活也可以训练成更有规律,因为自有人来督促。这样来体验狱中生活,他会感觉自己是自由的。假如有任何不幸遭遇或被狱囚虐待,那他正可学习坚忍,让他得到一个乐于自制的机会。持这种看法的人,当然会将入狱的事看做幸运。因此问题的关键,还在一个人自己和他所持的心理状态,来决定是否入狱乃系幸运。"(《甘地与现代印度》上册页九一）这段话的关键是强烈的唯心论，它告诉人们，所谓的自由与不自由，“问题的关键，还在一个人自己和他所持的心理状态”，你心里觉得自由，自由就在；你心里觉得不自由，桎梏就在。甘地本人前后入狱五次，他这种观念，也一再宣示，例如他说：“我现在成了自由的人了，我的身体已被他们看管。一天诺拉迭法案没有撤销，我一天不得自由，可是现在他们逮捕了我，却给了我自由。现在轮到该是你们采取行动的时候。”（同上。页二六四）他又说：“……朋友们不需要惦挂着我。我觉得自己像一只快乐的小鸟，在这儿所能做的并不比外间少。我留居在此，对我有如入校。”（同上。中册页一四三——四四）……甘地这些坐牢哲学，基础都在他的伟大的精神力量。有这种力量的人，他会感到“逮捕了我，却给了我自由”。这种自由，我把它叫做“不自由的自由”。这种自由的炉火纯青，就“觉得自己像一只快乐的小鸟”，若不到火候，就只像骆宾王那样“在狱咏蝉”了，身在外面的人，是不会快乐的。不自由中有自由，这么说来，是不是自由以后，出狱以后，就更自由了，从此没有不自由了呢？这可未必。

哲学家斯宾塞③说：“没有人能完全自由，除非所有人完全自由；没有人能完全道德，除非所有人完全道德；没有人能完全快乐，除非所有人完全快乐。”这种伟大的透视力，伟大的胸襟，我给它下了一个描绘，这叫“自由的不自由”。

“自由的不自由”的特色是民胞物与，是把受苦受难的人当兄弟，又使自己有责任感。夏禹感觉天下有淹在水里的人，就好像自己把他们淹在水里一样；后稷感觉天下有没饭吃的人，就好像自己使他们挨饿一样，有这种抱负的人，后天下之乐而乐，众生不成佛的时候，他自己不要成佛。《新约》哥林多后书第十一章里，为这种心境做了动人的总结：“有谁软弱，我不软弱呢？有谁跌倒，我不焦急呢？”有这种心境的人，他自己坚强，却感受兄弟的软弱；他自己站起，却焦急兄弟的跌倒；他自己自由，却念念不忘兄弟的不自由。

六十年前，开火车出身的美国劳工领袖戴布兹（Eugene Victor Debs），因参与政治反抗，被判十年，关在牢里。由于他极富人望，虽在牢里，却得到美国大选中，一百万选民对他戏剧性投票。一九二一年，哈定总统特赦了他。出狱后，人们庆幸他重获自由，他却从斯宾塞的句子里，说出了这样的千古名言：

While there is a lower class I am in it.
While there is a criminal elements I am of it.
While there is a soul in prison I am not free.
只要有下层阶级，我就同俦；
只要有犯罪成分，我就同流；
只要狱底有游魂，我就不自由。

真的，“我就不自由”。夏禹不自由，后稷不自由，斯宾塞不自由，戴布兹不自由。——所有伟大的性灵里，念天地悠悠，都有“自由的不自由”。

【注释】

①甘地：莫罕达斯·卡拉姆昌德·甘地（1869—1948年），也称作“圣雄甘地”，是印度民族主义运动和国大党领袖。他的通过“非暴力”的公民不合作思想，使印度摆脱了英国的统治，同时也激发了其他殖民地人们的独立斗争运动。

②梭罗（1817—1862年）：作家、思想家，毕业于哈佛大学，曾任教师。在学生时代与爱默生相识，在爱

默生影响下，研究东方的哲学思想。他是19世纪超验主义运动的重要代表人物。他的文章简练有力，朴实自然，富有思想内容，在美国19世纪散文中独树一帜。他的思想对英国工党、印度的甘地与美国黑人领袖马丁·路德·金等人都有很大的影响。

③斯宾塞（1820—1903年）：英国社会学家、实证主义哲学家、教育理论家，社会进化论和社会有机论的代表人物。他把生物学概念引入社会学，把达尔文的进化理论"适者生存"应用在社会学上，提出"社会有机论"，因而被称作"社会达尔文主义之父"。斯宾塞的思想对社会学、人类学、哲学的发展都产生了深远的影响。他著有《心理学原理》、《第一原理》、《生物学原理》、《社会学研究》、《社会学原理》、《伦理学原理》等著作。

【思考与练习】

1. 如何评价作者的自由观？
2. 通过本文的学习，谈谈你对李敖的认识。

17. 西绪福斯神话

阿尔贝·加缪

阿尔贝·加缪（1913—1960年），法国小说家、戏剧家、评论家。出生于阿尔及利亚的蒙多维城，他父亲在第一次世界大战时阵亡，母亲带他移居阿尔及尔贫民区，生活极为艰难。加缪靠奖学金读完中学，1933年起以半工半读的方式在阿尔及尔大学攻读哲学。

第二次世界大战期间，加缪积极参加了反对德国法西斯的地下抵抗运动。大战爆发时他任《共和晚报》主编，后在巴黎任《巴黎晚报》编辑部秘书。德军侵法后，参加地下抗德组织，负责《战斗报》的出版工作。战后初期，他与当时在西方思想界和文学界影响极大的存在主义作家让·保罗·萨特曾一度过从甚密，但加缪始终否认自己属于这一派，认为他对一切问题有自己独立的见解，不属于任何派别体系。1946年，他发表了论著《反抗者》，受到萨特的批评，两人之间展开了一场论战，曾轰动一时。1960年，加缪在一次车祸中丧生，时年47岁。

加缪从1932年起即发表作品，1942年因发表《局外人》而成名。他的小说《鼠疫》（1947年）得到一致好评。他主要的作品还有随笔《西绪福斯神话》（1942年）、剧本《正义者》（1949年）、小说《堕落》（1956年）。1957年，由于用文学形式揭示了当代人类的意识形态中的种种问题而获诺贝尔文学奖。本文选自《西绪福斯神话》，郭宏安译。

神判处西绪福斯把一块巨石不断地推上山顶，石头因自身的重量又从山顶上滚落下来。他们有某种理由认为，最可怕的惩罚莫过于既无用又无望的劳动。

如果相信荷马，西绪福斯是最聪明最谨慎的凡人。然而根据另一种传说，他倾向于强盗的营生。我看不出这当中有什么矛盾。关于使他成为地狱的无用的劳动的原因，看法有分歧。有人首先指责他对神犯了些小过失。他泄露了他们的秘密。埃索波斯[①]的女儿埃癸娜被宙斯劫走。父亲对女儿的失踪感到奇怪，就向西绪福斯诉苦。西绪福斯知道此事，答应告诉他，条件是他向科林斯城堡供水。西绪福斯喜欢水的祝福更胜过上天的霹雳。他于是被罚入地狱。荷马还告诉我们，西绪福斯捆住了死神。普路同[②]忍受不了他的王国呈现出一片荒凉寂静的景象。他催促战神把死神从他的胜利者手中解脱出来。

有人还说垂死的西绪福斯不谨慎地想要考验妻子的爱情。他命令她把他的遗体不加埋葬地扔到公共广场的中央。西绪福斯进了地狱。在那里,他对这种如此违背人类之爱的服从感到恼怒,就从普路同那里获准返回地面去惩罚他的妻子。然而,当他又看见了这个世界的面貌,尝到了水和阳光、灼热的石头和大海,就不愿再回到地狱的黑暗中了。召唤、愤怒和警告都无济于事。他又在海湾的曲线、明亮的大海和大地的微笑面前活了许多年。神必须作出决定。墨丘利[③]用强力把他带回地狱,那里为他准备好了一块巨石。

人们已经明白,西绪福斯是荒诞的英雄。这既是由于他的激情,也是由于他的痛苦。他对神的轻蔑,他对死亡的仇恨,他对生命的激情,使他受到了这种无法描述的酷刑:用尽全部心力而一无所成。这是为了热爱这片土地而必须付出的代价。关于地狱里的西绪福斯,人们什么也没告诉我们。神话编出来就是为了让想像力赋予它们活力。对于他的神话,人们只看见一个人全身绷紧竭力推起一块巨石,令其滚动,爬上成百的陡坡;人们看见皱紧的面孔,脸颊抵住石头,一个肩承受着满是粘土的庞然大物,一只脚垫于其下,用两臂撑住,沾满泥土的双手显示出人的稳当。经过漫长的、用没有天空的空间和没有纵深的时间来度量的努力,目的终于达到了。这时,西绪福斯看见巨石一会儿工夫滚到下面的世界中去,他又得再把它推上山顶。他朝平原走下去。

我感兴趣的是返回中、停歇中的西绪福斯。那张如此贴近石头的面孔已经成了石头了!我看见这个人下山,朝着他不知道尽头的痛苦,脚步沉重而均匀。这时刻就像是呼吸,和他的不幸一样肯定会再来,这时刻就是意识的时刻。当他离开山顶、渐渐深入神的隐蔽的住所的时候,他高于他的命运。他比他的巨石更强大。

如果说神话是悲壮的,那是因为它的主人公是有意识的。如果每一步都有成功的希望支持着他,那他的苦难又将在哪里?今日之工人劳动,一生中每一天都干着同样的活计,这种命运是同样的荒诞。因此它只在工人有了意识那种很少的时候才是悲壮的。西绪福斯,这神的无产者,无能为力而又在反抗,他知道他的悲惨的状况有多么深广:他下山时想的正是这种状况。造成他的痛苦的洞察力同时也完成了他的胜利。没有轻蔑克服不了的命运。

如果在某些日子里下山可以在痛苦中进行,那么它也可以在欢乐中进行。此话并非多余。我还想象西绪福斯回到巨石前,痛苦从此开始。当大地的形象过于强烈地缠住记忆,当幸福的呼唤过于急迫,忧伤就会在人的心中升起:这是巨石的胜利,这是巨石本身,巨大的忧伤沉重得不堪承受。这是我们的客西马尼之夜[④]。然而不可抗拒的真理一经被承认便告完结。这样,俄狄浦斯先就不知不觉地顺从了命运。从他知道的那一刻起,他的悲剧便开始了。然而同时,盲目而绝望的他认识到他同这世界的唯一的联系是一个年轻姑娘的新鲜的手。于是响起一句过分的话:“尽管如此多灾多难,我的高龄和我的灵魂的高贵仍使我认为一切皆善。”像陀思妥耶夫斯基的基里洛夫一样,索福克勒斯的俄狄浦斯就这样提供了荒诞的胜利的方式。古代的智慧和现代的英雄主义会合了。

不试图写一本幸福教科书,是不会发现荒诞的。“啊!什么,路这么窄……?”然而只有一个世界。幸福和荒诞是同一块土地的两个儿子。他们是不可分的。说幸福一定产生于荒诞的发现,那是错误的。有时荒诞感也产生于幸福。俄狄浦斯说:“我认为一切皆善。”这句话是神圣的。它回响在人的凶恶而有限的宇宙之中。它告诉人们一切并未被、也不曾被耗尽。它从这世界上逐走一个带着不满足和对无用的痛苦的兴趣进入这世界的神。它使命运成为人的事情,而这件事情应该在人之间解决。

西绪福斯的全部沉默的喜悦就在这里。他的命运出现在面前。他的巨石是他的事情。同样，当荒诞的人静观他的痛苦时，他就使一切偶像缄口不语。在突然归于寂静的宇宙中，大地的成千上万细小的惊叹声就起来了。无意识的、隐秘的呼唤，各种面孔的邀请，都是必要的反面和胜利的代价。没有不带阴影的太阳，应该了解黑夜。荒诞的人说“是”，于是他的努力便没有间断了。如果说有一种个人的命运，却绝没有高级的命运，至少只有一种命运，而他断定它是不可避免的，是可以轻蔑的。至于其他，他自知是他的岁月的主人。在人返回他的生活这一微妙的时刻，返回巨石的西绪福斯静观那一连串没有联系的行动，这些行动变成了他的命运，而这命运是他创造的，在他的记忆的目光下统一起来，很快又由他的死加章盖印。这样，确信一切人事都有人的根源，盲目却渴望看见并且知道黑夜没有尽头，他就永远在行进中。巨石还在滚动。

我让西绪福斯留在山下！人们总是看得见他的重负。西绪福斯教人以否定神祇举起巨石的至高无上的忠诚。他也断定一切皆善。这个从此没有主人的宇宙对他不再是没有结果和虚幻的了。这块石头的每一细粒，这座黑夜笼罩的大山的每一道矿物的光芒，都对他一个人形成了一个世界。登上顶峰的斗争本身足以充实人的心灵。应该设想，西绪福斯是幸福的。

【注释】

①埃索波斯：西腊神话中的河神。

②普路同：罗马神话中的冥王。

③墨丘利：罗马神话中的商业神，即希腊神话中的赫尔墨斯、众神的使者。

④客西马尼之夜：《圣经》说，耶稣在橄榄山下一个叫客西马尼的地方，让门徒祷告，不要睡觉，免受迷惑，他次日于此地被犹大出卖。

【思考与练习】

1. 浅谈本文的思想意义。
2. 通过本文的学习，分析哲学和文学的关系。
3. 本文作者的哲学思想倾向是什么？

18. 一个偏见

钱钟书

钱钟书（1910—1998年），现代文学家。历任清华大学外文系教授，北京大学、中国科学院、中国社会科学院哲学社会科学部古典文学组研究员，中共中央宣传部《毛泽东选集》英文编译委员会委员，中共中央对外联络部毛选英文编译定稿小组成员，第五、第六届全国政协委员，第七、第八届全国政协常委。

钱钟书长期致力于中国和西方文学的研究。主张用比较文学、心理学等多学科的方法，从多种角度理解和评价文学作品。著有散文集《写在人生边上》，短篇小说集《人・兽・鬼》，长篇小说《围城》，文论集《七缀集》、《谈艺录》及《管锥篇》（五卷）等。《管锥篇》曾获第一届国家图书奖。本文选自散文集《写在人生边上》。

偏见可以说是思想的放假。它不是没有思想的人的家常日用,而是有思想的人的星期日娱乐。假如我们不能怀挟偏见,随时随地必须得客观公平、正经严肃,那就像造屋只有客厅,没有卧室,又好比在浴室里照镜子还得做出摄影机头前的姿态。魔鬼在但丁《地狱篇》第二十七句中自称:“敝魔生平最好讲理。”可见地狱之设,正为此辈;人生在世,言行专求合理,大可不必。当然,所谓正道公理压根儿也是偏见。依照生理学常识,人心位置,并不正中,有点偏侧,并且时髦得很,偏倾于左。古人称偏僻之道为“左道”,颇有科学根据。不过,话虽如此说,有许多意见还不失禅宗洞山《五位颂》所谓“偏中正”,例如学术理论之类。只有人生边上的随笔、热恋时的情书等等,那才是老老实实、痛痛快快的一偏之见。世界太广漠了,我们圆睁两眼,平视正视,视野还是偏狭得可怜,狗注视着肉骨头时,何尝顾到旁边还有狗呢?至于通常所谓偏见,只好比打靶的瞄准,用一只眼来看。但是,也有人以为这倒是瞄中事物红心的看法。譬如说,柏拉图为人类下定义云:“人者,无羽毛之两足动物也。”可谓客观极了!但是按照希腊来阿铁斯(Diogenes Laertius)《哲学言行论》六卷二章所载,偏有人拿着一只拔了毛的鸡向柏拉图去质问。博马舍(Beaumarchais)《趣姻缘》(Mariage de Figaro)里的丑角说:“人是不渴而饮,四季有性欲的动物。”我们明知那是贪酒好色的小花脸的打诨,但不得不承认这种偏宕之论却说透了人类一部分的根性。偏激二字,本来相连;我们别有所激,见解当然会另有所偏。假使我们说:“人类是不拘日夜,不问寒暑,发出声音的动物。”那又何妨?

禽啭于春,蛩啼于秋,蚊作雷于夏,夜则虫醒而鸟睡,风雨并不天天有,无来人犬不吠,不下蛋鸡不报。唯有人用语言,用动作,用机械,随时随地做出声音。就是独处一室,无与酬答的时候,他可以开留声机,听无线电,甚至睡眠时还发出似雷的鼻息。语言当然不就是声音,但是在不中听,不愿听,或者隔着墙壁和距离听不真的语言里,文字都丧失了圭角和轮廓,变成一团忽涨忽缩的喧闹,跟鸡鸣犬吠同样缺乏意义。这就是所谓“人籁”!断送了睡眠,震断了思想,培养了神经衰弱。

这个世界毕竟是人类主宰管领的。人的声音胜过一切。聚合了大自然的万千喉舌,抵不上两个人同时说话的喧哗,至少从第三者的耳朵听来。唐子西[①]的《醉眠》诗的名句“山静如太古”,大概指人类尚未出现的上古时代,否则山上住和尚,山下来游客,半山开饭店茶馆,决不容许那座山清静。人籁是寂静的致命伤,天籁是能和寂静融为一片的。风声涛声之于寂静,正如风之于空气,涛之于海水,是一是二。每日东方乍白,我们梦已回而困未醒,会听到无数禽声,向早晨打招呼。那时夜未全消,寂静还逗留着,来庇荫未找清的睡梦。数不清的麻雀的鸣噪,琐碎得像要啄破了这个寂静;乌鹊的声音清利像把剪刀,老鹳鸟的声音滞涩而有刺像把锯子,都一声两声地向寂静来试锋口。但是寂静似乎太厚实了,又似乎太流动了,太富于弹性了,给禽鸟啼破的浮面,立刻就填满。雄鸡引吭悠扬的报晓,也并未在寂静上划下一道声迹。慢慢地,我们忘了鸟啭是在破坏寂静;似乎寂静已将鸟语吸收消化,变成一种有声音的寂静。此时只要有邻家小儿的啼哭,楼上睡人的咳嗽,或墙外早行者的脚步声,寂静就像宿雾见了朝阳,破裂分散得干净。人籁已起,人事复始,你休想更有安顿。在更阑身倦,或苦思冥想时,忽闻人籁噪杂,最博爱的人道主义者,也许有时杀心顿起,恨不能灭口以博耳根清静。禽兽风涛等一切天籁能和寂静相安相得,善于体物的古诗人早已悟到。《诗经》“萧萧马鸣,悠悠旆旌”,下文就说明“有闻无声”;可见马嘶而无人喊,不会产生喧闹。《颜氏家训》也指出王籍[②]名句“蝉噪林愈静,鸟鸣山更幽”,就是“有闻无声”的感觉;虫鸟鸣噪，反添静境。雪莱[3]诗《赠珍尼——一个回忆》(To Jane A Recollection)里，描写啄木鸟，也说鸟啄山更幽。柯律立治(Coleridge)《风瑟》诗(Eolian Harp)云："海声远且幽，似告我以静。"假使这个海是人海，诗人非耳聋头痛不可。所以我们常用"鸦鸣雀噪"来比作人声喧哗，还是对人类存三分回护的曲笔。常将一群妇女的说笑声比作"莺啼燕语"，那简直是对于禽类的侮辱了。

寂静并非是声响全无。声响全无是死，不是静。所以但丁说，在地狱里，连太阳都是静悄悄的。寂静可以说是听觉方面的透明状态，正好像空明可以说是视觉方面的寂寞。寂寞能使人听见平常所听不到的声息，使道德家听见了良心的微语，使诗人听见了暮色移动的潜息或青草萌芽的幽响。你愈听得见喧闹，你愈听不清声音。唯其人类如此善闹，所以人类相聚而寂不作声，反欠自然。例如开会前的五分钟静默，又如亲人好友，久别重逢，执手无言。这种寂静像怀着胎，充满了未发出的声音的隐动。

人籁还有可怕的一点。车马虽喧，跟你在一条水平线上，只在你周围闹。唯有人会对准了你头脑，在你顶上闹——譬如说，你住楼下，有人住楼上。不讲别的，只是脚步声一项，已够教你感到像《红楼梦》里的赵姨娘，有人在踹你的头。每到忍无可忍，你会发两个宏愿：一愿住在楼下的自己变成《山海经》所谓"刑天之民"，头脑生在胸膛下面，不致首当其冲，受楼上皮鞋的践踏。二愿住在楼上的人变成像基督教的"安琪儿"或天使，身体生到腰部而止，背生两翼，不用腿脚走路。你存心真好，你不愿意楼上人像孙膑那样受刖足的痛苦，虽然他何尝顾到你的头脑，顾到你是罗登巴煦所谓"给喧闹损伤了的灵魂"？

闹与热，静与冷，都有连带关系；所以在阴惨的地狱里，太阳也给人以寂寥之感。人声喧杂，冷屋会变成热锅，使人通身烦躁。叔本华《哲学小品》第二百七十八节中说，思想家应当耳聋，大有道理。因为耳朵不聋，必闻声音，声音热闹，头脑就很难保持冷静，思想不会公平，只能把偏见来代替。那时候，你忘掉了你自己也是会闹的动物，你也曾踹过楼下人的头，也曾嚷嚷以致隔壁的人不能思想和睡眠，你更顾不得旁人在说你偏见太深，你又添了一种偏见，又在人生边上注了一笔。

【注释】

①唐子西(1070—1120年)：北宋诗人，字子西，人称鲁国先生。与苏轼是同乡，同贬至惠州，又因其文采风流，当时有"小东坡"之称。

②王籍(生卒年不详)：字文海，琅邪临沂(今山东临沂市北)人，南朝梁诗人。因其《入若耶溪》一诗，而享誉诗史。

③雪莱(1792—1822年)：英国浪漫主义诗人。

【思考与练习】

1. 简要分析本文的行文思路特征。
2. 结合本文的学习，谈谈你是怎样对待人生偏见的。

19. 我是余光中的秘书

余光中

余光中(1928—),台湾当代著名学者、诗人、文学评论家,曾任香港中文大学中文系教授,现任台湾中山大学文学院院长,主要从事诗歌、散文、评论、翻译等文学工作,著有诗集、散文集、评论集、翻译集约40余部。代表作有《乡愁》、《白玉苦瓜》、《等你,在雨中》、《敲打乐》等。本文选自《都市美文》2003年第1期。

"请问这是余光中教授的办公室吗?"

"是的。"

"请问余教授在吗?"

"对不起,他不在。"

"请问您是——"

"我是他的秘书。"

"那,请您告诉他,我们还没有收到他的同意书。我们是某某公司,同意书一个月前就寄给他了——"

接电话的人是我自己。其实我哪有什么秘书?这一番对答并非在充场面,因为我真的觉得,尤其是在近来,自己已经不是余光中,而是余光中的秘书了。

诗、散文、评论、翻译,一向是我心灵的四度空间。写诗和散文,我必须发挥创造力。写评论,要用判断力。做翻译,要用适应力。做这些事情的时候,我才自觉生命没有虚度。但是,记得把许可使用自己作品的同意书及时寄回,或是放下电话立刻把演讲或评审的承诺记在日历上,这些纷繁的杂务,既不古典,也不浪漫,只是超现实,"超级的现实"而已,不过是秘书的责任罢了。可是我并没有秘书,只好自己来兼任了,不料杂务愈来愈繁,兼任之重早已超过专任。

退休三年以来,我在西子湾的校园仍然教课,每学期六个学分。上学期研究所的"翻译",每周都要批改练习,而难缠的"十七世纪英诗"仍然需要备课。退休之后不再开会了,真是一大解脱。大头会让后生去开吧。回头看同事们脸色沉重,从容就义一般进入会议室,我有点幸免又有点愧疚之感。

演讲和评审却无法退休。今年我去苏州大学、东南大学、南京大学、厦门大学,甚至母乡常州的前黄高中,已经演讲了八场,又去香港讲了两场。如果加上在台湾各地的演讲,一共应该在二十场以上。但是我婉拒掉的邀约也有多起。其实演讲本身并不麻烦,三分学问靠七分口才,在讲之外更要会演。真是锦心绣口的话,听众愈多就愈加成功。至于讲后的问答与签名,只是余波而已。麻烦的倒是事先主办者会来追讨讲题与资料,事后又寄来一叠零乱的记录要求修正。所谓"事后",有时竟长达一年之后,简直阴魂不散,真令健忘的讲者"忧出望外",只好认命修稿,将出口之言用驷马来追。

近年去各校演讲,高中多于大学。倒不是大学来邀的较少,而是因为中山大学的历任校长高估了我,以为我多去高中会吸引毕业生来投考中山,所以我去高中演讲,有点“出差”的意味。其实高中生听讲更认真,也更纯真。大学生呢,我在各大学已经教了四十年,可谓长期的演讲了。

评审是一件十分重要但未必有趣的事情。文学奖的评审不但要为本届的来稿定位,还会影响下届来稿的趋势,当然必须用心。如果来稿平平,或者故弄玄虚,或者耽于流行的招数,评审委员就会感到失望甚至忧心。但若来稿不无佳作甚至珍品,甚至不逊于当代的名作,则评审委员当有发掘新秀的惊喜,并期待能亲手把奖颁给这新人。被主办单位指定为得奖作品写评语,也不一定是赏心乐事,因为高潮已退,你还得从头到尾把那些诗文详阅一遍,然后才能权衡轻重,指陈得失。万一你的首选只得了佳作,而独领冠军的那篇你并不激赏甚至不以为然,你这篇评语又怎能写得“顾全大局”呢?

另一种评审要看的是学术论文,有的是为学位,有的是为升等,总之都要保密。看学位论文是为了要做口试委员,事先需要保密,事后就公开了。但是看升等论文,则不分事先事后,都得三缄金口,事态非常严重。这种任务纯然黑箱作业,可称“幕后学术”,其为秘密,不能像绯闻那样找好友分享。讽刺的是,金口虽缄,其金却极少,比起文学奖的评审费来,不过像零头,加以又须守密,所以也可称“黑金学术”。这也罢了,只是学术机构寄来的洋洋论文,外加各种资料,尽管有好几磅重,有时并不附回邮信封。我既无秘书,又无“行政资源”,哪里去找够大够牢的信封来回寄呢?

“你为什么不叫助教代劳呢?还这么亲力亲为!”朋友怪我。

倒好像我还是当年的系主任或院长,众多得力的助教,由得我招之即来,遣之即去。其实,系里的助教与工读生都能干而又勤快,每天忙得像陀螺打转,还不时要为我转电话,或者把各方对我的邀约与催迫写成字条贴在我的信箱上。这些已经是她们额外的负担,我怎能加重要求?

我当然也分配到一位“助理”。礼文是外文系的博士生,性格开朗,做事明快,更难得的是体格之好非其他准博女、准硕女能及。她很高兴也实际为我多方分劳,从打字到理书,服务项目繁多。不过她毕竟学业繁重,不能像秘书一样周到,只能做“钟点零工”。

所以无尽无止无始无终的疑难杂事,将无助的我困于重围,永不得出。令人绝望的是,这些牛毛琐细,旧积的没有减少,新起的却不断增多,而且都不甘排队,总是横插进来。

以前出书,总在台湾,偶在香港。后来两岸交流日频,十年来我在大陆出书已经快二十种,有的是单本,有的是成套,几乎每一省都出了。而每次出书,从通信到签合同,从编选到写序到提供照片,有时还包括校对在内,牵涉的杂务可就多了。像上海文艺出版社出的一套三本,末校寄给我过目。一看之下,问题仍多,令我无法袖手,只好出手自校。一千二百页的简体字本,加上两岸在西方专有名词上的译音各有一套,早已“一国两制”了,何况还有许多细节涉及敏感问题,因此校对之繁,足足花了我半个月的时间。

同时在台湾,新书仍然在出。最新的一本《含英吐华》是我为十二届梁实秋翻译奖所写评语的合集,三百多页诗文相缪,中英间杂,也校了我一个礼拜。幸好我的书我都熟悉,一部《梵谷传》三十多万字,四十年前她曾为我誊清初稿,去年“大地”出最新版,又帮我细校了一遍,分劳不少。

“天下文化”出版了《茱萸的孩子》,意犹未尽,又约傅孟丽再撰一本小巧可口的《水仙情操——诗话余光中》。高雄市文献委员会把对我的专访又当做口述历史,出版了一本《让春天从高雄出发》。不久广州的花城出版社又推出徐学所著《火中龙吟——余光中评传》。九月间尔雅出版社即将印行陈幸蕙在《幼狮文艺》与《明道文艺》上连刊了三年的《阅读余光中:诗卷》。四本书的校稿,加起来不止千页,最后都堆上我的红木大书桌,要"传主"或"始作俑者"亲自过目,甚至写序。结果是买一送一:我难改啄木鸟的天性,当然顺便校对了一遍。

校对似乎是可以交给秘书或研究生去代劳的琐事,其实不然。校对不但需要眼明心细,耐得住烦,还需要真有学问,才能疑人之所不疑。一本书的高下,与其校对密切相关,如果校对粗率,怎能赢得读者的信心?我在台湾出书,一向亲自末校,务求谬误减至最少。大陆出书,近年校对的水准降低,有些出版社仓促成书,错字之多,不但刺眼,而且伤心。评家如果根据这样的"谬本"来写评,真会"谬以千里"。

另一件麻烦事就是照片。在视觉主宰媒体的时代,读者渐渐变成了观众,读物要是少了插图,就会显得单调,于是照片的需要大为增加。报刊索取照片,总是强调要所谓"生活照片",而且出版在即,催讨很紧。家中的照相簿与零散的照片,虽已满坑满谷,永远收拾不清,但要合乎某一特殊需要,却是只在此柜中,云深无觅处。我曾耐下心来,苦搜了半夜,不是这张太年轻,那张太苍老,就是太暗,太淡,或者相中的人头太杂,甚至主角不幸眨眼,总之辛苦而不美满。难得找到一张合用的,又担心会掉了或者受损。

而如果是出书,尤其是传记之类,要提供的"生活照片"就不是三两张可以充数的了。自己的照片从少到老,不免略古而详今,当然"古照"本来就少,只好如此。与家人的合照倒不难找,我素来喜欢摄影,也勤于装簿。与朋友的合照要求其分配均衡,免得顾此失彼,却是一大艺术。但是出版社在编排上另有考虑,挑选之余,均衡自然难保。大批照片能够全数完璧回来,已经值得庆幸了。为了确定究竟寄了哪些照片出去,每次按年代先后编好号码,逐张写好说明,还得把近百张照片影印留底。有时一张照片年代不明,夫妻两人还得翻阅信史,再三求证。目前我的又一本传记正由河南某出版社在编排,为此而提供给他们的一大袋照片,许多都是一生难再的孤本,不知道什么时候才能浪子回家?

这许多分心而又劳神的杂务,此起彼落,永无宁时。他人代劳,毕竟有限,所以自己不能不来兼差,因而正业经常受阻,甚至必须搁在一边。这么一再败兴,诗意文心便难以为继了。我时常觉得,艺术是闲出来的,科技是忙出来的。"闲"当然不是指"懒",而是俯仰自得、游心太玄、从容不迫的出神状态,正是灵感降临的先机与前戏。

现代人的资讯太发达,也太方便了,但是要吸收、消化、运用,却因此变得更忙。上网就是落网,终于都被那只狡诡的大蜘蛛吞没。啊不,我不要做什么三头六臂、八脚章鱼、千手观音。我只要从从容容做我的余光中。而做余光中,比做余光中的秘书要有趣多了。

【思考与练习】

1. 怎样理解本文的意趣?
2. 结合基础文化知识,谈谈余光中的诗和散文的特点。

20. 哥德巴赫猜想

徐 迟

徐迟(1914—1996年),现代散文学家,浙江人,出生于教师家庭,曾就读于苏州东吴大学文学院。1931年开始写诗,1934年开始发表诗作《寄》、《沉重的BUS》、《诗拔萃》等,后结集为《二十岁人》。从1936年起,陆续发表散文《歌剧院及其它》、《贝多芬之恋》、《理想树》等,后收入《美文集》、《狂欢之夜》。徐迟早期创作受欧美现代派影响,特别是他的诗作,追求意象的蕴蓄,节奏的跳跃,有些作品较为难懂。散文创作因受美国作家海明威的影响,渐趋明朗,叙写细腻,富于诗情。20世纪50年代的前7年,他2次到朝鲜战场,4次去鞍钢,6次到长江大桥工地,诗集《美丽·神奇·丰富》、《战争·和平·进步》和《共和国的歌》,特写集《我们这时代的人》、《庆功宴》,论文集《诗与生活》等,是他这一时期的创作收获。1957—1960年的4年间,他担任《诗刊》副主编。1960年开始以主要精力从事报告文学的创作,写成《火中的凤凰》、《祁连山下》、《牡丹》等作品。1976年以后,徐迟以报告文学的形式反映自然科学领域的生活,写出了《哥德巴赫猜想》、《地质之光》、《生命之树常绿》、《在湍流的旋涡中》等一系列反响强烈的作品。《哥德巴赫猜想》、《地质之光》曾获全国优秀报告文学奖。徐迟以诗人气质写报告文学,特别是写知识分子题材的作品,常能熔政论、诗和散文于一炉;结构宏大,气势开阔,语言华美而警策,独具风格。本文选自《人民文学》1978年第1期。

"……为革命钻研技术,分明是又红又专,被他们攻击为白专道路。"

——一九七八年两报一刊元旦社论《光明的中国》

一

命 $p_x(1,2)$ 为适合下列条件的素数 p 的个数:$x-p=p_1$ 或 $x-p=p_2p_3$

其中 p_1,p_2,p_3 都是素数。(这是不好懂的;读不懂时,可以跳过这几行。)……

二

以上引自一篇解析数论的论文。这一段引自它的"(一)引言",提出了这道题。它后面是"(二)几个引理",充满了各种公式和计算。最后是"(三)结果",证明了一条定理。这篇论文,极不好懂。即使是著名数学家,如果不是专门研究这一个数学的分支的,也不一定能读懂。但是这篇论文已经得到了国际数学界的公认,誉满天下。它所证明的那条定理,现在世界各国一致地把它命名为"陈氏定理",因为它的作者姓陈,名景润。他现在是中国科学院数学研究所的研究员。

陈景润是福建人,生于一九三三年。当他降生到这个现实人间时,他的家庭和社会生活并没有对他呈现出玫瑰花朵一般的艳丽色彩。他父亲是邮政局职员,老是跑来跑去的。当年如果参加了国民党,就可以飞黄腾达,但是他父亲不肯参加。有的同事说他真是不识时务。他母亲是一个善良的操劳过甚的妇女,一共生了十二个孩子。只活了六个,其中陈景润排行老三。上有哥哥和姐姐;下有弟弟和妹妹。孩子生得多了,就不是双亲所疼爱的儿女了。他们越来越成为父母的累赘——多余的孩子,多余的人。从生下的那一天起,他就像一个被宣布为不受欢迎的人似的,来到了这人世间。

他甚至没有享受过多少童年的快乐。母亲劳苦终日,顾不上爱他。当他记事的时候,酷烈的战争爆发。日本鬼子打进福建省。他还这么小,就提心吊胆过生活。父亲到三元镇的一个邮政分局当局长。小小邮局,设在山区一座古寺庙里。这地方曾经是一个革命根据地。但那时候,茂郁山林已成为悲惨世界。所有男子汉都被国民党匪军疯狂屠杀,无一幸存者。连老年的男人也一个都不剩了。剩下的只有妇女。她们的生活特别凄凉。花纱布价钱又太贵了;穿不起衣服,大姑娘都还裸着上体。福州被敌人占领后,逃难进山来的人多起来。这里飞机不来轰炸,山区渐渐有点儿兴旺。却又迁来了一个集中营。深夜里,常有鞭声惨痛地回荡;不时还有杀害烈士的枪声。第二天,那些戴着镣铐出来劳动的人,神色就更阴森了。

陈景润的幼小心灵受到了极大的创伤。他时常被惊慌和迷惘所征服。在家里并没有得到乐趣,在小学里他总是受人欺侮。他觉得自己是一只丑小鸭。不,是人,他还是觉得自己也是一个人。只是他瘦削、弱小。光是这副窝囊样子就不能讨人喜欢。习惯于挨打,从来不讨饶。这更使对方狠狠揍他,而他则更坚韧而有耐力了。他过分敏感,过早地感觉到了旧社会那些人吃人的现象。他被造成了一个内向的人,内向的性格。他独独爱上了数学。不是因为被压,他只是因为爱好数学,演算数学习题占去了他大部分的时间。

当他升入初中的时候,江苏学院从远方的沦陷区搬迁到这个山区来了。那学院里的教授和讲师也到本地初中兼点课,多少也能给他们流亡在异地的生活改善一些。这些老师很有学问。有个语文老师水平最高。大家都崇拜他。但陈景润不喜欢语文。他喜欢两个外地的数理老师。外地老师倒也喜欢他。这些老师经常吹什么科学救国一类的话。他不相信科学能救国。但是救国不可以没有科学,尤其不可以没有数学。而且数学是什么事儿也少不了它的。人们对他歧视,拳打脚踢,只能使他更加爱上数学。枯燥无味的代数方程式却使他充满了幸福,成为唯一的乐趣。

十三岁那年,他母亲去世了,是死于肺结核的。从此,儿想亲娘在梦中,而父亲又结了婚,后娘对他就更不如亲娘了。抗战胜利了,他们回到福州。陈景润进了三一中学。毕业后又到英华书院去念高中。那里有个数学老师,曾经是国立清华大学的航空系主任。

三

老师知识渊博,又诲人不倦。他在数学课上,给同学们讲了许多有趣的数学知识。不爱数学的同学都能被他吸引住,爱数学的同学就更不用说了。

数学分两大部分:纯数学和应用数学。纯数学处理数的关系与空间形式。在处理数的关系这部分里,讨论整数性质的一个重要分支,名叫“数论”。十七世纪法国大数学家费马是西方数论的创始人。但是中国古代老早已对数论作出了特殊贡献。《周髀》是最古老的古典数学著作。较早的还有一部《孙子算经》。其中有一条余数定理是中国首创。后来被传到了西方,名为孙子定理,是数论中的一条著名定理。直到明代以前,中国在数论方面是对人类有过较大的贡献的。五世纪的祖冲之算出来的圆周率,比德国人奥托的,早出一千多年。约瑟夫(指斯大林)领导的科学家把月球的一个山谷命名为“祖冲之”。十三世纪下半叶更是中国古代数学的高潮了。南宋大数学家秦九韶著有《数书九章》。他的联立一次方程式的解法比意大利大数学家欧拉的解法早出了五百多年。元代大数学家朱世杰,著有《四元玉鉴》。他的多元高次方程的解法,比法国大数学家毕朱,也早出了四百多年。明清以后,中国落后了。然而中国人对于数学好像是特具禀赋的。中国应当出大数学家。中国是数学的好温床。

有一次,老师给这些高中生讲了数论之中一道著名的难题。他说,当初,俄罗斯的彼得大帝建设彼得堡，聘请了一大批欧洲的大科学家。其中，有瑞士大数学家欧拉（他的著作共有八百余种），还有德国的一位中学教师，名叫哥德巴赫，也是数学家。

一七四二年，哥德巴赫发现，每一个大偶数都可以写成两个素数的和。他对许多偶数进行了检验，都说明这是确实的。但是这需要给予证明。因为尚未经过证明，只能称之为猜想。他自己不能够证明它，就写信请教那赫赫有名的大数学家欧拉，请他来帮忙作出证明。一直到死，欧拉也不能证明它。从此这成了一道难题，吸引了成千上万数学家的注意。两百多年来，多少数学家企图给这个猜想作出证明，都没有成功。

说到这里，教室里成了开了锅的水。那些像初放的花朵一样的青年学生叽叽喳喳地议论起来了。

老师又说，自然科学的皇后是数学。数学的皇冠是数论。哥德巴赫猜想[①]则是皇冠上的明珠。

同学们都惊讶地瞪大了眼睛。

老师说，你们都知道偶数和奇数，也都知道素数和合数。我们小学三年级就教这些了。这不是最容易的吗？不，这道难题是最难的。这道题很难很难。要有谁能够做了出来，不得了，那可不得了呵！

青年人又吵起来了。这有什么不得了。我们来做。我们做得出来。他们夸下了海口。老师也笑了。他说："真的，昨天晚上我还做了一个梦呢。我梦见你们中间的有一位同学，他不得了，他证明了哥德巴赫猜想。"

高中生们轰的一声大笑了。

但是陈景润没有笑。他也被老师的话震动了，但是他不能笑。如果他笑了，还会有同学用白眼瞪他的。自从升入高中以后，他越发孤独了。同学们嫌他古怪，嫌他脏，嫌他多病的样子，都不理睬他。他们用蔑视的和讥讽的眼神瞅着他。他成了一个踽踽独行，形单影只，自言自语，孤苦伶仃的畸零人。长空里，一只孤雁。

第二天，又上课了。几个相当用功的学生兴冲冲地给老师送上了几个答题的卷子。他们说，他们已经做出来了，能够证明那个德国人的猜想了。可以多方面地证明它呢。没有什么了不起的。哈！哈！

"你们算了！"老师笑着说，"算了！算了！"

"我们算了，算了。我们算出来了！"

"你们算啦！好啦好啦，我是说，你们算了吧，白费这个力气做什么？你们这些卷子我是看也不会看的，用不着看的。那么容易吗？你们是想骑着自行车到月球上去。"

教室里又爆发出一阵哄堂大笑。那些没有交卷的同学都笑话那几个交了卷的。他们自己也笑了起来，都笑得跺脚，笑破肚子了。唯独陈景润没有笑。他紧皱眉头。他被排除在这一切欢乐之外。

第二年，老师又回清华去了。他现在是北京航空学院副院长、全国航空学会理事长沈元。他早该忘记这两堂数学课了。他怎能知道他被多么深刻地铭刻在学生陈景润的记忆中。老师因为同学多，容易忘记，学生却常常记着自己青年时代的老师。

四

福州解放！那年他高中三年级。因为交不起学费，一九五〇年上半年，他没有上学，在家自学了一个学期。高中没有毕业，但以同等学力报考，他考进了厦门大学。那年，大学里只有数学物理系。读大学二年级时,才有了一个数学组,但只有四个学生。到三年级时,有数学系了,系里还是这四个人。因为成绩特别优异,国家又急需培养人才,四个人提前毕了业;而且立即分配了工作,得到的优待,羡慕煞人。一九五三年秋季,陈景润被分配到了北京!在第X中学当数学老师。这该是多么的幸福啊!

然而,不然!在厦门大学的时候,他的日子是好过的。同组同系就只有四个大学生,倒有四个教授和一个助教指导学习。他是多么饥渴而且贪馋地吸饮于百花丛中,以酿制芬芳馥郁的数学蜜糖呵!学习的成效非常之高。他在抽象的领域里驰骋得多么自由自在!大家有共同的 dx 和 dy 等等之类的数学语言。心心相印,息息相通。三年中间,没有人歧视他,也不受骂挨打了。他很少和人来往,过的是黄金岁月;全身心沉浸在数学的海洋里面。真想不到,那么快,他就毕业了。一想到他将要当老师,在讲台上站立,被几十对锐利而机灵,有时难免要恶作剧的眼睛盯视,他禁不住吓得打颤!

他的猜想立刻就得到了证明。他是完全不适合于当老师的。他那么瘦小和病弱,他的学生都是高大而且健壮的。他最不善于说话,说多几句就嗓子发痛了。他多么羡慕那些循循善诱的好老师。下了课回到房间里,他叫自己笨蛋。辱骂自己比别人的还厉害得多。他一向不会照顾自己,又不注意营养,积忧成疾,发烧到摄氏三十八度。送进医院一检查,他患有肺结核和腹膜结核症。

这一年内,他住医院六次,做了三次手术。当然他没有能够好好的教书。但他并没有放弃他的专业。中国科学院不久前出版了华罗庚的名著《堆垒素数论》。刚摆上书店的书架,陈景润就买到了。他一头扎进去了。非常深刻的著作,非常之艰难!可是他钻研了它。住进医院,他还偷偷地避开了医生和护士的耳目,研究它。他那时也认为,这样下去,学校没有理由欢迎他。

他想他也许会失业?又有什么办法呢?好在他节衣缩食,一只牙刷也不买。他从来不随便花一分钱,他积蓄了几乎他的全部收入。他横下心来,失业就回家,还继续搞他的数学研究。积蓄这几个钱是他搞数学的保证。这保证他失业了还能研究数学的几个钱,就是他的生命:他的生命就是数学。至于积蓄一旦用光了,以后呢?他不知道,那时又该怎么办?这也是难题;也是尚未得到解答的猜想。而这个猜想后来也证明是猜对了。他的病好不了,中学里后来无法续聘他了。

厦门大学校长来到了北京,在教育部开会。那中学的一位领导遇见了他,谈起来,很不满意,提出了一大堆的意见:你们怎么培养了这样的高材生?

王亚南,厦门大学校长,就是马克思的《资本论》的翻译者,听到意见之后,非常吃惊。他一直认为陈景润是他们学校里最好的学生。他不同意他所听到的意见。他认为这是分配学生的工作时,分配不得当。他同意让陈景润回到厦门大学。

听说他可以回厦门大学数学系了,说也奇怪,陈景润的病也就好转了。而王亚南却安排他在厦大图书馆当管理员,又不让管理图书,只让他专心致志地研究数学。王亚南不愧为政治经济学的批判家,他懂得价值论,懂得人的价值。陈景润也没有辜负了老校长的培养。他果然精深地钻研了华罗庚的《堆垒素数论》和大厚本儿的《数论导引》。陈景润都把它们吃透了。他的这种经历并不是没有先例的。

当初,我国老一辈的大数学家、大教育家熊庆来,我国现代数学的引进者,在北京的清华大学执教。三十年代之初,有一个在初中毕业以后就失了学,失了学就完全自学的青年人,寄出了一篇代数方程解法的文章,给了熊庆来。熊庆来一看,就看出了这篇文章中的英姿勃发和奇光异彩。他立刻把它的作者,姓华名罗庚的,请进了清华园。他安排华罗庚在清华数学系当文书,可以一面自学,一面大量地听课。尔后,派遣华罗庚出国,留学英国剑桥。学成回国,已担任昆明云南大学校长的熊庆来又介绍他当联大教授。华罗庚后来再次出国,在美国普林斯顿和依利诺的大学教书。中华人民共和国成立以后,华罗庚马上回国来了,他主持了中国科学院数学研究所的工作。

陈景润在厦门大学图书馆中也很快写出了数论方面的专题文章,文章寄给了中国科学院数学研究所。华罗庚一看文章,就看出了文章中的英姿勃发和奇光异彩,也提出了建议,把陈景润选调到数学研究所来当实习研究员。正是:熊庆来慧眼认罗庚,华罗庚睿目识景润。一九五六年年底,陈景润再次从南方海滨来到了首都北京。

一九五七年夏天,数学大师熊庆来也从国外重返祖国首都。

这时少长咸集,群贤毕至。当时著名的数学家有熊庆来、华罗庚、张宗燧、闵嗣鹤、吴文俊等等许多明星灿灿;还有新起的一代俊彦,陆启铿、万哲先、王元、赵民义、吴方等等,如朝霞烂漫;还有后起之秀,陆汝钤、杨乐、张广厚等等已入北京大学求学。在解析数论、代数数论、涵数论、泛涵分析、几何拓扑学等等的学科之中,已是人才济济,又加上了一个陈景润。人人握灵蛇之珠,家家抱荆山之玉。风靡云蒸,阵容齐整。条件具备了,华罗庚作出了部署。侧重于应用数学,但也要向那皇冠上的明珠——哥德巴赫猜想挺进!

五

要懂得哥德巴赫猜想是怎么一回事?只需把早在小学三年级就学到过的数学再来温习一下。那些1、2、3、4、5,个十百千万的数字,叫做正整数。那些可以被2整除的数,叫做偶数。剩下的那些数,叫做奇数。还有一种数,如2、3、5、7、11、13等等,只能被1和它本数,而不能被别的整数整除的,叫做素数。除了1和它本数以外,还能被别的整数整除的,这种数如4、6、8、9、10、12等等就叫做合数。一个整数,如能被一个素数所整除,这个素数就叫做这个整数的素因子。如6,就有2和3两个素因子。如30,就有2、3和5三个素因子。好了,这暂时也就够用了。

一七四二年,哥德巴赫写信给欧拉时,提出:每一个不小于6的偶数都是二个素数之和。例如,6=3+3。又如,24=11+13等等。有人对一个一个的偶数都进行了这样的验算,一直验算到三亿三千万之数,都表明这是对的。但是更大的数目,更大更大的数目呢?猜想起来也该是对的。猜想应当证明。要证明它却很难很难。

整个十八世纪没有人能证明它。

整个十九世纪也没有人能证明它。

到了二十世纪的二十年代,问题才开始有了一点儿进展。

很早以前,人们就想证明,每一个大偶数是两个"素因子不太多的"数之和。他们想这样设置包围圈,想由此来逐步证明哥德巴赫这个命题一个素数加一个素数(1+1)是正确的。

一九二〇年,挪威数学家布朗,用一种古老的筛法(这是研究数论的一种方法)证明了:每一个大偶数都是两个"素因子都不超过九个的"数之和。布朗证明了:九个素因子之积加九个素因子之积(9+9),是正确的。这是用了筛法取得的成果。但这样的包围圈还很大,要逐步缩小。果然,包围圈逐步地缩小了。

一九二四年，数学家拉德马哈尔证明了(7+7)；一九三二年，数学家爱斯斯尔曼证明了(6+6)；一九三八年，数学家布赫斯塔勃证明了(5+5)；一九四〇年，他又证明了(4+4)。一九五六年，数学家维诺格拉多夫证明了(3+3)。一九五八年，我国数学家王元又证明了(2+3)。包围圈越来越小，越接近于(1+1)了。但是，以上所有证明都有一个弱点，就是其中的两个数没有一个是可以肯定为素数的。

早在一九四八年，匈牙利数学家兰恩易另外设置了一个包围圈，开辟了另一战场，想来证明：每一个大偶数都是一个素数和一个“素因子都不超过六个的”数之和。他果然证明了(1+6)。

但是，以后又是十年没有进展。

一九六二年，我国数学家、山东大学讲师潘承洞证明了(1+5)，前进了一步；同年，王元、潘承洞又证明了(1+4)。一九六五年，布赫斯塔勃、维诺格拉多夫和数学家庞皮艾黎都证明了(1+3)。

一九六六年五月，一颗璀璨的讯号弹升上了数学的天空，陈景润在中国科学院的刊物《科学通报》第17期上宣布他已经证明了(1+2)。

自从陈景润被选调到数学研究所以来，他的才智的蓓蕾一朵朵地烂漫开放了。在圆内整点问题，球内整点问题，华林问题，三维除数问题等等之上，他都改进了中外数学家的结果。单是这一些成果，他那贡献就已经很大了。

当他已具备了充分依据，他就以惊人的顽强毅力，向哥德巴赫猜想挺进了。他废寝忘食，昼夜不舍，潜心思考，探测精蕴，进行了大量的运算。一心一意地搞数学，搞得他发呆了。有一次，自己撞在树上，还问是谁撞了他？他把全部心智和理性通通奉献给这道难题的解题上了，他为此而付出了很高的代价。他的两眼深深凹陷了。他的面颊带上了肺结核的红晕。喉头炎严重，他咳嗽不停。腹胀、腹痛，难以忍受。有时已人事不知了，却还记挂着数字和符号。他跋涉在数学的崎岖山路，吃力地迈动步伐。在抽象思维的高原，他向陡峭的巉岩升登，降下又升登！善意的误会飞入了他的眼帘，无知的嘲讽钻进了他的耳道。他不屑一顾；他未予理睬。他没有时间来分辩。他宁可含垢忍辱，餐霜饮雪，走上去一步就是一步！他气喘不已；汗如雨下。他时常感到支持不下去了。但他还是攀登——用四肢，用指爪。真是艰苦卓绝！多少次上去了又摔下来。就是铁鞋，也早该踏破了。人们嘲笑他穿的鞋是破了的：硬是通风透气不会得脚气病的一双鞋子。不知多少次发生了可怕的滑坠！几乎粉身碎骨。他无法统计他失败了多少次。他毫不气馁。他总结失败的教训，把失败接起来，焊上去，作登山用的尼龙绳子和金属梯子。吃一堑，长一智。失败一次，前进一步。失败是成功之母；功由失败堆垒而成。他越过了雪线，到达雪峰和现代冰川，更感缺氧的严重了。多少次坚冰封山，多少次雪崩掩埋！他就像那些征服珠穆朗玛峰的英雄登山运动员，爬呵，爬呵，爬呵！而恶毒的诽谤、恶意的污蔑像变天的乌云和九级狂风。然而热情的支持为他拨开云雾；爱护的阳光又温暖了他。他向着目标，不屈不挠，继续前进，继续攀登。战胜了第一台阶的难以登上的峻峭；出现在难上加难的第二台阶绝壁之前。他只知攀登，在千仞深渊之上；他只管攀登，在无限风光之间。一张又一张的运算稿纸，像漫天大雪似的飞舞，铺满了大地。数字、符号、引理、公式、逻辑、推理，积在楼板上，有三尺深。忽然化为膝下群山，雪莲万千。他终于登上了攀登顶峰的必由之路，登上了(1+2)的台阶。

他证明了这个命题，写出了厚达二百多页的长篇论文。

闵嗣鹤老师给他细心地阅读了论文原稿。检查了又检查，核对了又核对。肯定了，他的证明是正确的，靠得住的。他给陈景润说，去年人家证明(1+3)是用了大型的、高速的电子计算机，而你证明(1+2)却完全靠你自己运算。难怪论文写得长了。太长了，建议他加以简化。

本文第一段最后一句说到的“文献(10)”就是这时他以简报形式，在《科学通报》上宣布的，但只提到了结果，尚未公布他的证明。他当时正修改他的长篇论文。就是在这个当口，突然陈景润被卷入了政治革命的万丈波澜。……

六

中国发生了内乱。到处是有组织的激动，有领导的对战，有秩序的混乱。无产阶级的革命就是经常自己批判自己。只见一个一个的场景，闪来闪去，风驰电掣，惊天动地。一台一台的戏剧，排演出来，喜怒哀乐，淋漓尽致；悲欢离合，动人心肺。一个一个的人物，登上场了。有的折戟沉沙，死有余辜；四大家族，红楼一梦；有的昙花一现，萎谢得好快啊！乃有青松翠柏，虽死犹生，重于泰山，浩气长存！有的是国杰豪英，人杰地灵；干将莫邪，千锤百炼；拂钟无声，削铁如泥。一页一页的历史写出来了，大是大非，终于有了无私的公论。肯定——否定——否定之否定。化妆不经久要剥落；被诬的终究要昭雪。种子播下去，就有收获的一天。播什么，收什么。

天文地理要审查；物理化学要审查。生物要审查；数学也要审查。陈景润在无产阶级文化大革命中受到了最严峻的考验。老一辈的数学家受到了冲击，连中年和年轻的也跑不了。庄严的科学院被骚扰了；热腾腾的实验室冷清了。日夜的辩论；剧烈的争吵。行动胜于语言；拳头代替舌头。……

曾经有人强调了科学工作者要安心工作，钻研学问，迷于专业。陈景润又被认为是这种所谓资产阶级科研路线的“安钻迷”典型。确实，他成天钻研学问。不关心政治，是的，但也参加了历次的政治运动。共产党好，国民党坏，这个朴素的道理他非常之分明。数学家的逻辑像钢铁一样坚硬：他的立场站得稳。他没有犯过什么错误。在政治历史上，陈景润一身清白。他白得像一只仙鹤。鹤羽上，污点粘不上去。而鹤顶鲜红；两眼也是鲜红的，这大约是他熬夜熬出来的。他曾下厂劳动，也曾用数学来为生产服务，尽管他是从事于数论这一基础理论科学的。但不关心政治，最后政治要来关心他。并且，要狠狠地批评他了。批评得轻了，不足以触动他。只有触动了他，才能使他今后注意路线关心政治。批评不怕过分，矫枉必须过正。但是，能不能一推就把他推过敌我界线？能不能将他推进“专政队”里去？尽量摆脱外界的干扰，以专心搞科研又有何罪？

善意的误会，是容易纠正的。无知的嘲讽，也是可以谅解的。批判一个数学家，多少总应该知道一些数学的特点。否则，说出了糊涂话来自己还不知道。陈景润被批判了。他被帽子工厂看中了：修正主义苗子，安钻迷，白专道路典型，白痴，寄生虫，剥削者。就有这样的糊涂话：这个人，研究(1+2)的问题。他搞的是一套人们莫名其妙的数学。让哥德巴赫猜想见鬼去吧！(1+2)有什么了不起！1+2不等于3吗？此人混进数学研究所，领了国家的工资，吃了人民的小米，研究什么1+2=3，什么玩意儿？！伪科学！

说这话的人才像白痴呢！

并不懂得数学的人说出这样的话，那是可以理解的，可是说这些话的人中间，有的明明是懂得数学，而且是知道哥德巴赫猜想这道世界名题的。那么，这就是恶意的诽谤了。权力使人昏迷了;派性叫人发狂了。

理解一个人是很难的。理解一个数学家也不容易。至于理解一个恶意的诽谤者却很容易,并不困难。只是陈景润发病了,他病重了。钢铁工厂也来光顾了。陈景润听着那些厌恶与侮辱他的,唾沫横飞的,听不清楚的言语。他茫然直视。他两眼发黑,看不到什么了。他像发寒热一样颤抖。一阵阵刺痛的怀疑在他脑中旋转。血痕印上他惨白的面颊,一块青一块黑,一种猝发的疾病临到他的身上。他眩晕,他休克,一个倒栽葱,从上空摔到地上。“资产阶级认为最革命的事件,实际上却是最反革命的事件。果实落到了资产阶级脚下,但它不是从生命树上落下来,而是从知善恶树上落下来的。”(马克思:《雾月十八日》——二)

七

台风的中心是安静的。

过了一段时间,不知是多少天多少月?“专政队”的生活反倒平静无事了。而旋转在台风里面的人却焦灼着、奔忙着、谋划着、叫嚷着、战斗着,不吃不睡,狂热地保护自己的派性,疯狂地攻击对方的派性。他们忙着打派仗,竟没有时间来顾及他们的那些“专政”对象了。这时有一个老红军,主动出来担当了看守他们的任务。实际是一个热情的支持者,他保护了科学家们,还允许他们偷偷地看书。

待到工人宣传队进驻科学院各所以后,陈景润被释放了,可以回到他自己的小房间里去住了。不但可以读书,也可以运算了。但是总有一些人不肯放过他。每天,他们来敲敲门,来查查户口,弄得他心惊肉跳,不得安身。有一次,带来了克丝钳子:存心不让他看书,把他房间里的电灯铰了下来,拿走了。还不够,把开关拉线也剪断了。

于是黑暗降临他的心房。

但是他还得在黑暗中活下去呵,他买了一只煤油灯。又生怕煤油灯光外露,就在窗子上糊了报纸。他挣扎着生活,简直不成样子。对搞工作的,扣他们工资;搞打砸抢的,反而有补贴。过了这样久心惊肉跳的生活,动辄得咎,他的神经极度衰弱了。工作不能做,书又不敢读。工宣队来问:为什么要搞 1+1=2 以及 1+2=3 呢?他哭笑不得,张皇失措了。他语无伦次,不知道怎样对师傅们解说才能解释清楚。工人同志觉得这个人奇怪。但是他还是给他们解释清楚了。这(1+1)(1+2)只是一个通俗化的说法,并不是日常所说的 1+1 和 1+2。好像我们说一个人是纸老虎,并不就是老虎了。弄清楚了之后,工人师傅也生气地说:那些人为什么要胡说?他们也热情支持他,并保护他了。

“九一三”事件[②]之后,大野心家已经演完了他的角色,下场遗臭万年去了。陈景润听到这个传达之后,吃惊得说不出话来。这时,情况渐渐地好转。可是他却更加成了惊弓之鸟。激烈的阶级斗争使他无所适从。唯一的心灵安慰从来就是数学。他只好到数论的大高原上去隐居起来。现在也允许他这样做,继续向数学求爱了。图书馆的研究员出身的管理员也是他的热情支持者。事实证明,热情的支持者,人数众多。他们对他好,保护他。他被藏在一个小书库的深深的角落里看书。由于这些研究员的坚持,数学研究所继续订购世界各国的文献资料。这样几年,也没有中断过:这是有功劳的。他阅读,他演算,他思考。情绪逐步地振作起来,但是健康状况却更加严重了。他从不说;他也不顾。他又投身于工作。白天在图书馆的小书库一角,夜晚在煤油灯底下,他又在攀登,攀登,攀登了,他要找寻一条一步也不错的最近的登山之途,又是最好走的路程。

敬爱的周总理,一直关心着科学院的工作,腾出手来排除帮派的干扰。半个月之前,有一位周大姐被任命为数学研究所的政治部主任。由解析数论、化数数论等学科组成的五学科室恢复了上下班的制度。还任命了支部书记，是个工农出身的基层老干部，当过第二野战军政治部的政治干事。

到职以后，书记就到处找陈景润。周大姐已经把她所了解的情况告诉了他。但他找不到陈景润。他不在办公室里，办公室里还没有他的办公桌。他已经被人忘记掉了。可是他们会了面，会面在图书馆小书库的一个安静的角上。

刚过国庆，十月的阳光普照。书记还只穿一件衬衣，衰弱的陈景润已经穿上棉袄。“李书记，谢谢你。”陈景润说，他见人就谢。“很高兴。”他说了一连串的很高兴。他一见面就感到李书记可亲。“很高兴，李书记，我很高兴，李书记，很高兴。”

李书记问他：“下班以后，下午五点半好不好？我到你屋去看看你。”

陈景润想了一想就答应了：“好，那好，那我下午就在楼门口等你，要不你会找不到的。”

“不，你不要等我，”李书记说，“怎么会找不到呢？找得到的。完全用不着等的。”但是陈景润固执地说：“我要等你，我在宿舍大楼门口等你。不然你找不到。你找不到我就不好了。”

果然下午他是在宿舍大楼门口等着的。他把李书记等到了，带着他上了三楼，请进了一个小房间。小小房间，只有六平方米大小。这房间还缺了一只角。原来下面二楼是个锅炉房。长方形的大烟囱从他的三楼房间中通过，切去了房间的六分之一。房间是刀把形的。显然它的主人刚刚打扫、清理过这间房了，但还是不太整洁。窗子三槅，糊了报纸，糊得很严实。尽管秋天的阳光非常明丽，屋内光线很暗淡。纱窗之上，是羊尾巴似的卷起来的窗纱。窗上缠着绳子，关不严。虫子可以飞出飞进。李书记没有想到他住处这样不好。他坐到床上，说：“你床上还挺干净！”

“新买了床单。刚买来的床单。”陈景润说，“你要来看看我。我特地去买了床单。”指着光亮雪白的蓝格子花纹的床单。“谢谢你，李书记，我很高兴，很久很久了，没有人来看望……看望过我了。”他说着，声音颤抖起来。这里面带着泪音。霎时间李书记感到他被这声音震撼起来，满腔怒火燃烧。这个党的工作者从来没有这样激动过。不像话；太不像话了！这房间里还没有桌子。六平方米的小屋，竟然空如旷野。一捆捆的稿纸从屋角两只麻袋中探头探脑地露出脸来。只有四叶暖气片的暖气上放着一只饭盒、一堆药瓶、两个暖瓶。连一只矮凳子也没有。怎么还有一只煤油灯？他发现了，原来房间里没有电灯。“怎么？”他问，“没有电灯？”

“不要灯。”他回答，“要灯不好。要灯麻烦。这栋大楼里，用电炉的人家很多。电线负荷太重，常常要检查线路，一家家的都要查到。但是他们从来不查我。我没有灯，也没有电线。要灯不好，要灯添麻烦了。”说着他凄然一笑。

“可是你要做工作。没有灯，你怎么做工作？说是你工作得很好。”

“哪里哪里。我就在煤油灯下工作；那，一样工作。”

“桌子呢？你怎么没有桌子？”

陈景润随手把新床单连同褥子一起翻了起来，露出了床板，指着说：“这不是？这样也就可以工作了。”

李书记皱起了眉头，咬牙切齿了。他心中想着：“唔，竟有这样的事！在中关村，在科学院呢。糟蹋人呵，糟蹋科学！被糟蹋成了这个状态。”一边这样想，一边又指着羊尾巴似的窗纱问道:“你不用蚊帐?不怕蚊虫咬?”

“晚上不开灯,蚊子不会进来。夏天我尽量不在房间里待着。现在蚊子少了。”

“给你灯。”李书记加重了语气说,“接上线,再给你桌子、书架,好不好?”

“不好不好,不要不要,那不好,我不要,不……不……”

李书记回到机关。他找到了比他自己早到了才一个星期的办公室老张主任。主任听他说话后,认为这一切不可能:“瞎说!怎么会没有灯呢?”李书记给他描绘了小房间的寂寞风光。那些身上长刺头上长角的人把科学院搅得这样!立刻找来了电工。电工马上去装灯。灯装上了,开关线也接上了,一拉,灯亮了。陈景润已经俯伏在一张桌子之上,写起来了。光明回到陈景润的心房。

八

(他写着,写着)……

……

何等动人的一页又一页!这些是人类思维的花朵。这些是空谷幽兰、高寒杜鹃、老林中的人参、冰山上的雪莲、绝顶上的灵芝、抽象思维的牡丹。这些数学的公式也是一种世界语言。学会这种语言就懂得它了。这里面贯穿着最严密的逻辑和自然辩证法。它是在探索太阳系、银河系、河外系和宇宙的秘密,原子、电子、粒子、层子的奥妙中产生的。但是能升登到这样高深的数学领域去的人,一般地说,并不很多。

且让我们这样稍稍窥视一下彼岸彼土。那里似有美丽多姿的白鹤在飞翔舞蹈。你看那玉羽雪白,雪白得不沾一点尘土;而鹤顶鲜红,而且鹤眼也是鲜红的。它踯躅徘徊,一飞千里。还有乐园鸟飞翔,有鸾凤和鸣,姣美、娟丽,变化无穷。在深邃的数学领域里,既散魂而荡目,迷不知其所之。

闵嗣鹤老师却能够品味它,欣赏它,观察它的崇高瑰丽。他当时说过:“陈景润的工作,最近好极了。他已经把哥德巴赫猜想的那篇论文写出来了。我已经看到了,写得极好。”“你的论文写出来了?”一位军代表问陈景润,“为什么不拿出来?”陈景润回答他:“正做正做,没有做完。”军代表说:“希望你早日完成。”

室里的领导老田对李书记说:“可以动员动员他,让他拿出来;但也不急。他不拿出来,自然有他的道理的。”

李书记问了问他,陈景润说:“有人还在骂我,说我不交论文是因为现在没有稿费了。说是恢复了稿费我就会交了。”李书记追了他一句:“谁这样说你?”他回答:“你不要问了。谢谢你,你可别去问呵!问了我更麻烦了。没有稿费,谢天谢地。我不要稿费。我压根儿也没有想到它。那个稿子我还在做。我确实还没有做完。”

九

“我确实还没有做完。我的论文是做完了,又是没有做完的。自从我到数学研究所以来,在严师、名家和组织的培养、教育、熏陶下,我是一个劲儿钻研。怎么还能干别的事?不这样怎么对得起党?在世界数学的数论方面三十多道难题中,我攻了六七道难题,推进了它们的解决。这是我的必不可少的锻炼和必不可少的准备。然后我才能向哥德巴赫猜想挺进。为此,我已经耗尽了我的心血。

“一九六五年,我初步达到了(1+2)。但是我的解答太复杂了,写了两百多页的稿子。数学论文的要求:一是正确性,二是简洁性。譬如从北京城里走到颐和园那样,可有许多条路,要选择一条最准确无错误,又最短最好的道路。我那个长篇论文是没有错误,但走了远路,绕了一点儿道,长达两百多页,也还没有发表。国外没有承认它,也没有否认它,因为它没有发表。从那年到今天已经过去了七年。

“这个事是比较困难的,也是难于被人理解的。从学习外语来说,我是在中学里就学了英语,在大学里学的俄语,在所里又自学了德语和法语。我勉强可以阅读和写了。又自学了日语、意大利语和西班牙语,到了勉强可以阅读外国资料和文献的程度。因而在借鉴国外的经验和成就时,可以从原文阅读,用不着等人翻译出来了再读。这是必不可少的一个条件。我必须检阅外国资料的尽可能的全部总和,消化前人智慧的尽可能不缺的全部的果实。而后我才能在这样的基础上解答(1+2)这样的命题。

“我的成果又必须表现在这样的一篇论文中,虽然是专业性质的论文,文字是比较简单的;尽管是相对地严密的,又必须是绝对地精确的。若干地方就是属于哲学领域的了。所以我考虑了又考虑,计算了又计算,核对了又核对,改了又改,改个没完。我不记得我究竟改了多少遍?科学的态度应当是最严格的,必须是最严格的。

“我知道我的病早已严重起来。我是病入膏肓了。细菌在吞噬我的肺腑内脏。我的心力已到了衰竭的地步。我的身体确实是支持不了啦!唯独我的脑细胞是异常的活跃,所以我的工作停不下来。我不能停止。……”

十

一九七三年二月,春节来临。

早一天,数学研究所的周大姐说,佳节前后,要特别关心一下病号。她说:“那些老八路的作风,那些过去部队里形成的作风,我们千万不能丢掉了。尤其像陈景润那样的同志,要关心他,他很顽强。他病得起不来了,但又没有起不来的时候。在任何情况下挣扎起来,他坚持工作。他为什么?他为谁?为他自己吗?为他自己,早就不干了。不是,他是为人民,为党工作。我们要去慰问他。也要慰问单位里所有的病人。”

其实,外表看来魁梧、说话声音洪亮的周大姐自己也是一个力不从心、患有心脏病、应当受到慰问的人。

人年初一早晨,周人姐和几个书记,包括李书记,一行数人,把头天买好了的苹果、梨子装进一些塑料网线袋子。若干袋子大家分头提了,然后举步出发,慰问病人。他们先到陈景润那里。他住得最近。

陈景润正从楼梯上走下来。大家招呼他。他很惊讶,来了这许多的领导同志。周大姐说:“过春节,我们看你来了,你的病好点了吧?”李书记也说:“新年好,给你贺新年。”陈景润说:“噢,今天是新年了呵?我很高兴,谢谢你们,谢谢你们。新年好,你们好。”李书记说:“到你屋里去坐坐吧。”“不,不行。”陈景润说,“你没有先给我打招呼,不能进去。”周大姐沉吟了一下,说:“好吧,我们就不去了。李书记,你给他送水果上楼吧。我们还上别家去,你回头再赶上我们好了。”李书记说:“好。”周大姐和陈景润握手,并祝他早日恢复健康,然后转过身走了。李书记把水果袋子递给陈景润说:“春节了。这是组织上送给你的。希望你在新的一年里,多给党做点工作。”“不要水果,不要水果,”陈景润推却了,“我很好,我没有病,没有什么……这点点病,呃……呃,谢谢你,我很高兴。”说着说着他收下了水果。李书记说:“上你屋聊聊?”他又张手拦住,“不,不要进屋了,你没有给我打招呼。”

李书记说:“那好,我不上去了。你有什么事,随时告诉我。我也得去追上他们,到别家去看望看望。”于是握手作别，他返身走。刚走两步，后面又叫：“李书记，李书记！”陈景润又追过来，把水果袋子给了李书记，并说：“给你家的小孩吃吧。我吃不了这么多。我是不吃水果的。”李书记说：“这是组织上给你的，不过表示表示，一点点的心意罢了。要你好好保养身体，可以更好地工作。你收下吧，吃不下，你慢慢地吃吧。”

他默然收下了。他噙着泪送李书记到大楼门口。李书记扬手走了，赶上了周大姐他们的行列。陈景润望着李书记的背影，凝望着周大姐一行人的背影模糊地消失在中关村路林荫道旁的切面铺子后面了。突然间，他激动万分。他上楼，见人就讲，并且没有人他也讲。“从来所领导没有把我当做病号对待，这是头一次；从来没有人带了东西来看望我的病，这是头一次。”他举起了塑料袋，端详它，说：“这是水果，我吃到了水果，这是头一次。”

他飞快地进了小屋。一下子把自己反锁在里面了。

他没有再出来。直到春节过去了。头一天上班，陈景润把一叠手稿交给了李书记，说：“这是我的论文。我把它交给党。”

李书记看看他，又轻声问他：“是那个(1+2)？”

“是的，闵老师已看过，不会有错误的。”陈景润说。

数学研究所立即组织了一次小型的学术报告会。十几位专家听了陈景润的报告，一致给以高度评价。然后，数学研究所业务处将他的论文上报院部。

十一

……

以上就是陈景润的著名论文：《大偶数表为一个素数及一个不超过二个素数的乘积之和》的“(三)结果”。作为结果的定理就是那个“陈氏定理”。

四月中的一天，中国科学院在三里河工人俱乐部召开全院党员干部大会。武衡同志在会上作报告。他说到数学研究所一位中级的研究员做出了世界水平的重大成果。当时没说人名，听到了，还不知说谁？李书记在座中，捅了一下旁边的人。“干什么？”那人说。他问：“你听到没有？”“怎么啦？”那人又说。“这活儿是陈景润做出来的呵！”“噢？还这么重要？”那人说。“这是世界名题。真不简单！”

第二天，新华社记者来访。他见到了陈景润，谈了话，进他房间看了看。回去就写出一篇报道，立即在内部刊物上发表。其中，说到了陈景润的经历；他刻苦钻研的精神；重大的科研成果以及他现在还住在一间烟熏火烤的小房间里。生活条件很差！疾病严重！！生命垂危！！！

伟大领袖和导师毛主席看到了这篇报道，立即作出了指示。

当天深夜，武衡同志走进了陈景润的小房间。

他立即被送进医院，由首都医院内科主任和卫生部一位副部长给他做了全面的身体检查。他患有多种疾病。他们要他立即住院疗养，他不肯。于是，向他传达了毛主席的指示。

他一共住院一年半。

在住院期间，敬爱的周总理曾亲自安排了陈景润的全国人民代表席位。在第四届全国人民代表大会上，陈景润见到了周总理，并和总理在一个小组里开会。人代会期间，当他得知总理的病时，当场哭了起来，几夜睡不着觉。大会后，他仍回医院治疗。

当他出院的时候，医院的诊断书上写着：“经住院治疗后，一般情况较好。精神改善；体温正常。体重增加十斤；饮食睡眠好转。腹痛腹胀消失；二肺未见活动性病灶。心电图正常；脑电图正常。肝肾功能正常；血沉及血象正常。”

早在他的论文发表时，西方记者迅即获悉，电讯传遍全球。国际上的反响非常强烈。英国数学家哈勃斯丹和西德数学家李希特的著作《筛法》正在印刷所校印。他们见到了陈景润的论文，立即要求暂不付印，并在这部书里添加了一章，第十一章：“陈氏定理”。他们誉之为筛法的“光辉的顶点”。在国外的数学出版物上，诸如“杰出的成就”、“辉煌的定理”等等，不胜枚举。一个英国数学家给他的信里还说：“你移动了群山！”

真是愚公一般的精神呵！

或问：这个陈氏定理有什么用处呢？它在哪些范围内有用呢？

大凡科学成就有这样两种：一种是经济价值明显，可以用多少万、多少亿人民币来精确地计算出价值来的，叫做“有价之宝”；另一种成就是在宏观世界、微观世界、宇宙天体、基本粒子、经济建设、国防科研、自然科学、辩证唯物主义哲学等等之中有这种那种作用，其经济价值无从估计、无法估计，没有数字可能计算的，叫做“无价之宝”，例如，这个“陈氏定理”就是。

现在，离皇冠上的明珠，只有一步之遥了。

但这是最难的一步。且看明珠归于谁之手吧！

十二

陈景润曾经是一个传奇式的人物。关于他，传说纷纭，莫衷一是。有善意的误解、无知的嘲讽、恶意的诽谤、热情的支持，都可以使得这个人扭曲、变形、砸烂或扩张放大。理解人不容易；理解这个数学家更难。他特殊敏感，过于早熟，极为神经质，思想高度集中。外来和自我的肉体与精神的折磨和迫害使得他试图逃出于世界之外。他相当成功地逃避在纯数学之中，但还是藏匿不了。纯数学毕竟是非常现实的材料的反映。“这些材料以极度抽象的形式出现，这只能在表面上掩盖它起源于外部世界的事实。”（恩格斯）陈景润通过数学的道路，认识了客观世界的必然规律。他在诚实的数学探索中，逐步地接受了辩证唯物论的世界观。没有一定的世界观转变，没有科学院这样的集体和党的关怀，他不可能对哥德巴赫猜想作出辉煌贡献。被冷酷地逐出世界的人，被热烈的生命召唤了回来。帮派体系打击迫害，更显出党的恩惠温暖。冲击对于他好像是坏事，也是好事，他得到了锻炼而成长了。病人恢复了健康。畸零人成了正常人。正直的人已成为政治的人。多余的人，为国增了光。他进步显著，他坚定抗击了“四人帮”对他的威胁与利诱。“四人帮”无所不用地威胁他诬陷邓副主席，他不屈！许以高官厚禄，利诱他向人妖效忠，他不动！真正不简单！数学家的逻辑像钢铁一样坚硬！今后，可以信得过，他不会放松了自己世界观的继续改造。他生下来的时候，并没有玫瑰花，他反而取得成绩。而现在呢，应有所警惕了呢，当美丽的玫瑰花朵微笑时。

1977 年 9 月于中关村

【注释】

①哥德巴赫猜想：14 = 3 + 11，28 = 5 + 23，100 = 11 + 89，任何一个大偶数都可以表示为两个质数（质数是指除 2 以外的只能被 1 和它本身整除的自然数）之和，这个有趣的现象被 200 年前的哥德巴赫发现了。注意：质数又叫做素数。

1690 年，哥德巴赫生于德国，小时候他对数学并不感兴趣。后来，他在欧洲各国旅行时，结识了曾经诞生过 8 位数学家的著名的伯努利家庭，从此对数学产生了兴趣，并走上了数学研究这条道路。

哥德巴赫和数学家欧拉经常通信.讨论数学问题,他的许多研究成果,都是在和这位伟大的科学家的通信商讨中产生的。

1742年6月7日,哥德巴赫写信给欧拉,说他想发表一个猜想:每一个大偶数都可以写成两个质数之和。质数是指除了能表示为它自己和1的乘积以外,不能表示为任何其他两个数的乘积这样的数。例如:12=3×4,所以,12不是质数,13除了等于13×1以外,不能表示为其他任何两个数的乘积,所以13是一个质数。这个命题的叙述虽然简单,但给出一般的证明却十分困难。由于这一问题是哥德巴赫最先以猜想的形式提出来的,所以后来的科学家们把它称为"哥德巴赫猜想"。

数学家发现如果能先证明:每一个大偶数都是两个质因子不太多的数之和,例如:68=5×7+11×3,这说明偶数68可以表示为各含两个质因子的数之和,简记为(2+2),这里的2表示质因子的个数,然后再逐步减少每个数所含质因子的个数,直到每一个数只含一个质因子为止。也就是说,这两个数本身就是质数,这不就等于证明出了哥德巴赫猜想了吗?

1920年,挪威数学家布朗证明了每一个大偶数都可以表示为两个质因子个数不超过9的数之和,即(9+9);1924年,德国数学家拉德马哈尔证明了(7+7);1932年,英国数学家爱斯斯尔曼证明了(6+6);1938年和1940年,苏联数学家布赫斯塔勃证明了(5+5)与(4+4);1956年,维诺格拉多夫证明了(3+3)。这就好像运动员那样,不断地刷新着世界纪录。

1966年,我国数学家陈景润证明了(1+2),离最终目标(1+1)只有一步之遥,取得了迄今世界上关于哥德巴赫猜想这个难题的最好成绩。他的这篇论文在国际数学界引起了巨大反应,被誉为"陈氏定理"。

②"九一三"事件:1971年9月13日,林彪、叶群等8人乘坐飞机出逃,在蒙古人民共和国温都尔汗的上空失事,机上人员全部死亡。

【思考与练习】

1. 概括本文的艺术创作特点。
2. 浅谈你对科学与艺术关系的理解。

21. 我有一个梦想

马丁·路德·金

马丁·路德·金(1929—1968年),正式姓名是小马丁·路德·金,美国黑人律师,著名黑人民权运动领袖。1929年1月15日生于佐治亚州亚特兰大市,父亲马丁·路德·金是一位牧师,起初把他的儿子起名为麦克尔·金,后来改为小马丁·路德·金。做牧师的父亲,对马丁影响很大。从父亲在教会的布道中,马丁学会了运用生动的语言和词汇来吸引听众的技巧。1944年,马丁15岁时进入亚特兰大的黑人学院摩尔豪斯学院读书,后又就读于宾夕法尼亚大学、哈佛大学,1955年在波士顿大学获神学博士学位,并被任命为亚拉巴马州蒙哥马利市德克斯特街教堂牧师。1955—1956年,他领导了该市黑人抵制公共汽车公司种族歧视的罢乘运动,成为民权运动黑人领袖。受印度M.K.甘地思想的影响,提倡"同情和谅解那些恨我们的人",主张用爱来消除种族仇恨,以非暴力示威来对抗暴力。1963年,他领导25万人向华盛顿进军"大游行",为黑人争取自由平等和就业。马丁·路德·金在游行集会上发表了这篇著名演说,1964年获诺贝尔和平奖。他被誉为近百年来八大最具有说服力的演说家之一。他一生曾3次被捕,3次被行刺,1968年被种族主义分子枪杀,时年仅39岁。他的名字在世界上几乎无人不知,无人不晓。而现在越来越多的人认识到了他为美国民权运动的发展作出的巨大贡献。本文选自《世界散文随笔精品文库》美国卷。

一百年前，一位伟大的美国人签署了《解放宣言》[1]，今天我们就是在他的雕像前集会。这一庄严宣言犹如灯塔的光芒，给千百万在那摧残生命的不义之火中受煎熬的黑奴带来了希望。它的到来犹如欢乐的黎明，结束了束缚黑人的漫漫长夜。

然而一百年后的今天，我们必须正视黑人还没有得到自由这一悲惨的事实，一百年后的今天在种族隔离的镣铐和种族歧视的枷锁下，黑人的生活备受压榨。一百年后的今天，黑人仍生活在物质充裕的海洋中一个穷困的孤岛上。一百年后的今天，黑人仍然萎缩在美国社会的角落里，并且意识到自己是故土家园中的流亡者。今天我们在这里集会，就是要把这种骇人听闻的情况公诸于众。

就某种意义而言，今天我们是为了要求兑现诺言而汇集到我们国家的首都来的。我们共和国的缔造者草拟宪法和独立宣言的气壮山河的词句时，曾向每一个美国人许下了诺言，他们承诺给予所有的人以生存、自由和追求幸福的不可剥夺的权利。

就有色公民而论，美国显然没有实践她的诺言。美国没有履行这项神圣的义务，只是给黑人开了一张空头支票，支票上盖着“资金不足”的戳子后便退了回来。但是我们不相信正义的银行已经破产，我们不相信，在这个国家巨大的机会之库里已没有足够的储备。因此，今天我们要求将支票兑现——这张支票将给予我们宝贵的自由和正义的保障。

我们来到这个圣地也是为了提醒美国，现在是非常急迫的时刻。现在决非侈谈冷静下来或服用渐进主义的镇静剂的时候，现在是实现民主的诺言的时候，现在是从种族隔离的荒凉阴暗的深谷攀登种族平等的光明大道的时候，现在是向上帝所有的儿女开放机会之门的时候，现在是把我们的国家从种族不平等的流沙中拯救出来，置于兄弟情谊的磐石上的时候。

如果美国忽视时间的迫切性和低估黑人的决心，那么，这对美国来说，将是致命伤。自由和平等的爽朗秋天如不到来，黑人义愤填膺的酷暑就不会过去。一九六三年并不意味着斗争的结束，而是开始。有人希望，黑人只要撒撒气就会满足；如果国家安之若素，毫无反应，这些人必会大失所望的。黑人得不到公民的权利，美国就不可能有安宁或平静。正义的光明的一天不到来，叛乱的旋风将继续动摇这个国家的基础。

但是对于等候在正义之宫门口的心急如焚的人们，有些话我是必须说的。在争取合法地位的过程中，我们不要采取错误的做法。我们不要为了满足对自由的渴望而抱着敌对和仇恨之杯痛饮。我们斗争时必须永远举止得体，纪律严明。我们不能容许我们的具有崭新内容的抗议蜕变为暴力行动。我们要不断地升华到以精神力量对付物质力量的崇高境界中去。

现在黑人社会充满着了不起的新的战斗精神，但是我们却不能因此而不信任所有的白人。因为我们的许多白人兄弟已经认识到，他们的命运与我们的命运是紧密相连的，他们今天参加游行集会就是明证。他们的自由与我们的自由是息息相关的。我们不能单独行动。

当我们行动时，我们必须保证向前进。我们不能倒退。现在有人问热心民权运动的人：“你们什么时候才能满足？”

只要黑人仍然遭受警察难以形容的野蛮迫害，我们就绝不会满足。

只要我们在外奔波而疲乏的身躯不能在公路旁的汽车旅馆和城里的旅馆找到住宿之所，我们就绝不会满足。

只要黑人的基本活动范围只是从少数民族聚集的小贫民区转移到大贫民区，我们就绝不会满足。

只要密西西比仍然有一个黑人不能参加选举，只要纽约有一个黑人认为他投票无济于事，我们就绝不会满足。

不！我们现在并不满足，我们将来也不满足，除非正义和公正犹如江海之波涛，汹涌澎湃，滚滚而来。

我并非没有注意到，参加今天集会的人中，有些受尽苦难和折磨，有些刚刚走出窄小的牢房，有些由于寻求自由，曾在居住地惨遭疯狂迫害的打击，并在警察暴行的旋风中摇摇欲坠。你们是人为痛苦的长期受难者。坚持下去吧，要坚决相信，忍受不应得的痛苦是一种赎罪。让我们回到密西西比去，回到亚拉巴马去，回到南卡罗来纳去，回到佐治亚去，回到路易斯安那去，回到我们北方城市中的贫民区和少数民族居住区去，要心中有数，这种状况是能够也必将改变的。我们不要陷入绝望而不可自拔。

朋友们，今天我对你们说，在此时此刻，我们虽然遭受种种困难和挫折，我仍然有一个梦想。这个梦想是深深扎根于美国的梦想中的。

我梦想有一天，这个国家会站立起来，真正实现其信条的真谛："我们认为这些真理是不言而喻的：人人生而平等。"

我梦想有一天，在佐治亚的红山上，昔日奴隶的儿子将能够和昔日奴隶主的儿子坐在一起，共叙兄弟情谊。

我梦想有一天，甚至连密西西比这个正义匿迹、压迫成风、如同沙漠般的地方，也将变成自由和正义的绿洲。

我梦想有一天，我的四个孩子将在一个不是以他们的肤色，而是以他们的品格优劣来评价他们的国度里生活。

我今天有一个梦想。

我梦想有一天，亚拉巴马能够有所转变，尽管该州州长现在仍然满口异议，反对联邦法令，但有朝一日，那里的黑人男孩和女孩将能与白人男孩和女孩情同骨肉，携手前进。

我今天有一个梦想。

我梦想有一天，幽谷上升，高山下降，坎坷曲折之路成坦途，圣光披露，满照人间。

这就是我们的希望。我怀着这种信念回到南方。有了这个信念，我们将能从绝望之岭劈出一块希望之石。有了这个信念，我们将能把这个国家刺耳的争吵声，改变成为一支洋溢手足之情的优美交响曲。

有了这个信念，我们将能一起工作，一起祈祷，一起斗争，一起坐牢，一起维护自由。因为我们知道，终有一天，我们是会自由的。

在自由到来的那一天，上帝的所有儿女们将以新的含义高唱这支歌："我的祖国，美丽自由之乡，我为您歌唱。您是父辈逝去的地方，您是最初移民的骄傲，让自由之声响彻每个山岗。"

如果美国要成为一个伟大的国家，这个梦想必须实现。让自由之声从新罕布什尔的巍峨峰巅响起来！让自由之声从纽约的崇山峻岭响起来！让自由之声从宾夕法尼亚阿勒格尼山的顶峰响起来！

让自由之声从科罗拉多冰雪覆盖的落基山响起来！让自由之声从加利福尼亚蜿蜒的群峰响起来！不仅如此，还要让自由之声从佐治亚的石岭响起来！让自由之声从田纳西的瞭望山响起来！

让自由之声从密西西比的每一座丘陵响起来！让自由之声从每一片山坡响起来。

当我们让自由之声响起来，让自由之声从每一个大小村庄、每一个州和每一个城市响起来时，我们将能够加速这一天的到来，那时，上帝的所有儿女，黑人和白人，犹太教徒和非犹太教徒，耶稣教徒和天主教徒，都将手携手，合唱一首古老的黑人灵歌："终于自由啦！终于自由啦！感谢全能的上帝，我们终于自由啦！"

【注释】

①《解放宣言》：美国南北战争期间林肯总统颁布的宣言。1862 年 9 月 22 日发表草案，次年 1 月 1 日正式颁布。规定南方叛乱各州的黑奴成为自由人，但未明确废除奴隶制和分地给解放的黑人。宣言得到国内外人民的支持，并使内战形势转而有利于北方。1865 年，宪法修正案正式宣布废除奴隶制。

【思考与练习】

1. 试分析本文的结构特点。
2. 谈谈演讲的本质和特征。

第四章　小说阅读

22. 告诉我我是谁

邹月照

邹月照(1950—),当代作家,广东肇庆人,曾当过知青、钳工。1980 年调入广东作家协会文学院开始从事专业文学创作。曾获广东省新人新作奖,《小说月报》、《广州文艺》、《萌芽》等杂志奖。发表小说等文学作品约 400 万字。代表作品有短篇小说集《生活往往是这样》、中短篇小说集《第三十三个乘客》、长篇小说《沼泽》和《告别残冬》等。本文选自《作品》1994 年第 1 期。

上　篇

奇运为他那部《工业社会的美学原则》的书稿画上最后一个句号。

模仿英年早逝的作家路遥,使劲将手中不怎么值钱的钢笔掷出窗外。奇运等待钢笔从七楼落地的脆响,却悄然无声。这令奇运有点遗憾。

奇运穿上大衣,缠上围巾,来到街上。

没有苍蝇般扑来扑去的车辆,没有羊群般乱挤乱撞的行人。城市干净,可爱极了。

如今这马路属于我一个人。今后我应该天天在这时候出来散步。

奇运欣赏皮鞋叩击水泥路面的声音:进行曲,中四步。

十字路口。"富豪夜总会"的巨幅广告牌。数十辆挤在一起的轿车。此刻里面的富豪们在干什么呢?

奇运对夜总会没兴趣,他穿越马路,打算往西郊,在寂静中散步。

奇运刚踩上斑马线,眼前刮来一股黑亮的旋风。他轻轻地短促地"哦"了一声,恰如漫不经心回应什么人的召唤。胸膛深处发出咬嚼炒蚕豆的脆响,一串火焰蓬勃地窜出喉咙,一切就宁静了,凝结了,黑暗了。

奇运裂变为不可估量的微粒徐徐飘散,随风消逝于无垠的夜空里。

奇运手腕上价值六十余元的国产石英表仍在窃窃私语,反复叙述古老的故事。长短针显示此时为一时二十九分。

三十米远的巨大的"富"字下的玻璃大门张开,飞出一串女人的性感的尖笑。

马奔钻进奔驰,仍想着自称"艾丽"的小姐。

为什么要在大腿根处文两朵对称的玫瑰花?商业广告?注册商标?示威?下一个回合预先有所准备?印度神油?非要打败她不可,输了要她喝半瓶"长颈"。

马奔嗝酒气,点火,放屁,踩油门。奔驰划一道弧线上了马路。

白晃晃的大腿。红艳艳的玫瑰花。一团黑灰灰的东西。

什么东西？

奔驰被谁往后拽了一下，就翻过一道柔软的不甚明显的坎。

马奔想唱歌却不知唱什么歌。

闪过一批红色和白色的水平和垂直的线条。马奔歪了歪身体躲闪，却被线条包围了。

马奔明白了真相，轻轻“哦”了一声，恰如回应什么人的召唤。

轰然一声巨响，奔驰与铁栏杆粘合。

马奔看见文在大腿上的两朵玫瑰花。

仪表盘仍睁着绿莹莹的眼睛。时速表的指针疲沓地掉落在“0”处。一条条灰白色的粘虫带着关于大腿和玫瑰花的记忆缓缓顺着仪表盘的斜面往下蠕动并且无限延伸。酱红色的节日礼花在挡风玻璃上绽放。

灰白色的粘虫僵冻时，关于大腿和玫瑰花的记忆信息已全部飞散。驾驶室如面包烘房，充盈浓厚的甜酸味。

第一人民医院急诊室一老一少的两名值班医生轻而易举地证实交警大队送来的是两条合格的尸体。穿旧式化学纤维大衣的个头细小者的胸部已成柿饼，宽度和厚度不成比例，且七窍盛放鲜花；穿名牌西装的高大硕壮者的脑袋四分五裂，从宽敞的裂口可窥见里面空空如也，恰如砸开的泄光汁液的椰子。

手续只需十几分钟就办妥。两具尸体被运往停尸间。

急诊室气氛祥和安谧。

新年的两件礼物。老的医生津津有味吸烟。

年轻医生若有所思，突然惊喜：两条尸体合二为一就是一条新生命，像我家的组合音响。

理论上确实如此。

应该尝试！

那是你们外科的事。老的医生耸耸肩。

合二为一工程持续到元月一日十三时三十分结束。

年轻的医生先将高大者的心脏起动并且清洗其脑袋内腔，然后锯开瘦小者的脑壳，取出内填物放进高大者的脑袋内腔里并且将四分五裂的脑壳缝合。

高大者被移进恒温恒湿的超级特殊病房；瘦小者则被运回停尸间。

年轻医生完成工程后，立即思考医学论文的结构和层次。

年轻医生每时每刻关注他缔造的新生命。

新生命终于睁开眼睛，如同婴儿般眨动睫毛。

一个白色的女人。白色的背景。

我怎么会在白色里？

达达，他醒啦！他醒啦！

一个白色的男人带来皮鞋声音。

他是达达？好听的名字。达，通也。达达重叠产生可爱的效果。咪咪、圆圆、琳琳之类。达达主义，一个艺术流派。《金瓶梅》里做爱，女呼男为达达……

请问，你感觉如何？达达的气息有来苏味。

很好，达达，请问，这是何处？

医院。三个月前，你车祸负伤……

新生命合上眼。

新生命无声无息地有条不紊地翻阅一本关于奇运生平的画册。画册最后一页是“富豪夜总会”、十字路口、斑马线和黑亮的旋风。

达达，我记起来了，我是奇运，哲学系副教授、美学家。

错了！你是马奔，环宇集团公司总经理，本市十大优秀企业家之一。

达达一顿一顿动着直伸的食指，如同教半岁的婴儿说话。

我错了？马奔？奔马？总经理？

达达终于又来了，一脸孩子般的喜气。

达达医生，我要回家！

别急，几个月都这么过来了，还差这十天半月？达达从黑色公文包里取东西。

马先生，马老总，这是你过去生活的资料文献。你出院前务必熟读，这对你大有裨益。

我拿回家读。

不行！除非你不打算做马奔。

我确实不想当什么马奔，我想来想去也觉得我是奇运。

奇运死了，只有马奔活着，你别无选择。

马奔简历。

马奔政治档案。

马奔家庭成员状况。

马奔社会关系成员状况。

环宇集团公司管理层各成员档案。

环宇集团公司下属各企业领导成员档案。

环宇集团公司公共关系明细表。

环宇集团公司重要客户网络一览图。

……

新生命走进陌生的庞大的迷宫。迷宫每个路口都矗立一帧或数帧稀奇古怪的肖像。

家庭门口是一张宽阔的脸庞，酷似茄子。

这就是马奔的老婆阿玉，她将成为我的妻子，我将要与她同床共寝？我的安怡怎么办？

安怡！还有我们的小草！

白色女子手提一件白色的瓷质东西进来。

她漂亮，有点像安怡。她是护士。她对我微笑。

纤纤玉手掀开白色被子,提住条纹裤松紧带往下拉。

你要干什么?

放尿,时间到了。

新生命跳下床,逃出病房,沿走廊狂奔。

我跑起来怎么毫不费劲,连气也不喘?

洗手间!

新生命与壁上一个陌生人对视。新生命伸手摸陌生人,指尖触着光滑和凉意。

他高大,头发浓密,粗眉大眼,没戴眼镜,国字脸,络腮胡子,牙齿整齐雪白,鼻梁长而直略带钩。他算是个美男子。

新生命急促脱衣脱裤。

他骨骼粗大,肌肉发达,胸口一丛黑毛爬过稍隆起的腹部,蔓延到腿根茂密丛林,丛林下端的一根东西毫不知耻地硕大无朋。

他像古罗马的大卫雕像。

新生命再次伸手触摸,仍是光滑和凉意。

那是镜子。镜子中的他是我的影像。

脱胎换骨。魔法,邪术。马奔偷了我。我偷了马奔。

新生命摇晃几下,咕咚倒地,蜷曲着裸体,恰如熟睡在子宫里的幼婴。

四月二十四日,第一人民医院举行盛大庆祝会,马奔总经理康复出院。

院长满腔热情致词之后,环宇集团公司副总经理当众交给院长一张五十万元的支票,赞助人民医疗事业发展,履行环宇集团公司数月前的许诺。

我原来值五十万元!新生命很惊讶。

次日,达达医生关于合二为一的医学论文在中国一份最权威的医学杂志上发表。杂志发行量极少,注定新生命以及与马奔有关的人无缘拜读达达的文章。

帝王酒家金银厅。

新生命凭借达达提供的文字图像资料和良好的记忆力,一一道出来宾的姓名和职务,握手,点头,微笑。

人到齐了。副老总喜气洋洋。

我算了一下,怎么占了大半是政府官员?其中不少是与工商业无关的?新生命凑近身旁的副老总。

副老总半张着嘴,一脸惊愕。

过去常是这样?新生命也一脸惊愕。

我们公司是国有企业。副老总说。

菜陆续上来了。穿山甲,娃娃鱼,巨蜥,鲍鱼,猴子脑,熊掌,白鹇,猫头鹰……

怎么都是国家保护的珍稀动物……

嘘!副老总拿食指压住嘴唇。

这么一桌要多少钱?

八千八百元。副老总的嘴唇热烘烘的差不多贴着新生命的耳朵。你吃就是了,钱总是要花的。

肠胃咕咕歌唱,口水泛滥。

可是我怎么可以吃珍稀动物?

新生命扫描宾客:一张张勤奋咀嚼的肥嘴和一双双飞扬的仿骨筷子。

新生命向肠胃投降,痛苦而快乐地把珍稀动物往口腔里填塞。

我算了一下,一块熊掌肉恐怕要几十块钱。新生命对副老总说。不过我承认味道确实不错。

马老总,祝你健康!

马老总,祝你幸福!

小马,好好干,我支持你!

老马呀,咱干一杯!

一杯杯东西晃动,红得如血。

我不会喝酒,从来滴酒不沾。新生命站起来。

众人哈哈大笑。

副老总用手肘撞了撞新生命。

我错了?想起来了,《马奔个人生活大全》第十五页,嗜饮法国人头马和白兰地,极限七百毫升,一般程度五百毫升……

新生命端起酒杯。

鼻翼愉快地呼吸,咽喉痒痒。

干!

新生命被一只温暖柔软的小手抚摸食道,领受一种崭新的奇妙的爱意。

喝彩,鼓掌,玻璃有节奏地碰击。

新生命异常清醒,异常惬意。

五百毫升,恰到好处。

面对仅穿轻薄的丝质吊带睡裙的名叫阿玉的女人,新生命垂下了头。

怎么可能呢?安怡怎么办?她知道了会多么伤心!再说,根本就不可能坚挺,我从来不曾设想过与陌生女人上床。罗密欧与朱丽叶,梁山伯与祝英台。我认为关于专一和不专一与其说是道德问题,不如说是审美问题。审美是高级的意识活动而非低级的感官享受。审美理所当然包含情感内容。安怡本身就是完美精致的艺术品,况且与我心灵相通。安怡是依人的小鸟……

阿奔,你想什么?差不多四个月了,你这把干柴够干的了。阿玉搂紧新生命。

小腹骤然弥漫难受的红云,红云迅速泛滥奔突。硕大无朋的家伙突突跃动,更加硕大无朋,自作主张不受控制地极度坚挺。

新生命万分吃惊自己主宰不了肉体,关于审美的观念架构变得如此脆弱,随着突突跃动顷刻坍塌,支离破碎。

每个毛孔都扩张着并且吁吁喘息,都迫不及待要往另一个同样灼热的肌肤上摩擦。极度坚挺的家伙如同困笼之兽、如同受羁绊的烈马、如同闸内汹涌的洪水,一种压缩的热能已呈爆炸的迹象。

新生命无奈地看着叫马奔的男人非常凶猛地在叫阿玉的女人身体上动作。

新生命任由马奔牵扯进行非审美的纯感官经历的事情。

小鸟依人的安怡！

阿玉惊天动地的呼号和生死存亡般的扭曲翻腾以及踢、抓、箍、咬令新生命胆战心惊、忘乎所以。

春夜楼顶上的猫。

阿玉抱着新生命嘤嘤哭泣。

你不高兴？因为我？

不是的。我高兴。阿奔，你天天待我这么好就好了，就像新婚时那样。我宁愿你像过去那样当个小干部而不当什么老总。一年三百六十五日，你至少有三百日在酒楼吃饭，然后卡拉OK，跳舞，打麻将，桑拿按摩。一大群北方妹、三陪小姐、按摩小姐，还有狐狸精围着你。不过半夜一点钟你是不回家的。回家就像死猪一头，连我的指头也不碰一下……

新生命不知如何作答。

这女人似乎有点可怜。她别说审美，连感官愉悦也没有。新生命轻轻叹息。

阿玉止住抽泣，怔怔地注视新生命，目光里是欣喜和温情。

我是不是跟马奔不一样？

是不一样。马奔过去只是草率敷衍我，我知道，现在你却……真正需要我。

我告诉你，我不是马奔。

阿玉嗤地一声笑，又一把抱住新生命。

阿奔，那回车祸倒是好事……

新生命又轻轻叹息。

春雨蒙蒙。城市面目模糊，除了交通标志红绿灯，一切都似是而非。

新生命轻易找到奇运住的公寓，一口气登上了七楼。

新生命记得奇运往往到了四楼便气喘如牛，不得不稍作歇息。

七〇二房的门虚掩。

新生命估计安怡刚买早餐回来。

安怡、小草果然在吃早餐。她们同时转过头来瞪我。安怡瘦了，憔悴了。小草变化不大，眼神里却多了点老成。

先生，你走错门了！

我是来找你们的，安怡、小草！

你怎么知道我和妈妈的名字？

咳，说来话长，一言难尽。你们吃吧，吃完我再说话。

新生命打量房子。

一切如故。书桌上多了一个相框，四条黑线包围傻笑着的奇运。

你说吧，我听着。你想谈点什么？

我说说奇运的故事。新生命轻轻叹息。

——奇运第一次认识安怡。
——奇运与安怡恋爱。
——奇运与安怡第一次拥抱、接吻、做爱。
——奇运与安怡旅行结婚。
——奇运与安怡迁来南方。
——安怡怀孕、生产、坐月子。
——小草一岁半时得肺炎住院。
——奇运开始《工业社会的美学原则》一书的写作。
——奇运和安怡以及小草种种饮食起居习惯。
——奇运罹难前一天一家人的活动过程。

你是谁？你怎么知道我们的私生活，连点点滴滴的细节也晓得？安怡大口大口地喘气。

我还可以整段整章地背出《工业社会的美学原则》的最后篇章！因为我就是奇运。

不可能！我在奇运进殡仪馆的焚化炉之前亲手为他梳理头发、扣好衣扣，我不允许殡仪馆的化妆师把奇运涂抹得像个戏子，为此还跟他们吵了一架，总之，我是亲眼看着他消失的。

我不知道医院玩了什么鬼把戏，是吃了什么发胖的药还是动了整容手术，把我弄成现在这副模样。可是千真万确，我知道我是奇运。

不可能！

那么，你对我刚才说的怎么解释？只有你和奇运才知道的事我都知道，我怎么可能不是奇运？

我不知道。

你能把我当做原来的奇运吗？

不可能！

我会跟原来的奇运一样爱你和小草，我可以在这里住吗？

绝对不可以！

新生命轻轻叹息，掏烟，点火。

奇运从来不抽烟。安怡皱眉。

新生命赶紧将烟按熄。

见鬼！《马奔个人生活大全》里说，马奔每天抽烟不少于三十支。

安怡，你不接受我，我也没办法。我再提一个小小的要求，请允许我常来看你们，你就当我是奇运生前好友或者干脆是你的朋友好了，行吗？

安怡审视他，不置可否。

你有什么需要帮忙的，给我来电话。这是我的名片。

安怡看名片时又皱起眉。

安怡，我能吻你一下吗？

你要干什么？！安怡愤怒，后退，扔掉名片。

对不起，对不起！我忘了我不是……唉！我能抱一抱小草吗？

不可以！

小草躲到安怡背后。

新生命想哭，却没有眼泪。

校长看了名片笑逐颜开。欢迎！欢迎！

这是我临时的名片，其实我是这大学的副教授，奇运。

校长哈哈笑。马总真爱开玩笑。

不，是真的！

好了马总，我这人喜欢开门见山。有什么需要我帮忙的？譬如贵公司是不是有谁的子女考分上不了线想到本校念书？譬如贵公司想挑几个应届毕业生？

我想回来教书，教美学。

哟，马总这可不行。虽然你博学多才，我绝对不怀疑你的水平，可是这……大材小用，环宇集团公司谁不知道？这可是本地有力的一根经济支柱。

我实话告诉你，是医院弄错了，我真的是奇运。不信，你让我上一堂课，保证学生们会说我讲的跟原来的奇运一模一样。

这个……怎么说呢……马总，奇运死后没过几天，我们就从北方调来一个教授顶了空缺，所以，马总，你决心投身教育事业的美好愿望暂时不能满足，实在对不起……其实，热爱教育可以是多种形式表达的，譬如捐资赞助……

要是我真的是奇运呢？

不可能，奇运的追悼会三个月前就开过了，是我主持的。

你真的不要我？

马总，你听我解释……

新生命走出校门。

看来别无选择，我只能是马奔了。

锡砂，棉纱，黄豆，玉米，自行车，桐油，水泥，工业手套……

出口批文，报关，合同，订金，海运航班，美元汇率……

银行贷款，利息，财政审批，拆借，付款期……

拨计划用地，拆迁费，红线，建筑公司，打桩，设计院，预算，预售楼花，按揭……

技术专利，项目可行性，市场预测，投资总额，设备引进，招聘人才，培训，试产，质量管理，计量，部颁标准，广告，销售网点……

新生命在文件资料档案中挣扎。

那个马奔太厉害了，这么繁杂琐碎的东西他怎么掌握？这么多数字怎么记？

物质，物质，除了物质还是物质。形而下，没有思想，没有值得穷究的东西。亚里士多德见了也会头疼。柏拉图会退避三舍。

然而我别无选择，我只得啃下去充塞脑子，我是马奔。

副总经理进来，拿文件看。

马总，你看这些干什么？

我……得熟悉一下。说实话，我什么都不懂。

没关系，作为老总可懂可不懂。你住院之前也不怎么懂。生意，具体的工作让下面的人去做，你签个名就行了。

那么,我这个老总该干些什么?

利用你的关系去要批文,要优惠政策,要内部消息,要贷款……

怎么要?

马总,你都忘了?你过去所向披靡。

可能是忘了。

没关系,我会告诉你的。

谢谢!你找我什么事?

有一批皇冠轿车,海上来的。东北的客户也联系上了。一辆差不多赚十万元。好几十辆。公司急需筹到五百万元。

我们好像没有进口轿车的批文……

这种车不需要批文,只需要现金支票。

国家关于进出口的规定不是……

这是走私车,从越南方面进来。

新生命打了个愣。

这种事……国家三令五申……况且,万一被发现了……

副总经理瞪眼,张嘴,很久,叹气。

马总,我们公司不是第一回做这种生意。像过去一样,市政府默许,工商局没意见,海关假装不知道,公安局开绿灯给每辆车发牌子。当然,都有好处。

新生命又打了个愣。

马总,别犹豫了,你快点去找银行行长。这几天就要付款提货。

我,有点不舒服。让财务科科长去吧。

副总经理又瞪眼,张嘴,很久,又叹气。

你不去行吗?行长只认得你这张脸。

可是我不懂贷款业务……

当然不光你一个人去,还有我。

新生命无话可说。

下　篇

楼梯响起沉重的脚步声。

小草急忙开门。

安怡点着四十支蜡烛。

烛光在新生命的脸上摇晃跳跃。

安怡、小草和家具在新生命眼里摇晃跳跃。

停电啦?明天我派人送一台日本的小型发电机来!

你怎么又喝酒了?

公司应酬啊,没办法。

你说你不会喝嘛。

我闻到 XO 就忍不住,喉咙痒,身体痒。没事,我明天派人送发电机来。

不用,没停电。

干吗点蜡烛？

你不喜欢？奇运喜欢，说这样有情调。

是么？

你忘了今天是什么日子？

今天？

奇运生日，来，尝尝我做的蛋糕……

你怎么不早点告诉我？我派人去酒店订做。要不，我们现在干脆到金都酒店包一间贵宾厅，想吃什么就要什么……

奇运所说的情调能花钱买吗？

只要有钱，没有什么是不可能的。

我不去酒店。

那好，你喜欢怎样就怎样。

新生命坐下，压得木椅吱吱叫。

烛光摇曳。火苗在安怡的眼珠上跳动。

公司又赚了三百万元……

时代夜总会招来一批俄罗斯小姐，个个都一米七以上，能歌善舞……

再过两个月，我们公司将买一辆劳斯莱斯，把那辆奔驰淘汰……

安怡，你好像不高兴？

你能不能说点别的？

新生命嗝了一口酒气。

今天是奇运的生日，我们说说过去……你每星期来这里一回，可说奇运的事越来越少。

安怡，我最近老是琢磨一个问题，过去的奇运是不是活得太笨太乏味了？原来世界上有这么多好东西都没有尝试过，衣食住行、吃喝玩乐……

你原来有这种想法？奇运有奇运的价值。

就说奇运的价值。审美跟利润有什么关系？人们需要的是实实在在眼看得见、手摸得着的东西。

这么说奇运几十年白活了？

新生命抽烟。

奇运，假如你真的是奇运的话，你当总经理当得太久了。

还不到一年，业务我才刚熟悉。

你打算怎样？

我不知道。

你还希望我把你看做奇运吗？

当然。我要跟那个叫阿玉的女人离婚，然后娶你。我要让你和小草过上幸福的生活。

不！我不答应。

为什么？

我不愿意过阿玉那种生活。到那个时候，你恐怕一星期回家一趟都办不到，还比不上现在。

烛光摇曳。沉默。

叔叔,吃蛋糕吧。小草打呵欠。

新生命摸了摸小草的头,切了一小块蛋糕瞧瞧,放进嘴里,很困难地咽下。

叔叔好吃吗?

新生命又摸摸小草的头。

味道好极了!

小草叽叽笑:那是电视广告——雀巢咖啡。

奇运的书房,仍是一尘不染。《工业社会的审美原则》书稿仍躺在书桌一侧。

新生命坐藤椅。藤椅吱吱呻吟。

桌上的旧式闹钟嚓嚓地行走,运载世界从这一秒走到那一秒,同时一寸一寸地剪掉我的生命的长线。只有一样东西剪不掉——永恒,而我拥有永恒的东西吗?

安怡进来,捧一杯东西。

咖啡。

新生命捉住安怡的手。

安怡没动,靠在藤椅背后,用一只手抚摸新生命的头。

一道明净清纯的小溪。夜幕中一扇透着灯光的窗户。原野上一缕虫鸣。冬夜里一灶毕剥的柴火……

新生命闭着眼,品尝熟悉的宁静和温馨。

旧式闹钟嚓嚓嚓地说话,朗诵不朽的诗篇,叙述永恒的故事。

手提电话咕咕作响,如一只黑鸟啼叫。

新生命伸手捉住黑鸟的时候,安怡迅速缩回双手,同时后退两步。

秘书。台湾客商。皇宫夜总会。

安怡,我得走了。

安怡沉默。

这客商很重要,不陪不行……

安怡沉默。

墙上黑镜框里的奇运傻笑地看着新生命快步走出七○二房。

幽暗得几乎伸手不见五指。

曲调缓慢得几乎没有节奏。

舞伴柔软得几乎没有骨头。

新生命的脸被一绺飞扬的涂抹过摩丝的头发拂弄,肩头负荷一张模糊的脸。

新生命全身毛孔扩张,承接职业性的温情。

我刚从安怡处出来,我不能太动物了……

新生命把怀中的女性搂得更紧。

跳完这支曲就走。我不是一匹种马。

马总,怎么回事?下面有一条铁棒。肩上的脸吃吃笑。

问题就出在那家伙身上,一沾女人就来精神,我无法控制。马奔的身体总是自作主张独行其事……

马总,请我吃夜宵吗?你还没请过我呢。我的服务水准保证你满意。

粉红色的小房间。大喊大叫癫狂着的女人。进攻,征服。

多少?

不多,五百。

不干。

好吧,给你八折。

新生命朝角落的小桌看。

只有秘书在那里抽烟。

你的两位客人早就带我们的小姐出去开房了。

女人用胸部蹭新生命。我们也走吧。

新生命搂着女人的腰往外走。

另一支乐曲奏响。

新生命听出曲名叫《少女的祈祷》。

银行信贷科科长进来后随手把门关上。

什么事?新生命记不起这年轻人叫什么名字。

马总,这回你得帮帮我,借一百二十万给我,最迟后天就得把钱转到我指定的账号上。

你在命令我?

不,我求你啦,就像你去年那回求我一样。

科长点烟,跷腿,吐烟圈。

我什么时候求过你?

马总,你这么快就忘啦!去年你去澳门赌,输了六十万,你公司刚好进了一批镍板,没剩下多少钱,要不是我贷给你几十万,你早就被澳门的大耳窿砍成十段八段了!

新生命愕然。

《马奔个人生活大全》里没有这方面的记载。

你要借一百二十万,干什么呢?

顶账。

顶账?

不瞒你说,马总,我救过你,算是生死之交了,所以什么话都可以说。我挪用银行公款炒股票,一百二十万全部高价吃进四川一家本来在这个月上市的公司的普通股,一旦上市,我的一百二十万就翻番。谁知消息来源不准确,上市日期再三推迟。可是下星期银行就要查账,搞整顿。这账如果顶不了就得败露,就得坐牢,说不准还得枪毙……

他顶多三十岁,这么年轻就得枪毙。可是一百二十万不是个小数目。他什么时候还钱?会不会赖账不还?

小伙子你拿什么作抵押?

抵押?你要我拿什么作抵押?去年你借六十万给了我什么抵押?

没有抵押,我怎么信你?

这年轻人太没礼貌。新生命不耐烦。

你借还是不借?

你拿这样的语气跟我说话?

科长拍案而起,脸色发青。

好你个马奔!你他妈的不仁不义,今天算看透了你!

科长啪的一声,把一张纸条拍在桌上。

这是账号,你得在一两天内把钱转去。否则,我冒烟,你也得烧屁股,咱们同归于尽。

门被科长打开,摔上。一声炸响。

他是疯子。同归于尽?我好好的呢。

新生命瞟一眼科长留下的纸条。白晃晃的,大小跟出殡撒的纸钱差不多。

新生命打了个惊天动地的喷嚏。

冬天了,西北风一阵比一阵紧。

自称是奇运的人很久没有来过,恐怕不会再来了。他终归不是奇运。尽管他莫名其妙知道很多奇运的故事,尽管他有时候有着奇运的神韵……是的,他来这里干什么呢?他会觉得平淡、乏味。

小草睡着了。奇运走后,她变得特别乖。

楼梯好像传来脚步声。

安怡止住织针。

六楼的开门声。

不是他。我干吗想他?他来不来有什么关系?就因为他能准确无误、点滴不漏地说起奇运的过去?

电话响。

妈,准是叔叔的电话。

小草原来没有睡着?

你好!

果然是他!

圣诞节,公司联欢晚会。圣诞老人给小客人派送礼物。我和小草也参加?汽车在楼下等。我们是马总的亲戚?

喂,我……不习惯那种场合……

安怡的脸发烫。

电话断了。

楼下马路上很有节奏地鸣喇叭。

小草,快!叔叔在楼下等我们去参加圣诞节联欢晚会!

安怡以最快的速度涂唇膏。

彩灯,鲜花,彩纸球。

香槟,糖果,蛋糕,水果。

歌声,掌声,笑声。

华尔兹,伦巴,探戈,恰恰。

新生命、安怡和小草围坐一张小圆桌。

新生命给小草说《圣经》的故事。

远处传来警车哇哇的叫声。

安怡看着新生命孩子般的模样微笑。

一队警察闯进来。

马奔,你被捕了。这是逮捕证。

手铐扣住新生命的双手。

哗然。怎么回事,怎么回事,怎么回事……

小草哭了。安怡紧紧抱着她。

安怡,我再告诉你,我真的是奇运!

新生命回头,越过警察的肩章对安怡叫喊。

法庭播放一盒举报人寄来的录音带。

马奔跟一名包工头讨价还价,最后包工头屈服,同意以总工程造价的5%回报马奔,马奔则答应环宇大厦全部工程由该包工头承包。

包工头先后三次给马奔送交现金。

我不知道!我不知道此事!新生命发抖。

那不是马奔的声音吗?

是马奔,可不是我!那时我还不是马奔……

哄堂大笑。

去年我是奇运,副教授……

哄堂大笑。

旁观席上的安怡没有笑。

安女士,我可以证实,奇运的确在送进医院的时候已经死亡。达达医生有点不耐烦。

那个马奔呢?他当时是不是……

达达递给安怡一本医学杂志。

《大脑移植的可能性实践》。

安女士,你要知道,你丈夫的大脑是一副器官,移植在马奔身上是合理的且合乎人道主义的……不错,因为时间紧迫,没来得及征求你的意见。你可以与现在的马奔本人交涉,让他付给你一笔购买大脑的钱。我相信他会付的,十万八万不成问题……

这本杂志可以借给我吗?

可以。

谢谢!顺便请教一个问题。作为法律意义上的人的概念是什么呢?是肉体还是精神?

达达医生耸耸肩,我只关心医学意义上的人——生理学上的生命。

法庭辩论,激烈进行。

辩护律师宣读达达医生论文《大脑移植的可能性实践》部分章节,证明目前的被告人与去年的贿赂一案无关。

达达医生出庭作证……

北上的列车。

安怡一动不动注视车窗外一望无边的冻土。小草抱着布娃娃酣睡。安怡北行属举家搬迁。

半年后。

新生命再次光临七〇二房,新房主交给他一封信。

我不知如何称呼你,尽管你拥有奇运的大脑。

我和小草回北方老家了。你不必找我们。

马奔的家属肯定不愿为奇运贡献一副身躯,贿赂案结束之后,关于你是谁的问题仍会打官司,而这不仅仅是你个人的问题。

我看出,你已经适应并且喜欢马奔式的生活。我只希望你在当马奔的同时,能保留一些奇运的东西——一点精神。

祝你幸福!

安怡

手提电话响了。

新生命的轿车风驰电掣,汇入都市的喧哗和繁荣。

【思考与练习】

1. 本篇小说所表现的思想内容是什么?
2. 概述现代派文学创作的特点。
3. 分析本篇小说的哲学思想。

23. 墙

让·保罗·萨特

让·保罗·萨特(1905—1980年),法国当代作家、哲学家,出生于巴黎,童年时代受到了良好文化教育,中学期间接受了叔本华、尼采等人的哲学影响。1924—1928年在巴黎高等师范学校攻读哲学,1933年萨特赴德留学,悉心研读德国哲学家胡塞尔和海德格尔等人的哲学著作,并在此基础上形成了他的存在主义哲学思想体系。二战爆发后,战争与现实使萨特的思想发生了巨大的变化,他从战前的个人主义转向了对社会现实的关注,开始用文学干预生活,主张作家要投身到改造社会的活动中去,在创作方法上主张写真实,力求质朴自然。代表作品有日记体小说《恶心》,长篇小说《自由之路》、《缓期执行》,短篇小说《墙》,剧本《群蝇》、《密室》、《恭顺的妓女》等。此外,他还撰写了大量的哲学著作、论文和作家传记,并主办了很有影响的《现代》杂志。由于他的著作富于新的观念、自由精神和对真理的探求,并对我们的时代产生了长远的影响。1964年,瑞典文学院决定授予萨特诺贝尔文学奖。本文选自《萨特文集》,王庭荣译。

我们被赶进一个白色的大厅。强烈的光线使我的双眼不由得眯了起来。我看到一张桌子,桌子后面有四个穿便服的家伙,他们正在看一些材料。其他俘虏都已被赶到了大厅的尽头，挤在一堆，我们必须穿过整个大厅才能与他们会合。他们中有好几个人我是认识的，另一些可能是外国人。我前面的这两个人都是黄头发，圆脑袋。他们俩长得很像，我想大概是法国人。最小的那个不时地提裤子，看来有点神经质。

就这么延续了将近三个小时。我的脑袋变得昏昏沉沉，空空荡荡。但是大厅里很暖和，我觉得怪舒服的。因为在这之前我们冻得发抖已经一天一夜了。狱卒把俘虏一个一个带到桌子前。那四个家伙讯问他们的姓名和职业。大多数情况就到此为止。要不然，他们就再随便提个问题。例如："你参与过破坏军火吗？"或者"九号早上你在哪里，在干什么？"他们并不听回答，至少他们的样子不像在听。他们先是沉默不语，两眼直视前方，接着就开始写起来。他们问汤姆是否确实参加了国际纵队。由于已经在他的衣服里搜到了有关证件，汤姆只得承认。他们什么也没问儒昂。但是当他说出自己的姓名后，他们写了很多。

"我的哥哥何塞是无政府主义者，"儒昂说，"你们知道他已经不在这里。我是无党派的，我从来没有参与过政治活动。"

他们没有反应，儒昂接着说：

"我什么也没干。我不愿意替别人受罪。"

他的嘴唇在抖动。一名狱卒打断了他，并把他带走。接着轮到了我。

"你叫帕勃洛·伊比埃塔？"

我作出了肯定的回答。

一个家伙看了看材料，问我：

"拉蒙·格里斯在哪儿？"

"我不知道。"

"从六号到十九号，你把他藏在你家里了。"

"没有。"

他们写了一阵儿，狱卒就把我带走了。走廊里，汤姆和儒昂站在两名狱卒之间等着我。于是我们开始往回走。汤姆问一名狱卒：

"喂！"

"干吗？"狱卒问。

"刚才是讯问还是审判？"

"是审判。"狱卒说。

"那他们要拿我们怎么样？"

狱卒生硬地答道：

"会到你们的牢房把审判结果告诉你们的。"

实际上，我们的牢房不过是医院的一间地窖。由于穿堂风，牢房里冷得要命。整整一夜我们冻得发抖，白天也好不了多少。前五天我是在总主教府的一个单人囚室里度过的。那是一间大约建于中世纪的地牢。由于俘虏很多，牢房不够用，因此他们被随便乱塞。我对那间单人囚室并不留恋。那里倒不冷，但只有我一人；时间长了，受不了。在地窖里，我就有伴了。儒昂很少说话，因为他害怕，并且年纪太轻，插不上嘴。但是汤姆十分健谈，他的西班牙文很好。

地窖里有一条长凳和四个草垫。我们被带回牢房后，大家坐了下来，静等着。过了一会儿，汤姆说：

“我们完蛋了。”

“我也这么想，”我说道，“但我认为他们不会拿这小家伙怎么样的。”

“对小家伙他们没什么可以问罪的。”汤姆说，“他只不过是个抵抗战士的弟弟，仅此而已。”

我看了一眼儒昂，他似乎不像在听。汤姆接着说：

“你知道他们在萨拉戈萨[1]干了些什么？他们让俘虏躺在公路上，然后乘着卡车从俘虏身上压过去。这是一个摩洛哥逃兵告诉我们的。他们说，那是为了节省弹药。”

“但这并不省汽油。”我说。

我对汤姆很反感，他不应该说这些。

“几个军官在公路上散步，”他接着说，“他们双手插在口袋里，嘴里叼着香烟，监视着这一切。你以为他们会这样结果那些俘虏吗？才不呢！他们让那些人大喊大叫。有时持续一个小时。那个摩洛哥人说，第一次他差点吐出来。”

“我不相信他们在这里会这样干，”我说，“除非他们真的缺少弹药。”

光线从四扇气窗以及左边天花板上的一个圆洞射了进来，圆洞平时用一块活动翻板盖着，以前往地窖里卸煤便是通过这里。圆洞的正下方，有大堆煤，从前是为医院供暖用的。但自从战争爆发后，病人都转移了，这堆煤留在那里也就没用了。因为忘记关上翻板，下雨时雨水直往里灌。

汤姆开始打哆嗦：

“真见鬼，我在打哆嗦，”他说，“又开始了。”

他站起来，开始做体操。每做一个动作，从他张开的衬衫里可以看到他那雪白、多毛的胸脯。他躺在地上，举起双腿做一些交叉动作。我看见他那肥胖的臀部在颤动。汤姆很壮实，但是他的脂肪太多了。我在想，枪弹或刺刀很快就要钻进这一大堆嫩肉里，就像钻进一大块黄油一样。假如他很瘦，我就不会有这样的感觉。

我并不是真的感到冷，但是我的肩膀和双臂都失去了知觉。我不时感到我缺了点什么。我开始在我的周围寻找上衣。可是，我突然想起他们没有把上衣还给我。这确是很难受的。他们拿我们的上衣去送给他们的士兵，只给我们留下了衬衫，还有住院病人在大夏天穿的帆布长裤。不一会儿，汤姆起来了。他喘着气坐在我身旁。

“你身上暖和了吗？”我问。

“没有，真见鬼。可是我喘不过气来。”

晚上将近八点，一名军官带着两个长枪党徒来到牢房。他手里拿着一张纸，问狱卒：

“这三个人叫什么名字？”

“斯坦卜克，伊比埃塔和米巴尔。”狱卒答道。

军官戴上夹鼻眼镜，看了看名单说：

“斯坦卜克……斯坦卜克……啊，在这儿。你被判处死刑。明天早上执行。”

他又看了看名单，接着说：

“另外两个人也一样。”

“这不可能，”儒昂说，“我不会被判死刑的。”军官用惊奇的眼光打量了一下儒昂。

“你叫什么名字？”

“儒昂·米巴尔。”

“可是你的名字在这单子上，”军官说，“你被判了死刑。”

“我什么也没干。”儒昂说。

军官耸了耸肩，转身对汤姆和我说：

“你们是巴斯克人吗？”

“我们谁都不是巴斯克人。”

他仿佛被激怒了，接着说：

“有人告诉我这里有三个巴斯克人。我可不愿为追捕他们浪费时间。那么，你们当然不想要神甫罗？”

我们不屑回答，他又说：

“有一个比利时大夫一会儿要来。他被准许和你们一起度过这一夜。”

他行了个军礼，走出去。

“我跟你说什么来着，”汤姆对我说，“这一下我们可惨了。”

“是啊，”我说，“但对小家伙太狠了。”

我说的是一句公道话，但是我并不喜欢小家伙。他那张脸太秀气了，并且恐惧和痛苦使这张小脸变形，把它的线条都扭曲了。三天前，他还是一个调皮的孩子，很能讨人喜欢。但现在他的样子像一只用旧了的苍蝇拍。我想，即使他们把他放了，他也不会再变得年轻了。如果能对他表示点怜悯倒不是一件坏事。但是我不喜欢怜悯，我甚至有点讨厌这个孩子。他什么也不说，变得十分阴沉。他的脸和手都变成了灰色。他又坐了下来，用他那两只小圆眼睛朝地上看。汤姆是个好心人。他想拉住儒昂的胳膊，但被他猛力挣脱。小家伙还做了个鬼脸。

“让他去，”我低声说，“你没看见他都快哭了。”

汤姆无可奈何地答应了。他本想好好安慰小家伙。这样可以使他分心，不至于想自己的事。但是，这叫我生气。以前我从未面临过死亡，因此也从未想到过死。而现在，死亡来临了，除了它，我还有什么可想的？

汤姆开腔了：

“你打死过鬼子吗？”他问我。

我没有做声。他开始向我解释说，自八月初以来他已经打死了六个鬼子。他并不明白我们目前的处境，并且我发现他也不想明白。我自己还没有完全明白。我不知道是否将很痛苦。我想到了枪弹，想到了滚烫的弹雨穿透我身体的情景。这一切并不是实质性的问题。我很坦然，因为我们还有整整一夜可以用来思考。过了一会儿，汤姆不说话了。我瞥了他一眼，发现他的脸色也阴沉下来了，样子很可怜。我想，他也开始了。天几乎全黑了。一束惨淡的星光透过气窗和煤堆射了进来，在地上洒下了一大片光亮。从天花板上的圆洞里，我已经望见了一颗星星。它预示着这将是清澈寒冷的一夜。

门开了，两名狱卒走了进来。他们的后面跟着一个头发金黄、身穿一套浅灰褐色制服的人。他跟我们打招呼：

“我是医生，”他说，“我被准许在这艰难的时刻来帮助你们。”

他的嗓音悦耳、优雅。我对他说：

“你来这里干什么？”

“为你们效劳。我将竭尽全力为你们减轻这几个小时的痛苦。”

“你为什么到我们这里来？还有别的囚犯呢，医院里都住满了。”

“人家把我派到这里来的，”他漫不经心地笑道，“噢，你们喜欢抽烟吧，嗯?”他急忙补充道，“我这里有烟卷，甚至还有雪茄呢!”

他把英国香烟和雪茄递给我们，但我们拒绝了。我看了看他的眼光，他似乎有点为难。我对他说：

“你并不是出于同情才来这里的。再说，我也认识你。他们把我抓来的那一天，我在兵营的大院里看见你和法西斯分子在一起。”

我正要说下去，但突然发生了我自己也感到惊奇的事。骤然间，我对这个医生的到来再也不感兴趣了。通常，当我攻击一个人时，我总是抓住不放的。然而，现在我再也不想说话了。我耸了耸肩，移开了眼光。过了一会儿，我抬起头来。我发现他在好奇地观察我。两名狱卒坐在草垫上，瘦高个佩德罗在那里转动手指头，另一个则不时摇晃脑袋不让自己睡着。

“你要灯吗?”佩德罗突然问医生。

医生点头示意。我想他差不多笨得像块木头，但是人倒不坏。从他那冷静的蓝色大眼睛看来，我觉得他是因为缺乏想像力才犯过错的。佩德罗出去，拿了一盏煤油灯回来，放在长凳的一端。灯光很微弱，但总比没有好。前一天晚上，我们是在黑暗中度过的。我对煤油灯照在天花板上的那片圆光凝视了一阵。我入了迷。然后，我突然惊醒。那片灯光已消失，我感到被一种巨大的力量压垮了。并不是想到死，也不是惧怕，它是不可名状的。我的两颊发烫，头痛得厉害。

我打起精神来，看了看我的两名同伴。汤姆把脑袋埋在双手里，我只能看到他那白皙肥胖的颈背。小儒昂的情况最糟。他的嘴巴张开，鼻孔在抽动。医生走近他，把手搭在他的肩膀上，像是给他鼓气。但是他的两眼始终是冷峻的。接着，我看到比利时人的手从儒昂的肩膀沿着胳膊偷偷地挪到了他的手腕上。儒昂任其摆布，毫无反应。比利时人若无其事地用三个手指按着儒昂的手腕，同时又往后一退，把背朝着我。但是，我也往后一仰，看到他拿出表来，一边按着小家伙的手腕，一边看着表。过了一会儿，他放下了那只迟钝的手，回去背靠墙坐下。后来，他仿佛突然想起一些很重要的事必须立即记下来，于是他从口袋里掏出一个小本子，在上面写了好几行字。“坏蛋，”我生气地想，“他可别来把我的脉。他要是来的话，我就在那张混账脸上狠狠地揍几拳。”

他没有来。但是我感到他在看着我。我抬起头，还了他一眼。他用毫无表情的语气对我说：“你不觉得这里冷得让人发抖吗?”

他看上去很冷，脸色有点发紫。

“我不冷。”我对他说。

他一直在用严厉的眼光看着我。忽然我明白了。我把双手放到自己的脸颊上。原来它们沾满了汗水。在这寒冬腊月，到处是穿堂风的地窖里，我竟然出汗了！我用手指摸了摸头发。因为出汗，它们都黏结起来了。同时我还发现，我的衬衫也湿透了，并且粘到了皮肤上。我汗流浃背至少有一小时了，而自己却一点也没有感觉到。但是这一切都没有逃过那比利时蠢猪的眼光。他看到了汗珠在我脸上流淌，他一定会想：这完全是一种病理的恐惧状态的表现。而他的自我感觉很正常，并且为此感到自豪，因为他觉得冷。我想起来去狠揍他一顿。可是，刚要站起来，我的羞愧与怒气就立即消失了。我又心不在焉地坐到了长凳上。

我只是用手绢不停地擦着脖子。因为现在我感觉到汗水从头发流到了我的颈背，这是很不舒服的。然而无济于事。不久，我也就不再擦了。手绢已经湿得可以拧出水来，而我还在继续出汗。我的屁股也大量出汗，湿透的裤子贴在了长凳上。

小儒昂突然发问：

“你是医生吗？”

“是的。”比利时人回答。

“要痛苦……很长时间吗？”

“噢！什么时间……？不，很快就会过去的。”比利时人慈父般地答道。

他像是在安慰一名就诊的病人。

“可是我……有人告诉我……常常要开两次枪呢。”

“有时候是这样的，”比利时人点头说，“因为第一次射击可能打不中要害部位。”

“那他们就得重新上子弹，再次瞄准啰？”

他想了想，用嘶哑的嗓子接着说：

“这又得好长时间！”

他对受苦简直怕极了，并且只想着这个。当然，在他这种年龄也是人之常情。我对这个倒想得不太多，而且并非因为害怕我才出汗的。

我站起来，一直走到煤堆旁。汤姆惊跳起来，他向我投来了仇恨的目光。由于我的鞋声太响，惹恼了他。我不知道当时我的脸色是否也同他一样灰暗。我发现他也在出汗。天气好极了，然而一丝光亮都钻不进这个阴暗的角落。我只要抬头就能望见大熊星座。但是，和以前不同了。前天，从那总主教府的单人囚室里，我可以看到一大片天空。每一个小时都能引起我不同的回忆。清晨，当天空呈现柔和的青蓝色时，我想到大西洋边的海滩。中午，当我看到太阳时，我就想起塞维利亚的一家酒吧。我在那里曾一边喝着芒扎尼亚葡萄酒[②]，一边吃鳀鱼和橄榄。下午，在阴影里，我想起了古罗马的圆形剧场。它的一半在阳光照耀下闪闪发光，另一半却笼罩在浓重的阴影之中。看到大地上的一切都能在天空中得到反映，真令人心酸。然而，现在我可以随心所欲地仰面朝天看了。天空再也引不起我的任何回忆。我宁肯这样。我回来坐在汤姆身旁。又过了很长时间。

汤姆开始轻声说话了。他必须不停地说话，否则，他自己也不清楚自己在想什么。我想他是在跟我说话，可是他并没有朝我看。显然，他是怕看到我这个样子：灰暗，流汗。我们两个都一样难看，互相看起来比照镜子还可怕。他看着那个活人——比利时人。

“你明白吗？”他问，“我可不明白。”

我也开始小声说话，一边看着比利时人。

“什么事？”

“我们这儿将要发生一些我不明白的事。”

汤姆的身边有一股怪味，我觉得自己对气味比平时更敏感了。我冷笑着说：

“过一会儿，你就会明白的。”

“这不一定，”他顽固地说，“我很想鼓起勇气，但至少我应该了解……你知道，他们将要把我们带到大院里去。然后，那些家伙将在我们面前排成一行。他们有多少人？”

“不知道。大概五个或八个。不会更多了。”

“那好。就算他们八个人。当有人对他们下令‘瞄准’时，我就会看到八支步枪都向我们瞄准。我想我简直要钻进墙里去。我将使尽全身气力用背去顶墙，但是墙却巍然不动，真像在噩梦里一样。这一切我都能想像到。啊！你要是知道我能想像到这一切就好了。”

“行了！”我对他说，“这些我也都能想像到。”

“这大概是痛得要命的。你知道，他们专门瞄准眼睛和嘴，使你变形。”他恶狠狠地补充道，“我已经感到伤口的疼痛了。我感到脑袋和脖子已经痛了一个小时了。并非真的痛，但更糟糕。因为这是明天早晨才能感觉到的疼痛。以后呢?”

他的意思我很清楚，但是我不愿意流露出来。至于疼痛，我也感到全身仿佛刀伤累累似的。对此我很难忍受。但是同他一样，我也不很在乎。

“以后，”我生硬地对他说，“你就入土了。”

他开始一个人自言自语，两眼直盯比利时人。医生不像在听。我知道他是来干什么的。对于我们脑子里想的，他并不感兴趣。他到这里来，是为了观察我们的身体，观察我们这些正在步步走向死亡的活人的身体。

“这真像一场噩梦，”汤姆说，“我要想一件事情，总觉得快想出来了，很快就要明白了。但是它却溜走了，于是我就忘了，这件事也就放下了。我想，以后将是一片虚无。然而我不明白这意味着什么。有时我几乎想出来了……可是又忘了，我只得又重新开始思索痛苦、子弹和枪声。我跟你发誓，我是个唯物主义者。我不会变疯的。可是有些地方不对劲。我看见了自己的尸体：这并不困难，但这是我自己看到的，亲眼看到的。我不得不设想……设想自己将什么也看不到，什么也听不见，世界将为别人继续存在下去。帕勃洛，我们生来并不是为了想这些。你可以相信我，以前我曾经为了等待什么而彻夜不眠；但是，现在这种事可不同往常，它将从背后把我们送上西天，帕勃洛，而我们自己对此却毫无准备。”

“住嘴，”我对他说，“要不要我去叫个神甫来听你的忏悔?”

他没有回答。我早已发现他想当预言家，并且在用平直的语调和我说话时管我叫帕勃洛。我不太喜欢这样。但是，所有的爱尔兰人似乎都是这样的。我仿佛觉得他身上散发出尿味。说实在的，我对汤姆并没有什么好感，我也不知为什么。即使因为我们要一起去死，我也应该对他多一点好感的。要是别人，情况就会不同了。例如拉蒙·格里斯。可是，在汤姆和儒昂中间，我感到孤独。不过，我倒喜欢这样。要是跟拉蒙在一起，我可能会变得比较软弱。但在这个时候，我的心很冷酷。我是故意心肠硬一点的。

他继续嘟嘟囔囔，像是挺有乐趣。为了不让自己胡思乱想，他必定要不断地说话。他像那些年老的前列腺病患者一样，身上尿味冲天。当然我是同意他的意见的。他说的这些话，我也说得出来。死亡自然是不合情理的。自从我行将死亡之时起，这堆煤，那条长凳，还有佩德罗那张丑脸，所有这一切在我看来都不顺眼了。不过，我不喜欢和汤姆想一样的事情。我也很明白，在这一夜里，再过五分钟，我们就会同时继续想起来，同时出汗，同时颤抖。我从侧面看了他一眼，我仿佛第一次感到他的样子很奇怪。他的脸上呈现出死亡的气色。我的自尊心被刺伤了。二十四小时以来，我一直生活在汤姆身边。我听他讲话，我也和他说话，并且我也知道我们之间没有任何共同点。可是，现在我们俩酷似一对孪生兄弟，仅仅是因为我们就要一起死去了。汤姆抓住我的手，但并没有朝我看：

“帕勃洛，我在想……我想我们是否真的在死去。”

我把手抽回来，对他说：

“下流坯，瞧瞧你脚底下吧！”

他的脚底下是一摊尿，并且尿还不断地透过裤子往下滴。

“这是什么?”他惊慌失措地问。

“你尿裤了。”我说。

“不对,”他生气地说,“我没有尿,我什么也没有感觉到。”

比利时人走了过去,他假装关心地问:

“你感到不舒服吗?”

汤姆没有答理。比利时人看了看地上那摊尿。

“我不知道这是什么,”汤姆粗暴地说,“我并不怕。我跟你们发誓,我不害怕。”

比利时人没有做声。汤姆站起来,走到角落里去撒尿。接着,他扣着裤裆的扣子往回走,重新坐下,再也不吭声了。比利时人在做记录。

我们都看着他,小儒昂也在朝他看。我们三个都在看他,因为他是个活人。他做出活人的动作,有着活人的忧虑;在这个地窖里他像活人一样冻得发抖;他有一具营养良好、听从自己指挥的躯体。我们这几个人却再也不大感觉到自己的躯体了。总之,跟他的感觉是不一样的。我想摸摸自己的裤裆,但是我不敢。我看着比利时人。他蜷着腿,支配着自己的肌肉,并且他可以想明天的事。我们这三个已经失去人血的亡灵,在那里看着他,像吸血鬼一样吮吸着他的生命。

他终于走到小儒昂身旁。他是出于职业的目的想摸一下儒昂的颈背呢,还是为慈善心所驱使?如果是出于慈善心,那么这是漫长的黑夜中仅有的一次。他抚摸小儒昂的脑袋和脖子。小家伙两眼看着他,毫无反应。突然,他抓住医生的手,用异常的眼光看着他。他把比利时人的手放在他的两只手之间。他这两只手一点也不招人喜欢,就像两个灰色的钳子夹住一只红润肥胖的手。我已经料到即将发生的事,汤姆一定也看出来了。可是比利时人什么也不明白,他慈父般地微笑着。过了一会儿,小家伙把那只肥胖的红爪子往嘴里送,想咬它。比利时人立即躲开,跌跌撞撞地退到墙边。他厌恶地看了我们一眼,大概猛然醒悟到我们跟他不是一样的人。我开始笑起来。一名狱卒惊醒了。另一名已经睡着的,也睁大了两只白眼珠。

我感到既疲乏又高度兴奋。我不愿再想黎明即将发生的事,不愿再想死亡了。这毫无意义。我脑中出现的只是一些单词或一片空虚。每当我希望想一些别的事时,我立刻看到枪管瞄准了我。我体验到自己被处决的滋味可能已经不下二十次,有一次我甚至认为自己确实死了,大概因为我睡着了一分钟。他们把我拖到墙根,我挣扎着。我请求他们原谅。我惊醒过来,看了看比利时人。我害怕在梦里曾喊叫过。但是,他在捋自己的小胡子,什么也没有发现。如果我愿意的话,我想我是可以睡着一会儿的。因为我已经四十八小时没有合眼,实在是精疲力竭了。可是,我不想白白丢失这两小时的生命。那样,他们就会在黎明来把我叫醒,我就懵懵懂懂地跟着他们,然后,连哼一声都没有来得及就上西天了。我不愿意这样,不愿意像畜生一样死去。我要死得明白。另外,我也害怕做噩梦。我站了起来,来回走四方步。为了换换脑子,我就开始想我过去的事情。许多往事都杂乱无章地回忆起来了。有好的,也有坏的——至少我过去是这样认为的。一个个面孔,一桩桩往事。我仿佛又见到了一个年轻斗牛士的面孔,瞻礼日他在巴伦西亚[3]被牛角撞伤了;我看到了我的一个叔叔的面孔,还看到了拉蒙·格里斯的面孔。我想起了一件件往事。例如:一九二六年我是怎样失业了三个月的,我又是怎样差一点饿死的。我想起在格拉纳达[4],我在一条长凳上过了整整一夜。那时我有三天没有吃东西了。我发狂了,我不愿饿死。想起这些真有点好笑。追求幸福、女人和自由是多么艰难啊！为了什么呢？我曾想解放西班牙，我崇拜毕·伊·马加尔[⑤]，我曾参加无政府主义运动，并在一些公众集会上讲过话。我对待一切都极其认真，仿佛我是长生不老的。

这时候，我觉得我的整个一生都展现在我面前了。我想："这全都是该死的谎言。"既然我的一生已经告终了，那它也就毫无价值了。我纳闷：我怎么会和那些姑娘一起去闲逛、胡闹的。早知道我会这样死去，我就不会去招惹她们了。我的一生就在我的眼前，它已经终止，关闭了，就像一只袋子。然而袋里装的东西却都是未完成的。有一阵，我试图对它作出评价。我想说：这是美好的一生。可是，我不能对它作出评价，因为这仅仅是一些模糊的轮廓。我的时间都用来为永生签发通行证了。我什么也没有弄懂。我没有什么可遗憾的。有些东西我本来会留恋的，如：芒扎尼亚酒，或者夏天我常在加的斯[⑥]附近一个小海湾里洗的海水浴。可是，死亡使它们完全失去了往日的魅力。

比利时人忽然想出了一个妙主意：

"朋友们，"他对我们说，"只要军事当局同意，我可以给你们的亲人捎个信或转送纪念品。"

汤姆飅声飅气地说：

"我什么人也没有。"

我没有答理，汤姆等了一会儿，然后好奇地打量着我问：

"你不给贡莎捎句话吗？"

"不。"

我讨厌这种虚情假意的合谋，但这是我自己的过错。我在前一天晚上谈到过贡莎，我本不应该说的。我和贡莎在一起已经一年了。前一天，为了能和她相会五分钟，我即使用斧子砍断自己的胳膊也在所不惜。正因为如此，我才谈起了她，我实在没有办法。而现在，我再也不想见到她，我也没有什么话要对她说了。我甚至不再想把她抱在怀里。因为我厌恶自己的身体，它已经变得灰暗了，并且还在不断出汗。再说，我也没有把握不讨厌她的身体。当贡莎得知我死亡的消息时，她一定会哭的，她将有好几个月再也没有任何生活乐趣。但即将死去的毕竟是我。我想起了她那美丽温存的眼睛。每当她看着我时，总有一种东西从她那里传到我身上。但我想这一切都已结束了。假如现在她看着我的话，她的目光将停留在她的双眼里，不会传到我这里来。我是孤独的。

汤姆也很孤独，但是和我不完全一样。他骑坐在长凳上，并且开始微笑着打量它，显出惊奇的样子。他伸出手，小心翼翼地抚摸木凳，然后又猛然把手抽回，全身颤动。假如我是汤姆，我才不会去摸凳子玩呢。这是爱尔兰人的又一出滑稽剧。可是我也觉得各种东西的样子很奇怪。它们比平时更加模糊，更加稀疏。我只要看一眼长凳、煤油灯和煤堆，就能感觉到我快要死了。当然，对于自己的死，我还不能想像得很清楚，不过我到处都见得到它。通过周围的东西，以及它们像在垂死病人床头低声说话的人们一样稍稍地往后退，以便和他保持一段距离的样子，都可以看到我的死。刚才汤姆在长凳上摸到的正是自己的死。

此时此刻，假如他们来宣布饶我一命，我可以安心地回家了，我会无动于衷的。当你对于人的永生已经失去了幻想时，等待几个小时与等待几年就都无所谓了。我对任何东西都已无所牵挂，在某种意义上，我是平静的。然而，由于我的躯体，这种平静又是令人厌恶的。我用它的眼睛看，用它的耳朵听。但是这已经不是我了。它自己在出汗，在颤抖，而我却已经认不出它来了，我不得不摸摸它，看看它，以便知道它变成了什么样子，仿佛它是另一个人的身体。有时候，我还能感觉到它。我仿佛感到滑动，往下冲，就像坐在一架正在向下俯冲的飞机里一样；我也感到心跳。但是这并不能让我踏实下来。来自我身上的一切都可鄙地令人怀疑。大部分时间它毫无反应，默不作声；只能感到一种沉重、卑鄙的压力。我感到自己像是被一条巨大的寄生虫困住了。有一会儿，我摸了摸裤子，觉得它湿了。我不知道是汗湿的，还是尿湿的。不过，为谨慎起见，我还是到煤堆上去撒了尿。

比利时人拿出表来看了看，他说：

“三点半了。”

坏蛋！他一定是故意这样做的。汤姆蹦了起来。我们一点都没有察觉到时间竟这样流逝了。

黑夜像巨大无形的阴影笼罩着我们，我甚至记不得夜是什么时候开始的。

小儒昂叫了起来。他绞动着自己的手，哀求道：

“我不愿意死，我不愿意死。”

他举起双手在地窖里来回奔跑，然后跌坐在一张草垫上哭泣起来。汤姆用失神的眼光看着他，甚至不再想安慰他了，实际上也毫无必要。虽然小家伙的吵闹声比我们大，但是他受到的打击却比我们轻。他就像一个用发烧与病痛作斗争而进行自卫的病人。当你连烧都不发的时候，情况就严重得多了。

他在哭，我看得很清楚，他在可怜自己；他并没有想到死。一刹那，只有一刹那，我也想哭，我想用眼泪来可怜自己。但是，结果恰恰相反。我瞥了小家伙一眼，看到他那瘦弱的双肩在抽动。我感到自己变得不近人情了。对人对己我都不能怜悯。我想，我应该死得清清白白。

汤姆站了起来，走到圆洞的底下，开始观察星空。我很固执，我要清清白白地死去，我想的只是这个。但是，在我的下方，自从医生告诉我们时间以后，我感觉到时间在流逝，它一滴一滴地在流淌。

我听到汤姆说话时，天还很黑呢。他问：

“你听见他们的脚步声了吗？”

“听见了。”

有几个家伙在大院里走动。

“他们来干什么？他们总不能在黑夜里开枪。”

过了一会儿，我们又什么也听不见了。我对汤姆说：

“天亮了。”

佩德罗打着哈欠站了起来，吹灭了煤油灯。他对同伴说：

“好冷啊！”

地窖变得灰蒙蒙的。我们听到了远处的枪声。

“开始了，”我对汤姆说，“他们大概在后院干这个。”

汤姆问医生要一支烟。但是我不要。我不想抽烟，也不愿喝烧酒。从这时起，他们就不断地开枪了。

“你明白吗？”汤姆问。

他还想补充点什么，可是他住嘴了。他看着门。门开了，一名中尉带着四个士兵走了进来。汤姆的烟掉到了地上。

“斯坦卜克?”

汤姆没有答应。佩德罗指了指他。

“儒昂·米巴尔?”

“是坐在草垫上的那个人。”

“起来。”中尉说。

儒昂没有动。两个士兵抓住他的腋窝,让他站住。但是他们一松手,他又倒在地上。

士兵犹豫了。

“感到难受的又不是第一个。”中尉说,“你们两人可以把他抬走嘛。到那里自然会有办法的。”

他转向汤姆说:

“走吧,过来。”

汤姆在两个士兵之间走了出去。另外两名士兵跟在后面。他们抬着小家伙的腋窝和小腿肚。

小家伙没有晕过去;他瞪大了眼睛,眼泪顺着两颊往下淌。当我也想出去的时候,中尉制止了我:

“你是伊比埃塔吗?”

“是的。”

“你先在这里等着。过一会儿,再来找你。”

他们出去了。比利时人和两名狱卒也走了,只剩下我一人。我不明白刚才发生的事,但是我宁愿马上了结算了。我听到了时间相隔几乎一样的阵阵排枪声。每听到一阵枪声,我都禁不住发抖。我想喊叫,想揪自己的头发。但是,我咬紧牙关,双手插在口袋里,因为我要保持清白。

一个小时以后,他们来找我,把我带到二楼的一个小房间。那里一股雪茄味,并且热得让我透不过气来。有两名军官坐在沙发上抽烟,他们的膝盖上放着几份材料。

“你叫伊比埃塔吗?”

“是的。”

“拉蒙·格里斯在哪儿?”

“不知道。”

讯问我的那个人是个矮胖个儿。在他的夹鼻眼镜后面是一双冷酷的眼睛。他对我说:

“你过来。”

我走了过去。他站起来,抓住我的两条胳膊,用一种简直要一口把我吞掉的神气看着我。同时,他还使尽全力绷住我的二头肌。这倒不是为了弄痛我,而是他要弄的把戏。他想要制服我。他还认为有必要往我脸上喷吐他那污秽的浊气。有好一阵,我们两人保持着这种状态。可是我只想发笑。要想吓唬一个即将去死的人,必须使用更多的手段。现在的这一套不管用。他猛力推开了我,又坐了下来。他说:

“拿他的命来换你的命。你要是说出他在哪里,我们就饶你一命。”

这两个用马鞭和皮靴装扮起来的家伙,毕竟也是就要死去的人。比我稍晚点,但不会很久。而他们却专管在那些纸堆里寻找一些名字,然后把另一些人抓进监狱,或者消灭他们。

他们对西班牙的前途和别的问题都有自己的见解。他们那些微不足道的活动在我看来都很令人反感,而且非常可笑。我再也没法设身处地替他们想像了,我觉得他们都是疯子。

那个小胖子一直盯着我,用马鞭抽打着他的靴子。他的一切动作都是精心设计好的,样子活像一头凶猛活跃的野兽。

“怎么样,明白了吗?”

“我不知道格里斯在哪儿,”我回答,“我原来以为他在马德里。”

另一名军官懒洋洋地举起了他那只苍白的手。这种懒怠的姿态也是故意的。我看透了他们耍弄的全部小把戏,并对世上竟有人以此为乐感到惊愕。

“你还有一刻钟可以考虑,”他慢条斯理地说,“把他带到内衣房内,过一刻钟再把他带回来。如果他顽固地拒绝交代,那就立即枪毙。”

他们对自己做的一切很清楚。我先是等了整整一夜。后来,在他们枪决汤姆和儒昂时,又让我在地窖里等了一个钟头。现在,他们又把我关到内衣房里。这些阴谋诡计他们大概是昨天就策划好的。他们以为,时间长了,人的神经会支持不住,他们企图这样来征服我。

他们失算了。在内衣房里,我感到自己虚弱无力,于是坐在一条板凳上,并开始思考起来。但不是按照他们的吩咐思考。当然,我是知道格里斯在哪里的,他藏在离城四公里的表兄弟家里。我也知道,除非他们对我用刑(但是看来他们还没想这样做),否则,我绝不会透露格里斯的藏身之地。这一点是明确无误、肯定无疑的。对此我再也不去多想了。只是我很想弄懂之所以这样做的原因。我宁愿去死,也不会出卖格里斯。为什么呢?我已经不再喜欢拉蒙·格里斯了。我对他的友谊和我对贡莎的爱情以及对生存的企求,在黎明前片刻都已经同时消亡了。当然,我始终是尊重他的,他是一条硬汉子。但并非因为这个原因我才同意替他去死。他的生命并不比我的生命价值更高。任何生命在这种时候都是没有价值的。他们让一个人紧贴墙站着,然后开枪射击,直至把他打死为止。无论是我,是格里斯,还是另外一个人,都没有什么区别。我很明白,他对于西班牙的事业比我有用。但是,无论西班牙,还是无政府主义,我都嗤之以鼻。因为一切都是无关紧要的了。然而,我在这里,我可以出卖格里斯来换取自己一条命。可我拒绝这样做。我觉得这样有点可笑,因为这是顽固。我想:“难道就应该顽固?……”

这时,一种莫名其妙的高兴劲油然而生。

他们来找我,把我带回两名军官那里。一只耗子从我们脚下穿过,逗得我开心。我转身问一个长枪党徒:

“你看见耗子了吗?”

他没有回答。他脸色阴沉,装出一副严肃的样子。我很想笑,但是克制住了。因为我怕一旦笑出了头,就止不住了。那个长枪党徒有一撇小胡子。我又对他说:

“把你的小胡子剃掉吧,傻瓜。”

我觉得,他活着就让这些须毛侵占他的面庞,真是不可思议。他随便地踢了我一脚,我就不做声了。

“那么,”胖军官问,“你考虑了吗?”

我好奇地看了他们一眼,仿佛在欣赏几只稀有的昆虫。我对他们说:

“我知道他在哪里。他藏在公墓里,在一个墓穴或掘墓人的小屋里。”

我这是想捉弄他们一下。我想看着他们站起来。束紧皮带,然后急忙下达命令。

他们跳了起来。

“走。莫勒,去跟洛佩兹中尉要十五个人。你呢,”矮胖子对我说,“假如你说的是实话,那我说的话是算数的。如果是捉弄我们的话,那就饶不了你。”

他们在一片喧闹声中出发了。而我则在长枪党徒的看守下平静地等待着。我不时地发笑,因为我在想过一会儿他们将要发作的样子。我感到自己既糊涂又狡猾。我在想像,他们如何把盖在墓上的一块块石板撬起,然后打开每个墓穴的门。我仿佛是另一个人在想像这一切:因那个顽固的企图就此成名的俘虏,那些神色庄重留着小胡子的长枪党徒,以及那些身穿制服在坟墓之间来回奔跑的人。这一切都让人忍俊不禁。

过了半小时,矮胖子一个人回来了。我以为他是来下令枪决我的。别的人大概都留在公墓里了。

军官看着我。他一点尴尬的样子都没有。

“把他带到大院和别人呆在一起,”他说,“等军事行动结束后,由普通法庭来决定他的命运。”

我以为自己没有听懂,于是问他:

“那么你们不……不枪毙我了?”

“至少现在不。以后么,就不关我的事啰。”

我始终没有明白。我问他:

“那为什么?”

他耸了耸肩,没有回答。士兵就把我带走了。在大院里有一百来个俘虏,还有妇女、孩子和几名老人。我开始围绕中间的草坪走起来,简直感到莫名其妙。中午,他们让我们在食堂吃饭。有两三个人和我打了招呼。我大概认识他们,但是我没有和他们搭话。因为我连自己在哪里都搞不清了。

黄昏,又有十来个新俘虏被带到大院里来了。我认出了面包师卡西亚。他对我说:

“好小子,真走运!我真没想到还能活着见到你。”

“他们判了我死刑,”我说,“可是后来他们又改变了主意,我也不知道为什么。”

“他们是两点钟逮捕我的。”卡西亚说。

“为什么?”

卡西亚并不参与政治活动。

“我不知道,”他说,“他们把所有和他们想法不同的人都抓起来了。”

他放低了声音:

“他们抓到了格里斯。”

我开始发颤:

“什么时候?”

“今天早晨。他自己干了蠢事。星期二他离开了表兄弟家,因为他已经听到一点风声。他可以藏身的人家还有的是,但是他不想再连累任何人了。他说:‘本来我可以藏到伊比埃塔那里去的,但是既然他已经被捕了,我就藏到公墓去算了。’”

“公墓?”

“是啊,真蠢!显然,他们今天早晨去过那里,这本来也是很可能发生的事。他们在掘墓人的小屋里抓到了他。他先向他们开了枪,他们就把他打死了。”

"在公墓!"

我开始晕头转向,终于摔倒在地。我笑得那么厉害,连眼泪都笑出来了。

【注释】

①萨拉戈萨:西班牙一个省会。

②芒扎尼亚葡萄酒:西班牙名酒。

③巴伦西亚:西班牙一个城市。

④格拉纳达:安的列斯群岛中的岛屿。

⑤毕·伊·马加尔(1824—1901年):西班牙历史学家、政治家、哲学家,曾任西班牙第一共和国时期的总统。

⑥加的斯:西班牙南部一个滨海城市。

【思考与练习】

1. 怎样理解小说中体现的萨特的存在主义哲学思想?

2. 小说为什么叫"墙"?"墙"的寓意是什么?

3. 谈谈艺术家对死亡的哲学体验。

24. 谁动了我的奶酪?(节选)

斯宾塞·约翰逊

斯宾塞·约翰逊博士,美国知名的思想先锋和畅销书作家。此外,他还是一位医生、心理问题专家,Medtronic交流(研究)机构的医学指导,心脏起搏器的发明人,"跨学科研究机构"——一个思想库中的医学研究人员,以及加州大学医学院人格研究中心的顾问。主要作品有《珍贵的礼物》、《是或不》、《道德故事》、《一分钟销售》、《一分钟母亲》、《一分钟父亲》、《一分钟老师》和《一分钟的你自己》。他的许多观点,使成千上万的人发现了许多生活中的简单真理,使他们的生活更健康、更成功、更轻松。

《谁动了我的奶酪?》是近年世界第一畅销书,两年内单本书销售达2000万册。IBM、可口可乐、惠普、通用汽车、时代华纳、花旗银行、雀巢集团、百威啤酒等全球500强公司均用此书培训员工,创造了非纯商业图书长期领衔商业图书榜首的奇迹,被媒体称为"工业革命后最畅销的寓言"。本文选自《谁动了我的奶酪?》,吴立俊译。

再完美的计划也时常遭遇不测。

——罗伯特·彭斯(1759—1796年)

生活并不是笔直通畅的走廊,
让我们轻松自在地在其中旅行。
生活是一座迷宫,
我们必须从中找到自己的出路,
我们时常会陷入迷茫,

在死胡同中搜寻。
但如果我们始终深信不疑，
有一扇门就会向我们打开，
它或许不是我们曾经想到的那一扇门，
但我们最终将会发现，
它是一扇有益之门。

——A. J. 克朗宁

从前，在一个遥远的地方，住着四个小家伙。为了填饱肚子和享受乐趣，他们每天在不远处的一座奇妙的迷宫里跑来跑去，在那里寻找一种叫"奶酪"的黄澄澄、香喷喷的食物。

有两个小家伙是老鼠，一个叫"嗅嗅"，另一个叫"匆匆"。另外两个家伙则是小矮人，和老鼠一般大小，但和人一个模样，而且他们的行为也和我们今天的人类差不多。他们俩的名字，一个叫"哼哼"，另一个叫"唧唧"。

由于他们四个实在太小了，他们在干什么当然不太会引起旁人的注意。但如果你凑近仔细观察，你会发现许多令人惊奇不已的事情！

两个小老鼠和两个小矮人每天都在迷宫中度过，在其中寻找他们各自喜欢的奶酪。嗅嗅、匆匆的大脑和其他啮齿类动物的差不多一样简单，但他们有很好的直觉。和别的老鼠一样，他们喜欢的是那种适合啃咬的、硬一点的奶酪。

而那两个小矮人，哼哼和唧唧，则靠脑袋行事，他们的脑袋里装满了各种信念和情感。他们要找的是一种带字母"C"的奶酪。他们相信，这样的奶酪会给他们带来幸福，使他们成功。

尽管小老鼠和小矮人的目标各不相同，但他们做的事情是差不多的。每天早上，他们会各自穿上运动服和慢跑鞋，离开他们的小房子，跑进迷宫，寻找他们各自钟爱的奶酪。

迷宫中有许多曲折的走廊和好像蜂窝似的房间，其中的一些房间里藏着美味的奶酪，但更多的地方则是黑暗的角落和隐藏的死胡同，任何人走进去都很容易迷路。同时，这座迷宫还有一种神奇的力量，对那些找到出路的人，它能使他们享受到美好的生活。

两个小老鼠，嗅嗅和匆匆，总是运用简单低效的反复尝试的办法找奶酪。他们跑进一条走廊，如果走廊里的房间都是空的，他们就返回来，再去另一条走廊搜寻。没有奶酪的走廊他们都会记住。就这样，他们很快地从一个地方找到另一个地方。嗅嗅可以用他那了不起的鼻子嗅出奶酪的大致方向，匆匆则跑在前面开路。然而迷宫太大太复杂，如你所料，他们经常会迷路，离开正道走错了方向，有时甚至还会撞到墙上。

而两个小矮人，哼哼和唧唧，则运用他们思考的能力，从过去的经验中学习。他们靠复杂的脑筋，搞出了一套复杂的寻找奶酪的方法。

哼哼和唧唧的方法比他们的老鼠朋友要高效，因此，他们走进死胡同和碰壁的情况要比老鼠朋友少得多。他们也为此而时常沾沾自喜，很是得意，甚至有些看不起低智商的老鼠朋友。然而有时候，人类复杂的头脑所带来的复杂感情也会战胜他们的理性思维，使他们看问题的眼光变得暗淡起来。这也使得他们在迷宫中的生活更加复杂化，也更具有挑战性了。

但是不管怎样，这四个家伙——嗅嗅和匆匆，哼哼和唧唧，都以他们各自的方式不懈地追寻着他们想要得到的东西。最后，终于有一天，在某个走廊的尽头，在奶酪 C 站，他们都找到了自己想要的奶酪。

这里真是一个天堂,四个小家伙被眼前的情景惊呆了,无数各式各样的奶酪堆积如山,闪着诱人的光亮。四个小家伙呆了半晌,然后就疯了似的冲进奶酪堆,开始狂欢。

从那以后,这四个家伙,小老鼠和小矮人,每天早上穿上他们的跑步装备后便毫不犹豫地直奔奶酪 C 站。不久,他们都建立了熟悉的路线,并形成了各自的生活习惯。

嗅嗅和匆匆仍旧每天都起得很早,然后沿着相同的路线跑进迷宫中。

当老鼠们到达目的地后,他们脱下自己的跑鞋,有条不紊地将两只鞋系在一起,挂在脖子上——以便需要的时候能够很快穿上。然后,他们才开始尽情地享用奶酪。

在刚开始的一段时间里,哼哼和唧唧也是如此行事,每天早晨赶到奶酪 C 站,按部就班地把鞋子挂在脖子上,享用在那里等着他们的美味佳肴。

然而,不久以后,小矮人改变了他们的常规。

哼哼和唧唧每天起得比老鼠们晚一些,懒懒地穿好运动服,然后信步走到奶酪 C 站。不管怎样,反正已经找到了奶酪。

他们从没想过,奶酪是从哪里来的,是谁把他们放在那里的?他们只是理所当然地认为,奶酪总是会在那里的。

每天,哼哼和唧唧到达奶酪 C 站以后,就像回到自己家一样,舒适地呆在那里。他们脱下身上的运动衣,把它们挂起来,甩掉脚上的鞋子,换上拖鞋。他们找到了奶酪,感觉实在是太惬意了。

"真是太好了!"哼哼说,"这里有这么多的奶酪,足够我们享用一辈子了。"小矮人充满了幸福和成功的感觉,觉得从此可以无忧无虑了。

不久,哼哼和唧唧理所当然地认定,他们在奶酪 C 站发现的奶酪就是"他们自己的奶酪"了。这里的奶酪库存是如此的丰富,于是他们决定把家搬到更靠近奶酪 C 站的地方,还在周围一带开展了他们的社交活动。

为了使这里有更像家的感觉,哼哼和唧唧把墙壁装饰了一通,还在墙上写了一些格言,并精心地画上了一些非常可口的奶酪图案。他们看着这些图画和格言,会心地笑了,其中一幅图画的内容是:

拥有奶酪,就拥有幸福。

有时,他们带朋友参观他们在奶酪 C 站里成堆的奶酪,自豪地指着这些奶酪说:"多么美妙可口的奶酪呀,不是吗?"有时,他们与朋友一起分享这些奶酪,而有时则单独享用。

"我们应该拥有这些奶酪,"哼哼说,"为了找到它们,我们可是付出了长期而艰苦的努力,我们当然有资格拥有它们。"他一边说着一边拿起一块鲜美的奶酪放进嘴里,享用起来,脸上流露出幸福的光彩。

然后,就像往常一样,哼哼享受完奶酪便睡着了,梦中还露出满足而惬意的笑容。

每天晚上,小矮人在美美地饱餐了奶酪后,就摇摇摆摆地走回家,第二天早上他们又会信心十足地走进奶酪 C 站,去享用更多的奶酪。

这样的境况维持了相当长的一段时间。

逐渐地,哼哼和唧唧的自信开始膨胀起来。面对成功,他们开始变得妄自尊大。在这种安逸的生活中,它们丝毫没有察觉到正在发生的变化。

随着时间的流逝,嗅嗅和匆匆日复一日地重复着他们的生活。每天早早地赶到奶酪 C 站,四处闻一闻、抓一抓,看看这区域和前一天有什么不一样。等到确定没有任何异常后,他们才会坐下来细细品味奶酪，好好享受一番。

一天早上，当嗅嗅和匆匆到达奶酪C站时，发现这里已经没有奶酪了。

对此，他们并不感到吃惊，因为他们早已觉察到，最近好像有一些奇异的事情正在奶酪C站里发生，因为这里的奶酪已经越来越小，并且一天比一天少了。他们对这种不可避免的情况早有心理准备，而且直觉地知道该怎么办。

他们相互对望了一眼，毫不犹豫地取下挂在脖子上的跑鞋，穿上并系好鞋带。

两只小老鼠对此并没有做什么全面细致的分析，事实上，也没有足够复杂的脑细胞可以支持他们进行这么复杂的思维。

对老鼠来说，问题和答案都是一样的简单。奶酪C站的情况发生了变化，所以，他们也决定随之而变化。

他们同时望向迷宫深处。嗅嗅扬起他的鼻子闻了闻，朝匆匆点点头，匆匆立刻拔腿跑向迷宫的深处，嗅嗅则紧跟其后。

他们开始迅速行动，去别的地方寻找新的奶酪，甚至连头都没有回一下。

同一天的晚些时候，哼哼和唧唧也像往常一样溜溜达达地来到奶酪C站，一路上哼着小曲。他们过去一直没有觉察到这里每天都在发生的细小变化，而想当然地以为他们的奶酪还在那里。

面对新的情况，他们毫无准备。

“怎么！竟然没有奶酪？”哼哼大叫道，然后他开始不停地大喊大叫，“没有奶酪？怎么可能没有奶酪？”好像他叫喊的声音足够大的话，就会有谁把奶酪送回来似的。

“谁动了我的奶酪？”他声嘶力竭地呐喊着。

最后，他把手放在屁股上，脸憋得通红，用他最大的嗓门叫道：“这不公平！”

唧唧则站在那里，一个劲地摇头，不相信这里已经发生的变化。对此，他同样没有任何心理准备，他满以为在这里照旧可以找到奶酪。他长时间地站在那里，久久不能动弹，完全被这个意外给惊呆了。

哼哼还在疯狂地叫嚷着什么，但唧唧不想听，他不想面对眼前的现实，他拼命地告诉自己，这只是一个噩梦，他只想回避这一切。

他们的行为并不可取，而且也于事无补，但我们还是能够理解的。

要知道找到奶酪并不是一件容易的事情。更何况，对这两个小矮人来说，奶酪绝不仅仅只是一种填饱肚子的东西，它意味着他们悠闲的生活、意味着他们的荣誉、意味着他们的社交关系以及更多重要的事情。

对他们来说，找到奶酪是获得幸福的唯一途径。根据不同的偏爱，他们对奶酪的意义有各自的看法。

对有些人而言，奶酪代表的是一种物质上的享受；而对另一些人来说，奶酪则意味着健康的生活，或者是一种安宁富足的精神世界。

对唧唧来说，奶酪意味着安定，意味着某一天能够拥有一个可爱的家庭，生活在名人社区的一座舒适的别墅里。

对哼哼来说，拥有奶酪可以使他成为大人物，可以领导很多很多的人，而且可以在卡米伯特山顶上拥有一座华丽的宫殿。

由于奶酪对他们实在太重要了，所以这两个小矮人花了很长时间试图决定该怎么办。

但他们所能想到的，只是在奶酪C站里寻找，看看奶酪是否真的不存在了。

当嗅嗅和匆匆已经在迅速行动的时候，哼哼和唧唧还在那里不停地哼哼唧唧、犹豫不决。

他们情绪激动地大声叫骂这世界的不公平，用尽一切恶毒的语言去诅咒那个搬走了他们奶酪的黑心贼。然后唧唧开始变得消沉起来，没有了奶酪，明天会是怎样？他对未来的计划可是完完全全都建立在这些奶酪的基础上面的啊！

这两个小矮人就是不能接受这一切。这一切怎么可能发生呢？没有任何人警告过他们，这是不对的，事情不应该是这个样子的，他们始终无法相信眼前的事实。

那天晚上，哼哼和唧唧饥肠辘辘、沮丧地回到家里。在离开之前，唧唧在墙上写下了一句话：

奶酪对你越重要，你就越想抓住它。

第二天，辗转难眠了一晚上的哼哼和唧唧早早地离开家又回到奶酪C站，不管怎样，他们抱着一线希望，他们不断地欺骗自己，假定昨天走错了地方，他们仍然希望找回他们的奶酪。奶酪站的位置没有变化，然而奶酪的的确确早已不复存在。两个小矮人顿时手足无措，不知道该怎么办。哼哼和唧唧只是站在那里，一动不动，就像两座毫无生气的雕像。

唧唧紧紧闭上眼睛，用手捂住自己的耳朵，他只想把一切都堵在外面。他不愿相信奶酪是逐渐变得越来越少的，他宁愿相信奶酪是突然之间被全部拿走的。

哼哼则把现在的情况分析了又分析，他用他那复杂的大脑把他所有的信条都翻了个遍。

“他们为什么要这样做？”他终究没能找到答案，“这里究竟发生了什么事情？”

终于，唧唧睁开了眼睛，朝周围看了看说：“顺便问一下，嗅嗅和匆匆现在在哪里？你是否觉得他们知道某些我们还不知道的事情？”

“那两个弱智，他们能够知道些什么？”哼哼的语气中充满了不屑。

他继续说：“他们只是头脑简单的老鼠，他们只会对发生的事情作出简单的反应。而我们是机灵聪明的小矮人，我们比老鼠有头脑。我们应该能够推测出这里的情况。”

“我知道我们更聪明，”唧唧说，“但是，我们现在的行为好像并不怎么聪明。我们周围的情况已经发生了变化，哼哼，也许我们需要作出一些改变，去做点什么不同的事情。”

“我们为什么要改变？”哼哼问道，“我们是小矮人，我们是不一样的。这样的事情不应该发生在我们的身上。即使出现了这样的情况，我们至少也应该从中得到一些补偿。”

“为什么我们应该得到一些补偿呢？”唧唧问。

“因为我们有这样的权利。”哼哼宣称。

“有什么样的权利？”唧唧不明白。

“有拥有我们的奶酪的权利。”

“为什么？”唧唧还是不明白。

“因为这个问题不是我们引起的，”哼哼说，“是某些别有用心的人制造了这个局面，而不是我们，所以我坚持认为我们总应该从中得到些补偿。”

“也许我们应该停止这种无用的分析，”唧唧提议，“分析问题到此为止。在我们还没有被饿死之前，我们应该赶紧出发去找新的奶酪。”

“噢，不！”哼哼反对说，“我就快要找到问题的根源了。要知道，我们曾经拥有过那么多、那么好的奶酪啊！”

当哼哼和唧唧还在争执着试图决定该怎么办的时候，嗅嗅和匆匆已经在很顺利地做他们的事情了。他们进入了迷宫的更深处，走过一条又一条走廊，在每一个他们遇到的奶酪站里仔细寻找着奶酪。

除了倾尽全力地寻找新的奶酪，他们并不考虑任何别的事情。

有好一段时间，他们找得很辛苦却一无所获。直到他们走进迷宫中一个他们从未到过的地方：奶酪 N 站。

他们高兴得尖叫起来，他们终于发现了他们一直在寻找的东西：大量新鲜的奶酪。

他们简直不敢相信自己的眼睛，这是他们所见过的最大的奶酪仓库。

而与此同时，哼哼和唧唧仍然呆在奶酪 C 站，对他们目前的处境进行揣摩。他们正在忍受着失去了奶酪的痛苦，挫折感、饥饿感和由此而来的愤怒紧紧围绕着他们，折磨着他们，他们甚至为陷入眼前的困境而相互指责。

唧唧仍然时时想起他的老鼠朋友，猜想他们现在是否已经找到了奶酪。他相信他们也许过得很困难。在迷宫中穿行，总会面临许多难以预料的事情。但他也知道，什么事情都有一个不容易的阶段。

有时，唧唧会想像出嗅嗅和匆匆已经找到了奶酪并正在享用他们的情景。他忽然有一种冲动，想到迷宫中冒险去寻找新的奶酪。在迷宫中探险，找到新的奶酪并尽情享用，这一切该是多么的美好啊！想到这里，他仿佛觉得自己已经尝到了新鲜奶酪的美味。

正在寻找和享用新的奶酪，这样的情景在唧唧的头脑中越来越清晰。他觉得自己越来越想离开奶酪 C 站，出发去寻找新的奶酪。

突然，他大声宣布道："我们走吧！"

"不！"哼哼很快作出了反应，"我喜欢这里。我只熟悉这里，这里很好很舒服。再说，离开这里到外面去是很危险的。"

"不会的，"唧唧说，"以前我们到过这个迷宫中的许多地方，我们还可以再去其他地方找找看。"

"我觉得自己已经有些老了，不能再做这种跑来跑去到处冒险的事了。"哼哼说，"而且，我也不想像个傻瓜似的，时常迷路。你觉得呢？"

听哼哼这么一说，失败的恐惧感又袭上了唧唧的心头，他的那点发现新奶酪的希望又逐渐消退了。

就这样，这两个小矮人继续做着以前每天所做的事。他们仍然每天都去奶酪 C 站，发现还是找不到奶酪，然后怀着忧虑和挫败的心情回到家里。

他们试图否认眼前发生的一切，开始失眠，力气一天比一天小，变得越来越烦躁易怒。他们的家，也不再是美好舒适的地方。他们睡不上一个安稳觉，而且每晚的时光都伴着找不到奶酪的噩梦度过。

但他们仍然每天回到奶酪 C 站，仍然每天在那里等待。

哼哼说："你知道，如果我们再努力一些，我们也许会发现事情并没有发生太大的变化。奶酪也许就在附近，他们也许只是被人藏到墙后面去了。"

第二天，哼哼和唧唧带了工具回到奶酪 C 站。哼哼拿着凿子，唧唧则用锤子敲打。他们费了九牛二虎之力，终于在墙上打出了一个洞，朝里面窥视，却依旧没有发现奶酪的踪迹。

尽管他们感到非常失望，但他们仍然相信问题会得到解决，以后，他们起得更早，工作得更长、更努力。但是，一段时间以后，他们得到的只是一个个更大的空洞。

唧唧开始认识到行动和结果之间的区别。

“也许，”哼哼说，“我们只需要坐在这里，看看到底会发生什么事情。迟早他们会把奶酪再送回来的。”

唧唧希望他说的是真的。这样，他每天回家休息，然后勉强陪着哼哼去奶酪C站察看情况。但是，奶酪始终没有再出现。

由于焦虑和饥饿，这两个小矮人已经变得有些虚弱。唧唧已经开始厌倦等待——完全被动地等着状况自己发生好转。他开始明白，他们在奶酪C站等待的时间越长，情况只会变得越糟糕。

唧唧明白，他们正在失去自己的优势。

终于，有一天，唧唧开始自己嘲笑自己：“唧唧呀唧唧，看看你自己吧！你居然等到每天重复同样的错误，还总是奇怪、怀疑为什么情况还没有得到改善，还有什么比你这种做法更可笑的呢？这如果不是荒谬，就是滑稽。”

唧唧并不想再到迷宫中去奔波。他知道他可能会迷路，而且他也不知道究竟应该到哪儿去寻找新的奶酪。当他明白正是他的恐惧感使他如此裹足不前、坐以待毙的时候，他嘲笑自己的愚笨。

他问哼哼：“我们的运动衣和慢跑鞋放到哪里去了？”他花了很长时间，才翻出了那些运动装备。当初，他们在奶酪C站找到奶酪以后，就把鞋子啊什么的都扔到一边去了，因为他们以为再也不需要这些玩意儿了。

当哼哼看到他的朋友穿上运动衣时，他说，“你不是真的要到迷宫中去吧？你为什么不留下来，和我一起在这里等，等着他们把奶酪送回来？”

“因为如果这么做，我们将永远不会得到那些奶酪，”唧唧大声说，“不会有人把奶酪送回来了，现在已经到了去寻找新奶酪的时候了，不要再想那些早已不存在的奶酪了！”

哼哼争辩说：“但是如果外面也没有奶酪怎么办？或者，即使有奶酪，但你找不到，又怎么办？”

“我不知道。”唧唧不耐烦地说。同样的问题，他已经问过自己多少遍了。他又感到了那种使他停滞不前的恐惧感。

但是马上他又想到如果真的找到了新的奶酪呢？那种享受新奶酪的喜悦再度鼓起了他的勇气。

他最后问自己：“你希望到哪里去找奶酪——这里，还是迷宫中？”

于是他的脑中出现了一幅图画，他看见自己面带微笑地在迷宫中探险。

这样的景象让他有些惊异，他发现自己终于克服了再次进入迷宫的恐惧。他看见自己在迷宫中迷了路，但仍然满怀信心地在那里寻找新奶酪，一切美好的事物都随之而来。他又重新找回了自己的勇气。

于是，他尽量发挥自己的想像力，在脑海中为自己描绘了一幅他最信赖的、最具现实感的图画——他在寻找和品尝新的奶酪。

他仿佛看见自己坐在一大堆奶酪中央，正在尽情品尝各种奶酪，像蜂窝状的瑞士奶酪、鲜黄的英国切达干酪、美国奶酪和意大利干酪，还有美味又柔软的法国卡米伯特奶酪，等等。

唧唧简直想入了神，直到他听见哼哼在一边嘟囔着什么，他才意识到自己仍然还站在奶酪C站。

于是唧唧转过身来对哼哼说:“哼哼,有时候,事情发生了改变,就再也变不回原来的样子了。我们现在遇到的情况就是这样。这就是生活!生活在变化,日子在往前走,我们也应随之改变,而不是在原地踟蹰不前。”

唧唧看着他那因饥饿和沮丧而显得有些憔悴的朋友,试图给他分析一些道理。但是,哼哼的畏惧早已变成了气恼,他什么也听不进去。

唧唧并不想冒犯他的朋友,但是他还是忍不住要嘲笑他们自己,因为现在看起来他们俩真是又狼狈又愚蠢。

当唧唧准备要出发的时候,他觉得自己整个人都变得充满了活力,他挺起了胸膛,他的精神开始振作起来:“让我们出发吧。”

唧唧大笑着宣称:“这是一个迷宫的时代!”

哼哼笑不出来,他几乎没有任何反应。

唧唧拾起一块坚硬的小石头,在墙上写下一句恳切的话,留给哼哼去思考。他没有忘记自己的习惯,在这句话的周围画上奶酪图案。唧唧希望这幅画能给哼哼带来一丝希望,会对哼哼有所启发,并促使哼哼起身去追寻新的奶酪。但是哼哼根本不想朝墙上看一眼。

墙上的话是:

如果你不改变,你就会被淘汰。

在墙上留言后,唧唧伸出脑袋小心翼翼地朝迷宫中望了望,回想着到达奶酪C站以前所走过的路线。

他曾经想过,也许迷宫中再也没有奶酪了,或者,他可能永远找不到奶酪。这种悲观的情绪曾经那样深地根植于他的心底,以至于差一点就毁了他。

想到这里,唧唧会心地微笑起来。他知道,哼哼现在一定还在原地懊恼:“究竟是谁动了我的奶酪?”而唧唧此刻想到的却是:“我为什么没有早点行动起来,跟着奶酪移动呢?”

当唧唧终于走出奶酪C站踏入黑暗的迷宫时,他忍不住回头看了看这个曾经伴随他和哼哼很长一段时间的地方。那一瞬间他几乎无法控制自己,又想走回那个熟悉的地方,又想躲进那个虽然已没有奶酪但很安全的地方。

唧唧又有些担心起来,拿不准自己是否真的想要进入迷宫中去。片刻以后,他又拿起石块在面前的墙上写下一句话,盯着它看了许久:

如果你无所畏惧,你会怎样做呢?

他对着这句话苦思冥想。

他知道,有时候,有所畏惧是有好处的。当你害怕不做某些事情会使事情变得越来越糟糕时,恐惧心反而会激起你去采取行动。但是,如果你因为过分害怕而不敢采取任何行动时,恐惧心就会变成前进道路上最大的障碍。

他朝迷宫的右侧瞧了瞧,心中生出了恐惧,因为他从未到过那里面。

然后,他深吸了一口气,朝迷宫的右侧缓步跑去,跑向那片未知的领地。

在探路的时候,唧唧有些担心起来,一开始他还在奶酪C站犹豫了那么久,因为很长时间没有吃到奶酪了,他有些虚弱。现在,在迷宫中穿行要比以前更加吃力,花的时间更长。他打定主意,一旦再有机会,他一定要尽早走出舒适的环境去适应事情的变化。他觉得立刻采取措施会使事情更容易一些。

想到这里,唧唧无力地微笑了一下,感叹道:“迟做总比不做好。”

接下来的几天里,唧唧在周围偶尔能够找到一点奶酪,但都吃不了多久。他曾经希望能够找到足够多的奶酪,带回去给哼哼,鼓励他离开原地,走进迷宫。

但是,唧唧还是感到有些信心不足,他不得不承认,身在迷宫中,他感到十分困惑。里面很多地方跟以前完全不一样了。

他这样想着朝前走去,他觉得自己已经走了好远,却又好像就要迷失在迂回曲折的走廊中了。这就好像走两步退一步,对他来说,这真是一种挑战。不过他还是承认,回到迷宫中寻找奶酪,其实并不像他想像的那样可怕。

随着时间的流逝,他开始有些怀疑,找到新奶酪的希望是否能变成现实。有一种幻觉,有时他怀疑是否自己嘴里的奶酪太多而嚼不过来,这时,想到自己根本没有东西可嚼,他不禁哑然失笑。

每当他开始感到泄气的时候,他就提醒自己正在做什么。尽管现在很难受,但这样总比呆在没有奶酪的地方更实际。他在掌握控制权,而不是听天由命、束手无策。

他还提醒自己,如果嗅嗅和匆匆能不断前行,那么自己也能做到!

后来,唧唧回想起过去的事情,他终于明白奶酪C站的奶酪并不是像他曾经相信的那样一夜之间突然消失的。奶酪的数量是逐渐变少,直至完全消失的;而且剩下的那一点已经陈旧变质,美味丧失殆尽了。

那些陈旧的奶酪上面或许已经生出了霉菌,只是他没有注意到罢了。他还得承认,只要他愿意,应该能够注意到,可惜当初他没有留意这些变化。

唧唧还认识到,如果他一直能够觉察到这些变化而且能够预见到这些变化,那么,这些变化就不会让他感到吃惊。也许,嗅嗅和匆匆一直就是这样做的。

他打定主意,从现在起,他要时刻保持警觉。他要期待着发生变化,而且要去追寻变化。他应该相信自己的直觉,能够意识到何时发生变化,并且能够做好准备去适应这些变化。

他停下来休息了一会儿,并在迷宫的墙上写到:

经常闻一闻你的奶酪,你就会知道它什么时候开始变质。

一段日子以后,好像已经很久没有找到奶酪了。这天,唧唧遇到了一个很大的奶酪站,看起来里面似乎装满了奶酪。当他走进去以后,却发现里面空空如也,他失望至极。

“这种空空的感觉,对我来说太平常了。”他叹息道,他觉得自己就快要放弃了。

唧唧的体力正在慢慢地丧失。他知道自己迷路了,此刻,他有些担心自己能不能活下去。他想转身回到奶酪C站去。回去后,至少哼哼还在那里,唧唧就不会孤单一人了。这时,他又问了自己一个同样的问题:“如果我无所畏惧,我会怎样做呢?”

唧唧觉得他正在克服和超越自己的恐惧,但他又越来越经常地感到害怕,害怕得甚至无法对自己承认。他常常难以确定自己到底害怕什么,但是在目前这样虚弱的状况下,他知道,他只是害怕一个人独自前行。唧唧其实并不清楚这一点,他只是跟着这种感觉走,因为他一直被这些恐惧念头压迫着。

唧唧想知道哼哼是否已经离开了C站开始寻找新的奶酪,或者是否仍然被自己的恐惧所吓倒,仍旧裹足不前。这时,唧唧想起他在迷宫中度过的时光,那些他曾经觉得是最美好的时光,其实正是他一个人穿行在迷宫中寻找奶酪的时候。

他又在墙上写下了一句话,以便提醒自己。同时,这句话也是一个标记,留给他的朋友哼哼,希望哼哼会跟上来。

朝新的方向前进,你就会发现新的奶酪。

唧唧朝着黑暗深邃的通道中望去,又有一阵恐惧袭来。前面有些什么?是不是什么都没有?或者更糟,里面潜藏着危险?他开始想像各种可能降临到他头上的可怕的事情。他越想越怕,快把自己吓死了。

忽然,他又觉得自己真是可笑。他意识到,他的畏惧只会使事情变得更糟糕。于是,他采取了当他无所畏惧的时候他会采取的行动。他朝一个新的方向跑去。

当他跑向这条黑暗的走廊时,他笑了起来。唧唧还没有认识到这一点,但他觉得他的灵魂得到了丰富。他正在放开自己,对前景充满了信心,尽管他并不能确切地知道前面究竟有些什么。

出乎意料,他开始对自己感到越来越满意。"为什么我的感觉这么好?"他不明白,"我并没有找到奶酪,而且也不知道要到哪里去?"

不久,他明白了他为什么会感觉这么好。

他停下脚步,在墙上写到:

当你超越了自己的恐惧时,你就会感到轻松自在。

他认识到,他原来是被自己的恐惧感给控制住了。如今朝一个新的方向迈进,使他获得了自由。

这时,从迷宫中吹来习习的凉风,使人感到神清气爽。他深吸了一口气,振作起来。一旦克服了自己的恐惧感,他觉得一切比原来自己想像的要好得多。

唧唧已经很久没有这种感觉了。他几乎快要忘记了这种感觉是多么的惬意。

为了使事情更顺利地进行,他又开始在头脑中描绘一种景象。想像中,他在一种很棒的现实环境,坐在各种他喜欢的奶酪中间——有切达奶酪,还有布里奶酪!他看见自己在吃许多他喜欢吃的奶酪。这样的景象使他获得一种享受,他想像着这些奶酪的滋味该是多么美啊!这种享受新奶酪的情景,他看得越清楚,就越相信这会变成现实。现在,他有一种感觉,他就要找到奶酪了。

他又在墙上写到:

在我发现奶酪之前,想像我正在享受奶酪,这会帮我找到新的奶酪。

唧唧一直在想的是他将会得到什么,而不是考虑他会失去什么。

他不明白,为什么自己过去总是觉得变化会使事情变得更糟。而现在他认识到,变化将会使事情变得更好。

"为什么以前我不明白这一点?"他反问自己。

于是,他以更大的勇气和力量快速灵敏地穿行在迷宫中。不久,他就发现了一个奶酪站。当他在迷宫的入口处发现一些新奶酪的碎屑时,他变得兴奋起来。

这是一些他从未见过的奶酪,但看起来挺不错,他尝了尝,真是美味啊!他吃掉了大部分能找到的小块奶酪,把剩下的放进口袋,以后也许可以和哼哼分享。他的体力也开始得到恢复。

他怀着兴奋的心情走进去。但是,让他感到惊愕的是,里面竟然是空的。有人已经来过这里,只留下了一些零星小块奶酪。

他认识到,如果能早一点行动,他就很有可能早已在这里发现大量的新奶酪了。

唧唧决定回去,看看哼哼是否愿意和他一起行动。

在返回的路上,他停下来,在墙上写到:

越早放弃旧的奶酪,你就会越早发现新的奶酪。

不久,唧唧就回到了奶酪C站,找到了哼哼,他给哼哼一些新的小块奶酪,但被拒绝了。

哼哼很感激朋友的心意,但是他说:“我不喜欢新奶酪,这不是我习惯吃的那一种。我只要我自己的奶酪回来。除非可以得到我想要的东西,否则我是不会改变主意的。”

唧唧失望地摇了摇头,不情愿地一个人踏上了自己的旅程。当走到他到达过的迷宫最深处时,他怀念起他的朋友来,但他明白,他喜欢的还是他的探险过程。虽然以前他希望的是得到充足的新奶酪,但现在他清楚使自己快乐的并不仅仅是奶酪而已。

他高兴的是,他不再受自己的恐惧感的驱使。他喜欢自己正在做的事情。

明白了这一点,唧唧不再像在奶酪C站时,在没有奶酪的日子里感到那样虚弱了。他知道,他不会再让恐惧感阻碍自己。他选择了一个新的方向,他的身心得到了滋养,体力得到加强。

现在,他觉得,找到自己想要的东西只是一个时间问题。事实上,他感到他已经找到了他一直在寻找的东西。

当他认识到这一点的时候,他不禁微笑起来,并在墙上写到:

在迷宫中搜寻比停留在没有奶酪的地方更安全。

唧唧还认识到,就像他曾经体会过的那样,你所害怕的东西根本没有你想像的那样糟糕,在你心里形成的恐惧比你的实际处境更坏。他曾经是如此地害怕找不到新的奶酪,以致他根本不想去寻找。然而一旦开始寻找的旅程,他就发现迷宫的走廊中有足够的奶酪使他继续找下去。现在,他期待着找到更多的奶酪。只要朝前看,他就会因为有所期待而兴奋起来。

他过去的思想被恐惧和忧虑蒙蔽了。过去考虑的总是没有奶酪,或者没有可以维持足够长时间的奶酪。以前总是觉得会把事情做错,而不是考虑把事情做好。

在他离开奶酪C站以后的日子里,一切都改变了。

过去他习惯于认为,奶酪决不会被拿走,改变总是不对的。

现在,他知道,变化会不断地发生,这是很自然的事情,不管你是否希望如此。只有当你不希望变化,也不想追寻变化的时候,变化才会让你感到吃惊。

当唧唧认识到自己的信念发生了改变时,他停下来,在墙上写到:

陈旧的信念不会帮助你找到新的奶酪。

唧唧还没有找到奶酪,但在迷宫中穿行的时候,唧唧在想自己从中学到了什么。

他意识到,他的新的信念鼓舞着他采取新的行动。他的行为再不同于以往,再也不是总要回到同一个没有奶酪的地方。

他知道,当你改变了自己的信念,你也就改变了自己的行为。

你可以相信,变化对你有害,你可以拒绝它;或者,你会相信,寻找新奶酪对你有好处,你会拥抱这种变化。

这些都取决于你选择相信什么。

他在墙上写到:

当你发现你会找到新的奶酪并且能够享用它时,你就会改变你的路线。

唧唧知道,如果他能够早一些离开奶酪C站,早一点应对这些变化,他现在的状况就会更好一些。他的身体会更强壮,精神也会更坚强,会更好地去迎接挑战——寻找新奶酪的挑战。事实上,如果他不是浪费时间,否认已经发生了的变化,如果他能够期待改变,也许他已经找到奶酪了。

他再一次运用自己的想像力,看见自己正在发现和品尝新奶酪。他决定到更多的地方去,去迷宫中那些他还没有到过的地方。在这些地方,他偶尔找到一些小块的奶酪。唧唧又开始恢复了体力和信心。

当他回顾自己是怎么走过来的时候,他很高兴他在很多经过的地方的墙上都留下了字迹。他相信如果哼哼决定离开奶酪C站的话,这就是留给哼哼的路标,能帮助哼哼穿过迷宫。

唧唧只是希望自己在朝着正确的方向前进。他还想到了这种可能性——哼哼将会读到墙上的字迹,并且循着它找到出路。

于是,他又把这段时间以来他一直思索的心得写在墙上:

尽早注意细小的变化,这将有助于你适应即将来临的更大的变化。

此时此刻,唧唧早已把过去抛在脑后,正在适应现在。

他继续以更充沛的体力和更快的速度穿越迷宫。不久,期待已久的事情终于发生了。

当他感觉一直在迷宫中前行,而且好像永远都会在迷宫中前行的时候,他的旅程——至少是现阶段的旅程——即将愉快地结束了。

唧唧正沿着一条走廊前进,这是一条他从未到过的走廊,拐过一个弯,在他的面前出现了奶酪N站,这里面堆满了新鲜的奶酪!

当他走进奶酪N站的时候,他被眼前的景象惊呆了。到处都是堆积如山的奶酪,他从未见过如此巨大的丰盛的贮藏。他并不完全认识这些奶酪,有些品种是全新的。

眼前的景象太壮观了,他犹豫了一会儿,不能肯定这是否是真的,或许这只是他的幻觉。直到他看见了他的老朋友——嗅嗅和匆匆,他才相信这一切是真的。

嗅嗅冲唧唧点了点头,表示欢迎,匆匆则朝他挥了挥爪子。他们胖胖的小肚子表明,他们在这里已经有一段时间了。

唧唧很快向他们打了招呼,然后赶紧把他喜欢的各种奶酪都咬了一口。他脱掉鞋子,把两只鞋子系在一起,然后挂在脖子上,以便需要的时候能够迅速找到它们。嗅嗅和匆匆会心地笑了,并赞许地点了点头。而唧唧已经一头扎进了奶酪堆中。一顿饱餐之后,唧唧高兴地举起一块新鲜的奶酪欢呼:“乌拉,变化万岁!”

唧唧享受新的奶酪的同时,也在反思自己学到了什么。

他认识到,当他害怕变化的时候,他一直受困于对那已不复存在的旧奶酪的幻想而无法自拔。

那又是什么使他发生了改变呢?难道是害怕饿死的恐惧?想到这里,唧唧笑了,他心里明白,这种恐惧当然起过很大的作用。

唧唧忽然发现,他已经学会自嘲了。而当人们学会自嘲,能够嘲笑自己的愚蠢和所做的错事时,他就在开始改变了。他甚至觉得,改变自己的最快捷的方式,就是坦然嘲笑自己的愚笨——这样,你就能对过往云烟轻松释然,迅速行动起来,直面变化。

唧唧相信他从他的老鼠朋友嗅嗅和匆匆那里，学到了一些有用的东西——不畏惧改变，勇往直前。老鼠朋友简单地对待生活，他们不会反复分析，也不会把事情搞得很复杂。当形势发生改变，奶酪被移走了的时候，他们会迅速随之改变，循着奶酪的移动方向而移动。唧唧告诉自己，要牢记这些体会。

唧唧相信拥有了这些体会，凭借自己聪慧的头脑，再遇到任何变化时，他一定能够做得比老鼠朋友更好。

他的头脑里出现了清晰的图画，他的生活将会变得更美好，而且他还会在迷宫中发现一些更好的东西。

唧唧不断地反思自己过去犯下的错误，他要汲取这些经验教训，去勾画自己的未来。他知道，自己完全可以通过总结和学习，掌握如何应对变化：

首先，要更清醒地认识到，有时需要简单地看待问题，以及灵敏快速地行动。

你不必把事情过分复杂化，或者一味地让那些惊恐的念头使自己感到慌乱。

其次，必须要善于发现一开始发生的那些细微的变化，以便你为即将来临的更大的变化做好准备。

他知道，他需要作出更快的调整。因为，如果不能及时调整自己，就可能永远找不到属于自己的奶酪。

还有一点必须承认，那就是阻止你发生改变的最大的制约因素就是你自己。只有自己发生了改变，事情才会开始好转。

最重要的是，新的奶酪始终存在于某个地方，不管你是否已经意识到了它的存在。只有当你克服了自己的恐惧念头，并且勇于走出久已习惯的生活，去享受冒险带来的喜悦的时候，你才会得到新奶酪给你的报偿和奖赏。

唧唧还认识到，有些畏惧是需要加以认真对待的，它会帮助你避开真正的危险。但绝大部分的恐惧都是不明智的，它们只会在你需要改变的时候，使你回避这种改变。

唧唧曾经那样地惧怕改变，他真的希望生活能够永远按照原有的样子继续，但现在他意识到，生活并不会遵从某个人的愿望发展。改变随时有可能降临，但积极地面对改变会让你发现更好的奶酪，真的是塞翁失马，焉知非福。

唧唧已经看到了变化更好的一面。

当他回想起这些自己所学到的东西时，他不由得想起了他的朋友哼哼。他不知道哼哼是否读到了那些他在奶酪C站和迷宫各个角落墙上的留言？不知道哼哼是否已经走出了迷宫？哼哼是否已经决定放弃已经失去的过去并开始行动？他是否已经重新回到迷宫中，并且发现了能使他的生活变得更好的东西？

或者，他因为不肯改变，还在那里迟疑不前？

唧唧在考虑回到奶酪C站去，看是否能找到哼哼——但首先得肯定自己能找到回来的路。如果找到哼哼，他会把自己学到的东西告诉他，帮助他摆脱困境。但唧唧又想起他已经试图改变过他的失败经历。

哼哼必须自己发现适合自己的道路，摆脱安逸，超越恐惧。没有人可以代替他做到这一点，或者告诉他应该怎样去做。他必须迈出第一步，否则他永远不会看到改变自己所带来的好处。

唧唧知道自己已经给哼哼留下了足够的标记，只要他能够迈出第一步，读到墙上的字迹，他就会找到出路。

于是唧唧打消了回C站的念头，他站起来，走到奶酪N站最大的一面墙前，把他一路上得到的心得体会的要点写下来。他拿起一块很大的奶酪，这是他见过的奶酪中最大的一块。唧唧品尝着新鲜的奶酪，望着自己写下的体会，脸上绽出了微笑：

变化总是在发生。

他们总是不断地拿走你的奶酪。

预见变化。

随时做好奶酪被拿走的准备。

追踪变化。

经常闻一闻你的奶酪，
以便知道它们什么时候开始变质。

尽快适应变化。

越早放弃旧的奶酪，
你就会越早享用到新的奶酪。

改变。

随着奶酪的变化而变化。

享受变化！

尝试冒险，去享受新奶酪的美味！

做好迅速变化的准备。

不断地去享受变化。
记住：他们仍会不断地拿走你的奶酪。

唧唧在想，自从他在奶酪C站和哼哼分道扬镳以来已经很久了。他知道自己前进了一大步，但他也很清楚，如果他过分沉溺于N区的安逸生活中，他就会很快滑落到原来的困境。所以，他每天都仔细检查奶酪N站的情况。他在做一切力所能及的事情，以尽量避免被意料之外的变化打个措手不及。

当他还有大量的奶酪贮备时，他就开始经常到外面的迷宫中去，探索新的领地，以便使自己与周围发生的变化随时保持联系。现在的他非常明白，了解各种实际的选择，要比呆在舒适的环境里把自己孤立起来安全得多。

"窸窸窣窣"，他听到了什么，唧唧竖起耳朵听了听，他觉得是从迷宫里传来的走动的声音。这声音渐渐大起来，他知道有人正向着这边跑来。

会是哼哼到了吗？他会循着那个弯转过来吗？

唧唧念了几句祈祷语，他真的希望——像他以前曾多次希望的那样——也许，他的朋友终于能够……

随着奶酪的变化而变化，并享受变化！

结局……

或者是新的开始？

【思考与练习】

1. 怎样理解故事中“奶酪”的寓意？

2. 谈谈本文中“变”与“不变”的辩证关系。

25. 生命中不能承受之轻（节选）

米兰· 昆德拉

米兰· 昆德拉（1929—），捷克小说家。少年时代，开始广泛阅读世界文学名著。青年时代，写过诗和剧本，画过画，搞过音乐并从事过电影教学。20世纪50年代初，他作为诗人登上文坛，30岁左右出版了第一篇短篇小说，从此走上了小说创作之路。

1968年苏联入侵捷克后，《玩笑》被列为禁书，他携妻子于1975年离开捷克，来到法国。他很快成为法国读者最喜爱的外国作家之一，曾多次获得国际文学奖，并多次被提名为诺贝尔文学奖的候选人。代表作品有《生命中不能承受之轻》、《不朽》、《被背叛的遗嘱》、《告别圆舞曲》、《好笑的爱》等。本文选自《生命中不能承受之轻》，韩少功、韩刚译。

俄狄浦斯的故事是众所周知的：他是一个被遗弃的婴孩，被波里布斯国王收养，长大成人。一天，他遇见一位显贵官员沿着山路骑马而来。一场口角，他竟把那人给杀了。后来，他成了伊俄卡斯达王后的丈夫，当了底比斯国的国王。他一点儿也不知道他在山里杀的人就是自己的父亲，而与他同床共枕的竟是他母亲。正在这时，命运之神降灾于他的臣民，瘟疫蔓延，人们痛苦不堪。俄狄浦斯得知自己正是灾祸之源，便自刺双目，离开底比斯流浪而去。

任何一个认为中欧某些共产党当局是一种罪恶特产的人，都疏忽了一个基本事实：罪恶的当局并非由犯罪分子组成，而是由热情分子组成的。他们确认自己发现了通往天堂的唯一通道，如此英勇地捍卫这条通道，竟可以迫不得已地处死许多人。后来的现实清楚表明，没有什么天堂，只是热情分子成了杀人凶手。

随后，人人都开始对追随当局者们叫嚷：你们应该对我们祖国的不幸负责（它已变得如此贫穷荒凉），你们应该对我们祖国的主权失落负责（它落入苏联之手），你们还应该对那些合法的谋杀负责！

被指控的人却回答：我们不知道！我们上当了！我们是真正的信奉者！我们内心深处天真无邪！

末了，这场争论归结为一个问题：他们是真的不知道呢，还是在遮人耳目？

托马斯（与他的一千万捷克同胞一样）密切关注着这场争论。他认为，肯定有那么一些人，并非不知道这种暴行的后果（他们不会对俄国革命后以及现在仍在继续的罪行视而不见），倒是有可能，大多数共产党人对这一切的确缺乏了解。

但他心里想，无论他们知道或不知道，这不是主要问题；主要问题是，是不是因为一个人不知道他就一身清白？难道坐在王位上的因为是个傻子，就可以对他的臣民完全不负责吗？

我们承认，五十年代初期，某个制造冤案处死无辜的检察官，是被俄国秘密警察和他自己的政府给骗了。可现在，我们都知道那些宣判荒诞不经，被处死者冤屈清白，这位检察官先生怎么还可以捶胸顿足大声疾呼地为自己的心灵纯洁辩护呢？我的良心是好的！我不知道！我是个信奉者！难道不正是他的“我不知道”，“我是个信奉者”造成了无可弥补的罪孽么？

由于这种联想，托马斯回顾了俄狄浦斯的故事：俄狄浦斯不知道他娶的是自己的母亲。他知道事实真相后，不认为自己是清白无辜的，他无法忍受这种“不知道”造成的惨景。他刺瞎了双眼，从底比斯出走流浪。

当托马斯听到追随当局者为自己的内心纯洁辩护时，他想，由于你们的“不知道”，这个国家失去了自由，也许几百年都将失去自由，你们还能叫叫嚷嚷不感到内疚吗？你们能正视你们所造成的一切？你们怎么不感到恐惧呢？你们有眼睛吗？如果有的话，你们该把眼睛刺掉，远离底比斯流浪去！

这种类比使他如此高兴，跟朋友交谈时也时常引用，而且表达得越来越准确，越来越风雅。

他和当时所有的知识分子一样，常读一种印数达三十万份的捷克作家联盟的周报。这家周报从当局那里获得了相当的自主权，而且还涉及一些犯禁的问题。正是这家报纸提出了这个问题：当局执政初期记录在案的政治审判及其杀人事件，谁来承担罪责？

即便是这家作家报纸，也只是重复同一个问题：他们知道还是不知道？托马斯认为这个问题是次要的，于是自己坐下来写了那篇有关俄狄浦斯的感想，把它送给了周报。一个月后，他得到了回答，让他去报社编辑室。简短的寒暄之后，编辑便开门见山直入本题。他建议托马斯把一个句子的语序改一改。很快，这篇文章在倒数第二版见报了，登在“读者来信”栏目内。

托马斯根本谈不上高兴。他们为了改变一个句子的语序，不惜叫他务必去编辑室跑一趟，而大删大砍他的文章却不请他。这一来，削弱了他的基本论点（使文章变得太图解化、太过分），他一点儿也不喜欢这篇文章。

这一切都发生在1968年春天。亚历山大·杜布切克还在当政，他与一些共产主义者一起感到了内疚，并愿意为此而做点什么。但另一些共产党人，老叫喊自己清白的那些人，害怕愤怒的民族将把他们送交法庭审判。他们天天到俄国大使馆去诉苦，力图取得支持。托马斯的信一见报，他们便嚷开了：看看都会出些什么事吧！他们现在公开告诉我们，要挖我们的眼睛啦！

两三个月之后，俄国人决定在他们的管辖区内取消言论自由，而且在一夜之间用武力攻占了托马斯的祖国。

托马斯从苏黎世回布拉格以后，继续在他原来的医院工作。一天，外科主治医生把他叫去。

“我不说你也知道，”他说，“你既不是作家、新闻记者，也不是这个民族的救星。你是个医生，一个科学工作者。失去你我会非常难过的。我将竭尽全力把你留在这里。但你不得不收回那篇关于俄狄浦斯的文章，这件事对于你来说是极其重要的么？”

托马斯想起他们把那篇文章删掉了足足三分之一：“跟你说实话，没有比这更不重要的了。”

“你知道这件事关系到什么？”主治医生说。

他是知道的。面前有两样东西得权衡一下：一样是他的声誉（取决于他是否拒绝收回自己说过的话),另一样便是他称为生命意义的东西(他的医务工作与科学研究)。

主治医生继续说:"迫使人公开收回过去的声明——有点像过时的搞法。把你说出去的话收回来,究竟是什么意思?谁能明确地宣布他以前的一个想法不再有效了?在现代,是的,一种观念可以被驳倒,但不可以被收回。那么,既然收回一种观念是不可能的,仅仅是口头上的,是一种形式上的巫术,我看你没有理由不照他们希望的去做。一个靠恐吓专政的社会里,什么样的声明也不必认真。它们都是强迫的产物,任何一个诚实的人都有责任不去理会它们。最后我得说的是,从我个人的利益和你的病人的利益出发,你该和我们一起留在这里。"

"您是对的,我肯定。"托马斯显得很不高兴。

"可是……"主治医生想揣度他的思路。

"我恐怕会难为情的。"

"难为情!你的意思是说你如此仰仗你的同事,所以要考虑他们怎么想?"

"不,不是仰仗他们。"托马斯说。

"哦,对了,"主治医生补充道,"你不必作公开声明,他们对我保证了的。他们都是些官僚,所需要的只是档案里有张条子,意思是你没有反政权的意思。以后如果有人攻击他们,说他们还让你在医院工作,他们有个遮掩。他们给了我许诺,你所说的只让你与他们之间知道,他们不打算发表其中的一个字。"

"给我一个星期想一想。"托马斯把这事搁下来了。

人们公认托马斯是医院里最好的外科医生。谣传主治医生已接近退休年龄,很快会让托马斯接手。作为补充的是另一个谣言,说当局让托马斯写自我批评的声明。人们都相信他会从命。

使他震惊的第一件事是:尽管他从未让人们有理由怀疑他的正直,但他们已准备打赌,宁可相信他的不诚实而不相信他的德行。

使他震惊的第二件事是:他们认定他如何如何以后,便纷纷作出反应。我得把这些反应归结为基本两大类:

第一类反应来自那些曾经收回过什么东西的人(他们自己或亲友)。他们一直被迫与占领当局公开言归于好,或者正打算这么做(当然是不愿意的——没有人愿意这样)。

这些人开始对他古怪地笑,这种笑他从来没有见过:一种有着秘密勾当时会意而又忸怩的笑,正像两个男人在一家妓院偶然相逢时的笑,双方都有些窘迫,同时又都高兴地觉得他们有着共同感情,一种类似友爱的默契在他们之间滋生了。

又因为托马斯从没有过遵命于人的名声,他们于是笑得更加自鸣得意。关于他接受主治医生建议的假想,已经进一步证实懦弱这东西正在缓慢地但是必然地成为人们行为的规范,而且会很快扭转人们现在对懦弱的看法。他从没与这些人交过朋友。他沮丧地意识到,如果真的照主治医生说的去作一个声明,他们就会开始请他去参加众多晚会,他就不得不与之为伍。

第二种类型的反应来自那些受过迫害的人(他们自己或亲友)。他们曾经拒绝与占领当局握手言欢,或者确信自己将来也不会妥协(签发一个声明),尽管没有人要求他们这样做(比方说,因为他们还太年轻,不必对他们认真对待)。

S医生就属于后一类型,是一位颇具才华的年轻内科医生。一天,他问托马斯:"喂,你给他们写了没有?”

“你说的是什么?”托马斯反问他。

“怎么啦,你的收回声明啊。”他语气中没有恶意,甚至笑了,一种从厚厚的笑容标本集里挑出来的微笑:有精神优越感和沾沾自喜的味道。

“告诉我,我收回观点的事,你都知道些什么?”托马斯问,“你读过吗?”

“没有。”S说。

“那你还啰嗦什么?”

还是沾沾自喜,还是微笑,S回答:“瞧,我们知道这事怎么处置。你给主治医生或某个部长或某个人写封信,表示你收回前言,他将答应不泄漏出去,不羞辱作者。是不是这样?”

托马斯耸耸肩,让S继续说下去。

“可是,即使那个声明已经安全归档,作者也知道,任何时候都有可能将其公之于众的。于是,从那以后,他便不开口了,再不会说长道短,再不会有丝毫异议。只要他一露头,声明就会变成铅字,他就臭名远扬。总之,这是个相当好的办法,没有比这更好了。”

“是呵,真是个好办法,”托马斯说,“但麻烦你告诉我,是谁对你说我同意写那玩意儿?”

S耸耸肩,脸上始终带着笑。

托马斯突然捕捉了一个奇怪的事实:人人都朝他笑,人人都希望他写那个收回声明,人人都会因此而高兴!第一种人高兴,是因为他将他们的懦弱抬高身价,使他们过去的行为看来是小事一桩,能归还他们失去的名声。第二种人高兴,是因为他们能视自己的荣耀为特权,决不愿意让出,甚至会慢慢培养出一种对懦弱者的暗暗喜爱。要是没有这些懦弱者,他们的英勇将会立即变成一种无人景仰、羡慕的苦差事,平凡而单调。

托马斯受不了这些笑。他认为自己处处都看见这种笑,连街上陌生人的脸上也莫不如此。他开始失眠。事情能这样吗?他真的那么仰仗那些人吗?不,他对他们没好话可说,自己居然让他们的眼色搞得如此不安,实在使他气愤。这是完全不合逻辑的。一个这么不在乎别人的人怎么会这样受制于别人的想法呢?

也许,这种根深蒂固的对人的不信任感(他怀疑那些人有权决定他的命运和对他给予评判),在他选择职业时起了作用。眼下的职业使他可以回避公开露面。比方说,一个选择政治家职业的人,当然会乐意去当众指手画脚评头品足,怀着幼稚的自信,以为如此会获得民众的欢心。如果群众表示了不赞同,那只会刺激他继续干下去,力争做得更多更好。同样,托马斯也受到刺激,不过他的刺激来自疾病的诊断难点。

一个医生(不像政治家,也不像演员),只是被他的病人以及同行医生所评价,就是说,是一种关上门后个人对个人的评价。面对那些品评者的目光,他能立即用自己的目光回答他们,为自己解释或者辩护。现在,托马斯(生平第一次)发现自己陷入了困境,数不清的目光都凝聚在他身上,他无法接应它们,既不能用目光也不能用言语来回答它们。他听任每一个人的摆布,听任人们在医院内外议论着他(当时紧张的布拉格正谣言四起,谁背叛,谁告密,谁勾结,传谣速度快如电报不可思议)。他虽然知道但毫无办法。他对谣言如此不堪忍受感到惊奇,对自己如此痛苦焦灼感到不可理解。他们对他的兴趣令人不快,如同你碰我撞的挤轧,如同噩梦中一伙人七手八脚将我们的衣服撕扯。

他去了主治医生那里,告诉对方他不会写一个字。

主治医生异乎寻常地用力跟他握了握手,说他对托马斯的决定早有预料。

“即使没有那个声明,也许您有办法留我继续工作吧。”托马斯竭力暗示对方,他的解雇足以使所有的同事以辞职来威胁当局。

但他的同事做梦也没想到要用辞职来吓唬谁。不久(主治医生比前次更为有力地握了握他的手——几天来他的手都是青一块紫一块的),他被迫离开了医院。

开始,他在一家离布拉格约五十英里的乡村诊所里混,每天乘火车往返两地,回家就精疲力尽了。一年后,他设法找一个强些的差事,得到的却是布拉格郊外某个诊所里更低的职位。他在那里不可能干自己的外科本行,成了什么都干的通用品。候诊室里总是挤成一团糟,他对付每一个病人还不到五分钟,无非是告诉他们吃多少阿司匹林,给他们开开病假条,送他们去找某些专科大夫。他看自己与其是医生,还不如说是个管家仆人。

一天,门诊时间完了,一个约莫五十岁的男人拜访了他,那人举止的庄重增添了几分高贵气。他自我介绍,是国家内务部的代表,想邀请托马斯到马路那边去喝一杯。

他要了一杯葡萄酒,托马斯表示拒绝:“我还得开车回家,他们发现我喝了酒,会没收我的执照。”内务部的人笑着说:“真要碰上什么事,给他们看看这个就行了。”他递给托马斯一张名片(显然那不是他真正的名字),上面还有部里的电话号码。

然后,他大谈特谈他如何钦佩托马斯,大谈特谈整个部里的人如何难过,不忍心想到一位受人尊敬的外科医生竟在一所偏远的小诊所里分发阿司匹林。他让托马斯懂得,虽然他不能出来说话,警察是不同意采用这么严厉的措施,把专家们从自己的岗位上赶走的。

从来没有谁想到过要表扬托马斯,于是他非常仔细地听这位胖官员的讲话,对那人在医学方面的知识精确和细节熟悉感到惊讶。当我们面对奉承时,是多么没有防备啊!托马斯无法使自己不把部里官员的话当成一回事。

这不只是出于虚荣,更重要的是托马斯缺乏经验。当你对面坐着一个使人愉快、值得尊敬、有礼貌的人时,你要提醒自己说,他说的都不是实话,没有一句出自真诚,是不容易的。保持不相信(经常地、完备地、毫不犹豫地),需要有极大的努力和适当的训练——换句话说,要常常经受警察的盘问。而托马斯缺乏这种训练。

部里来的人继续说:“我们知道,你在苏黎世有极好的职位,我们非常赞赏你的回国。这是一种高尚的行为,你认识到了你的岗位在这里。”他又像责怪托马斯似的说:“可你的岗位应该在手术台上才对!”

“我太同意了。”托马斯说。

稍停了一下,部里来的人用悲哀的语调说:“那么告诉我,大夫,你真的认为共产党员应该挖掉自己的眼睛吗?你,一位给那么多人赐予过健康的人,会这么认为吗?”

“太荒谬了!”托马斯自卫地吼道,“你为什么不去读读我写的东西?”

“我读过的。”部里来的人说。声音听起来似乎非常难受。

“我写了共产党员应该把眼睛挖去么?”

“人人都是这么理解的。”部里来的人说。声音变得越来越悲哀。

“你去读全部的文章,我原先写的那样。你不会这样看了,登出来的文章被删掉了一些。”

“是吗?”部里来的人警觉起来,“你是说他们不是按你写的那样发表的吗?”

“他们删节了。”

“很多吗?”

“大约三分之一。”

部里来的人看来真的吃了一惊:“他们这样做是非常不合适的。”

托马斯耸了耸肩。

“你应该抗议!他们责无旁贷地应该迅速刊登原稿。”

“俄国人来以前,我还有闲工夫想想这事,那以后,我还有其他事要想。”

“但你总不愿意人们认为你,一个医生,要剥夺人看东西的权利吧!”

“你想想,你懂吗?这是一封给编辑的信,藏在报纸的角落里,没有人注意它,除了俄国使馆的人员。只有他们才去找它。”

“别那么说!别那么想!我亲自与很多人谈过,他们读过你的文章,对你这么写感到吃惊。可你现在对我说,那文章与你写的不相符合,有很多地方不对,是他们让你写的吗?”

“你是说那篇文章?不,我自己写了,交给他们的。”

“你认识那里的人吗?”

“什么人?”

“给你登文章的人呀。”

“不。”

“你是说你从未跟他们说过话?”

“他们叫我亲自去过一次。”

“干吗?”

“还是关于文章。”

“你跟谁谈的?”

“一位编辑。”

“他叫什么名字?”

直到这时,托马斯才意识到自己是在被审讯。他马上明白了,他说的每一个字都有可能使某个人陷入危险。他显然知道那位编辑的名字,却否认了:“我不清楚。”

“好啦,好啦,”那人的声音中透出对托马斯不老实的恼怒,“你总不能说,他连自我介绍都没有?”

这真是令人哭笑不得的事实,我们良好的教养竟成了秘密警察的帮凶。我们不知道如何撒谎。我们的爸爸妈妈老是命令我们“说实话”。这种思想灌输变成了一种如此自觉的行为,以至我们在审讯中对秘密警察撒谎都感到羞耻。对我们来说,与他争一场或骂一顿(我们可以无动于衷),比当着他的面撒谎(这是唯一可行的),要简单得多。

部里的人指责他不老实时,托马斯几乎要感到内疚了,他不得不逾越道德的障碍来坚持谎言:“我想,他的确作了介绍,但他的名字不响亮,我马上就给忘了。”

“他什么样子?”

他打交道的那位编辑是一个浅棕色头发、剪平头的矮个子男人,托马斯现在尽力选择与他相反的特征:“高个子,留着长长的黑头发。”他说。

“呵,”部里来的人说,“有个大下巴!”

“对了。”托马斯说。

“背有点驼。”

“对了。”托马斯心想,部里来的人现在已经认准某个人了。重要的不是托马斯说出了某个可怜的编辑,而是他说出的情况是不真实的。

“那么他要见你是为了什么呢?你们谈了些什么呢?”

“有关词序的问题。”

这听起来像是在可笑地捏造借口。部里来的人对于托马斯拒绝讲实话更恼火了:“你开始说他们删掉了你的文章的三分之一,接下来又对我说,他们跟你只谈了词序的问题!这合逻辑吗?”

这回托马斯回答得毫不为难,因为他讲的绝对是实话:“是不合逻辑,但事实就是这样。”他笑起来,“他们要求我允许他们改变一个句子的语序,随后便把我写的东西砍去了三分之一。”

部里来的人摇摇头,似乎不能理解如此缺德的行为:“他们这样做太乱弹琴了。”

他喝完了酒就作总结:“你是被人操纵了,大夫,被人利用了。遗憾的是你和你的病人都吃了苦头。我们非常了解你积极的品质,我们知道该怎么办。”

他向托马斯把手伸过来,热情地握了握手,然后各自乘自己的车走了。

与那位部里来的人谈过以后,托马斯深深地陷入了消沉之中。他怎么能一直用快活的语调进行那场谈话呢?如果说,当初他未能拒绝与那人打交道的话(他对于突如其来的事毫无准备,不知道法律宽容的限度),他至少可以拒绝像老朋友似的跟他喝酒嘛!假如有人看见他了,而且还认识那个人,必定推断出托马斯在为警察局工作!而且,他为什么要告诉对方文章删节一事呢?干吗要多嘴多舌?他对自己不高兴到了极点。

两周后,部里来的人又拜访了他,又一次邀他出去喝酒。但这一次托马斯提出要呆在自己的办公室里。

“我完全理解你,大夫。”那人笑着说。

托马斯对他的话产生了好奇。对方说那些话,就像一个棋手在告诉对手:你先走错了一步。

他们相对而坐,托马斯坐在办公桌旁。他们大约谈了十分钟当时猖獗一时的流行性感冒,然后那人说:“我们为你的事想了很多。如果仅仅是我们处理这事,那就不会有什么问题。可我们还得考虑社会舆论。无论你是有意还是无意,你那篇文章煽起了歇斯底里的反共之火。我得告诉你,有人甚至就因为你这篇文章,建议到法院去告你。法律中有一条,就是针对公开煽动暴力而言的。”

从内务部来的人停下来盯着托马斯。托马斯耸了耸肩。那人又用安慰的口气说:“我们否决了这个建议。不论你在这件事上的责任有多大,从社会利益来看,需要你最大限度地发挥才能。你们医院的主治医生对你有极高的评价,我们也从病人那儿听到了一些汇报。你是个优秀的专家。谁也不会要求一个医生懂政治。是你把自己给推远了。现在时机很好,我们把这个问题一次性了结吧。因此,我们为你准备了一份声明样稿。你所要做的,只是让它在报上的发表合法。我们会在适当的时候把它发表出来。”他交给托马斯一张纸。

托马斯读了上面写的东西,给吓了一跳。这比两年前主治医生要他签的声明糟糕多了。不是停留在收回俄狄浦斯读后感的问题,还包含了亲苏、许愿效忠当局、谴责知识分子、说他们是想挑起内战等等内容。除此之外,声明还痛斥那位周报编辑(特别强调那个高个头、驼背的编辑,托马斯知道此人的名字并见过他的照片,但从未见到过他),说他有意曲解托马斯的文章,为他们自己的目的服务,把那篇文章变成了一篇反革命宣言:他们竟躲在一位天真的医生背后写这样一篇文章,也未免太胆小了。

部里来的人从托马斯眼中看出了惊愕,把身子凑过去,在桌子下面将他的膝盖友好地拍了拍。“别忘了,大夫,这只是个样稿!好好想一想,如果有什么地方要改动,我想我们会达成协议的。毕竟,这是你的声明!”

托马斯把那张纸退还给秘密警察,好像害怕这张纸在手上多呆一秒钟,好像担心什么人将发现这纸上有他的指纹。

那人没有接纸,反而假作惊奇地抬了抬双臂(像罗马教皇在阳台上向教民们祝福时的那种姿态),“怎么能这样干呢?大夫,留着吧,回家去冷静地想想。”

托马斯摇了摇头,耐着性子用伸出去的手捏着那张纸,末了,部里来的人不得不放弃罗马教皇的姿势,把纸收回去。

托马斯打算向对方强调,他既不会写什么,也不会签署什么,但他在最后一刻改变了语气,温和地说:“我不是个文盲,对不对?我为什么要签字?我自己不会写?”

“很好,那么,大夫,就按你的办。你自己写,我们再一起看看。你可以把你刚才看过的东西作为样子。”

为什么托马斯没有立刻给秘密警察一个无条件的“不”呢?

他也许是这样想的:一般来说,警察局无非是要用这样的声明使整个民族混乱(很明显这是入侵者的战略),除此之外,他们在他身上还有一个具体目的:收集罪证准备审判发表托马斯文章的周报编辑。如果是这样,他们需要他的声明为审讯作准备,为新闻界诽谤那些编辑的运动作准备。假若他断然拒绝,从原则上来讲,总是有危险的。警察局不管他同意与否,把早准备好的并带有他签名的声明印发出去。没有报纸斗胆登载他的否认声明。世界上也没有人会相信他不曾写声明和不曾签字。人们从他们同胞的精神耻辱中得到的快乐太多了,将不愿意听劳什子解释而空喜一场。

他说愿意自己来写,给了警察局一点希望,也给自己争取了一点时间。就在第二天,他在那个诊所辞了职,估计(正确地)在他自愿降到社会等级的最低一层之后(当时各个领域内有成千上万的知识分子都这样下放了),警察不会再抓住他不放,不会对他再有所兴趣。一旦他落到阶梯的最低一级,他们就再不能以他的名义登什么声明了。道理很简单,没有人会信以为真。这种耻辱性的公开声明只会与青云直上的签名者有关,而不会与栽跟头的签名者有缘。

在托马斯的国家里,医生是国家的雇员,国家可以让也可以不让他们工作。与托马斯谈辞职事宜的那名官员,听说过他的名字和声望,力图说服他继续工作。托马斯意识到他根本不能肯定这个选择是否合适,但他突然感到,他心中对忠诚的无言许诺使他当时非如此不可。他坚持立场巍然不动。于是,他成了一名窗户擦洗工。

前几年,托马斯离开苏黎世回布拉格的时候,他想着对特丽莎的爱,默默对自己说:“非如此不可。”一过边境,他却开始怀疑是否真的非如此不可。后来,他躺在特丽莎身边,回想起七年前发生的那一系列可笑的巧合(第一幕就是那位主治医生的坐骨神经痛),把他引向了她,现在又把他带回了一个不可冲破的牢笼。

这意味着他生活中的“非如此不可”太少吗?压倒一切的必然性太少吗?以我之见,有一种必然他并不缺乏,但这不是他的爱情,是他的职业。他从事医学不是出自巧合,也不是出于算计,是出于他内心深处的一种欲望。

把人划分为某些类别几乎是不可能的，而分类中最可靠的标准，莫过于那种把人们一生光阴导向这种或那种活动的深层欲望。每一个法国人都是不一样的，但世界上所有的演员都彼此相似——无论他们在巴黎、布拉格，甚至天涯海角。当演员的人，从小就愿意把自己展示给一个隐名的公众以至终身。这种愿望与天资无关，却比天资要深刻。没有这种基本的愿望，任何人也成不了演员。同样，一个当医生的人愿意毕其一生与人体以及人体的疾病打交道。这种基本的愿望（不是天资与技巧），使得他从医学院的第一年起就敢于进入解剖室，而且能坚持在那里度过必要的漫长岁月。

外科把医疗职业的基本责任推到了最边缘的界线，人们在那个界线上与神打着交道。一个人的头部被棍子狠狠击中，倒了下来，然后停止呼吸。他在某一天总会停止呼吸的，杀人只是比上帝亲自最终完成使命提早了一点点。也许可以这样假定，上帝对杀人还是早有考虑的，却不曾对外科有所考虑。上帝从未想到有人胆敢把手伸到他发明的装置中去，然后小心包合皮肤使之不露痕迹。当年，托马斯面对一个麻醉中睡着了的男人，第一次把手术刀放在他的皮肤上果断地切开一道口子，切得准确而平整（就像切一块布料——做大衣、裙子或窗帘），他体验到一种强烈的亵渎之感。随后，他再一次觉得有一种东西吸引他这样做！正是那种深深扎根于他心底的“非如此不可”！这种精神的根深蒂固并非出于偶然，绝非什么主治医生的坐骨神经痛，更不是任何别的外界原因。

可是，他一生中耗费了这么多精力的东西，他现在怎么能如此迅速、坚决而且轻松地给予抛弃呢？

他会说，这么做是为了不让警察缠着他。然而坦白地说，这种解释即使在理论上讲得通，警察要把一个带有他签字的假声明公之于众实在是不大可能（即使有数桩这样的事发生过）。

我们可以说，一个人有权害怕即便是不大可能发生的危险。还可以说，托马斯对自己的笨拙恼火，想避开与警察的进一步接触，避免随之而来的孤立无助之感。我们还可以说，他反正已经丢失了职业，小诊所里机械的阿司匹林疗法与他的医学概念毫无关联。尽管如此，他这样匆匆忙忙地作出决定，在我看来，仍然是很奇怪的。这里是不是还深藏着什么别的东西？深得逃离了他理智的东西呢？

托马斯通过特丽莎渐渐地喜欢起贝多芬来，但对音乐还是不甚了解。我怀疑他是否知道，在贝多芬著名的“非如此不可吗？非如此不可！”这一主题之后，藏着一个真实的故事。

故事是这样的：一个叫德门伯斯彻的人欠了贝多芬五十个弗罗林金币。我们这位作曲家长期以来手头拮据，那天他提起这笔账，德门伯斯彻伤感地叹了口气说：“非如此不可吗？”贝多芬开怀大笑道：“非如此不可！”并且草草记下了这些词与它们的音调。根据这个现实生活中的音乐动机，他谱写了一首四人唱的二重轮唱：其中三个人唱：“Esmusssein，esmusssein，ja，ja，ja，ja！”（非如此不可，非如此不可，是的，是的，是的，是的！）再由第四个人插进来唱：“Herausmitdem Beutel！”（拿出钱来！）

一年以后，这一音乐动机在他第135曲，也就是他最后一部四重奏的第四乐章里，作为基本动机重现了。那时候，贝多芬已经忘记了德氏的钱，“非如此不可”取得了较之从前庄严得多的情调，像是从命运的喉头直接吐出来的指令。用康德的话来说，连“早上好”一词用适当的声音读出来，也能成为某种形而上命题的具体表现形式。德文是一种语词凝重的语言。“非如此不可”不再是一句戏谑，它已成为“der schwer gefasste Entschluss”（艰难或沉重的决心)。

贝多芬把琐屑的灵感变成了严肃的四重奏,把一句戏谑变成了形而上的真理。一个轻松有趣的传说变得沉重,或者按巴门尼德的说法,积极变成了消极。然而,相当奇怪,这种变化并不使我们惊讶。换一个角度看,如果贝多芬把他那四重奏的严肃变成关于德氏债款那无聊玩笑般的四声二部轮唱曲,我们倒会感到震惊。假如他这样做了,那么他的做法与巴门尼德的精神相吻合,使重变成了轻,也就是消极变成了积极!开始(作为一支未完成的短曲),他的曲子触及伟大的形而上真理,而最后(作为一首成功的杰作),却落入最琐屑的戏言?但我们再也不知道怎样像巴门尼德那样去思考了。

我感到,那严厉、庄重、咄咄逼人的“非如此不可”,长期以来一直使托马斯暗暗恼火。他怀有一种深切的欲望,去追寻巴门尼德的精神,要把重变成轻。记得他生活的那一刻,他与第一个妻子以及儿子完全决裂,也领受了父母对他的决裂,他得到了解脱。在整个事情的最深层,他除了反抗自称为他严重责任的东西,除了抵制他的“非如此不可”,除了由此而产生的躁动、匆忙和不甚理智的举动,还能有什么呢?

当然,那是一种外在的“非如此不可”,是社会习俗留给他的。而他热爱医学的那个“非如此不可”,则是内在的。他经历的磨难如此之多,内在的使命感越是强烈,导致反叛的诱惑也就越多。

当一个医生,就意味着解剖事物的表层,看看里面隐藏着什么。也许使托马斯离开外科道路的,正是一种欲望,他想去探询“非如此不可”的另一面藏着些什么。换句话说,现在他想知道当一个人抛弃了他原先视为使命的东西时,他的生活里还将留下一些什么。

这一天,他去报到。一位好脾气的女人,主管着布拉格全城的商店玻璃清洗和陈设事宜。从他们见面起,他就面临着自己选择所带来的后果,各种具体而不可回避的现实问题。他进入一种震惊状态,新工作开始的几天,都一直被这种震惊所缠绕。但一旦克服了新生活中令人震惊的陌生感(大约有一周之久),他突然意识到自己简直在享受一个长长的假日。

他干活可以无所用心,自得其乐。现在,他明白了人们(他通常可怜的人们)的快乐,全在于他们接受一项工作时没有那种内在的“非如此不可”的强迫感,每天晚上一旦回家,就把工作忘得干干净净。他第一次体会到其乐融融的无所谓,而不像从前,无论何时,只要手术台上出了问题,他就沮丧、失眠,甚至失去对女人的兴趣。他职业中的“非如此不可”,一直像一个吸血鬼吸吮着他的鲜血。

现在,他拿着刷子和长竿,在布拉格大街上逛荡,感到自己年轻了十岁。卖货的姑娘叫他“大夫”(布拉格的任何消息都不翼而飞,比以前更甚),向他请教有关她们感冒、背痛、经期不正常的问题。看着他往玻璃上浇水,把刷子绑在长竿的一端,开始洗起来,她们似乎有些不好意思。只要她们有机会摆脱开顾客,就一定会从他手里夺过长竿,帮他去洗。

托马斯主要是为大商店干活,也被头头派遣去为一些私人客户服务。此时的人们,还在以群情振奋的一致团结,来反抗对捷克知识分子的大规模迫害。托马斯以前的病人一旦发现他正在靠洗窗子为生,往往就打电话点名把他请去,然后用香槟或一种叫斯利沃维兹的酒款待他,给他签一张十三个橱窗的工单,与他叙谈两小时,不时为他的健康干杯。托马斯于是就能以极好的心情朝下一家客户或另一家商店走去。也正是在这个时刻,占领军军官的家属一批批在这片土地上四处定居,警务人员代替了被撤职的播音员,从收音机里播出不祥的报道,而托马斯在布拉格大街上晕晕乎乎地前行,从一个酒杯走向另一个酒杯,如同参加一个又一个酒会。这是他伟大的节日。

他又回到了单身汉的日子。特丽莎在他的生活中突然不存在了，唯一能与她见面的时间就是半夜她从酒吧回来之后，当时他迷迷糊糊半睡半醒，或者是早晨，轮到她迷迷糊糊半睡半醒，他却要急着去上班。每个工作日，他都有属于自己的十六个小时，一块没有料想到的自由天地。从他少年时开始，这种自由天地就意味着女人。

……

最近，她又一次进入了他的大脑。一天早晨，她和往常一样取牛奶回家时，站在门道里，怀里揣着一只用她的红头巾包着的乌鸦，那样子就像吉普赛人抱着自己的小孩。他总忘不了：就在她的脸旁，乌鸦极为哀怨的嘴向上翘着。

她发现有人用像哥萨克活埋俘虏一样的方式把乌鸦埋了半截。“是孩子们干的。”她的话不光是陈述事实，还流露出一种意料不到的对人们的深恶痛绝。这使他想起不久前她对他讲的话来：“我开始感谢你了，你没想要孩子。”

随后，她向他抱怨，说有个男人老在她工作时找麻烦，还抓住她脖子上廉价的项链，说她只有靠额外的卖淫收入才买得起那东西。她对此极为心烦意乱。也许过分认真了，托马斯想。他突然觉得难过，近两年来他能见到她的时候是何其少，他几乎没有机会握住她的手使之停止颤抖。

他第二天早晨去干活，脑子里还牵挂着特丽莎。给玻璃擦洗工分配工作的女人说，一位私人顾主坚持点名让托马斯去。托马斯不想去，担心又是另外某个女人，此刻他的心让特丽莎完全占据着，没有冒险的兴致。

打开门，他松了一口气。面前是一位高个头、背有点驼的男人，下巴大大的，看上去似乎有些面熟。

“请进。”那人笑着把他让进屋。

还有个青年人站在那里，脸色红亮，望着托马斯试图笑一笑。

“我想，没有必要让我给你们两位作什么介绍吧。”那男人说。

“当然。”托马斯仍然笑着，把手伸向那年轻人。这是他的儿子。

接下来，只等着大下巴的人介绍他自己了。

“我看你好面熟！”托马斯说，“对了，现在对上号了。就是那名字。”

他们在一张像小会议桌的桌子旁边坐下来，托马斯意识到对面的两个男人都是自己过失的产物：他的第一个妻子迫使他养下了这位少年，而他被警察审讯时，对这位老者的尊容作过描绘。

为了理清思绪，他说：“好了，你们要我先洗哪个窗户？”

那两个人都哈哈大笑起来。

很明显，事情与窗户无关。他们不是叫他来洗窗户的，只是设了个骗他来的圈套。他从没与儿子谈过话，这还是第一次与他握手。他只是熟悉儿子的面容却无意了解其他。他所关心的是，他对儿子知道得越少越好，但愿双方都这么想。

“好画，不是吗？”那编辑指着托马斯对面墙上一幅镶框的大宣传画说。

托马斯这才扫了那屋子一眼。四壁都挂着有趣的画，大多数是照片和宣传画。编辑挑出的那张曾经登在1969年入侵者封闭他们报纸前的最后一期上。那张画模仿了1918年苏联国内战争征兵时的一张著名宣传画，画上有一个士兵，帽子上戴着红五星用分外严峻的眼神直瞪瞪地盯着你,将食指指向你。原画的俄文标题是:“公民,你加入了红军吗?”取而代之的捷文标题是:“公民,你在两千字宣言上签了名吗?”

真是个绝妙的玩笑。“两千字宣言是1968年布拉格之春中第一个光荣的宣言,呼吁着当局的激进民主化。开始只有一些知识分子签名,后来其他人也出来要求签名,最后签名的人太多,就没法统计人数了。红军侵占他们国土之后,发动了一系列的政治清洗运动,每个公民都回答一个问题:‘你在两千字宣言上签了名吗?’承认自己签了的人,都被立即解雇。”

“是张好画,”托马斯说,“我记得很牢。”

“但愿那位红军没有在听我们的话。”编辑笑着说。

然后,他脸上的笑容消失了,继续说:“尽管我们认真对付,但这不是我的公寓,是我一位朋友的。我们不能绝对地确认警察在偷听我们,有可能而已。如果请你到我那里去,就可以打包票了。”

他又换了一种开玩笑的语调:“可照我看来,我们也没有什么可以藏藏掩掩的。想想看,它今后对捷克未来的历史学家们不知道会带来多少好处哩。捷克所有知识分子的所有活动,都在警察局的档案夹中记录在案!你知道那些史传文学家们:像伏尔泰、巴尔扎克,或者托尔斯泰,他们要费多大的劲去重新构想人们性生活的细节吗?捷克作家们不存在这样的问题,一切都记在录音带上,包括每一声最后的叹息。”

他转向墙中那想像的麦克风,用洪亮的声音说:“先生们,像以前一样,我想借此机会鼓励你们努力工作,我谨代表我自己以及所有未来的历史学家向你们表示感谢。”

他们三个人一场好笑,编辑又讲了他们报纸怎么被查禁的经过,讲了那位设计这张宣传画的画家现在在干什么,还有其他捷克画家、哲学家以及作家们的处境。入侵之后,他们都下放改行,成了窗户擦洗工,停车场看守员,守夜的,公共楼宅烧锅炉的,或者最好的——通常得有门路——出租车司机。

编辑说得满有风趣,但托马斯还是想着自己的儿子,不能集中精力听。他记得最近两个月内他老在街上从自己身边走过。显然,这些相遇并非偶然。他绝对没有料到他竟会和一位受迫害的编辑在一起。托马斯的前妻是一个正统的共产主义者,托马斯自然会设想他儿子是在她的影响之下。他对儿子一无所知。当然,他可以问问儿子他与母亲的关系怎么样,但他觉得当着第三者的面这样问不够得体。

最后,编辑讲到问题的关键了。他说,越来越多的人仅仅是坚持自己的意见,便无缘无故地被送进了监狱。他的结论是:“所以,我们决定要做点什么。”

“你们究竟要做什么?”托马斯问。

他的儿子替对方回答了。这是他第一次听到儿子说话,惊奇地注意到他说话结结巴巴。

“根据我们的消息来源,”他说,“政治犯受到了……非常粗暴的虐待,有几个……处境险恶。我们……决定起草一份请愿书,由捷克最重要的知识分子……签名。这些人物,还算得上……什么的。”

不,事实上不只是结结巴巴,比口吃更严重。他越讲越慢,无论有意与否,发每个字音都用重读,或者用最强音。他自己显然也感到了这一点,两颊还未恢复到原有的苍白,又涨得绯红。

“你们叫我来,让我参谋一下我那一行的可能人选吗?”托马斯问。

“不,”编辑笑了,“不是要你参谋,我们要你签名!”

他又一次得意了！又一次自得地感到人们还没有忘记他是个医生。他表示推辞，仅仅是出于谦让："等等，光凭他们把我踢出来，并不能说明我是个著名医生呵！"

"你为我们报纸写过稿，我们是不会忘记的。"编辑又朝托马斯微笑。

"是的。"托马斯的儿子欣然地叹了一口气，托马斯可能没有察觉。

"我看不出，我的名字出现在请愿书上会帮助你们的政治犯。让那些与当局没有冲突过的人签名，也许会好一些。那些人起码对当权者还有些影响。是不是？"

编辑笑了："当然是这样。"

托马斯的儿子也笑了，是一种谙熟世事者的笑："唯一困难的是，他们绝不会签名！"

"这倒不是说，我们不去跟他们周旋，或者说我心肠好得怕他们难堪。"他笑了，"你该听听他们找出的借口，稀奇古怪！"

托马斯的儿子笑着表示赞成。

"当然，他们开始都表示同意我们，完全站在这一边。"编辑继续说，"他们说，只是需要一个不同的方式，更慎重，更理智，更周全。他们对签名怕得要命，不签呢，又担心我们瞧不起。"

托马斯的儿子和编辑一起笑了。

编辑交给托马斯一张纸，上面短短几行，用一种较为客气的方式，呼吁共和国主席赦免所有的政治犯。

托马斯飞快地运转着思绪。赦免政治犯？就靠这些被当局抛弃了的人(他们自己就是潜在的政治犯)对主席提出要求？即便当局碰巧有赦免政治犯的计划，这样的请愿书，唯一结果也只能是适得其反！

他儿子打断了他的思路："重要的，是要指出，在这个国家仍有一帮人没有被吓住。大家都表明立场。把麦子与麦壳，分别清楚。"

不错，不错，托马斯想，可那与政治犯有什么关系呢？你要求赦免也好，要分清麦子与麦壳也好，这不是一码事。

"骑墙吗？"编辑问。

是的，他是在骑墙观望，只是不敢这么说。墙上有一幅画，士兵威胁地指着他说："你对参加红军犹豫不决吗？"或者说："你还没有在两千字宣言上签名吗？"或者说："你在两千字宣言上签过名吗？"或者说："你的意思是你不愿意在赦免请愿书上签名吗？！"不论这个士兵怎么说，反正是在威胁。

编辑刚刚已经说了，有些人同意赦免政治犯，却又提出千万条理由来反对在请愿书上签名。在他看来，他们的理由只是许许多多的借口而已，都是怯懦者的烟幕弹。那托马斯还能说什么呢？

他终于用笑声打破了沉默，指着墙上的宣传画："有这个当兵的逼我，问我签还是不签，我不可能想清楚了。"

于是，三个人又笑了一阵。

"好了，"托马斯笑过以后说，"我想想吧，过几天我们还能碰碰头吗？"

"什么时候都可以，"编辑说，"不幸的是，请愿书等不了，我们打算明天就将它递交主席。"

"明天？"托马斯突然想起那位递给他声明书的胖警察，与这位大下巴编辑没什么两样，人们都是试图让他在一份不是自己写的声明上签名。

“没有什么要想的。”儿子的话虽然咄咄逼人,语调却近乎祈求。现在,他们双双对视着,托马斯注意到孩子全神贯注时上嘴唇的左角微微翘起,这正是自己平常从镜子里看胡须是否刮干净时,在自己脸上看到的一种表情。从其他人脸上发现这一点,使他感到不安。当父母与自己的孩子在一起度过孩子的童年时,他们会慢慢习惯这种相似性,他们会觉得这些太平常了,如果他们中断这种相似以后再回头想到这些,或者还会觉得有趣。但托马斯有生以来是第一次与儿子谈话!他还不习惯与自己这张不相称的嘴巴面对面地坐在一起!试想你有一条断臂移植在别人身上,试想那人就坐在你对面,用你的手臂冲着你打手势,你一定会死死盯着那手臂如同见了魔鬼。即使那是你自己的、心爱的手臂,它接触你的可能想必会使你魂飞魄散!

“你不站在受迫害的一边吗?”他儿子补充说。托马斯突然明白了,他们所演的这一幕中,要害所在不是政治犯的赦免,而是他与儿子的关系。他签字,他们的命运就联系在一起了,托马斯多多少少得尽责地与他友好;不签字呢,他们的关系就会像以前一样不存在。不取决于儿子的意志,也不取决于他的意志,儿子会因为他的懦弱而拒绝承认他。他处在一种棋场败局的境地,无法回避对方的将军,将被迫放弃这一局。他签与不签都没有丝毫区别。这对他的生活或者对那些政治犯,都不能改变什么。

“拿来吧。”他接过那张纸。

似乎是要报偿他的决定,编辑说:“你写的那篇俄狄浦斯的文章真是妙。”

儿子把笔递给他,又加上一句:“有些思想,像炸弹一样有力。”

编辑的赞许使他高兴,但儿子的比喻使他感到不自然而且不适当。“不幸得很,受害者就我一个。”他说,“多亏了这些思想,我再也不能给我的病人做手术了。”

话语听起来很冷,甚至含有敌意。

编辑显然是希望缓和这种不协调的语气,带有歉意地说:“可是,想想吧,你的文章拯救了所有的人!”

从孩童时代起,托马斯就把“拯救”这个词与一样东西相联系,只与这一样东西相联系:医药。文章如何能够救人?这两个人极力要使他接受的,就是要把他整个一生归结为单是一个关于俄狄浦斯的小小观点,甚至归结得更少一些:冲着当局吐一个简单的字:“不!”

“也许它救了人,也许它没有,”他说(声音仍是冷冷的,虽然自己也许没有意识到),“但作为一个医生,我知道我救过几条命。”

又沉默了下来。托马斯的儿子打破沉默:“思想,也能拯救性命。”

托马斯从孩子的脸上看到了自己的嘴,心想,看着自己的嘴结结巴巴是多么奇怪。

“你知道,你写得最好的,是什么吗?”孩子继续说,而托马斯只能看到他说话付出的努力。“你对妥协的拒绝,你那些……我们都已开始失去了的……善恶分明。我们一点儿都不知道,内疚意味着什么。共产党员把什么错事都赖在斯大林头上。杀人犯的借口,是母亲不爱他们。可是,你突然出来说:没有什么借口。没有人的灵魂和良心,比俄狄浦斯,更纯洁,他明白了自己的所作所为,就自己惩罚了自己。”

托马斯把视线从儿子的嘴上拉开,努力想投向那编辑。他有些恼怒了,像是跟他们争辩起来:“但这统统是误解!善恶的分野彻底给搞混了。我也不是存心要惩罚什么人。惩罚那些不知道自己做了什么的人是野蛮的,而俄狄浦斯的神话是美的,但把它弄成这个样……”他有很多话要说,但突然记起这地方也许安装了窃听器。他没有丝毫野心要让未来的历史学家们来广征博引,只害怕被警察局寻章摘句。这不正是他们要从他这儿得到的么?不正是对那篇文章的谴责吗?他不愿意把这一思想从自己嘴里喂给他们。除此之外,他还知道在这个国家里,任何时候都可能把任何人的任何事拿去广播。他闭了嘴。

“我想知道,是什么东西使你改变了主意。”编辑说。

“我想知道的是,原先是什么东西使我写了这东西。”托马斯马上想起来了:她像一个放在草篮里的孩子,顺水漂到了他的床边。是的,他因此才拿起了那本书,追随那些罗慕路斯、摩西以及俄狄浦斯的故事。现在,她又与他在一起了,他看见她用红头巾把乌鸦包起来拥在胸前。她的幻象使他平静下来,似乎在告诉他,特丽莎还活着,与他住在同一座城市里,其他什么都是无所谓的。

这回是编辑打破了沉默:“我懂了。我毕竟也不喜欢那种惩罚观念。”他笑着补充,“我们不是为了惩罚而呼吁惩罚,是要用惩罚来消灭惩罚。”

“我知道。”托马斯说。几秒钟之后,他可能就要做一件很高尚的事,却是完全、绝对毫无用处的事(因为这不能帮助政治犯),还是一件使他不高兴的事(因为这是那两个人压着他干的)。

“签字是你的责任。”他儿子几乎是在恳求。

责任?他儿子向他提起责任?这是任何人能向他使用的最糟糕的字眼!再一次,特丽莎的幻影又浮现在他的眼前。他记起特丽莎用手臂抱着那只乌鸦,记起她前天曾被一位密探勾引,记起她的手又开始颤抖。她老了,她是他的一切。她,六个偶然性的产物;她,那位主治大夫坐骨神经痛带来的果实;她,他所有“非如此不可”的对立面——是他唯一关心的东西。

为什么竟然去想什么签还是不签?他的一切决定都只能有一个准则:就是不能做任何伤害她的事。托马斯救不了政治犯,但能使特丽莎幸福。他甚至并不能真正做到那一点。但如果他在请愿书上签名,可以确信,密探们会更多地去光顾她,她的手就会颤抖得更加厉害。

“把一只半死的乌鸦从地里挖出来,比交给主席的请愿书重要得多。”他说。

他知道,他的话是不能被理解的,但能使他玩味无穷。他感到一种突如其来、毫无预料的陶醉之感向他袭来。当年他严肃地向妻子宣布再不希望见到她和儿子时,就有这种相同的黑色陶醉。他送掉那封意味着断送自己医学事业的文章时,就有这种相同的黑色陶醉。他不能肯定自己是否做对了,但能肯定他做了自己愿意做的事。

“对不起,”他说,“我不签名。”

几天后,他从报纸上读到了有关请愿书的一些文章。

当然,那些文章里,没有一个字提及它是在彬彬有礼地呼吁释放政治犯。没有一份报纸引用那篇短文的只言片语。相反,它们用大量的篇幅,用含混的恐吓之词,谈着一份旨在为一场新的反社会主义运动奠定基础的反政府宣言。它们还列举了所有的签名者,每个人名下都伴有使托马斯起鸡皮疙瘩的诽谤与攻击。

这并非出人意外。任何不是当局组织的公开活动(会议、请愿、街头聚众),都理所当然地视为非法,所有参与者都会陷入危险,这已成为常识。但是,也许这会使托马斯对自己没有为请愿签名更加感到歉疚。他为什么没有签?他再也记不起是什么原因促成了他的决定。

我再一次看见他,像小说开头时那样出现在我跟前:他站在窗前,目光越过庭院落在那边的墙上。

这就是产生他的意象。我前面指出过,作品中的人物不像生活中的人,不是女人生出来的,他们诞生于一个情境,一个句子,一个隐喻。简单来说,那隐喻包含着一种基本的人类可能性,在作者看来,它还没有被人发现或没有被人扼要地谈及。

但是,一个作者只能写他自己,难道不是真的吗?

穿越庭院的凝视以及不知所措的茫然;热恋中的女人听到自己胃里顽固的咕咕声响;缺乏意志抛弃自己背叛魔途的背叛;伟大进军中与人们一起举起的拳头;在暗藏的窃听器前的智慧表演——我知道这一切情境,我自己都经历过,但这一切未能产生我提纲勾勒中和作品描绘中的人物。我小说中的人物是我自己没有意识到的种种可能性。正因为如此,我对他们都一样地喜爱,也一样地被他们惊吓。他们每一个人都已越过了我自己固定的界线。对界线的跨越(我的"我"只存在于界线之内)最能吸引我,因为在界线那边就开始了小说所要求的神秘。小说已不是作者的自白,是对人类生活——生活在已经成为罗网的世界里——的调查。但是够了,让我们还是回到托马斯吧。

他一个人在公寓里,目光越过庭院,落在对面那幢建筑的脏墙上。他想念那高个、驼背以及大下巴的编辑,还有他的朋友们。他并不认识他们,他们甚至从未进入他的生活圈子。他感到自己仿佛刚在火车月台上碰到一位漂亮女人,还来不及跟她说什么,她就步入卧车厢,去了伊斯坦布尔或里斯本。

他再一次极力想着自己应该怎么办。他尽了最大的努力排除每一点感情上的因素(比如他对那位编辑的崇拜以及儿子给他的恼怒),但仍然拿不定主意,究竟该不该在他们给的文件上签名。

万马齐喑时的大声疾呼是对的吗?是的。

从另一方面讲,为什么报纸提供这么多篇幅对请愿书大做文章呢?新闻界(全部由国家操纵)毕竟可以保持沉默,没有比这更明智的了。他们把请愿书大肆张扬,请愿书随即被统治者玩于股掌之中!真是天赐神物,为一场新的迫害浪潮提供了极好的开端和辩解词。那么他该怎么办?签还是不签?

用另一种方式提出问题就是:是大喊大叫以加速灭亡好呢,还是保持沉默得以延缓死期强呢?

这些问题还有其他答案吗?

他又一次回到了我们已经知道的思索:人类生命只有一次,我们不能测定我们的决策孰好孰坏,原因就是在一个给定的情境中,我们只能作一个决定。我们没有被赐予第二次、第三次或第四次生命来比较各种各样的决断。

在这一方面,历史与个人生命是类似的。捷克只有一部历史,某一天它将像托马斯的生命一样有个确定的终结,不再重复。

1618 年,捷克的各阶层敢作敢为,把两名高级官员从布拉格城堡的窗子里扔了出去,发泄他们对维也纳君王统治的怒火。他们的挑衅引起了三十年战争,几乎导致整个捷克民族的毁灭。捷克人应该表现比勇气更大的谨慎么?回答也许显得很简单:不。

三百二十年过去了,1938 年的慕尼黑会议之后,全世界决定把捷克的国土牺牲给希特勒。捷克人应该努力奋起与比他们强大八倍的力量抗衡吗？与1618年相对照，他们选择了谨慎。他们的投降条约导致了第二次世界大战，继而丧失自己的民族自主权几十年，或者甚至是几百年之久。他们应该选择比谨慎更多的勇气吗？他们应该怎么办呢？

如果捷克的历史能够重演，我们当然应该精心试验每一次的其他可能性，比较其结果。没有这样的实验，所有这一类的考虑都只是一种假定性游戏。

Einmalist Keinmal。只发生一次的事，就是压根儿没有发生过的事。捷克人的历史不会重演了，欧洲的历史也不会重演了。捷克人和欧洲的历史的两张草图，来自命中注定无法有经验的人类的笔下。历史和个人生命一样，轻得不能承受，轻若鸿毛，轻如尘埃，卷入了太空，它是明天不复存在的任何东西。

托马斯再一次怀着爱情般的怀念之情，想起了高个驼背的编辑。那个人干起来似乎把历史看成一幅完成了的图画而不是草图。他干起来似乎认为自己所做的一切都永无休止地重演，会永劫回归，丝毫也不怀疑自己的行为。他自信自己是对的，在他看来，那不是一种心胸狭窄而是美德的标志。是的，那人生活在与托马斯不一样的历史之中：一部不是草图的历史（或者没有意识到而已）。

几天后，他又被另一种思想所打动，我把它记在这里作为上一节的补充：在太空以外的什么地方有一颗星球，所有的人都能在那里再生，对于自己在地球上所经历的生活和所积累的经验，都有充分的感知。

或许还有另一颗星球，我们将在那儿带着前两次生命的经验，第三次再生。

或许还有更多更多的星球，人类将在那里诞生于更成熟的层次（一个层次即一次生命）。

这就是托马斯版本的永劫回归观。

当然，我们立足于地球（第一号星球，无经验的星球），对于其他星球上的人将会如何，只能杜撰出朦朦胧胧的异想。他会比我们更聪明？人的能力中有更多的成熟？他能通过重复经验获得这种成熟？

只有从这样一个乌托邦的观念出发，才有可能充分正确地使用悲观主义和乐观主义的概念：乐观主义者无非是认为第五号星球上的人类史将会少一些血污，悲观主义者则不这样看。

……

托马斯的祖国被侵占已经五年了，布拉格发生了可观的变化。托马斯在街上遇到的人不一样了，朋友们有一半去了国外，留下的有一半已经死去。将来不为历史学家们记载的事实是，入侵后的这些年是一个葬礼的时代：死亡率急剧上升。我不是说人们都是像小说家普罗恰兹卡一样，是被逼致死的（当然不多）。这位小说家的私人谈话在电台播了两个星期之后，他便住进了医院。到那时为止，一直潜伏在他体内的癌细胞，突然像玫瑰花一样开放了。他在警察的陪同下接受了手术。他们发现他危在旦夕，才对他失去了兴趣，让他死在他妻子的怀里。但有许多并没有直接受到迫害的人也死了，绝望之感在整个国家弥漫，渗入人们的灵魂和肉体，把人们摧垮。有些人不顾一切地从当局的宠爱下逃出来，不愿意接受与新领导人握手言欢，充作展品的荣幸。诗人赫鲁宾正是这样死的——他逃离了当局的爱。他尽一切可能躲着那位文化部长，而部长直到他的葬礼时也没能抓住他，只能在他的墓前演说中大谈诗人对苏联的热爱。也许他希望自己的话会虚假得令人勃然大怒，使赫鲁宾从死亡中震醒过来。但这个世界太丑陋了,没有人决意从坟墓中重新站出来。

一天,托马斯到火葬场去参加一位著名生物学家的葬礼,此人曾被大学和科学院赶了出来。当局禁止在讣告中提到葬礼的时间,害怕葬礼会变成一次示威。哀悼者们直到最后一刻才知道尸体将于清晨六时半火化。

进入火葬场,托马斯不明白发生了什么事:大厅里亮极了,像是个摄影棚。他迷惑地看了看四周,发现有三处地方设置了摄像机。不,这不是拍电视,是警察局安的,要拍下葬礼去研究是哪些人参加葬礼。死者的一位老同事现在仍然是科学院的成员,足够勇敢地作了墓前演讲。他从没打算过要成为电影明星。

葬礼完了,大家向死者的家属致敬。托马斯发现大厅一角有一圈人,那位高个儿驼背的编辑也在其中。看到他,托马斯感到自己是多么想念这些无所畏惧情同手足的人。他笑着打招呼,开始朝编辑那边走去。编辑看见他便说:“小心!不要靠近!”

说来真是一件怪事。托马斯弄不清是否能把这句话理解为一句诚恳友好的忠告(“看着点,我们正在被拍照;你与我们讲话,又会卷入另一次审讯”),或者把它理解为一句嘲讽(“既然你不能勇敢地在请愿书上签名,那就始终如一吧,别同我们攀老交情了”)。无论这话是什么意思,托马斯听取了劝告,走开了。他感到那月台上的漂亮女人不仅仅步入了卧车厢,而且正当他要表示自己是多么崇拜她时,对方却把手指压在他嘴上,不让他说出来。

那天下午,他还有一次有趣的遭遇。他正在洗一个大商店的橱窗,一个小伙子在他右边站住,靠近橱窗,开始细细查看牌价。

“涨价啦。”托马斯没停下手中冲洗玻璃的水柱。

那人看看托马斯。他就是托马斯在医院时的同事,曾经以为托马斯写了自我批评的声明而加以讥笑的那个人。我曾经把他称为S。托马斯很高兴见到他(如此天真,正如我们对没有料到的事情感到高兴一样),但他从老同事眼中看到的(在S面前,他有机会使自己镇定一下),是一种不太愉快的惊讶。

“你好吗?”S问。

托马斯还没应答,就看出S对这样提问颇觉羞愧。一个干着本行的医生问一个正洗着橱窗的医生近来如何,显然是可笑的。

为了消除紧张气氛,托马斯尽可能轻松地说出几个字来:“好,还好!”他马上感到,无论他说得多么费力(事实上,因为他太费力),他的“好”听起来像是苦涩的反语。他很快加上一句:“医院里有什么新鲜事?”

“没什么。”S回答,“还是老样子。”

他回答得尽可能不失分寸,但也显得极不合适。两人都知道这一点。他们中的一个正在洗窗户,怎么能说“还是老样子”呢?

“主治大夫怎么样?”托玛斯问。

“你是说你没有见过他啰?”S问。

“没有。”托马斯说。

这是真的。从他离开医院那天起,他一次也没见过主治医生。他们曾一起工作得那么好,甚至都开始把对方视为自己的朋友。所以无论他怎么说,他的“没有”中有一种悲凉的震颤。托马斯怀疑S对他提出这个话题颇觉愠怒:像主治医生一样,S也从未顺路探访过托马斯,没问他工作怎么样或者是否需要什么。

两位老同事之间的任何谈话都是不可能的，尽管双方都感到遗憾，特别是托马斯。他并不因为同事忘记了他而生气。如果他能对身边的年轻人说清楚什么的话，他真正想说的是："没有什么可羞愧的，我们各走各的路，这完全正常。也没有什么不安的，我很高兴见到你！"但他不敢这么说。到眼下为止，他说出来的一切都好像出于某种心计，这些诚恳的话在他的同事听来，也同样是嘲讽。

"对不起，"S停了很久才说，"我实在是有急事，"他伸出了手，"我会给你打电话的。"

那阵子，同事们假定他为懦夫而对他嗤之以鼻时，他们都对他微笑；现在，他们不能再鄙视他了，不得不尊敬他了，却对他敬而远之。

还有，即使是他的老病人，也不再邀请他了，不再用香槟酒欢迎他了。这种落魄知识分子的处境不再显得优越，已变成了一种必须正视的永恒，以及令人不快的东西。

他回到家里躺下来，比往常睡得早，一小时之后却被胃痛醒。每当他消沉的时候，老毛病就冒了出来。他打开药箱，骂了一句：箱子里空荡荡的，他忘了给它配药。他试图用意志力控制住疼痛，也确实相当有效，但再也无法成眠。特丽莎一点半钟才回家，他觉得自己想跟她闲聊点什么，于是讲了葬礼，讲了编辑拒绝跟他讲话，还有他与S的相遇。

"布拉格近来变得这么丑恶了。"特丽莎说。

"我知道。"托马斯说。

特丽莎停了一下，温柔地说："最好的办法是搬走。"

"我同意，"托马斯说，"但是没有什么地方可去。"

他穿着睡衣坐在床上，她也过来坐在他旁边，从侧面搂住他的身体。

"到乡下去怎么样？"她说。

"乡下？"他感到惊讶。

"我们可以独自在那里过日子，你不会碰到那个编辑，或者你的老同事。那里的人是不一样的。我们回到大自然去，大自然总是原来的样子。"

正在这时，托马斯又一阵胃痛，感到全身发冷，感到自己渴望的莫过于平静与安宁。

"也许你是对的。"他艰难地说，疼痛使呼吸都很困难。

"我们会有一所小房子，一个小花园，但要足够的大，给卡列宁一个像样的活动场地。"

"是的。"托马斯说。

他努力想像搬到乡下去以后生活将是什么样子。他很难每个星期都找到新的女人，这意味着性冒险的终结。

特丽莎像猜透了他的心思："唯一的问题，在乡下，你会对我厌烦的。"

疼痛更加剧烈了，使他说不出话来。他突然觉得自己的女色追求，也是一种"非如此不可"——一种奴役着他的职责。他渴望假日，然而是一个绝对的假日，从所有职责中解脱，从一切"非如此不可"中解脱。他能告假离开医院的手术台（一种永久的休息），为什么不能告假离开世界的手术台？离开女人们那百万分之一的虚幻的差异？离开那把想像中切开女人们保险箱的解剖刀？

……

【思考与练习】

1. 通过本节所选内容，分析整部小说表现的主题。

2. 结合本文,谈谈昆德拉小说的艺术成就。

3. 通过这篇小说的学习,谈谈你对生命意义的理解。

26. 寓言三则

卡尔维诺

伊塔罗·卡尔维诺(1923—1985年),意大利新闻工作者、作家。第二次世界大战时,他参加了意大利抵抗组织并加入共产党,主要从事报刊编辑出版工作和文学创作。20世纪50年代转向寓言作品的创作,他的奇特和充满想像的文字凸显战后意大利的社会问题,使他成为20世纪最重要的意大利小说家之一。代表作品有《分成两半的子爵》、《树上的男爵》、《不存在的骑士》、《宇宙连环图》、《零时间》、《看不见的城市》、《帕洛马先生》等。本文选自卡尔维诺的遗作集《黑暗中的数字》,毛尖译。

一、黑羊

从前有个国家,里面人人是贼。

一到傍晚,他们手持万能钥匙和遮光灯笼出门,走到邻居家里行窃。破晓时分,他们提着偷来的东西回到家里,总能发现自己家也失窃了。

他们就这样幸福地居住在一起。没有不幸的人,因为每个人都从别人家里偷东西,别人再从别人家里偷,依次下去,直到最后一个人去第一个窃贼家行窃。该国贸易也就不可避免地是买方和卖方的双向欺骗。该国政府也是个向臣民行窃的犯罪机构,而臣民也仅对欺骗政府感兴趣。所以日子倒也平稳,没有富人和穷人。

有一天——到底是怎么回事,没人知道——总之,有个诚实人到了该国定居。到了晚上,他没有携袋提灯地出门去偷,而是待在家里抽烟读小说。

贼来了,见灯亮着,就没进去。

这样持续了一段时间。该国的人感到有必要向他挑明一下,纵使他想什么都不干地过日子,可他没有理由妨碍别人做事。他天天晚上待在家里,这就意味着有一户人家第二天没了口粮。

诚实人感到他无力反抗这样的逻辑。从此他也像他们一样,晚上出门,次日早晨回家,但他不行窃。他是诚实的。对此,他是无能为力的。他走到远处的桥上,看河水从桥下流过的情形。每次回家,他都会发现家里失窃了。

不到一个星期,诚实人就发现自己已经一文不名了:他家徒四壁,没有任何东西可吃。但这算不了什么,因为那是他自己的错。总之,他的行为使其他人很不安。因为他让别人偷走了他家的一切,却不从别人家那儿偷任何东西。这样总有人在黎明回家时,发现家里没被动过——那本该是由诚实人进去行窃的。不久以后,那些没有被偷过的人家发现他们比别的人家富了,就不想再行窃了。糟糕的是,那些跑到诚实人家里去行窃的人,总发现里面空空如也,因此他们就变穷了。

同时,富起来的那些人和诚实人一样,养成了晚上去桥上的习惯,他们也看河水从桥下流过的情形。这样，事态就更混乱了，因为这意味着更多的人在变富，也有更多的人在变穷。

现在，那些富人发现，如果他们天天去桥上，他们很快也会变穷的。他们就想："我们雇那些穷人去替我们行窃吧。"他们签下合同，敲定了工资如何分成。自然，他们依然是贼，依然相互欺骗。但形势表明，富人是越来越富，穷人是越来越穷。

有些人富裕得已经根本无须亲自行窃或雇人行窃就可保持富有。但一旦他们停止行窃的话，他们就会变穷，因为穷人会偷他们。因此，他们又雇了穷人中的最穷者来帮助他们看守财富，以免遭穷人行窃，这就意味着要建立警察局和监狱。

因此，在那个诚实人出现后没几年，人们就不再谈什么偷盗或被偷盗了，而只说穷人和富人；但他们个个都还是贼。

唯一诚实的只有那个诚实的人，但他不久便死了，是饿死的。

二、呼喊特丽莎的人

我迈出人行道，朝后退几步，抬起头，然后，在街中央，双手放在嘴上作喇叭状，对着这一街区的最高建筑物喊："特丽莎！"

我的影子受了月亮的惊吓，蜷缩在我的两脚之间。

有人走过。我又喊了一声："特丽莎！"那人走近我，问："你不喊得响一点，她是听不到的。让我们一起来吧。这样，数一二三，数到三时我们一起叫。"于是他数："一，二，三。"然后我们一齐吼："特丽丽丽莎莎！"

一小撮从电影院或咖啡馆里出来的人走过，看见了我们。他们说："来，我们帮你们一起喊。"他们就在街中心加入了我们的行列，第一个人数一二三，然后大家一齐喊："特丽丽丽莎莎！"

又有过路人加入我们的行列。一刻钟后，就成了一大群人，大约有20个吧，而且还不时地有新成员加入。

要把我们这么一群人组织起来同时喊叫可真不容易。总是有人在没数到"三"之前就喊了，还有人尾音拖得太长，但最后我们却相当有效地组织起来了。大家达成一致，就是发"特"音时要低而长，发"丽"音时高而长，发"莎"音时低而短。这样听上去就很不错。当有人退出时，不时地会有些小口角。

正当我们渐入佳境时，突然有人——如果是从他的嗓音判断，他一定是个满脸雀斑的人——问道："可是，你确定她在家吗？"

"不能确定。"我说。

"那就太糟了，"另一个说，"你是忘了带钥匙，对不对？"

"其实，"我说，"我带着钥匙。"

"那么，"他们问，"你为什么不上去呢？"

"哦，可我不住这儿，"我说，"我住在城市的另一头。"

"那，恕我好奇，"满脸雀斑的人声音很小心地问，"那到底是谁住在这儿？"

"其实我也不知道。"我说。

人群似乎有些失望。

"那能不能请你解释一下，"一个牙齿暴露的声音问，"你为什么站在这儿的楼下喊'特丽莎'呢?"

"对于我来说,"我说,"我们可以喊其他名字,或换个地方叫喊。这并不重要。"

他们有些恼怒了。

"我希望你没有要我们?"那雀斑声音很狐疑地问。

"什么?"我恨恨地说,然后转向其他人——希望他们能为我的诚意作证。那些人什么也没说,表明他们没接受暗示。

接下来有一阵子的尴尬。

"要不,"有人好心地说,"我们一起来最后喊一次特丽莎,然后回家。"

这样我们就又喊了一次。"一二三特丽莎!"但这次叫得不太好。然后人们就纷纷回家了,一些人往东,一些人往西。

我快要拐到广场的时候,我想我还听到有声音在喊:"特——丽——莎!"

一定是还有人留在那儿继续喊。有些人很顽固。

三、做起来

有这样一个镇子,做什么事情都被禁止了。

现在,因为唯一未被禁止的就是尖脚猫游戏,所以镇上的臣民就经常聚在镇后边的草坪上,成天地玩尖脚猫游戏。

因为禁令被制定的时候总有恰当的原因,所以没有任何人觉得有理由抱怨,也没有人觉得受不了。

几年过去了。有一天,官员们觉得再没有任何理由禁止臣民做这些事了,他们就派了传令官四处通知人们一切都开禁了。

传令官来到老百姓喜欢聚集的那些地方。

"听好了,听好了,"他们宣布,"所有的都开禁了。"但人们还是玩尖脚猫游戏。

"明白吗?"传令官重申,"你们现在可以任意做想做的事了。"

"好的,"臣民们回答,"我们玩尖脚猫游戏。"

那些传令官一再地提醒他们的臣民,他们又可以回到他们从前曾经从事的那些高尚而有用的职业中去了。但是老百姓都不愿听,他们继续玩尖脚猫游戏,一圈又一圈,甚至都不停下来喘口气。

看到他们是白费劲,那些传令官就回去禀报上面。

"这很容易,"那些官员们说,"现在我们下令禁止尖脚猫游戏。"

人们就是在那时开始反抗的,杀了部分官员。

然后人们分秒必争地又回去玩尖脚猫游戏了。

【思考与练习】

1. 通过本文的学习,了解寓言的特点。
2. 阐述本文中三则寓言的寓意。
3. 了解卡尔维诺寓言的风格。

27. 有客来兮

铁　凝

铁凝(1957—),当代作家,河北省文联副主席。1975年开始发表作品,1982年发表短篇小说《哦,香雪》,获当年全国优秀短篇小说奖,中篇小说《没有纽扣的红衬衫》获全国优秀中篇小说奖,1984年《六月的话题》获全国优秀短篇小说奖。《麦秸垛》获1986—1987年《中篇小说选刊》优秀作品奖。代表作品有短篇小说集《夜路》,中短篇小说集《没有纽扣的红衬衫》、《哦,香雪》、《铁凝小说集》,长篇小说《玫瑰门》、《无雨之城》,散文集《草戒指》等。本文选自《人民文学》2002年第7期。

这天晚上,李曼金接到南方表姐的长途电话,说他们一家三口要来。来,就是要来李曼金所在的城市;来,就是表姐要住在李曼金的家。表姐说,女儿冬冬考取了北方一所名牌大学,他们想让冬冬先适应一下北方。时间嘛,就一星期。

表姐的要求,李曼金没有任何思想准备。再者,表姐的口气不是商量,倒更像通知:哎,我们明天就到,啊。好像李曼金随时都在恭候他们一家。但李曼金面对话筒,脸上漾着笑,还是表示出对他们毫不迟疑的欢迎。她猜表姐在那边感受到的也一定是她的这副笑脸,她这毫不迟疑的欢迎。待人接物脸上常漾着笑容,这仿佛是李曼金的天性,就是遇上倒霉或惊险,李曼金也是笑着对人诉说:扛着的呀,我。比如那年在单位没分上房,比如职称被人挤了,比如丢了钱包,李曼金都会笑着讲给人听。她笑着,脸上泛着潮红,好看的笑眼里有光芒溢出来。一般人就觉得李曼金心里不放事,他们连李曼金讨厌谁都不清楚。但李曼金在观察人和洞悉人这方面自有她的过人之处,并且李曼金也有她的突发奇想。比方她幻想着当她退休的时候,当单位给她开欢送会的时候,她要当着单位全体人员的面,当场告诉大家她最不喜欢谁,她最憎恶谁,她最腻歪谁。很可能那被腻歪的人,还以为他从来都是被李曼金所喜欢呢,尽管一个人是否被李曼金喜欢并不重要。一想到"当场告诉"这几个字,李曼金甚至有种难耐的亢奋和预先的快感,仿佛她活了一世,就为了等着离开工作舞台时的那个"当场告诉"。只是她离退休还有些年,所以她的突发奇想只能暂时寄存在脑子里。如今表姐的要来,总不能说是她的倒霉吧,更谈不上是有什么惊险。

李曼金放下电话,抻抻身上一件将要穿糟了的、好似再也经不住揉搓的针织衫,想起前些年媒体对一位国家领导人艰苦朴素的报道,说他的内衣穿出破洞也不买新的。李曼金想,这些写新闻的人真是不知道糟衣裳的好啊。然而,从明天起,她就要脱掉这件在家穿得随体又舒坦、吸汗又透气的"破衣烂衫",衣冠整齐地拘拘谨谨地过一个星期。大夏天的,七天。夏天在家,和李曼金联系最紧的就是这身糟衣裳,还有无所顾忌的松散。李曼金一边留恋着糟衣裳和居家的松散,一边又不忍心把未来的七天想成那么难挨。不过有一件事她得赶在表姐到来之前处理:书房桌上压着两张旅游火车票,她和丈夫何平原来是要去北疆一个凉快地方旅游的。李曼金忽然觉得眼角起了眵目糊。

李曼金和表姐有三十几年不见了,她们是姨表亲,她管表姐的妈妈叫大姨,管表姐的爸爸叫大姨夫。小时候母亲常带她到表姐家去做客小住。那时她在表姐家是个不显山水的小孩，表姐在她眼里却显得气派而又伟岸。加之表姐穿一双偏带黑皮鞋，李曼金脚上的鞋是花条绒的，这给李曼金和表姐之间也造成了一种难以弥合的距离，虽然她和表姐差不了几岁，表姐是小学高年级学生，她是小学低年级学生。那时李曼金的大姨夫是长江边上一个大城市的市长，家里房子很大，依山傍水。房里有一般人家少见的皮沙发，有专放电话的电话桌。表姐可以随时拿起电话拨，有时拨给同学，有时拨给上班的爸爸。有一次，她竟然把电话拨到大姨夫机关的管理处，说家里的特供油没了，需要立即派人送来。这件事连做饭的老阿姨都觉得不合“路数”，她不客气地指着表姐说，等着吧你，看你爸爸回来怎么批评你吧，这电话也是你能打的？果然大姨夫回来很严厉地批评了表姐，大姨也在一边说，电话是组织上为领导干部提供的工作方便，表姐也没有权力去指使管理处的干部。那时大姨和大姨夫最爱说的就是“组织上”。对于这部组织上为大姨家提供的电话后来和表姐之间又怎么了，在李曼金的记忆里有些模糊，但表姐家的特供油却给李曼金留下了永远不可泯灭的印象。老阿姨炒菜时举着油瓶果断地往锅里一歪，锅底的油立刻能汪成茶碟大的一摊。而李曼金自己家里炒菜，锅底的油比分币也宽大不出多少，有一次李曼金在家炒菜糊了锅，母亲说是因为她走神儿，李曼金却说是因为锅里油太少，要像大姨家那样还能糊？大姨家油多，米面多，茶叶也多。那茶叶不是放在茶叶盒、茶叶筒里，是放在一个板凳高的小水缸里。茶叶用草纸分类包裹，或碧螺，或云雾。为了防潮，缸底垫上用纱布包着的石灰块。大姨家还给李曼金留下了什么印象？还留下了表姐爱摔东西的印象。那摔并不是故意，是表姐的一不留神。从小大姨就教导表姐爱劳动，规定让表姐帮老阿姨收碗筷，那么表姐就摔。许多碗盘边有豁口，家里人也不批评她。大姨只说，小心一些不行吗？你呀。过后这些瓷器还是坏在表姐手里。表姐还给李曼金留下了一个印象：本是上着小学的她，会品茶会喝老酒。她喝起老酒来大人一般，家人都说表姐喝酒不知什么叫醉。喝茶则能品出茶的新旧和等级。表姐待李曼金也不算薄，遇到分糖果时，她不是拿一块两块，而是抓一小把，她抓起一把糖往李曼金口袋里一塞说，吃吧吃吧！这时的李曼金虽然感觉到表姐的豪爽，同时也意识到自己的被打发。但口袋里毕竟有了一小把糖啊。那时李曼金就明白意识到表姐和自己本不属一个阶层，表姐的一切行为她都是可望而不可即的。

李曼金坐在沙发上想着应该让丈夫何平尽快去退票，一边不由自主地端详起自己这套三室一厅一厨一卫的房子，决心要让房子和她或她和房子体面迎接表姐一家三口的到来，决心把这班亲戚接待得滴水不漏，善始善终。这套房子是他们一年前刚买下的，买房全靠了何平的收入，他开着一家小广告公司。李曼金是一所大学学报的编辑。房子不大，但她和何平还是狠花力气把它装修了一番，该有的都有了：榉木包镶，柳按门，文化石砌成的电视墙，起着几层花线的灯池……他们要求工人做得一丝不苟。地板虽然是复合材料，但也是上好的品牌，她受了电视广告一个吹着胡子跳着踢踏舞的卖地板的外国人的感染，据说那地板比船的甲板还耐磨。厨房虽小，能显时尚的用具却一应俱全。何平有一次到外地出差，还买回一套德国双立人牌的刀具。这套厨刀的价钱很使李曼金目瞪口呆了一阵，她对何平说，快赶上咱们的冰箱贵了，你可真敢。但李曼金还是笑得目瞪口呆地接受了。目前她对那一组七长八短的刀具的性能还没来得及研究，但她还是感受到这套配有木架的刀具大大提高了这厨房的档次。提到李曼金家的冰箱，冰箱很大，大得进不了厨房，只好摆在客厅一角。冰箱一启动，客厅里泛着嗡嗡的回声。

住进新房之前，李曼金好像忘记了三十多年前小住大姨家的一切，只待搬进这三室一厅一厨一卫的房子,她才不时想起大姨家那所大房子。一想起那所大房子,又总对比出这套新居的单薄。首先是这人造地板,走起来飘飘渺渺。而大姨家的地板虽旧,踩上去却腾腾作响,脚下有根。装修时李曼金曾提到实木地板,何平就说,忍忍吧太太,咱们的基础是筒子楼,蜂窝煤。也是,李曼金想。再说,大姨家的房子虽大,地板也实在,但那是“组织上”的。眼前的一切可都属于李曼金和何平。再说三个房间住起来也还得体:一间是二人共用的书房;另一间是儿子的,儿子在美国念大学,便有了一间的富余。现在她的计划是,表姐和冬冬住儿子的房间,姐夫闻忠在客厅支个折叠床。李曼金暗自做着计划,行动也跟了上来,她开始了对这房子的拾掇,她决心要先在视觉上引起表姐一家三口的注意。视觉给人以愉快,便能抵消她小时候那种不显山水的渺小吧。李曼金打扫房间从来就是不辞劳苦,她先用吸尘器把犄角旮旯吸了个遍,还不忘给吸尘器换个“嘴子”,连沙发缝儿、文化石、窗帘褶子也吸上一遍,然后是无休止的、无孔不入的擦洗,最后从壁橱里找出客人所需的寝具,再把枕头一个个拍松。何平很晚回家后,看到的是李曼金汗流浃背、头发打绺儿的样子。李曼金就势把有客要来的消息告诉何平,一边拿出那两张旅游火车票交给他。何平看看眼前的一切,接过车票只说了一句话:能退。还提醒李曼金,在客人到来之前,务必去趟超市。第二天,李曼金很早就去了超市,买回了鱼虾、啤酒、雪碧和冰淇淋。路过花店时,还选了康乃馨和箭兰。回到家来,李曼金分门别类把食品放进冰箱,将鲜花摆上餐桌,再把她最重视的厨房重新做些布置,还不忘把那套双立人刀具摆在一个最显赫的位置。她想,显档次的东西不在多,就看来人识货不识货了。当年大姨家的地板虽实在,但厨房里就一把长着锈的老菜刀。这天晚上,何平开着他们的“富康”,从火车站把表姐一家三口接了回来。临走前李曼金唯恐他们互相认不出来,特意让何平举个牌子,牌子上写着她拟就的一行带点感情色彩的字:李曼金欢迎表姐一家!

表姐一家进得门来,先把大包小包“双肩背”等等行头骨碌扔了一地,然后没等坐稳就开始了对这城市、这房子的品评。姐夫闻忠是个有点谢顶的赤红脸,大个儿,脚偏小,讲一口南方腔的普通话。他原先在一个大厂当车间主任,现在刚下岗。闻忠说话时总把自己的手指关节捏得嘎嘎作响,不是右手捏左手,就是左手捏右手,每个指头都不放过。闻忠捏着手说这个城市怎么像个村子,道路坑坑洼洼,摆小摊的还占着道。怎么满街都是卖驴肉火烧的,驴肉什么味道?冬冬就说为什么允许开车鸣喇叭,警察也不管吗?不是省会吗?表姐就说树少,树少。李曼金想,一定是何平抄近道走了些乱七八糟的旧街小巷。何平粗心了,她也粗心了,忘了叮嘱他走一条光明大道。现在客人这些话就像是专门说给何平听的。何平不知如何对付这样的开场,李曼金替丈夫解围似的说,这城市没有历史,才七八十年。闻忠就说深圳呢,珠海呢,不就才二十几年嘛。表姐便说城建,城建。意思是说一切都因为城建步子太慢。李曼金感受着表姐这两个字一组、两个字一组的句式,仿佛又听见了表姐当年抓起一把糖对她说“吃吧,吃吧”。如今表姐说着城建,城建,口气内行而又老练,好像她就是一名负责城建的官员,其实她的职业是粮食局的出纳。待客人对这城市的一番议论过后,李曼金就想,快要轮到这房子的议论了吧,这房子也许能够挽回一些客人对这城市的坏印象。这样想着,她便观察起他们的眼神、眼光,希望他们的眼光尽快转向这房子里的方方面面,并有意无意地把多宝格上的一个什么东西扶了扶正。可是表姐一家对这房子是一副视而不见的冷漠,好像他们面对的不是一套舒适的新居,好像他们仍处在什么车站或码头。他们外衣也不脱,鞋也不换。李曼金便决心从换鞋开始,再次引起他们对这房子的注意。她从小门厅的鞋柜里提出三双拖鞋,依次摆给三位客人说,换换鞋吧,地板倒不怕脏,你们的脚可是应该松快松快,坐了一天的火车。果然客人一边换鞋一边议论起这房子。他们换好鞋(闻忠的脚有味儿),正式坐上沙发,表姐问李曼金:金金,怎么不买套跃层的?表姐说话爱抹搭眼皮,这是小时的习惯。李曼金常常觉得,当她抹搭着眼皮时,看的可能是高处。现在由于年龄的增长、眼皮的松弛,李曼金觉得表姐的眼皮更抹搭了。李曼金看着表姐的眼皮说,跃层要贵得多,是这套房子双倍的价钱。闻忠说,按揭,按揭。农行吧。我们那里好像是农行。表姐说农行,农行。李曼金正给客人往杯子里倒雪碧,想着过去她不懂什么叫按揭,买这套房时才明白按揭就是买房找银行贷款。雪碧正在杯里繁殖泡沫,像按揭的基数在逐年增长。开发商喊得好听,先交四万就可入住,听上去就像白给,其实一套四十万的房等到二十年交齐时就变成了八十万。雪碧的泡沫在杯子里逐渐消失,李曼金将三只杯子摆上沙发桌,这时沙发上少了冬冬。冬冬正光着脚盘腿打坐在冰箱前,打开冰箱找吃喝,显然她对雪碧没兴趣。她在冰箱里一阵扒拉,最后从冷冻抽屉里拿出一盒冰淇淋,三步两步跨过摊在地上的箱包,回到沙发前坐下,端详着盒上的商标说,和路雪呀,凑合一盒吧。这时李曼金发现冬冬是一口四环素牙。

闻忠喝起雪碧,冬冬吃起冰淇淋,表姐不吃也不喝,说,金金啊,还是给我一杯茶吧。表姐这个突如其来的看似平常的要求却让李曼金一阵忙乱。采购时她什么都想到了,唯独忽略了表姐的品茶习惯。家里不是缺茶,是缺表姐要喝的、盛在小缸里的草纸包着的那些茶。她在厨房里乱翻一阵,还是给表姐端来一杯。表姐用眼的余光扫了一下茶杯,果然没有喝的意思。闻忠替表姐说,到现在他也不明白,北方人为什么喜欢花茶,南方人不喝的呀。何平坐在不远处一只矮凳上说,是,是有差别。冬冬就说,毛病,毛病。也不知她指的是北方人的还是南方人的——毛病。李曼金觉得很不好意思,抱歉地对表姐说,要不冲杯咖啡?表姐说,还是给我白开水吧。

两家人闷坐片刻,还是找到了新话题。他们说马勒斯坦土地换和平的前途将会如何,说米洛舍维奇到底该不该受审,说哪个省的大贪官判轻了还是判重了,说现在的大米净是有毒的,一些瘦型猪是让猪吃了盐酸克伦特罗,这是一种哮喘药。大都是闻忠说,何平附和。表姐从沙发上站起来,这儿走走,那儿看看。冬冬则挨着屋子观察,哪间该是她的卧室。很快她就得出结论,指着一个房间说,我就睡这间吧。说完,先提起她的"双肩背"走了。下面是表姐出示礼物的时刻。她拉开一只提包,把礼物往沙发桌上摆,有从那边城市老店买的老牌子干货,有从超市买的膨化食品,还有一套专喝功夫茶的紫砂茶具。最后拿出两块不带包装的衣料,并指出哪块属于谁。李曼金一眼就发现,属于她的那块和表姐身上那件短袖衫的花色一样。不能说穷气,但有明显的"背时"之感。李曼金笑眯眯地接受着礼物,不能说笑得不真实,也不能说太看重它们。然后她说,休息吧,大姐和冬冬睡一间,姐夫就在客厅支个折叠床委屈一下。表姐立刻说,他可不行,打呼噜能把你们吵死,不是还有间书房吧,把他关在书房里。

也行,李曼金迟疑了一下说,我去给姐夫支床。

这时冬冬早已在卫生间打开电淋浴器开始洗澡,她花很长时间把自己洗涮干净,穿一件过膝的大背心出来,拿个空调遥控器跑着喊着说:降温降温,20 度可以啦!而李曼金设置的空调温度一般是 26 度。

表姐和闻忠又排队在卫生间一阵洗涮之后,这套三室一厅一厨一卫的居室才算安静下来。李曼金和何平没再接着洗，他们的电淋浴器是40升的，平时两人洗“一桶”凑合。表姐他们必须一人“一桶”，客人洗完轮到主人，可能天也快亮了。

李曼金换上她的“破衣烂衫”躺在床上。

何平说，这南方人和北方人就是不一样。

李曼金说，当初我说买个60升的（热水器），你非不。

何平说，你说的是洗澡。

李曼金说，你说的是什么？

何平说，哪儿都不一样。从前你尽夸你表姐，也看不出什么来。

李曼金说，不许你贬我表姐，见过什么呀，你。

这时他们隐隐约约听见闻忠的呼噜声。

昨晚共用卫生间有了教训，今天李曼金特意早起，把何平也拍醒。何平睁开眼，立刻又接上了昨晚的话茬儿，说，我真看不出什么来，从前你尽夸你表姐。李曼金没理何平，一个人关好卫生间的门，提早做些早晨该做的事。昨晚的初次见面不能说一切都是愉快的，可她还是愿意把表姐想成过去那个伟岸而气派的表姐。至于冬冬，凑合一盒啦，拿着遥控器乱降温啦，年轻人的通病吧。闻忠的嘎巴嘎巴捏手，倒使她太阳穴一阵阵发紧，不过这种声音她只须听七天就可消失，又不是一辈子。所以李曼金还是愿意带着好心情度过这一星期。再说，表姐家目前的景况不如自己，一没买房子，二没买汽车，工作显然也不如意。可表姐毕竟是在那座大房子里生活过的表姐：抓一把糖往她眼前一递说，吃吧吃吧。多豪迈。

李曼金梳洗完毕，告诉何平一会儿照顾表姐他们吃早饭，自己决定赶早去买些最新鲜的蔬菜，让他们看看，这城市不是只有驴肉火烧，也有上好的鲜菜。或许是水土的缘故，家里来过的客人都夸这里蔬菜味道地道。

在菜市场，李曼金买了时令鲜菜，肥鸡活鱼，还买了两个醉泥螺罐头。她想起这是表姐最爱吃的东西。今天她将自己下厨操持午饭，尽管这已经是一个谁都不愿意在家招待客人的时代。李曼金决心用自己的厨房、自己的手艺、自己的好心情招待好这一家远道而来的亲戚。回家的路上，她在脑子里开列出一张中西合璧的大菜单：冷菜她决定以蔬菜火腿沙拉为主，再加几碟拉皮呀、糖醋小萝卜呀、姜汁松花呀；西餐主菜她决心做一道俄式的黄油炸鸡卷。然后是清蒸鳜鱼，油爆泰国虾，外加几个素菜小炒，基本就成了气候了。

李曼金买菜回来，见餐桌四周已经无人，有把餐椅没归位，椅背上搭着表姐的花衬衫。餐椅归位是李曼金一贯的主张，她认为只有餐椅归位才能显出一个餐厅乃至一个家庭的秩序。现在桌上还摊着早餐的餐具，何平不收，客人不搭手。此时客人正对这房子展开着细致入微的议论，一班人围着闻忠看他在厨房里敲地砖。他拿个锤子冲着每块地砖敲，说这地砖铺得不结实，有空心。说走不了多久，就得一块块翘起来。敲完地砖就去跺地板，说这种中低档地板实在还不如水泥地，走起来蛮唬人，它释放出的有毒化学气体对人体的危害其实是不可估量的。表姐看见李曼金进来就说，金金，选吊灯怎么不选那种带水晶串珠的呀，不然带葡萄叶的也好呀，我就爱逛灯具市场。冬冬说，爱逛就是不买。闻忠说，逛逛也不妨嘛。说完把锤子往地板上一扔，回到餐桌旁，拉开一把椅子坐下就捏手，嘎巴嘎巴的。李曼金放下菜，一边收拾餐桌，一边用笑容承接客人对房子的挑剔。她只是想，表姐小时候本是爱劳动的呀，专收餐桌上的碗盘。见李曼金收桌子，表姐才过来帮她，说，在家这都是闻忠的事。闻忠说，你不收，我也不收，谁收？冬冬说，随你们。李曼金说，还是我收，你们坐去吧。表姐就离开了餐桌。李曼金这才发现她今天换了一身衣服,鞋也换了,高跟的。表姐穿着高跟鞋,行走起来身子有点向前探,膝盖也向前突着。再说,人在家里穿高跟鞋,显得格外"村气"。李曼金想,看来表姐始终没有找到穿高跟鞋的感觉。小时候表姐脚上那不同凡响的偏带黑皮鞋其实要比现在她脚上的高跟鞋更随和。

一个上午,李曼金忙午饭,何平打下手,冬冬在书房占着电脑打游戏,表姐和闻忠面对电视墙看一部卫视电影频道的什么电影,电视机里不断传出嗨!嗨!呀!哇……

李曼金按计划把午饭摆上桌,餐桌被一块大亚麻台布罩住,每人眼前有中西餐具各一副。李曼金让何平致欢迎词,何平只说了一些不知打哪儿模仿来的套话:难得一聚,难得一聚。然后众人碰了杯。作为头菜的几个冷菜,没有人发表评论,没有人说生菜新鲜,沙拉漂亮,但闻忠和表姐都吃。冬冬不吃,只用筷子扒拉,说,沙拉怎么这味?不对的呀。热菜上来后,冬冬只吃泰国虾,吃起来没命。闻忠爱吃黄油鸡卷,刀叉用得虽不地道,但能对付着切开。表姐看到醉泥螺果然眼睛一亮,吃了几口却又说,罐头,罐头,没筋没骨的。她问李曼金,你记得小时候吃泥螺的味道吗?李曼金说记得。老阿姨炒的泥螺,表姐一口气能吃半碗。这时一大盘泰国虾差不多都被冬冬吃了,吃完就问,有日本酱汤吗?说世界上最好吃的就是日本酱汤。表姐这时倒说,其实冬冬就喝过一杯那东西,那年和日本学生一起参加夏令营,一个日本孩子送过她一包,速溶的,她就记住了。冬冬在得知没有日本酱汤后,离开餐桌就去打电话,她的电话都是长途,打完一个又一个。对方不是同学就是朋友,她和他们聊着在这里的感受,不时说着:还可以……还可以吧……没有,没有……没什么玩的地方……还不知道,不知道……当全家人都离开饭桌,李曼金收拾完碗筷,冬冬的电话还在打。李曼金想,这差不多要等于他们家一个月的电话费了。和早晨的情绪相比,她多了些疲惫,也预感到这个星期将是漫长的。冬冬在电话里提到的"没地方玩"倒提醒了她,她想,何不带他们出去走走。这里虽然没有长江边上那些名山古刹,湖光帆影,可不远处有清代几个皇帝和妃子的陵墓,有抗日战争时的地道战纪念馆,还有一些新开发的零零星星的名气不大的旅游景点,据说在那里可以登野山,观野景,尝野味。表姐来,好歹也是一次旅游。

旅游开始了,每次出游都是何平开车,闻忠个儿高坐前边,三位女性坐后排。为了让表姐坐得宽松,李曼金总是背不靠座位地歪坐在一边。小时候她坐大姨夫的车出门,就是这个姿势。表姐看着李曼金的姿势说,你这车太窄,还赶不上从前爸爸坐的"华沙"。闻忠就扭过头来说,华沙算什么,和前苏联的胜利牌一个车型,赶不上富康。表姐说,可是比富康宽。闻忠说,不可能,那是你小时候的感觉,小孩看马,比大人看马还大呢。表姐不再说华沙的事,转而说,哎,金金,还记得胖子吗?当时他爸爸管"公检法"。李曼金说记得,咱们还一起爬过太岁山。表姐说,对对,现在卖音响,生意做大了,开着一辆……冬冬接过来拖着长声说,宝——马。表姐说,你们就买宝马吧。闻忠在前边对何平说,也不必,我看帕萨特就可以,无极变速,档次也不低。何平不说话,路不好走,他不时换挡、加油。李曼金也不说话,心想这个距买车尚远的家庭,对车却如此内行。从"华沙"到"帕萨特",跨越了整整半个世纪。在这半个世纪里,大姨和大姨夫已经不在人世,表姐一离开他们和他们那所大房子,不知为什么逐渐变成了一个不入时的人,却还不甘心地偏要做出一副与时俱进的样子。想想这些,李曼金又有几分替表姐心酸。她转移话题似的说,喝水吧。说着从脚下举出几瓶"娃哈哈"。偏偏表姐的眼皮一抹搭一抹搭的,还不愿意结束刚才那个话题,说,金金,表姐现在不如你,我要是你,日子可不这么过。我赞成胖子,干什么都一步到位。这,高不成低不就的。

冬冬突如其来地喊道：买“大奔”，买“大奔”。闻忠的手嘎嘣嘣，嘎嘣嘣。旅游点到了，是个野景。已是中午，何平先领大家吃烤全羊，吃着，有几个假朝鲜人还跳舞敬酒的。下午，他们登山，滑沙，骑马，坐滑竿，在水泥池子里钓鱼，所有项目都领略一个遍。冬冬夺过何平的数码摄像机，像玩手枪似的，对着人和景，一阵乱摄，一会儿就拍掉好几盘带子。晚上，他们回到家来就放录像，屏幕上是他们吃烤羊的嘴，一些朝鲜人的扇子和胸脯，半个脸的他们举着鱼竿傻笑，还有就是他们一双双爬山的脚，其中表姐的高跟鞋最为突出，在凹凸不平的山路上一歪一歪的，鞋跟和方的、圆的石头做着狠狠的碰撞。表姐和闻忠也许因为是第一次从电视上看到自己，看得格外兴奋，李曼金在一边却忍不住说，冬冬，应该让小姨夫教教你，手要稳，构图得讲究，镜头推拉也要掌握。冬冬说，那我这就算是玩行为艺术吧。行为艺术讲的就是不完整，就是出其不意。我有个同学的爸爸就是搞行为艺术的，专在头上种草。把头发剃光，在头皮上拉几个口子，把草根洗洗，栽进去，让助手给他缝上。李曼金说，听着都受刺激。冬冬说，行为艺术玩的就是刺激，艺术就在于带有刺激性的发现。李曼金想，闻忠的捏手也是行为艺术了。

看完录像，谈完行为艺术，几个人又是洗浴的洗浴，打长途的打长途。李曼金和何平在卧室里相对而坐，呆着，等着，等着这三室一厅一厨一卫的房子安静下来。李曼金看着开了一天车的何平那不急不躁的样子，心想幸亏眼前是何平，永远那么平和。这时她才明白，她自己已经是在忍耐了。

下一天是参观皇帝的那些陵墓。闻忠说皇帝选地方选得不好，这风沙就够皇帝受的。表姐说，脚上打个泡，上不去那些大坟头，只在一棵白皮松下坐着。冬冬说，这儿卖的矿泉水都是假的。

再一天是钻地道，表姐倒是来了情绪，说，小时候她爸爸给她讲参加过地道战，准是这儿。她在地道里弓腿弯腰的，让冬冬紧跟着她做些实战体验。冬冬就说，她怕耗子，她看到耗子正在里边跑。闻忠在地道里捏手，回音格外大。李曼金和何平都像听到了当年实战的枪声。

再一天是游一个水库改造的人工湖。李曼金买回游湖的船票，表姐一家坐在水泥堤坝上不起来，没有游湖的意思。李曼金方才恍然大悟，想，怎么就忘了表姐一家来自水乡。再一天李曼金就推托单位有事，何平也说有个小项目需要他去处理一下。客人便在家里自由活动。

明天客人就要走了，按照待客之道，今天主人应该陪客人逛逛商店。李曼金准备带表姐一家去“北购”。“北购”是这城市最大的一家综合性商场。行前何平嘱咐李曼金备下些“银两”，好在必要时拿得出手。他们一行五人来到“北购”。其实像“北购”这种商场在中国已经比比皆是，不足为奇。但它对表姐仍然有着格外的吸引力。比起那些帝、妃的陵墓和野山、野味，表姐要兴奋得多。她像一名“质检员”一般，对这店里那号称五万种商品的系列做起不辞劳苦的研究。该拽的拽过来，该捧的捧住，该敲的敲，该听的听，该闻的闻，该摩挲的摩挲……并认真察看着商品标签所标的价码，和她的城市做着对比，连小数点以后的数目，她都能做出或高或低的结论。有时闻忠和她争论，但就像争论“华沙”车体的宽窄似的没有结论。冬冬早就穿梭似的寻找自己感兴趣的东西去了，何平站在远处想自己的事，只有李曼金随从般地守在离表姐不远不近的地方。她少言少语，对表姐的见地或附和，或不附和。当他们来到灯具卖区，表姐果然表现出更浓厚的兴趣。她把所有灯具巡视一遍后，叫过李曼金,指着一盏四处牵挂着串珠、点缀着“金枝玉叶”的吊灯说,她欣赏的就是这一类。说,一盏灯能烘托出一套房子。说,还有壁灯,北方人就是不注意壁灯,四壁光秃秃的,像根本没有装修。吊灯你们如果不换,壁灯总得补上。你们的走廊,你们的客厅,你们的阳台,都得有。她给李曼金指点出几种:这种,要么这种,我看都可以。听着表姐的指点,李曼金做些恰如其分的附和。看完灯具已是中午,他们就在这店的美食厅就餐。何平请大家吃土耳其烤肉,表姐就说,有驴肉火烧吗?现在我倒想尝尝。李曼金说这个商店没有,只有小街道的小摊上才有。大家吃喝完毕,还有一多半的楼层等着表姐去逛,那么就接着逛。只是表姐总不尽兴,广播里已在提醒顾客是打烊的时候了,表姐还没有要买什么的意思。何平把李曼金拉到一边商量,让她赶快做主表示一下。于是李曼金分别给表姐、闻忠和冬冬都买了自己认为得体的礼物。

晚上,李曼金夫妇谁也没有提及这一天的感受。也许李曼金在想,这七天,他们夫妇是圆满的,他们总算是圆满了。表姐终归是她的表姐,常说亲不亲,姨表亲。她忽然想起表姐还没吃上驴肉火烧呢,就决定明天一早去买。

早晨很闷热,早饭后表姐一家就要走了。李曼金提早起床去给表姐买驴肉火烧,她决心什么遗憾都不留给客人。为了赶时间,李曼金几乎是一路奔跑。在一个犄角旮旯,她终于找到了那东西。她让摊主将一个个火烧用刀片开,再把切成薄片的驴肉夹进去,用个食品袋兜住,便飞似的、汗流浃背地跑回了家。

表姐一家的箱包又滚上地板,闻忠却歪在沙发上喊腰疼。原来他有腰椎间盘突出的毛病。李曼金拎着驴肉火烧过来问,是不是昨天逛商店累的?家里,冬冬设置的空调温度又低(20度)。表姐就说,不是不是,折叠床太软,闻忠不适合,闻忠根本就不能睡太软的床。李曼金没有说话。只在这时,七天来挂在她脸上的笑容顿时消失。她转身进了厨房,把驴肉火烧胡乱堆在一个盘子里,茶水、咖啡也不再张罗。何平见餐桌是空的,李曼金又在厨房里不出来,感到事情有些不好。他跟进厨房把门关严,李曼金正靠住洗碗池发愣,出着长气。何平悄悄问她早点的事,李曼金压低了声音狠狠地说,都在那儿!何平把驴肉火烧端上桌,又给大伙每人泡了一杯袋装红茶,李曼金仍然在厨房里不出来。客人却是少眼力的,他们并不知道厨房里发生了什么,更没有发现李曼金的消失。他们咬着驴肉火烧议论起来。表姐说,什么什么,就是这个?闻忠说,驴子就是驮东西的,肉可难登大雅之堂。冬冬就说,火车味儿,火车味儿。他们这种对他人浑然不觉的劲儿,如果不是可恶,简直能够称作可爱了。李曼金在厨房里倾听着外边的讨论,忽地一下把洗碗池上的水龙头打开,水响得哗哗的,仿佛替她发泄着愤懑。但这愤懑却变得十分难耐,她偏在这时又固执地、无法停止地想起表姐一个坏习惯:吃完饭从来不把拉开的椅子推回到饭桌下边去,每次都是李曼金替她收椅子。别人离开饭桌时顺带就收好了椅子,包括冬冬。唯独表姐的椅子,总是游离桌外耍赖似的远远歪在一边,像个正给其他椅子训话的领导。它顽强地歪在那儿,致使李曼金觉得就是它干扰和打乱了她一生的秩序。这事小得提不起来,但往往事情越小,就越惹人气恼。一瞬间,李曼金那个埋藏在心中年深日久的愿望,那个名叫“当场告诉”的愿望突然来了,因为年头太久,它已经像个不速之客了。今天的李曼金决定叫这心中的不速之客做一回主,她要它破坏一回她本可以熟络一生的善始善终。现在她知道,她只需再来那么一点儿控制力,再坚持二十分钟他们就彼此看不见彼此的脸了,甚至终生也不必见面了,表姐一家就会永远保持着对李曼金夫妇的好印象了。可是不行,李曼金是一分钟也不能再等了。

厨房的门大开了,李曼金闪了出来。她脸涨得通红,汗湿的衣服贴在身上。她冷着脸对餐桌上的他们说:我讨厌你们,你们一点儿都不知道吧?我早就讨厌你们!

大家都听见了李曼金的话。

何平独自开车送表姐一家去了火车站。车上少了李曼金,后排座松快多了。

李曼金站在窗前看何平的车跑得没了影子,才坐回到饭桌旁。别人的椅子都已收好,只有表姐的椅子如往常一样仍然跨在桌外。这时候李曼金想,其实椅子跨出来又怎么了,干吗非得把它想成给其他椅子训话的领导不可呢?如此,表姐一家倒显得无辜了。

不过人就是这样,万水千山也过来了,有时候就是忍不了最后一下子。可能做不成大事的人更是这样,李曼金想。但究竟什么是人生中的大事呢?李曼金一时是想不清楚了。

【思考与练习】

1. 谈谈小说主人公李曼金这一形象的社会现实意义。
2. 这篇小说是怎样通过生活中的小事件揭示深刻的社会思想内容的?

28. 许三观卖血记(节选)

余 华

余华(1960—),当代作家,浙江海盐人,先锋派小说的代表。1984年开始发表作品,著有长篇小说《在细雨中呼喊》、《活着》、《许三观卖血记》、《兄弟》,中篇小说《世事如烟》、《现实的一种》,短篇小说《十八岁出门远行》、《鲜血梅花》,随笔集《我能否相信自己》等。其中《活着》、《许三观卖血记》同时入选百位批评家和文学编辑评选的"九十年代最具影响的十部作品"。《许三观卖血记》曾获意大利文学基金会颁发的1998年度格林扎纳·卡佛文学奖。本文选自《许三观卖血记》。

到了晚上,许三观一家要去胜利饭店吃一顿好吃的。

许三观说:

"今天这日子,我们要把它当成春节来过。"

所以,他要许玉兰穿上精纺的线衣,再穿上卡其布的裤子,还有那件浅蓝底子深蓝碎花的棉袄,许玉兰听了许三观的话后,就穿上了它们;许三观还要她把纱巾围在脖子上,许玉兰就去把纱巾从箱子里找了出来;许三观让许玉兰再去洗一次脸,洗完脸以后,又要许玉兰在脸上擦一层香喷喷的雪花膏,许玉兰就擦上了香喷喷的雪花膏。当许三观要许玉兰走到街道拐角的地方,去王二胡子的小吃店给一乐买一个烤红薯时,许玉兰这次站着没有动,她说:

"我知道你心里在想什么,你不愿意带一乐去饭店吃一顿好吃的,你卖血挣来的钱不愿意花在一乐身上,就是因为一乐不是你儿子。一乐不是你儿子,你不带他去,我也不说了,谁也不愿意把钱花到外人身上。可是那个林大胖子不是你的女人,她没有给你生过儿子,也没有给你洗过衣服、做过饭,你把卖血挣来的钱花在她身上,你就愿意了。"

许玉兰不愿意让一乐只吃一个烤红薯,许三观只好自己去对一乐说话。他把一乐叫过来,脱下棉袄,露出左胳膊上的针眼给一乐看,问一乐:

"你知道这是什么吗?"

一乐说:“这地方出过血。”

许三观点点头说:“你说得对,这地方是被针扎过的,我今天去卖血了,我为什么要卖血呢?就是为了能让你们吃上一顿好吃的,我和你妈,还有二乐和三乐要去饭店吃面条。你呢,就拿着这五角钱去王二胡子的小店买个烤红薯吃。”

一乐伸手接过许三观手里的五角钱,对许三观说:

“爹,我刚才听到你和妈说话了,你让我去吃五角钱的烤红薯,你们去吃一元七角钱的面条。爹,我知道我不是你的亲生儿子,二乐和三乐是你的亲生儿子,所以他们吃得比我好。爹,你能不能把我当一回亲生儿子,让我也去吃一碗面条?”

许三观摇摇头说:“一乐,平日里我一点也没有亏待你,二乐、三乐吃什么,你也能吃什么。今天这钱是我卖血挣来的,这钱来得不容易,这钱是我拿命去换来的,我卖了血让你去吃面条,就太便宜那个王八蛋何小勇了。”

一乐听了许三观的话,像是明白似的点了点头,他拿着许三观给他的五角钱走到了门口,他从门槛上跨出去以后,又回过头来问许三观:

“爹,如果我是你的亲生儿子,你就会带我去吃面条,是不是?”

许三观伸手指着一乐说:“如果你是我的亲生儿子,我最喜欢的就是你。”

一乐听了许三观的话,咧嘴笑了笑,然后他朝王二胡子开的小吃店走去。

王二胡子在炭盆里烤着红薯,几个烤好的红薯放在一只竹编的盘子里。王二胡子和他的女人,还有四个孩子正围着炭盆在喝粥。一乐走进去的时候,听到他们六张嘴把粥喝得哗啦哗啦响。他把五角钱递给王二胡子,然后指着盘子里最大的那个红薯说:

“你把这个给我。”

王二胡子收下了他的钱,却给了他一个小的。一乐摇摇头说:

“这个我吃不饱。”

王二胡子把那个小的红薯塞到一乐手里,对他说:

“最大的是大人吃的,最小的就是你这样的小孩吃的。”

一乐将那个红薯拿在手里看了看,对王二胡子说:

“这个红薯还没有我的手大,我吃不饱。”

王二胡子说:“你还没有吃,怎么会知道吃不饱?”

一乐听到王二胡子这样说,觉得有道理,就点点头拿着红薯回家了。一乐回到家中时,许三观他们已经走了,他一个人在桌前坐下来,将那个还热着的红薯放在桌上,开始小心翼翼地剥下红薯的皮,他看到剥开皮以后,里面是橙黄一片,就像阳光一样。他闻到了来自红薯热烈的香味,而且在香味里就已经洋溢出了甜的滋味。他咬了一口,香和甜立刻沾满了他的嘴。

那个红薯一乐才咬了四口,就没有了。之后他继续坐在那里,让舌头在嘴里卷来卷去,使残留在嘴中的红薯继续着最后的香甜,直到满嘴都是口水以后。他知道红薯已经吃完了,可是他还想吃,他就去看刚才剥下来的红薯皮,他拿起一块放到嘴里,在焦糊里他仍然吃到了香甜,于是他把红薯的皮也全吃了下去。

吃完红薯皮以后,他还是想吃,他就觉得自己没有吃饱,他站起来走出门去,再次来到王二胡子家开的小吃店,这时王二胡子他们已经喝完粥了,一家六口人都伸着舌头在舔着碗,一乐看到他们舔碗时眼睛都瞪圆了,一乐对王二胡子说:

“我没有吃饱，你再给我一个红薯。”

王二胡子说：“你怎么知道自己没有吃饱？”

一乐说：“我吃完了还想吃。”

王二胡子问他：“红薯好吃吗？”

一乐点点头说：“好吃。”

“是非常好吃呢，还是一般的好吃？”

“非常好吃。”

“这就对了。”王二胡子说，“只要是好吃的东西，吃完了谁都还想吃。”

一乐觉得王二胡子说得对，就点了点头。王二胡子对他说：

“你回去吧，你已经吃饱了。”

于是一乐又回到了家里，重新坐在桌前，他看着空荡荡的桌子，心里还想吃。这时候他想起许三观他们来了，想到他们四个人正坐在饭店里，每个人都吃着一大碗的面条，面条热气腾腾。而他自己，只吃了一个还没有手大的烤红薯。他开始哭泣了，先是没有声音的流泪，接着他扑在桌子上呜呜地大哭起来。

他哭了一阵以后，又想起许三观他们在饭店里正吃着热气腾腾的面条，他立刻止住哭声。他觉得自己应该到饭店去找他们，他觉得自己也应该吃一碗热气腾腾的面条，所以他走出了家门。

这时候天已经黑了，街上的路灯因为电力不足，发出来的亮光像是蜡烛一样微弱，他在街上走得呼呼直喘气，他对自己说：快走，快走，快走。他不敢奔跑，他听许三观说过，也听许玉兰说过，吃了饭以后一跑，肚子就会跑饿。他又对自己说：不要跑，不要跑，不要跑。他低头看着自己的脚，沿着街道向西一路走去，在西边的十字路口，有一家名叫解放的饭店。在夜晚的时候，解放饭店的灯光在那个十字路口最为明亮。

他低着头一路催促自己快走，走过了十字路口，他也没有发现，他一直走到这条街道中断的地方，再往前就是一条巷子了，他才站住脚，东张西望了一会儿，他知道自己已经走过解放饭店了，于是再往回走。往回走的时候，他不敢再低着头了，而是走一走看一看，就这样他走回到了十字路口。他看到解放饭店门窗紧闭，里面一点灯光都看不到，他心想饭店已经关门了，许三观他们已经吃完面条了。他站在一根木头电线杆的旁边，呜呜地哭了起来。这时候走过来两个人，他们说：

“谁家的孩子在哭？”

他说：“是许三观家的孩子在哭。”

他们说：“许三观是谁？”

他说：“就是丝厂的许三观。”

他们又说：“你一个小孩，这么晚了也不回家，快回家吧。”

他说：“我要找我爹妈，他们上饭店吃面条了。”

“你爹妈上饭店了？”他们说，“那你上胜利饭店去找，这解放饭店关门都有两个月了。”

一乐听到他们这么说，立刻沿着北上的路走去，他知道胜利饭店在什么地方，就在胜利桥的旁边。他重新低着头往前走，因为这样走起来快。他走完了这条街道，走进一条巷子，穿过巷子以后，他走上了另外一条街道，他看到了穿过城镇的那一条河流，他沿着河流一路走到了胜利桥。

胜利饭店的灯光在夜里闪闪发亮，明亮的灯光让一乐心里涌上了欢乐和幸福，好像他已经吃上了面条一样。这时候他奔跑了起来。当他跑过了胜利桥，来到胜利饭店的门口时，却没有看到许三观、许玉兰，还有二乐和三乐。里面只有两个饭店的伙计拿着大扫把在扫地，他们已经扫到了门口。

一乐站在门口，两个伙计把垃圾扫到了他的脚上，他问他们：

“许三观他们来吃过面条了吗？”

他们说：“走开。”

一乐赶紧让到一旁，看着他们把垃圾扫出来，他又问：

“许三观他们来吃过面条了吗？就是丝厂的许三观。”

他们说：“早走啦，来吃面条的人早就走光啦。”

一乐听他们这样说，就低着头走到一棵树的下面，低着头站了一会儿，然后坐到了地上，双手抱住自己的膝盖，又将头靠在了膝盖上，他开始哭了。他让自己的哭声越来越响，他听到这个夜晚里什么声音都没有了，风吹来吹去的声音没有了，树叶抖动的声音没有了，身后饭店里凳子搬动的声音也没有了，只有他自己的哭声在响着，在这个夜晚里飘着。

他哭了一会儿，觉得自己累了，就不再哭下去，伸手去擦眼泪，这时候他听到那两个伙计在关门了。他们关上门，看到一乐还坐在那里，就对他说：

“你不回家了？”

一乐说：“我要回家。”

他们说：“要回家还不快走，还坐在这里干什么？”

一乐说：“我坐在这里休息，我刚才走了很多路，我很累，我现在要休息。”

他们走了，一乐看着他们先是一起往前走，走到前面拐角的地方，有一个转身走了进去，另一个继续往前走，一直走到一乐看不见他的地方。

然后一乐也站了起来，他开始往家里走去了。他一个人走在街道上和巷子里，听着自己走路的声音，他觉得自己越来越饿，他觉得自己像是没有吃过那个烤红薯，力气越来越没有了。

当他回到家中时，家里人都在床上睡着了，他听到许三观呼噜呼噜的鼾声，二乐翻了一个身，说了一句梦话，只有许玉兰听到他推门进屋的声音。许玉兰说：

“一乐。”

一乐说：“我饿了。”

一乐站在门口等了一会儿，许玉兰才又说：“你去哪里了？”

一乐说：“我饿了。”

又是过了一会儿，许玉兰说：“快睡吧，睡着了就不饿了。”

一乐还是站在那里，可是很久以后，许玉兰都没再说话。一乐知道她睡着了，她不会再对他说些什么，他就摸到床前，脱了衣服，上床躺了下来。

他没有马上睡着，他的眼睛看着屋里的黑暗，听着许三观的鼾声在屋里滚动，他告诉自己：就是这个正打着呼噜的人，不让他去饭店吃面条；也是这个人，让他现在饿着肚子躺在床上；还是这个人，经常说他不是他的亲生儿女。最后，他对许三观的鼾声说：我不是你的亲生儿女，你也不是我亲爹。

第二天早晨，一乐喝完玉米粥以后，就抬脚跨出了门槛。那时候许三观和许玉兰还在屋子里，二乐和三乐坐在门槛上，他们看着一乐的两条腿跨了出去。二乐看着一乐向前走去，头也不回，就对他叫道：

“一乐，你去哪里？”

一乐说：“去找我爹。”

二乐听了他的回答以后，回头往屋里看了看，他看到许三观正伸着舌头在舔碗，他觉得很奇怪，接着他咯咯笑了起来，他对三乐说：

“爹明明在屋子里，一乐还到外面去找。”

三乐听了二乐的话，也跟着二乐一起咯咯笑了起来，三乐说：

“一乐没有看见爹。”

这天早晨一乐向何小勇家走去了，他要去找他的亲爹，他要告诉亲爹何小勇，他不再回到许三观家里去了，哪怕许三观天天带他去胜利饭店吃面条，他也不会回去了。他要在何小勇家住下来，他不再有两个弟弟了，而是有了两个妹妹，一个叫何小英，一个叫何小红。他的名字也不叫许一乐了，应该叫何一乐。

一乐来到了何小勇家门口，就像他离开许三观家时，二乐和三乐坐在门槛上一样，他来到何小勇家时，何小英和何小红也坐在门槛上。两个女孩看到一乐走过来，都扭回头去看屋里了。一乐对她们说：

“你们的哥哥来啦。”

于是两个女孩又把头扭回来看他了，他看到何小勇在屋里，就向何小勇叫道：

“爹，我回来啦。”

何小勇从屋里出来，伸手指着一乐说：“谁是你的爹？”

随后他的手往外一挥，说：“走开。”

一乐站着没有动，他说：“爹，我今天来和上次来不一样，上次是我妈要我来的，上次我还不愿意来。今天是我自己要来的，我妈不知道，许三观也不知道。爹，我今天来了就不回去了，爹，我就在你这里住下了。”

何小勇又说：“谁是你的爹？”

一乐说：“你就是我的爹。”

“放屁。”何小勇说，“你爹是许三观。”

“许三观不是我亲爹，你才是我的亲爹。”

何小勇告诉一乐：“你要是再说我是你爹，我就用脚踢你，用拳头揍你了。”

一乐摇摇头说：“你不会的。”

何小勇的邻居们都站到了门口，有几个人走过来，对何小勇说：

“何小勇，他是你的儿子也好，不是你的儿子也好，你都不能这样对待他。”

一乐对他们说：“我是他的儿子。”

何小勇的女人出来了，指着一乐对他们说：

“又是那个许玉兰，那个骚女人让他来的。那个骚女人今天到东家去找个野男人，明天又到西家去找个野男人，生下了野种就要往别人家里推，要别人拿钱供她的野种吃，供她的野种穿。这年月谁家的日子都过不下去，我们一家人已经几天没吃什么东西了，一家人饿了一个多月了，肚皮上的皮都要和屁股上的皮贴到一起了……”

“你们听到了吗？”

何小勇的女人对邻居们说:“他还想吃面条,我们一家人吃糠咽菜两个月了。他一来就要吃面条,还要去什么胜利饭店……”

一乐对何小勇说:“爹,我知道你现在没有钱,你去医院卖血吧,卖了血你就会有钱了,卖了血你带我去吃面条。”

“啊呀!”

何小勇的女人叫了起来,她说:“他还要何小勇去医院卖血,他是要我们何小勇的命啊!他想害死我们何小勇。何小勇,你还不把他赶走。”

何小勇走过去对一乐说:“滚开。”

一乐没有动,他说:“爹,我不走。”

何小勇一把抓住一乐的衣服领子,将一乐提了起来,走了几步,何小勇提不动了,就把一乐放下,然后拖着一乐走。一乐的两只手使劲地拉住自己的衣领,半张着嘴呼哧呼哧地喘着气。何小勇拖着一乐走到巷子口才站住脚,把一乐推到墙上,伸手指着一乐的鼻子说:

“你要是再来,我就宰了你。”

说完,何小勇转身就走。一乐贴着墙壁站在那里,看着何小勇走回到家里,他的身体才离开了墙壁,走到了大街上,站在那里左右看了一会儿以后,他低着头向西走去。

有几个认识许三观的人,看到一个十一二岁的孩子,低着头一路向西走去。他们看到这个孩子的眼泪不停地掉到了地上,有时掉在鞋上。他们想,这是谁家的孩子,哭得这么伤心?走近了一看,认出来是许三观家的一乐。

最先是方铁匠,方铁匠说:

“一乐,一乐你为什么哭?”

一乐说:“许三观不是我的亲爹,何小勇也不是我的亲爹,我没有亲爹了,所以我就哭了。”

方铁匠说:“一乐你为什么要往西走?你的家在东边。”

一乐说:“我不回家了。”

方铁匠说:“一乐,你快回家去。”

一乐说:“方铁匠,你给我买一碗面条吃吧!我吃了你的面条,你就是我的亲爹。”

方铁匠说:“一乐,你在胡说些什么?我就是给你买十碗面条,我也做不了你的亲爹。”

然后是其他人,他们也对一乐说:

“你是许三观家的一乐,你为什么哭?你为什么一个人往西走?你的家在东边,你快回家吧。”

一乐说:“我不回家了,你们去对许三观说,说一乐不回家了。”

他们说:“你不回家了,你要去哪里?”

一乐说:“我不知道要去哪里,我只知道不回家了。”

一乐又说:“你们谁去给我买一碗面条吃,我就做谁的亲生儿子,你们谁去买面条?”

他们去告诉许三观:

“许三观,你家的一乐呜呜哭着往西走了;许三观,你家的一乐不认你这个爹了;许三观,你家的一乐见人就张嘴要面条吃;许三观,你家的一乐说谁给他吃一碗面条,谁就是他的亲爹;许三观,你家的一乐到处在要亲爹,就跟要饭似的,你还不知道,你还躺在藤榻里,你还架着腿,你快去把他找回来吧。”

许三观从藤榻里站起来说：

“这个小崽子是越来越笨了，他找亲爹不去找何小勇，倒去找别人。他找亲爹不到何小勇家里去找，倒是往西走，越走离他亲爹的家越远。”

说完许三观重新躺到藤榻里，他们说：“你怎么又躺下了？你快去把他找回来吧。”

许三观说：“他要去找自己亲爹，我怎么可以去拦住他呢？”

他们听了许三观的话，觉得有道理，就不再说什么，一个一个离去了。后来，又来了另外几个人，他们对许三观说：

“许三观，你知道吗？今天早晨你家的一乐去找何小勇了，一乐去认亲爹了。一乐这孩子可怜，被何小勇的女人指着鼻子骂，还骂了你女人许玉兰，骂出来的话要有多难听就有多难听。一乐可怜，被那个何小勇从家门口一直拖到巷子口。”

许三观问他们：“何小勇的女人骂我了没有？”

他们说：“倒是没有骂你。”

许三观说：“那我就不管这么多了。”

这一天过了中午以后，一乐还没有回来。许玉兰心里着急，她对许三观说：

“看到过一乐的人，都说一乐向西走了，没有一个人说他向别处走。向西走，他会走到哪里去？他已经走到乡下了，他要是再向西走，他就会忘了回家的路，他只有十一岁。许三观，你快去把他找回来。”

许三观说：“我不去。一乐这小崽子，我供他吃，供他穿，还供他念书，我对他有多好，可他这么对我，竟然背着我去找什么亲爹。那个王八蛋何小勇，对他又是骂又是打，还把他从家门口拖到巷子口，可他还要去认亲爹。我想明白了，不是自己亲生的儿子，是怎么养也养不亲。”

许玉兰就自己出门去找一乐，她对许三观说：

“你不是一乐的亲爹，我可是他的亲妈，我要去把他找回来。”

许玉兰一走就是半天，到了黄昏的时候，她回来了。她一进门就问许三观：

“一乐回来了没有？”

许三观说：“没有，我一直在这里躺着，我的眼睛也一直看着这扇门，我只看见二乐和三乐进来出去，没看到一乐回来。”

许玉兰听后，眼泪掉了出来，她对许三观说：

“我一路往西走，一路问别人，他们都说看到一乐走过去了。我出了城，再问别人，就没有人看到过一乐了。我在城外走了一阵，就看不到别人了，没有一个人可以打听，我都不知道该往哪里走？”

说着许玉兰一转身，又出门去找一乐了。许玉兰这次走后，许三观在家里坐不住了，他站到了门外，看着天色黑下来，心想一乐这时候还不回家，就怕是出事了。这么一想，许三观心里也急上了。看着黑夜越来越浓，许三观就对二乐和三乐说：

“你们就在家里呆着，谁也不准出去，一乐回来了，你们就告诉他，我和他妈都去找他了。”

许三观说完就把门关上，然后向西走去，走了没有几步路，他听到旁边有人在哭泣，低头一看，看到了一乐。一乐坐在邻居家凹进去的门旁，脖子一抽一抽地看着许三观。许三观急忙蹲下去：

“一乐,你是不是一乐?”

许三观看清了这孩子是一乐以后,就骂了起来:

“他妈的,你把你妈急了个半死,把我吓了个半死,你倒好,就坐在邻居家的门口。”

一乐说:“爹,我饿了,我饿得一点力气都没有……”

许三观说:“活该,你饿死都是活该,谁让你走的?还说什么不回来了……”一乐抬起手擦起了眼泪,他边擦边说:

“本来我是不想回来了,你不把我当亲儿子;我去找何小勇,何小勇也不把我当亲儿子,我就不想回来了……”

许三观打断他的话,说:

“你怎么又回来了?你现在就走,现在走还来得及,你要是永远不回来了,我才高兴。”

一乐听了这话,哭得更伤心了,他说:

“我饿了,我困了,我想吃东西,我想睡觉。我想你就是再不把我当亲儿子,你也比何小勇疼我,我就回来了。”

一乐说着伸手扶着墙站起来,又扶着墙要往西走。许三观说:

“你给我站住,你这小崽子还真要走?”

一乐站住了脚,歪着肩膀低着头,哭得身体一抖一抖的。许三观在他身前蹲下来,对他说:“爬到我背上来。”

一乐爬到了许三观的背上,许三观背着他往东走去,先是走过了自己的家门,然后走进了一条巷子,走完了巷子,就走到了大街上,也就是走在那条穿过小城的河流旁。许三观嘴里不停地骂着一乐:

“你这个小崽子,小王八蛋,小混蛋,我总有一天要被你活活气死。你他妈的想走就走,还见了人就说,全城的人都以为我欺负你了,都以为我这个后爹天天揍你,天天骂你。我养了你十一年,到头来我才是个后爹,那个王八蛋何小勇一分钱都没出,反倒是你的亲爹。谁倒霉也不如我倒霉,下辈子我死也不做你的爹了,下辈子你做我的后爹吧。你等着吧,到了下辈子,我要把你折腾得死去活来……”

一乐看到了胜利饭店明亮的灯光,他小心翼翼地问许三观:

“爹,你是不是要带我去吃面条?”

许三观不再骂一乐了,他突然温和地说道:

“是的。”

【思考与练习】

1. 许三观这一艺术形象的文化特征是什么?
2. 作者对主人公形象的描写主要是通过什么方式展开的?

第五章　诗性教育

29.《诗经》二首

《诗经》

《诗经》又称为《诗》、《诗三百》，是我国文学史上第一部诗歌总集。它收录了从西周初年到春秋中叶大约500年间的305篇作品，真实生动地反映了周朝广阔的社会生活。

《诗经》分为“风”、“雅”、“颂”三部分。“风”有15国风，大都是地方民歌，共160篇；“雅”主要是诸侯朝会和贵族宴享的乐歌，分为大雅74篇，小雅31篇；“颂”是宗庙祭祀的乐歌，其中周颂31篇，鲁颂4篇，商颂5篇。“赋”、“比”、“兴”是《诗经》普遍运用的艺术手法。“赋”是铺陈叙述的意思；“比”就是打比方；“兴”则是借助于其他事物引出诗歌真正要表达的内容。《诗经》句式以四言为主，杂以二言、三言、五言、八言等，长短相间，参差错落，语言形象生动，韵律和谐，具有极高的文化艺术价值。《蒹葭》选自《诗经·秦风》，《关雎》选自《诗经·周南》。

一、蒹葭

蒹葭苍苍①，白露为霜。所谓伊人②，在水一方。
溯洄从之，道阻③且长；溯游从之，宛④在水中央。
蒹葭萋萋，白露未晞⑤。所谓伊人，在水之湄⑥。
溯洄从之，道阻且跻⑦；溯游从之，宛在水中坻⑧。
蒹葭采采，白露未已⑨。所谓伊人，在水之涘⑩。
溯洄从之，道阻且右⑪；溯游从之，宛在水中沚⑫。

【注释】

①蒹：草名，又名荻。葭：芦苇。苍苍：茂盛的样子。

②伊人：指诗人思念追寻的人。

③溯洄：逆着河流往上走。从：追，寻求。阻：险阻，障碍。

④溯游：顺着河流往下走。宛：仿佛，好像。

⑤晞：晒干。

⑥湄：岸边水草相接处。

⑦跻：升，登。

⑧坻：水中的小洲或高地。

⑨未已：未止，未干。

⑩涘：水边。

⑪右：迂回曲折。
⑫沚：水中小洲。

二、关雎

关关雎鸠，在河之洲[①]；窈窕淑女，君子好逑[②]。
参差荇菜[③]，左右流之；窈窕淑女，寤寐求之。
求之不得，寤寐思服[④]；悠哉悠哉，辗转反侧。
参差荇菜，左右采之；窈窕淑女，琴瑟友之。
参差荇菜，左右芼之；窈窕淑女，钟鼓乐之。

【注释】

①关关：水鸟叫声。雎鸠：水鸟，状似凫鹭，生有定偶，常并游。洲：河中沙洲。
②窈窕：美好的样子。逑：配偶。
③参差：长短不齐。荇菜：多年生水草，夏天开黄花，嫩叶可食。
④思服：思念。

【思考与练习】

1. 体会《蒹葭》一诗中所蕴含的美学思想。
2. 谈谈你对“伊人”的理解。
3. 通过解读《关雎》，阐述孔子关于诗三百“思无邪”的思想。

30. 国　殇

屈　原

屈原（约公元前340—前278年），名平，字原，战国时期楚国人。出身于楚国贵族，曾任左徒、三闾大夫等职。他学识渊博，长于辞令，早年深得楚怀王的信任和重用。由于他反对贵族势力，遭到奸佞的迫害。先是被楚怀王疏远，后被长期流放。及楚都被秦军攻破，屈原悲愤绝望，投汨罗江而死。屈原是我国文学史上伟大的爱国诗人。他的作品有《离骚》、《九歌》、《九章》、《天问》、《招魂》等篇，后人称之为“楚辞”。这些诗歌具有浓烈的浪漫主义色彩，对后世文学的影响极为深远。

《九歌》原为战国时期楚地的民间祭歌，经过屈原加工而成。《九歌》的名称见于《左传》、《离骚》、《天问》和《山海经》，是一种古老而著名的乐曲。“九”表示由多篇歌辞组成，不代表实际篇数。《九歌》共11篇，是一组祭神用的乐歌，其间既洋溢着古老的神话色彩，又表现着诗人对人生的某种感受。本文选自《楚辞·九歌》。

操吴戈兮披犀甲，车错毂兮短兵[①]接。
旌蔽日兮敌若云，矢交坠兮士争先。
凌余阵兮躐余行[②]，左骖殪兮右刃伤[③]。

霾两轮兮絷[4]四马，援玉枹[5]兮击鸣鼓。
天时怼兮威灵[6]怒，严杀尽兮弃原壄[7]。
出不入兮往不反，平原忽兮路超远。
带长剑兮挟秦弓，首身离兮心不惩。
诚既勇兮又以武，终刚强兮不可凌。
身既死兮神以灵[8]，魂魄毅兮为鬼雄。

【注释】

①错:交错。毂:车轮中间横贯车轴的部件。古时常以之代指车轮。短兵:短兵器。

②凌:侵犯。阵:军阵,阵地。躐:践踏。行:行列。

③骖:驾在战车两旁的马。殪:死。刃伤:被刀剑砍伤。

④霾:同"埋"。絷:用绳子拴住。

⑤枹:鼓槌。

⑥天时:犹言"天象"。怼:怨愤。威灵:神灵。

⑦严杀:犹言"肃杀",指战场上的肃杀之气。壄:古"野"字。

⑧神以灵:指为国捐躯的将士死后成神,神灵显赫。意指他们精神不死。

【思考与练习】

1. 怎样理解诗歌中所表现的主题?

2. 分析这首诗的艺术特色。

31. 短歌行

曹　操

曹操(155—220年),字孟德,小字阿瞒,沛国谯人,东汉末年建安时期著名的政治家、军事家和文学家,"雅爱诗章","登高必赋",佳作现存20余首,全是乐府歌辞,主要反映汉末战乱和自己决心统一天下的理想。"短歌行"是汉乐府一个曲调的名称,是用于宴会场合的歌辞。曹操集子里现存《短歌行》两首,本文选的是第一首。

对酒当歌,人生几何?
譬如朝露,去日苦多。
慨当以慷,忧思难忘。
何以解忧?唯有杜康。
青青子衿[1],悠悠[2]我心。
但为君故,沉吟[3]至今。
呦呦鹿鸣,食野之苹。
我有嘉宾,鼓瑟吹笙[4]。

明明如月，何时可掇？
忧从中来，不可断绝。
越陌度阡，枉用相存。
契阔谈宴，心念旧恩。
月明星稀，乌鹊南飞。
绕树三匝，何枝可依？
山不厌高，海不厌深。
周公吐哺，天下归心。

【注释】

①青衿：周代读书人的服装，这里指有学问的人。

②悠悠：长久的样子。

③沉吟：低声叨念，表示渴念。

④“呦呦鹿鸣”四句：引自《诗经·小雅·鹿鸣》，这是一首描写贵族以盛宴热情款待尊贵客人的诗歌。

【思考与练习】

1. 以本文为例，谈谈曹操诗文的特点。
2. 简述本文的主题思想。

32. 癸卯岁始春怀古田舍

陶渊明

陶渊明(365—427年)，一名潜，字元亮，世号靖节先生，浔阳柴桑(今江西九江西南)人，东晋著名诗人。曾祖陶侃曾任东晋大司马，父、祖均曾任太守一类官职，后家道衰落。陶渊明曾几度出仕，任过祭酒、参军一类小官。41岁时弃官归隐，从此躬耕田园。他以田园生活为题材进行诗歌创作，是田园诗派的开创者。诗风平淡自然，极受后人推崇，影响深远。本文选自《中国历代诗歌名篇鉴赏辞典》。

先师[①]有遗训，忧道不忧贫。瞻望邈难逮[②]，转欲志长勤。
秉耒[③]欢时务，解颜劝[④]农人。平畴[⑤]交远风，良苗亦怀新[⑥]。
虽未量岁功[⑦]，即事[⑧]多所欣。耕种有时息，行者无问津[⑨]。
日入相与归，壶浆劳近邻。长吟掩柴门，聊为陇亩民[⑩]。

【注释】

①先师：对孔子的尊称。

②瞻望：仰望。邈：遥远。逮：赶上。

③秉耒：手持农具。

④解颜：面带笑容。劝：勉励。

⑤平畴:平旷的田野。
⑥怀新:生意盎然。
⑦岁功:一年的收获。
⑧即事:眼前的劳动和景物。
⑨行者无问津:引用长沮的故事,意谓:现在没有像孔子那样有志于治理社会的人来问路了。
⑩聊:暂且。陇亩民:耕田之人。

【思考与练习】

1. 通过本诗的阅读,理解作者的田园思想。
2. 简述陶渊明诗歌的语言风格。

33. 春江花月夜

张若虚

张若虚(660—720年),扬州人,曾官至兖州兵曹。唐中宗神龙年间,以文辞俊秀而名扬于京都,与贺知章、张旭、包融并称"吴中四士"。生平事迹不详,所作诗亦多散佚,仅存《代答闺梦还》、《春江花月夜》两首。《春江花月夜》为乐府旧题,相传为南朝陈后主创制,原词已佚。本文选自朱东润主编的《中国历代文学作品选》。

春江潮水连海平,海上明月共潮生[①]。
滟滟随波千万里[②],何处春江无月明。
江流宛转绕芳甸[③],月照花林皆似霰[④]。
空里流霜[⑤]不觉飞,汀上白沙看不见[⑥]。
江天一色无纤尘[⑦],皎皎空中孤月轮[⑧]。
江畔何人初见月?江月何年初照人?
人生代代无穷已[⑨],江月年年望相似。
不知江月待何人,但见长江送流水。
白云一片去悠悠[⑩],青枫浦[⑪]上不胜愁。
谁家今夜扁舟子[⑫]?何处相思明月楼[⑬]?
可怜楼上月徘徊[⑭],应照离人[⑮]妆镜台。
玉户帘中卷不去,捣衣砧上拂还来[⑯]。
此时相望不相闻,愿逐月华流照君[⑰]。
鸿雁长飞光不度[⑱],鱼龙潜跃水成文[⑲]。
昨夜闲潭梦落花[⑳],可怜春半不还家。
江水流春[㉑]去欲尽,江潭落月复西斜[㉒]。
斜月沉沉藏海雾,碣石潇湘无限路[㉓]。
不知乘月几人归?落月摇情满江树[㉔]。

【注释】

①“春江”两句:写一轮明月,随海潮涌升的壮观景象。连海平:江潮浩瀚无垠,仿佛和大海连成一片。共潮生:明月随同海潮涌出。

②“滟滟”句:写月光在万里江水上动荡闪烁。滟滟:水波闪光的样子。

③宛转:曲折。芳甸:花草丛生的原野。

④霰:雪珠。这里形容月光下的花朵。

⑤空里流霜:像霜一样的月光从空中流泻下来。古人以为霜和雪一样是从空中飘落的,故云。

⑥“汀上”句:月色如霜,笼罩汀洲,连白沙都分辨不清了。汀:水中或水边的平地。

⑦纤尘:细小的尘埃。

⑧皎皎:洁白的月光。孤月轮:一轮明月。

⑨穷已:穷尽。

⑩悠悠:这里指白云缓缓飘行的样子。

⑪青枫浦:今湖南省浏阳县有此地名。这里指分别的地点。

⑫扁舟子:指飘零江湖的人。扁舟:小船。

⑬明月楼:明月照耀下的楼房,即思妇住处。这里指楼中的思妇。

⑭徘徊:指月影移动。曹植《七哀》有“明月照高楼,流光正徘徊。”

⑮离人:指思妇。

⑯“玉户”两句:卷不去,拂还来,表面是指月光,实际是指无法排遣的离愁。玉户:指思妇的居室。捣衣砧:捣衣用的垫石。

⑰逐:随。月华:月光。君:指游子。

⑱“鸿雁”句:远飞的鸿雁也不能把这儿的月光带到远方游子那里。长飞:远飞。光不度:即光不动,未见月光随鸿雁而飞去。

⑲“鱼龙”句:鱼在深水里跃动,也只是激起阵阵波纹。古人有鱼雁传书之说,这里的意思是说,鱼儿也无法传递对游子的思念之情。文:通“纹”。

⑳“昨夜”句:昨夜梦见花落闲潭,暗示春将逝去。闲潭:幽静的潭水。

㉑江水流春:春光随江水流逝。

㉒复西斜:指夜将尽。

㉓碣石:山名,在今河北省昌黎县。潇湘:水名,在今湖南省。碣石、潇湘泛指天南地北。无限路:极言离人相距之远。

㉔“落月”句:纷乱的离情,随着残月的余晖布满江边的树木。

【思考与练习】

1. 这首诗是如何将诗情、画意、哲理有机地融合在一起的?

2. 诗中月光这一意象的作用是什么?

34. 将进酒

李　白

李白(701—762年),字太白,号青莲居士,祖籍陇西成纪,是中国历史上最伟大的浪漫主义诗人。出生于富商家庭,思想深受道家影响。青年时期仗剑远游,41岁应召入仕,供奉翰林,受玄宗皇帝的特别礼遇。后因不适应朝廷的政治氛围，长期过着流浪漂泊的生活，客死当途。《将进酒》属古乐府旧题，内容多写宴饮放歌。本文选自《全唐诗》。

君不见黄河之水天上来，奔流到海不复回。
君不见高堂[①]明镜悲白发，朝如青丝[②]暮成雪。
人生得意[③]须尽欢，莫使金樽空对月。
天生我材必有用，千金散尽还复来。
烹羊宰牛且为乐，会须一饮三百杯。
岑夫子，丹丘生[④]，将进酒，杯莫停。
与君歌一曲，请君为我倾耳听。
钟鼓馔玉[⑤]不足贵，但愿长醉不复醒。
古来圣贤皆寂寞，惟有饮者留其名。
陈王昔时宴平乐[⑥]，斗酒十千恣欢谑。
主人何为言少钱，径须沽取对君酌。
五花马[⑦]，千金裘，呼儿将出换美酒，与尔同销万古愁。

【注释】

①高堂：高大的厅堂。

②青丝：黑发。

③得意：适意高兴的时候。

④岑夫子：岑勋。丹丘生：元丹丘。二人均为李白的好友。

⑤钟鼓：富贵人家宴会中奏乐使用的乐器。馔玉：形容食物如玉一样精美。

⑥陈王：曹植。平乐：观名，在洛阳西门外，为汉代富豪显贵的娱乐场所。

⑦五花马：指名贵的马。一说毛色作五花纹，一说颈上长毛修剪成五瓣。

【思考与练习】

1. 分析本诗所体现的李白诗歌的浪漫主义风格。
2. 怎样理解作者在本文中所表现的思想情感？

35. 登　高

杜　甫

杜甫（712—770 年），字子美，祖籍襄阳，生于巩县（今河南巩县），是我国历史上最伟大的诗人之一。青年时期到长安求仕，很不得志。安史之乱后，追随肃宗，官至左拾遗。48 岁时弃官迁蜀，在成都建草堂，后担任检校工部员外郎。57 岁出川，在湖北、湖南漂泊。59 岁病逝于湘水上。有《杜工部集》传世，现存诗歌 1400 余首。

杜甫经历了唐王朝由盛而衰的转变，其诗多涉及时代的政治题材，以广阔的社会生活为艺术创作背景，反映了历史的真实，从而成为古代现实主义代表。本文选自《全唐诗》。

风急天高猿啸哀，渚清[①]沙白鸟飞回。
无边落木萧萧[②]下，不尽长江滚滚来。
万里悲秋常作客[③]，百年多病独登台。
艰难苦恨繁霜鬓[④]，潦倒新停浊酒杯。

【注释】

①渚清：渚边的江水清澈。

②萧萧：指风声。

③常作客：长久客居异乡。

④繁霜鬓：白发多。

【思考与练习】

1. 通过分析本文，说明七言律诗的艺术特点。

2. 以本文为例，谈谈杜甫诗歌的基本特点。

36. 古从军行

李　颀

李颀（690—751年），东川（今四川境内）人，小居颍阳（今河南境内），开元十三年（725年）进士，曾任新乡县尉，开元末弃官归隐，与王维、王昌龄、高适等有交往。他的诗以五言、七言见长，内容广泛，涉及边塞、游侠、山水、玄理等，气势雄浑，慷慨悲凉，格调清新，意境深远，其中以边塞诗及一些描写音乐的诗最有成就。方东树《昭昧詹言》将李颀与王维、高适、岑参并列，称为“别有天授，自成一家”。本文选自《李颀诗全集》。

白日登山望烽火，黄昏饮马傍交河[①]。
行人刁斗[②]风沙暗，公主琵琶[③]幽怨多。
野云万里无城郭，雨雪纷纷连大漠。
胡雁哀鸣夜夜飞，胡儿眼泪双双落。
闻道玉门犹被遮，应将性命逐轻车[④]。
年年战骨埋荒外，空见蒲桃入汉家[⑤]。

【注释】

①交河：故城遗址，在今新疆吐鲁番西北五公里处，是两条小河交叉环抱的小岛。这里借指边疆上的河流。

②刁斗：古代军中所用的铜制炊具，容量一斗，白天用以煮饭，夜间敲击代打更。

③公主琵琶：指汉朝公主远嫁乌孙国时所弹的琵琶曲调。

④应将性命逐轻车：轻车，轻车将军的省称。据《史记・大宛传》记载，汉武帝太初元年，汉军攻大宛，攻战不利，请求罢兵。汉武帝闻之大怒，派人遮断玉门关，下令：“军有敢入者辄斩之。”罢兵不能，只有跟着

本部的将领“轻车将军”去与敌军拼命。

⑤空见蒲桃入汉家：蒲桃，葡萄。汉武帝时为了求天马（即今阿拉伯马），开通西域，开启战端。当时随天马入中国的还有“蒲桃”和“苜宿”的种子。这里“空见蒲桃入汉家”一句，用此典故，讥讽好大喜功的帝王，牺牲了无数人的性命，换到的是什么呢？只有区区的葡萄而已。

【思考与练习】

1. 了解这首诗的思想意义。
2. 比较这首诗与高适、岑参边塞诗的风格。

37. 元和十年自朗州至京，戏赠看花诸君子

刘禹锡

刘禹锡（772—842 年），字梦得 ，彭城（今江苏徐州）人，唐代中晚期诗人、散文作家，也是重要的哲学家和政治家。出生于世代以儒学相传的书香门第，21 岁中进士，同年又考中了博学宏词科。政治上主张革新，是王叔文派政治革新活动的中心人物之一，后被贬为朗州司马。一度奉诏还京，后因诗文触怒权贵，调任江州刺史。晚年回到洛阳，任太子宾客，死后被追赠为户部尚书。有《刘宾客集》传世，存诗 800 余首。本文选自《中国历代诗歌名篇鉴赏辞典》。

紫陌红尘①拂面来，无人不道看花回。
玄都观②里桃千树，尽是刘郎去后栽。

【注释】

①紫陌：繁华的道路。红尘：尘土飞扬。

②玄都观：长安城南的一座道教庙宇。

【思考与练习】

1. 通过本文的解读，分析作者的性格特点。
2. 结合本文，谈谈刘禹锡诗文的特点。

38. 长恨歌

白居易

白居易（772—846 年），字乐天，号香山居士，今陕西渭南人。贞元十六年（800 年）进士，补校书郎，授翰林学士，任左拾遗。早年热心济世，关心朝政，直言敢谏。后因触怒权贵，被贬为江州司马。此后，他远离朝政，历任忠州、杭州、苏州刺史。

白居易是新乐府运动的倡导者，他强调诗歌的政治功能，主张诗歌“救济人病，裨补时阙”，《新乐府》50 首、《秦中吟》10 首是这方面的代表作。长篇叙事诗《长恨歌》、《琵琶行》则代表他艺术上的最高成就。本

文选自《白氏长庆集》。

汉皇重色思倾国[①],御宇[②]多年求不得。
杨家有女[③]初长成,养在深闺人未识。
天生丽质难自弃[④],一朝选在君王侧。
回眸一笑百媚[⑤]生,六宫粉黛无颜色[⑥]。
春寒赐浴华清池[⑦],温泉水滑洗凝脂[⑧]。
侍儿扶起娇无力,始是新承恩泽[⑨]时
云鬓花颜金步摇[⑩],芙蓉帐[⑪]暖度春宵。
春宵苦短日高起,从此君王不早朝。
承欢侍宴无闲暇,春从春游夜专夜[⑫]。
后宫佳丽三千[⑬]人,三千宠爱在一身。
金屋[⑭]妆成娇侍夜,玉楼宴罢醉和春。
姊妹弟兄皆列土[⑮],可怜[⑯]光采生门户。
遂令天下父母心,不重生男重生女[⑰]。
骊宫[⑱]高处入青云,仙乐风飘处处闻。
缓歌漫舞凝丝竹[⑲],尽日君王看不足。

渔阳鞞鼓[⑳]动地来,惊破霓裳羽衣曲[㉑]。
九重城阙烟尘生[㉒],千乘万骑西南行[㉓]。
翠华[㉔]摇摇行复止,西出都门百余里[㉕]。
六军不发[㉖]无奈何,宛转蛾眉马前死[㉗]。
花钿委地[㉘]无人收,翠翘[㉙]金雀玉搔头。
君王掩面救不得,回看血泪相和流。
黄埃[㉚]散漫风萧索,云栈萦纡[㉛]登剑阁。
峨眉山[㉜]下少人行,旌旗无光日色薄。
蜀江水碧蜀山青,圣主[㉝]朝朝暮暮情。
行宫见月伤心色,夜雨闻铃肠断声[㉞]。
天旋日转回龙驭[㉟],到此踌躇[㊱]不能去。
马嵬坡下泥土中,不见玉颜空死处[㊲]。
君臣相顾尽沾衣[㊳],东望都门信马[㊴]归。
归来池苑皆依旧,太液芙蓉未央[㊵]柳。
芙蓉如面柳如眉,对此如何不泪垂[㊶]。
春风桃李花开日,秋雨梧桐叶落时。
西宫南内[㊷]多秋草,落叶满阶红不扫。
梨园弟子[㊸]白发新,椒房[㊹]阿监青娥老。
夕殿萤飞思悄然[㊺],孤灯挑尽未成眠[㊻]。
迟迟钟鼓初长夜[㊼],耿耿星河欲曙天[㊽]。
鸳鸯瓦冷霜华[㊾]重,翡翠衾[㊿]寒谁与共。

悠悠生死别经年，魂魄[51]不曾来入梦。

临邛道士鸿都[52]客，能以精诚致[53]魂魄。
为感君王辗转思[54]，遂教方士[55]殷勤觅。
排空驭气[56]奔如电，升天入地求之遍。
上穷碧落下黄泉[57]，两处茫茫皆不见。
忽闻海上有仙山，山在虚无缥缈间。
楼阁玲珑五云[58]起，其中绰约[59]多仙子。
中有一人字太真[60]，雪肤花貌参差[61]是。
金阙西厢叩玉扃[62]，转教小玉报双成[63]。
闻道汉家天子使[64]，九华帐[65]里梦魂惊。
揽衣[66]推枕起徘徊，珠箔银屏迤逦[67]开。
云鬓半偏新睡觉[68]，花冠不整下堂来。
风吹仙袂[69]飘飘举，犹似霓裳羽衣舞。
玉容寂寞泪阑干[70]，梨花一枝春带雨。
含情凝睇[71]谢君王，一别音容两渺茫。
昭阳殿[72]里恩爱绝，蓬莱[73]宫中日月长。
回头下望人寰[74]处，不见长安见尘雾。
唯将旧物表深情，钿合[75]金钗寄将去。
钗留一股合一扇[76]，钗擘[77]黄金合分钿。
但教心似金钿坚，天上人间会相见。
临别殷勤重寄词，词中有誓两心[78]知。
七月七日长生殿[79]，夜半无人私语时。
在天愿作比翼鸟，在地愿为连理枝[80]。
天长地久有时尽，此恨绵绵无绝期[81]。

【注释】

①汉皇：本指汉武帝刘彻，这里借指唐玄宗李隆基。倾国：指美女。《汉书·外戚传》载李延年歌："北方有佳人，绝世而独立。一顾倾人城，再顾倾人国。宁不知倾城与倾国，佳人难再得！"

②御宇：统治天下，意为当皇帝。

③杨家有女：指杨贵妃。杨氏乳名玉环，弘农华阴人，徙居蒲州永乐县独头村。父玄琰曾任蜀州司户，早死，养于叔父玄珪家。开元二十三年册封为寿王（玄宗之子李瑁）妃，二十八年十月，玄宗度其为女道士，道号太真。天宝四年，召还俗，立为妃。

④丽质：美丽姿质。难自弃：意为难于被埋没在民间。弃：舍弃。

⑤回眸：回首顾盼。眸：眼珠。百媚：种种媚人的姿态。

⑥"六宫"句：与杨贵妃相比，宫内所有妃嫔都黯然失色。六宫：皇后妃嫔的住处。粉黛：本为女子的化妆品，这里指美女。

⑦华清池：即骊山（今陕西省临潼县境内）上华清宫的温泉。

⑧凝脂：指白嫩柔滑的皮肤。

⑨承恩泽：指得到皇帝的宠爱。

⑩云鬓花颜:如云的鬓发,如花的容貌。金步摇:古代贵妇头饰,上有金花,下有垂珠,随人行走而摇动,故名“步摇”。

⑪芙蓉帐:绣有并蒂莲的华丽床帐。

⑫夜专夜:意思是每夜都得专宠。

⑬佳丽:美人。三千:泛言其多,玄宗时实际不止此数。

⑭金屋:语出班固《汉武故事》:“若得阿娇作妇,当作金屋贮之也。”

⑮“姊妹”句:杨玉环封为贵妃后,杨氏一家皆受恩宠。大姐封韩国夫人,三姐封虢国夫人,八姐封秦国夫人。族兄杨铦为鸿胪卿,杨锜为侍御史,杨钊赐名国忠,天宝十一年为右丞相。列土:分封土地,此指封官加爵。

⑯可怜:值得羡慕的意思。

⑰“不重”句:这是极力渲染并含有讽刺的说法。

⑱骊宫:骊山上的宫殿。

⑲缓歌:悠扬的歌声。漫舞:轻盈美妙的舞姿。凝丝竹:形容歌舞与管弦乐配合得紧密和谐。

⑳渔阳鞞鼓:指天宝十四年十一月,平卢、范阳、河东三镇节度使安禄山起兵叛唐。渔阳:郡名,郡治在今河北省蓟县城,唐时为范阳节度使所辖八郡之一。此指安禄山起兵之地。诗中不用“范阳”而用“渔阳”,是暗用东汉彭宠据渔阳起兵反汉的典故。鞞鼓:骑兵用的小鼓。

㉑霓裳羽衣曲:唐代大型舞曲名。本名《婆罗门》,是西域乐舞的一种,开元中河西节度使杨敬述引入,据说玄宗曾加工润色。

㉒九重城阙:指京城长安。语出《楚辞·九辩》:“君之门以九重。”烟尘生:形容战云弥漫。

㉓西南行:天宝十五年(756年)六月,安禄山破潼关,唐玄宗和杨玉环等向西南方向逃往蜀中。

㉔翠华:以翠羽为饰的旗,是皇帝所用的仪仗。

㉕百余里:指马嵬坡,在今陕西省兴平县西二十余里,也叫马嵬驿,今称马嵬镇。

㉖六军:古代天子六军,此指皇帝的护卫军。不发:不再前进,暗指哗变。

㉗“宛转”句:指右龙武将军陈玄礼部下杀死杨国忠后,又迫使玄宗命杨贵妃自尽。宛转:缠绵凄楚的样子。

㉘花钿:一种镶珠宝的花朵形状的首饰。委地:丢弃在地上。

㉙翠翘:一种形如翠鸟尾羽的首饰。

㉚埃:尘。

㉛云栈:高入云端的栈道。悬崖陡壁上凿石架木而成的通道称为栈道。萦纡:盘绕曲折。

㉜峨眉山:这里用来泛指蜀中的高山。

㉝圣主:指唐玄宗。

㉞“行宫”两句:在行宫中望月,月呈伤心之色;在夜雨中闻铃,铃作肠断之声。行宫:皇帝出行时住的地方。

㉟天旋日转:喻指政局好转。回龙驭:指玄宗返回长安。龙驭:皇帝车驾。

㊱此:指杨贵妃赐死处,即马嵬坡。踌躇:徘徊不前的样子。

㊲“马嵬坡”两句:肃宗至德二年(757年)十二月,玄宗由蜀郡回长安,经马嵬坡贵妃葬地,派人以礼改葬,掘土,贵妃香囊犹在,不胜悲戚。空死处:空见死处。

㊳沾衣:泪湿衣衫。

㊴东望都门:向东望着长安。信马:听任马随意而行,形容心神不定。

㊵太液:汉代宫池名,在建章宫北,成帝与赵飞燕常玩乐于此;唐也有太液池,在长安城东北面的大明宫内。未央:汉宫名,旧址在今陕西省西安市西北,汉朝开国时丞相萧何所营建。太液、未央在这里代指唐代的池苑、宫殿。

㊶“芙蓉”两句:写唐玄宗回宫后,看见池里的荷花像杨贵妃的脸,宫里柳条像她的眉毛,触景生情,不

由得伤心落泪。

㊷西宫:指太极宫。南内:指兴庆宫,都是唐玄宗返回长安后的住所。

㊸梨园弟子:此指唐玄宗过去所训练的一批艺人。

㊹椒房:古代后妃住的宫室,以椒(花椒)粉和泥涂壁,取其香暖,并象征子孙众多。

㊺悄然:忧伤愁闷的样子。

㊻"孤灯"句:古时用灯草点油灯,为了使灯燃得亮,过一会儿就要把灯草往前挑一挑。这里形容唐玄宗晚年孤寂境遇。挑尽:说明夜已深。

㊼钟鼓:指宫中报时的钟鼓声。初长夜:秋夜。

㊽耿耿:明亮。星河:银河。欲曙天:天快要亮的时候。

㊾鸳鸯瓦:一俯一仰扣合在一起的屋瓦,即阴阳瓦。霜华:即霜花。

㊿翡翠衾:绣着翡翠鸟图形的被子。

(51)魂魄:指杨贵妃的亡魂。

(52)临邛:县名,唐属剑南道,今四川省邛崃县。鸿都:东汉京都洛阳宫门名。这里指唐都长安。

(53)致:招来。

(54)辗转思:反复思念。

(55)教:使,令。方士:道士,有法术的人。

(56)排空驭气:腾云驾雾。

(57)穷:尽。碧落:道书称东方第一层天名碧落,这里指天上。黄泉:指地下。

(58)五云:五色的彩云。

(59)绰约:姿态轻盈美好的样子。

(60)太真:即杨贵妃。

(61)参差:仿佛。

(62)金阙:指仙山上金碧辉煌的宫殿。扃:门户。

(63)小玉、双成:这里指杨贵妃在仙山上的侍女。小玉:吴王夫差的女儿,相传死后成仙。双成:董双成,相传是西王母的侍女。

(64)天子使:皇帝派来的使者。

(65)九华帐:用九华图案绣成的彩帐。九华:一种回环的图案名称。

(66)揽衣:披衣。

(67)珠箔:珠帘。迤逦:接连不断。

(68)睡觉:睡醒。

(69)袂:袖。

(70)玉容寂寞:面容忧伤。泪阑干:泪流纵横的样子。

(71)凝睇:凝视。

(72)昭阳殿:汉宫名。成帝皇后赵飞燕曾居此,这里借指杨贵妃生前所居。

(73)蓬莱:传说中海上仙山之一。

(74)人寰:人间。

(75)钿合:用金丝和珠宝镶嵌的首饰盒。

(76)"钗留"句:钗有两股,捎去一股,留下一股;盒分两半,捎去一半,留下一半。扇:半只。

(77)擘:分开。

(78)两心:指唐玄宗和杨贵妃。

(79)长生殿:唐华清宫一殿名,天宝元年十月造,名为集灵台,祀神用。唐代又称皇帝寝殿为长生殿。所以诗中所指长生殿,不一定专指集灵台。

(80)"在天"两句:写唐玄宗和杨贵妃当年在长生殿的誓词,表示两情相好,永不分离。比翼鸟:传说中的鸟,只有一目一翼,雌雄并列,紧靠而飞。连理枝:两棵树不同根而枝干连生在一起。

㉛绵绵无绝期:久长而没有断绝的时候。

【思考与练习】

1. 根据你所了解的史实和作品本身,谈谈你对本诗主题思想的理解。

2. 这部作品在艺术表现上有何成就?

39. 赤　壁

杜　牧

杜牧(803—853 年),字牧之,京兆万年(今陕西西安)人,宰相杜佑之孙。晚唐杰出诗人,人号“小杜”,以别于杜甫,与李商隐并称“小李杜”。以七言绝句著称,擅长文赋,其《阿房宫赋》为后世传诵。注重军事,写下了不少军事论文,还曾注释《孙子》,有《樊川文集》20 卷传世。本文选自《全唐诗》。

折戟沉沙铁未销①,自将磨洗认前朝②。
东风不与周郎③便,铜雀春深锁二乔④。

【注释】

①折戟:指折损的兵器。销:锈蚀。

②前朝:以前的时代。

③周郎:周瑜。

④铜雀:铜雀台。二乔:乔公二女,大乔嫁孙策,小乔嫁周瑜。

【思考与练习】

1. 本文所要表现的主题思想是什么?

2. 以本文为例,谈谈诗歌艺术的特点。

40. 锦　瑟

李商隐

李商隐(813—856 年),字义山,晚唐诗人,与杜牧并称“小李杜”。李商隐因文才而深得牛党要员令狐楚的赏识,后李党的王茂元爱其才将女儿嫁给他,他因此而遭到牛党的排斥。从此,李商隐便在牛李党争的夹缝中求生存,辗转于各藩镇当幕僚,郁郁不得志,潦倒终生。他常通过诗歌来排遣心中的郁闷和不安,以无题诗著名,诗意多比较隐晦,具有较强的艺术感染力,有《李义山诗集》传世。本文选自《全唐诗》。

锦瑟[①]无端[②]五十弦，一弦一柱思华年。
庄生晓梦迷蝴蝶[③]，望帝[④]春心托杜鹃。
沧海月明珠有泪[⑤]，蓝田[⑥]日暖玉生烟。
此情可待成追忆，只是当时已惘然。

【注释】

①锦瑟：装饰华美的瑟。瑟：拨弦乐器，通常二十五弦。

②无端：犹“何故”。怨怪之词。

③“庄生”句：意谓旷达如庄生，尚为晓梦所迷。庄生：庄周。

④ 望帝：相传蜀帝杜宇，号望帝，死后其魂化为子规，即杜鹃鸟。

⑤ 珠有泪：传说南海外有鲛人，其泪成珠。

⑥ 蓝田：山名，在今陕西，产美玉。

【思考与练习】

1. 以本文为例，谈谈李商隐诗歌的特点。

2. 怎样理解本文的中心思想？

41. 踏莎行

郴州旅舍[①]

秦　观

秦观（1049—1100 年），字太虚，后改字少游，号淮海居士，扬州高邮（今江苏高邮）人，“苏门四学士”之一。仕途不顺，36 岁才考中进士，任蔡州教授、太学博士、国史院编修等职。因景仰、信任苏轼，二人结下生死之谊，其一生悲剧命运亦由此注定。在新党、旧党争斗中，因与苏轼关系密切而屡受新党打击，先后被贬到处州、郴州、雷州等边远之地，最后死于滕州。

秦观在文学创作上能独辟蹊径，风格婉约纤细，柔媚清丽。其词往往借艳情倾吐自己遭放逐的哀愁，向来被认为是婉约派的代表作家之一，对后代词家有明显的影响，著有《淮海词》。本文选自《淮海词》。

雾失楼台，月迷津渡[②]，桃源望断无寻处[③]。可堪孤馆闭春寒[④]，杜鹃声里斜阳暮[⑤]。驿寄梅花[⑥]，鱼传尺素[⑦]，砌成此恨无重数[⑧]。郴江幸自绕郴山，为谁流下潇湘去[⑨]？

【注释】

①郴州旅舍：绍圣元年（1094 年），哲宗亲政后，新党复起，苏轼接连遭贬。被指为“影附苏轼”的秦观也一起遭贬，先贬杭州通判，再贬到处州（今浙江丽水市），最后被贬郴州，并削去了所有的官爵和俸禄。秦观心情悲伤，到郴州后写下了这首词。

②“雾失”两句：写春夜景色，楼台消隐于漫漫浓雾内，渡口迷失在朦胧的月色中。雾失：被雾所遮蔽。月迷：为月光所迷蒙。津渡：渡口。以上两句隐含有出路难寻的象征意义。

③“桃源”句：极目远望，桃花源无处可寻。桃花源为陶渊明《桃花源记》中所写的与世隔绝的理想境界，这里泛指令作者心驰神往的世外桃源。望断：望尽，望不见。

④可堪:哪堪,怎么能受得住。孤馆:孤寂的旅舍。闭春寒:馆门在春寒中紧闭。

⑤“杜鹃”句:日暮时分闻杜鹃悲鸣,尤惹人产生乡愁。杜鹃:子规鸟,古人认为其叫声最为悲切,其鸣若云“不如归去”,故尤牵动离人之情思。

⑥驿:古代大道上的交通站,供来往官员和信使休息、换马的地方。寄梅花:此用南朝宋人陆凯寄梅花给友人范晔的典故。《荆州记》记载:“吴陆凯与范晔善,自江南寄梅花与晔,并赠诗曰:‘折梅逢驿使,寄与陇头人。江南无所有,聊赠一枝春。’”作者以范晔自比,表示对朋友的思念。

⑦鱼传尺素:指书信往来。尺素:即书信。古人书写素绢,通常长一尺,并常将书信结成鱼形,故后世以尺素、双鲤、双鱼代替指书信。《古乐府·饮马长城窟行》记载:“客从远方来,遗我双鲤鱼。呼儿烹鲤鱼,中有尺素书。”李白《赠汉阳辅录事》二首之二云:“汉口双鱼白锦鳞,令传尺素报情人。”王琦注云:“杨升庵曰古乐府:‘尺素如残雪,结成双鲤鱼。要知心里事,看取腹中书。’”

⑧“砌成”句:谓亲友的关注慰问(礼物与书信),更增添一己之离恨。砌成:堆积,累积。无重数:形容层层叠叠的愁苦无法计数。

⑨“郴江”两句:郴江本是绕着郴山流的,为什么流入潇湘呢?作者借此写自己远离故乡、独处馆舍的苦闷:水尚可远流去,而人却得不到自由。戴叔伦《湘南即事》记载:“沅湘日夜东流去,不为愁人住少时。”幸自:本自。

【思考与练习】

1. 通过这首词的学习,了解秦观的词风。
2. 在这首词中作者是怎样做到情景交融的?

42. 江城子

乙卯[①]正月二十夜记梦

苏　轼

苏轼(1037—1101年),字子瞻,号东坡居士,眉州(今四川眉山)人,北宋著名文学家,与其父苏洵、弟苏辙合称“三苏”。1057年,苏轼中进士,时为22岁。神宗熙宁年间,因与王安石政见不合,自请外放,历任杭州通判,密州、徐州、湖州知州。1079年因被诬陷作诗“谤讪朝廷”,遭御史弹劾,被捕入狱,史称“乌台诗案”,后贬为黄州团练副使。哲宗时累迁中书舍人、翰林学士,出知杭州、颍州。绍圣初,又被远谪惠州、儋州。1101年,徽宗即位第二年病逝,卒谥“文忠”。苏轼一生宦海沉浮、历经坎坷,思想上常有出世与入世的矛盾,失意时每能达观自解,始终保持积极进取的精神。

苏轼是北宋文学巨匠,多才多艺,诗、文、词、赋、书、画极具造诣。他的散文自然畅达,随意赋形,如行云流水,为“唐宋八大家”之一。其词内容丰富,或怀古,或咏史,或说理,或谈玄,或感时伤事,或描绘山水田园,或抒写身世友情,达到了“无意不可入,无事不可言”的境地。他承续婉约而不泥古,继开豪放而立新宗,对词的发展产生了深远的影响。其诗歌、绘画、书法亦有很高成就,著有《苏东坡集》、《东坡乐府》。本文选自《苏东坡集》。

十年生死两茫茫[②],不思量[③],自难忘。
千里孤坟[④],无处话凄凉。
纵使相逢应不识,尘满面,鬓如霜[⑤]。
夜来幽梦忽还乡。
小轩[⑥]窗,正梳妆。
相顾无言,惟有泪千行。
料得年年肠断处,明月夜,短松冈[⑦]。

【注释】

①乙卯:宋神宗熙宁八年(1075 年),苏轼当时在山东密州(今山东诸城)任知州,时年 40 岁。

②十年:指作者之妻王氏病逝已十年之久。生:指作者自己。死:指亡妻。茫茫:隔绝不明。

③思量:想念。

④千里孤坟:指王氏葬于千里之外。据史书记载,王氏死后"葬于眉之东北彭山县安镇乡可龙里"。与作者当时所在的密州相隔数千里之遥。

⑤鬓如霜:鬓发白如秋霜。

⑥小轩:有窗棂的小室。

⑦短松冈:长着小松树的山冈,指王氏的墓地。

【思考与练习】

1. 简述本文的抒情特点。
2. 结合本文的学习,谈谈你对豪放和婉约词风的理解和认识。

43. 浪淘沙

李 煜

李煜(937— 978 年),字重光,号钟隐,李璟第六子,五代时南唐的最后一个君主,史称李后主。他嗣位(961 年)前,南唐已对宋称臣,处于属国地位。继位后,年年向宋纳贡,委曲求全,同时又不修政事,纵情于吟咏宴游,屈辱苟安。975 年宋灭南唐,李煜投降,受封违命侯,过了 3 年如同囚犯的屈辱生活,相传后被宋太宗毒死。

李煜政治上十分无能,文艺上却有多方面的才能。他擅长书画,妙解音律,尤工于词。早期的词以反映宫廷生活为主,思想意义不大。亡国后,以词追怀昔日帝王生活,感伤囚徒处境,言辞凄苦,感情深沉。其词多直抒胸臆,率真天然,形象鲜明,意境深远,对后代颇有影响。但所作多已散佚,后人仅辑得诗词数十首,并将他的词和李璟的作品合辑为《南唐二主词》。本文选自《南唐二主词》。

帘外雨潺潺[①],春意阑珊[②]。罗衾不耐[③]五更寒。梦里不知身是客,一晌贪欢[④]。
独自莫凭阑[⑤],无限江山[⑥]。别时容易见时难[⑦]。流水落花春去也[⑧],天上人间[⑨]!

【注释】

①潺潺:雨声。

②阑珊:衰落,消残。

③罗衾:丝绸做的被子。不耐:受不了。

④“梦里”两句:在梦中竟然不知自己身居异地(暗指做了俘虏),还贪恋着梦中的片刻欢乐。一晌:片刻,一会儿。

⑤莫:一作“暮”。凭阑:靠着栏杆。

⑥江山:指南唐河山。

⑦“别时”句:承上“无限江山”,指故国南唐的无限江山,分手容易,再见则极难了。

⑧“流水”句:过去的帝王生活终于一去不复返了,正如水流逝、花凋零、春归去一样。

⑨“天上”句:与故国的离别,诚如天上与人间的阻隔,永无见面的机缘了。

【思考与练习】

1. 分析这首词中的典型意象和所表达的事理。
2. 怎样评价这类情调低沉感伤的词作?

44. 浣溪沙

晏殊

晏殊(991—1055年),字同叔,临川(今江西临川)人。14岁以神童入试,赐同进士出身。宋仁宗时官至同平章事兼枢密使,卒谥“元献”。其词皆小令,内容多写闲愁绮怨,深受冯延巳词的影响。语言自然疏朗,工巧凝练,时有脍炙人口的佳句。风格和婉明丽,圆融平静,意境清新,有独到的特色,著有《珠玉词》。本文选自《珠玉词》。

一曲新词酒一杯[①],去年天气旧亭台,夕阳西下几时回?
无可奈何花落去,似曾相识燕归来。小园香径[②]独徘徊。

【注释】

①“一曲”句:借诗词、美酒自我排遣。

②香径:花园里的小路。因落花满径,幽香四溢,故云香径。

【思考与练习】

1. 分析本文的艺术特色。
2. 这首词化浓情深思于浅淡的事情与景物描写之中,请举例说明。

45. 钗头凤

陆游

陆游(1125—1210年),字务观,自号放翁,越州山阴(今浙江绍兴)人。29岁参加进士考试,名在前列,因触犯秦桧而被除名。孝宗时，被赐进士出身。陆游一生坚持抗金主张，虽多次遭受投降派的打击，但爱国之志始终不渝，死时还念念不忘国家的统一，是南宋伟大的爱国诗人。他勤于创作，写诗60年，保存下来就有9300多首，题材极为广泛，内容丰富，最能反映那个时代的精神。本文选自《陆放翁全集》。

红酥[①]手，黄滕酒[②]。满城春色宫墙柳[③]。
东风恶[④]，欢情薄。一怀愁绪，几年离索。
错，错，错。

春如旧，人空瘦。泪痕红浥鲛绡[⑤]透。
桃花落，闲池阁。山盟虽在，锦书难托。
莫，莫，莫！

【注释】

①红酥：细腻而红润。

②黄滕酒：又名黄封酒，一种官酿的米酒。

③宫墙柳：绍兴原为古代越国的都城，宋高宗时也一度以此为行都，故称当地柳树为宫墙柳。

④东风恶：喻指其母对美好姻缘的破坏。

⑤浥：湿润。鲛绡：神话传说中鲛人（即美人鱼）所织的丝绢，后指丝织的手帕。

【思考与练习】

1. 通过本文的阅读，了解作者的思想感情。
2. 对陆游的爱国诗词和爱情诗词进行比较阅读，评价其作品中体现的生命意识。

46. 醉花阴

李清照

李清照（1084—1155年），宋代著名女词人，号易安居士，山东济南人。李照清早年生活在文化空气浓厚的家庭里，18岁时，与太学生赵明诚结婚，过着幸福美好的生活。靖康之变后，她与赵明诚避乱江南，后来赵明诚病死，她独自漂泊在杭州、越州、金华一带，在凄苦孤寂中度过了晚年。所作词，前期多写其悠闲生活，后期多悲叹身世，情调感伤，有《易安居士文集》、《易安词》，已散佚，后人有《漱玉词》辑本。本文选自《漱玉词》。

薄雾浓云愁永昼[①]，瑞脑消金兽[②]。
佳节又重阳，玉枕纱厨[③]，半夜凉初透。
东篱[④]把酒黄昏后，有暗香[⑤]盈袖。
莫道不消魂，帘卷西风，人比黄花[⑥]瘦。

【注释】

①永昼：悠长的白天。

②瑞脑：即龙脑，香料名。金兽：兽形的铜香炉。

③玉枕：瓷枕的美称。纱厨：纱帐，一称碧纱帐。

④东篱：陶渊明《饮酒》有"采菊东篱下，悠悠见南山。"后以东篱指代赏菊之处。

⑤暗香：幽香。这里指菊花的香气。

⑥黄花：指菊花。

【思考与练习】

1. 以本诗为例，谈谈婉约词风的特点。

2. 将苏轼的词与李清照的词进行比较阅读。

47. 双调·夜行船·秋思

马致远

马致远（1250—1321 年？），号东篱，大都（今北京）人。他生活在杂剧创作最兴盛的元贞、大德年间，是元代前期著名的杂剧、散曲作家，在当时有"曲状元"之称，后世把他同关汉卿、白朴、郑光祖并称为"元曲四大家"。曾任江浙行省提举，晚年隐居，以诗酒自娱。共有杂剧 15 种，现存 7 种。剧作暴露和谴责不合理的社会现实，同时又主张逃避现实，宣扬神仙道化。作品的情调悲凉激愤，曲辞典雅清丽。代表作是历史剧《汉宫秋》。散曲常表现愤世、恋情与自然风光的内容，风格豪放清逸，语言遒劲。近人将其作品辑为《东篱乐府》。本文选自《全元散曲》。

〔夜行船〕[①]百岁光阴一梦蝶，重回首往事堪嗟。今日春来，明朝花谢，急罚盏夜阑灯灭[②]。

〔乔木查〕想秦宫汉阙，都做了衰草牛羊野。不恁么渔樵没话说[③]。纵荒坟横断碑，不辨龙蛇[④]。

〔庆宣和〕投至狐踪与兔穴，多少豪杰[⑤]。鼎足虽坚半腰里折，魏耶？晋耶[⑥]？

〔落梅风〕天教你富，莫太奢，没多少好天良夜[⑦]。富家儿更做道你心似铁，争辜负了锦堂风月[⑧]。

〔风入松〕眼前红日又西斜，疾似下坡车。不争镜里添白雪，上床与鞋履相别[⑨]。休笑巢鸠计拙，葫芦提[⑩]一向装呆。

〔拨不断〕利名竭，是非绝[⑪]。红尘不向门前惹，绿树偏宜屋角遮，青山正补墙头缺，更那堪竹篱茅舍。

〔离亭宴煞〕蛩吟罢一觉才宁贴[⑫]，鸡鸣时万事无休歇。争名利何年是彻[⑬]？看密匝匝蚁排兵，乱纷纷蜂酿蜜，急攘攘蝇争血。裴公绿野堂，陶令白莲社[⑭]。爱秋来那些：和露摘黄花，带霜分紫蟹，煮酒烧红叶。想人生有限杯，浑几个重阳节[⑮]？人问我顽童记者：便北海探吾来，道东篱醉了也[⑯]！

【注释】

①夜行船：曲牌头。

②"百岁"句：人生虚幻，就像庄子所做的蝴蝶梦一般。《庄子·齐物论》记载："昔者庄周梦为胡蝶，栩

栩然胡蝶也……俄然觉,则蘧蘧然周也。不知周之梦为胡蝶与,胡蝶之梦为周与?”“急罚”句:赶快行令罚酒,直到夜深灯残。罚盏:罚酒。夜阑:夜深,夜尽。

③“不恁”句:如果历史上的朝代没有由盛到衰的变化,渔人樵夫就没有说话的题材了。不恁么:不这样。

④龙蛇:字迹,指碑上所刻的文字。秦汉时的篆书曲折盘绕,故言。

⑤“投至”二句:等到坟墓成为狐兔出没之所的时候,已不知消磨了多少豪杰。投至:等到。

⑥“鼎足”三句:魏国也罢,晋朝也罢,最终都逃不了覆灭的命运。三国不是由魏、蜀、吴三国中的一国完成统一的,而是由篡魏的晋完成统一的,史家及文人常引以为三国英雄之恨事。

⑦“没多”句:盛况难久,好景不常。

⑧“富家”二句:富人无论怎样精于算计,也难保终生富贵,怎好辜负了眼前的生活享受?更做道:即使。争:怎。锦堂:即锦昼堂,北宋宰相韩琦建于故乡安阳的建筑,取《汉书·项籍传》“富贵不归故乡,如衣锦夜行”之意。

⑨“不争”二句:不只是鬓边添了白发,还会卧床不起,再也不用穿鞋下床。不争:不只。

⑩巢鸠计拙:传说斑鸠笨拙,不会筑巢,常占据喜鹊之巢,所谓鹊巢鸠占。葫芦提:胡乱,糊涂,宋元时俗语,为曲中常用语。

⑪“利名”二句:断绝了争名夺利的念头,也就避免了是是非非的纠缠。

⑫蛩:蟋蟀。宁贴:舒服,惬意。

⑬彻:了结,到头。

⑭“裴公”二句:裴度所筑的绿野草堂。裴度在唐宪宗时官至宰相,并被封为晋国公,因宦官擅权,于洛阳午桥筑别墅“绿野草堂”,寄情山水,不问政事。陶令白莲社:指陶渊明隐居庐山之麓,与白莲社高贤交往。陶令:陶渊明曾任彭泽令。白莲社:东晋时,庐山东林寺高僧慧远发起组织,曾邀陶渊明参加,陶未去。

⑮浑:还有。重阳节:农历九月九日,有登高及饮酒赏菊的风俗。古以九为阳数,九月而又九日,故称重阳。

⑯“人问”三句:童子记着,不管是谁来看我,都说我醉了,不能接待。“人问我顽童记者”又作“嘱咐你个顽童记者”。记者:记着。者:语气助词。北海:东汉末的北海太守孔融,生性好客,曾说:“座上客常满,樽中酒不空,平生愿足。”

【思考与练习】

1. 通过本文的学习,了解元曲的艺术表现特点。
2. 分析这支曲子所要表现的主题思想。

48. 洛神赋(节选)

曹　植

曹植(192—232年),字子建,自幼颖慧,10岁便诵读诗、文、辞、赋数十万言,出言为论,下笔成章,深得曹操的宠爱。曹操曾经认为曹植在诸子中“最可定大事”,几次想要立他为太子。然而曹植行为放任,屡犯法禁,引起曹操的震怒,而他的兄长曹丕颇能矫情自饰,终于在立储斗争中渐占上风。曹操病逝,曹丕继魏王位,不久又称帝。曹植的生活从此发生了根本性的改变。他从一个过着优游宴乐生活的贵公子,变成处处受限制和打击的对象。曹丕病逝后,曹睿继位,即魏明帝。曹睿对他仍严加防范和限制。他曾多次上书,希望得到重用,但终未能如愿。41岁,他于困顿苦闷中死去。他最后的封地在陈郡,卒谥“思”,故后人称之为“陈王”或“陈思王”。

曹植在诗歌艺术上有很多创新发展,他的前期作品主要反映社会动乱、抒写个人政治抱负和对建功立业的向往。后期作品大多表现自己在政治上备受迫害和怀才不遇的愤懑心情。今存曹植比较完整的诗歌有80余首。他的辞赋以《洛神赋》最著名。曹植作为建安文学的集大成者,对后世文学发展产生过巨大的影响。他的著作被后人收入《曹子建集》。本文选自萧统《文选》。

余告之曰:其形也,翩若惊鸿,婉若游龙①。荣曜秋菊,华茂春松②。仿佛③兮若轻云之蔽月,飘飖兮若流风之回④雪。远而望之,皎若太阳升朝霞;迫⑤而察之,灼若芙蕖出渌⑥波。秾纤得衷,修短合度⑦。肩若削成,腰如约素⑧。延颈秀⑨项,皓质⑩呈露。芳泽无加,铅华弗御⑪。云髻峨峨⑫,修眉联娟⑬。丹唇外朗,皓齿内鲜。明眸善睐⑭,靥辅承权⑮。瑰姿⑯艳逸,仪静体闲⑰。柔情绰态⑱,媚⑲于语言。奇服旷世⑳,骨像应图㉑。披罗衣之璀粲兮,珥瑶碧之华琚㉒。戴金翠之首饰,缀明珠以耀躯。践远游之文履㉓,曳雾绡㉔之轻裾。微幽兰之芳蔼㉕兮,步踟蹰于山隅㉖。于是忽焉纵体㉗,以遨以嬉㉘。左倚采旄㉙,右荫桂旗㉚。攘皓腕于神浒㉛兮,采湍濑之玄芝㉜。余情悦其淑美兮,心振荡而不怡。无良媒以接欢㉝兮,托微波㉞而通辞。愿诚素㉟之先达兮,解玉佩以要㊱之。嗟佳人之信修㊲兮,羌习礼而明诗㊳。抗琼珶以和㊴予兮,指潜渊而为期。执眷眷之款实㊵兮,惧斯灵之我欺。感交甫之弃言兮㊶,怅犹豫而狐疑。收和颜而静志兮,申礼防以自持㊷。

于是洛灵感焉,徙倚㊸彷徨,神光离合㊹,乍阴乍阳㊺。竦㊻轻躯以鹤立,若将飞而未翔。践椒途㊼之郁烈,步蘅薄㊽而流芳。超长吟以永慕㊾兮,声哀厉㊿而弥长。尔乃众灵杂遝[51],命俦啸侣[52]。或戏清流,或翔神渚,或采明珠,或拾翠羽[53]。从南湘之二妃[54],携汉滨之游女。叹匏瓜[55]之无匹,咏牵牛[56]之独处。扬轻袿之猗靡[57]兮,翳修袖以延伫[58]。体迅飞凫,飘忽若神[59]。陵[60]波微步,罗袜生尘[61]。无动常则[62],若危若安。进止难期[63],若往若还。转眄流精[64],光润玉颜。含辞未吐[65],气若幽兰。华容婀娜[66],令我忘餐。

于是屏翳收风,川后静波,冯夷鸣鼓,女娲清歌[67]。腾文鱼[68]以警乘,鸣[69]玉鸾以偕逝。六龙[70]俨其齐首,载云车[71]之容裔;鲸鲵[72]踊而夹毂,水禽翔而为卫。于是越北沚,过南冈。纡[73]素领,回清阳[74]。动朱唇以徐言,陈交接之大纲[75]。恨人神之道殊,怨盛年之莫当[76]。抗[77]罗袂以掩涕兮,泪流襟之浪浪[78]。悼良会[79]之永绝兮,哀一逝而异乡[80]。无微情以效爱兮,献江南之明珰[81]。虽潜处于太阴[82],长寄心于君王[83]。忽不悟其所舍,怅神宵而蔽光[84]。

【注释】

①“翩若”二句:形容女神身体灵活柔软。翩:鸟疾飞的样子,此为飘忽之意。

②“荣曜”二句:以秋菊春松形容洛神容光焕发。华茂:华美茂盛。

③仿佛:看不真切的样子,隐约。

④飘飖:同“飘摇”。回:旋。

⑤迫:近。

⑥灼:鲜明的样子。芙蕖:亦作“芙渠”,即荷花。渌:清澈。

⑦“秾纤”二句:指身材肥瘦高矮适中。修短:长短。

⑧“腰如”句:指腰肢细软。约素:缠束白绢。

⑨ 延、秀:都是长的意思。

⑩ 皓质:洁白的肤质。

⑪“芳泽”二句：指不施粉黛。芳泽：润肤的油脂。铅华：化妆用的铅粉。

⑫云髻：发髻浓密卷曲如云。峨峨：高耸的样子。

⑬联娟：弯曲纤细的样子。

⑭善睐：顾盼美丽。睐：斜视。

⑮靥辅：颊边酒窝。权：通“颧”，面颊。

⑯瑰姿：美好的姿容。

⑰仪静体闲：仪态文静，体态娴雅。

⑱绰态：从容舒缓的姿态。绰：宽缓。

⑲媚：美好。

⑳旷世：世所未有。旷：空。

㉑骨像：骨骼和相貌。应图：和图上相应。

㉒珥：耳朵上的装饰品，用作动词，佩戴。瑶碧：美玉。华琚：有花纹的佩玉。

㉓远遊：鞋名。文履：有花纹的鞋子。

㉔曳：牵引。雾绡：轻薄如雾的绡。

㉕微：隐，用作动词，隐约飘出。芳蔼：香气很浓。

㉖山隅：山角。

㉗纵体：肢体轻举的样子。

㉘以遨以嬉：边遨游边嬉戏。

㉙采旄：彩色的旗子。

㉚桂旗：用桂枝作杆的旗子。

㉛攘：捋，捋袖伸臂。浒：水边。

㉜湍濑：急流。玄芝：黑芝。

㉝接欢：通接欢情。

㉞微波：目光。一说水波。

㉟素：同“愫”，真情。

㊱要：通“邀”。

㊲信：确实。修：贞洁，美好。

㊳羌：发语词，无义。习礼而明诗：懂得礼法而通晓诗书。

㊴抗：举起。琼珶：润玉名，此指上文诗人所解之玉佩。和：指回答。

㊵眷眷：怀恋的样子。款实：真诚朴实。款：诚恳。

㊶“感交甫”句：有感于郑交甫所遇神女失信之事。据《韩诗外传》记载：郑交甫行于汉水旁，遇见两个仙女。仙女赠给他玉佩，他揣于怀中，但行十步，不见玉佩，回望二女也消失了。

㊷申：施展。礼防：礼义常则的约束。此指男女之别的礼法。自持：自守。

㊸徙倚：犹“徘徊”。

㊹神光：指洛神的身影。离合：摇动晃荡，形容扑朔迷离。

㊺乍阴乍阳：忽明忽暗。

㊻竦：耸立。

㊼椒途：长着花椒的路途。

㊽薄：丛薄，草木丛生处。

㊾超：惆怅。永慕：长久地思慕。

㊿厉：指声音高而急。

51尔乃：于是就。杂遝：聚积。遝：通“沓”。

52命俦啸侣：招呼同伴。

(53)翠羽:翠鸟的羽毛,古代多用作饰物。

(54)从:带领。南湘之二妃:舜的妃子娥皇、女英。

(55)匏瓜:星座名,一名天鸡,独在河鼓东。此星比喻男子独处无偶。

(56)牵牛:星座名,俗称牛郎星。

(57)袿:衣袖。猗靡:随风飘动的样子。

(58)延伫:久立。

(59)“体迅”二句:形容洛神身体灵活。

(60)陵:超越。

(61)生尘:指水沫像飞尘。

(62)常则:固定的规则。

(63)难期:难以预料。

(64)转眄流精:顾盼有神。

(65)含辞未吐:有话要说而未说。

(66)华容:花容。婀娜:柔美的样子。

(67)“于是”四句:各路神灵行动起来,暗示洛神的车驾要走了。

(68)腾:使……腾跃。文鱼:神话中带翅能飞的鱼。

(69)鸣:使……鸣响。

(70)六龙:古代神话中太阳神出游时用六龙驾车,此指众神御六龙而去。

(71)云车:传说中仙人的车乘。

(72)鲸鲵:鲸鱼,雄为鲸,雌为鲵。

(73)纡:萦回,围绕。

(74)清阳:指眉目之间。清:指目。阳:通“扬”,指眉。

(75)交接:交往。大纲:大意。

(76)当:遇,相逢。

(77)抗:举。

(78)浪浪:泪流不止的样子。

(79)良会:指这次美好的会见。

(80)异乡:此为天各一方之意。

(81)“无微情”二句:(由于人神道殊)未曾尽微情以表白爱慕;愿以江南的耳珠相赠,以作纪念。效爱:致爱。珰:耳上的饰物。

(82)太阴:众神所居之地。

(83)君王:指作者曹植。时曹植为鄄城王。

(84)“忽不悟”二句:忽然不觉洛神到什么地方去了,神影消逝,光彩隐去,令我惆怅。霄:通“消”。

【思考与练习】

1. 阅读文章后,描述你心中的洛神形象。

2. 通过本文的学习,了解赋的写作特点。

49. 秋声赋

欧阳修

欧阳修(1007—1072年),字永叔,号醉翁,晚年又号六一居士,庐陵(今江西吉安)人。宋仁宗天圣八年(1030年)进士,出任西京(今洛阳)留守推官,后入京任职。仁宗庆历年间,因参加范仲淹领导的庆历新政,贬至滁州、扬州、颍州等地,至和元年(1054年),召回京师。后累官至翰林学士、枢密副使、参知政事。熙宁四年(1071年)离仕,定居颍州,次年病逝,谥"文忠"。

欧阳修博学多才,是北宋文学革新运动的领袖。文以韩愈为宗,反对浮靡时文,所作多有感而发,文笔流畅,语言平易自然。诗如其文,一改"西昆体"绮靡、晦涩之习,语言清新流畅,风格流丽宛转。词则富于情韵。有《欧阳文忠公集》、《六一词》。本文选自《欧阳文忠公集》。

欧阳子①方夜读书,闻有声自西南来者,悚然②而听之,曰:"异哉!"初淅沥以萧飒③,忽奔腾而砰湃,如波涛夜惊,风雨骤至。其触于物也,鏦鏦铮铮④,金铁皆鸣;又如赴敌之兵,衔枚⑤疾走,不闻号令,但闻人马之行声。余谓童子⑥:"此何声也?汝出视之。"童子曰:"星月皎洁,明河⑦在天,四无人声,声在树间。"

余曰:"噫嘻⑧悲哉!此秋声也,胡为而来哉?盖夫秋之为状也:其色惨淡,烟霏云敛⑨;其容清明,天高日晶;其气栗冽,砭⑩人肌骨;其意萧条,山川寂寥。故其为声也,凄凄切切,呼号愤发。丰草绿缛而争茂,佳木葱茏而可悦;草拂之而色变,木遭之而叶脱;其所以摧败零落者,乃其一气之余烈⑪。夫秋,刑官也⑫,于时为阴⑬;又兵象也⑭,于行用金⑮;是谓天地之义气⑯,常以肃杀而为心。天之于物,春生秋实。故其在乐也,商声主西方之音⑰,夷则为七月之律⑱。商,伤也,物既老而悲伤;夷,戮也,物过盛而当杀。嗟乎!草木无情,有时飘零。人为动物,惟物之灵⑲,百忧感其心,万事劳其形,有动于中⑳,必摇其精㉑。而况思其力之所不及,忧其智之所不能,宜其渥然丹者为槁木㉒,黟然㉓黑者为星星。奈何以非金石之质㉔,欲与草木而争荣?念谁为之戕贼㉕,亦何恨乎秋声!"

童子莫对,垂头而睡。但闻四壁虫声唧唧,如助余之叹息。

【注释】

①欧阳子:作者自称。

②悚然:惊惧貌。

③淅沥以萧飒:雨声夹杂着风声。

④鏦鏦铮铮:金属撞击声。

⑤衔枚:古代行军常令军士口中衔枚(状似筷子),以防喧哗。

⑥童子:年幼的侍从。

⑦明河:银河。

⑧噫嘻:叹息声。

⑨烟霏云敛:烟云密聚(阴晦的天气)。霏:飞。

⑩栗冽:凛冽,寒冷貌。砭:古代用以治病的石针。

⑪一气:指秋气。余烈:余威。

⑫夫秋，刑官也：周朝以天地四时之名命官，司寇为秋官，掌管刑法、狱讼。审决死囚也在秋天。

⑬于时为阴：以阴阳配合四时，春夏属阳，秋冬属阴。《汉书·律历志上》记载："春为阳中，万物以生；秋为阴中，万物以成。"

⑭又兵象也：古代征伐多在秋天，故云。

⑮于行用金：以金、木、水、火、土分配四时，旧说秋天在五行中属金。

⑯义气：秋气。《礼记·乡饮酒义》记载："天地严凝之气，始于西南，而盛于西北，此天地之尊严气也，此天地之义气也。"

⑰商声主西方之音：以宫、商、角、徵、羽五声配四时，商声属秋；以之配四方，秋声属西，即西方是秋天的方位。

⑱夷则为七月之律：以黄钟、大吕、太簇、夹钟、姑洗、中吕、蕤宾、林钟、夷则、南吕、无射、应钟十二律配十二月，七月为夷则。

⑲惟物之灵：《尚书·周书·泰誓上》记载："惟人万物之灵。"谓人在万物中特别具有灵性。

⑳中：指心。

㉑精：精神。

㉒渥然丹者：渥丹，浓郁润泽的米红色，此指容颜红润。槁木：枯槁的树木。《庄子·齐物论》记载："形固可使如槁木，而心固可使如死灰乎？"

㉓黟然：黑貌。

㉔非金石之质：非坚固不坏的素质。

㉕ 戕贼：伤害。

【思考与练习】

1. 这篇文章是如何描写秋声秋景的？
2. 如何理解本文的主题思想？

50. 登徒子好色赋

宋　玉

宋玉，战国后期楚国辞赋作家。关于宋玉的生平，众说纷纭，相传宋玉是屈原的弟子，他的文学成就仅次于屈原，后代的人常屈宋并称。宋玉的作品据《汉书·艺文志》载，存16篇，《九辩》、《招魂》2篇见于王逸《楚辞章句》；《风赋》、《高唐赋》、《神女赋》、《登徒子好色赋》、《对楚王问》5篇见于萧统《文选》；《笛赋》、《大言赋》、《小言赋》、《讽赋》、《钓赋》、《舞赋》6篇见于章樵《古文苑》；《高唐对》、《微咏赋》、《郢中对》3篇见于明代刘节《广文选》。但这些作品，真伪相杂，可信而无异议的只有《九辩》1篇。本文选自《中华活叶文选》合订本(一)。

大夫登徒子侍于楚王，短[①]宋玉曰："玉为人体貌闲丽，口多微辞，又性好色。愿王勿与出入后宫。"王以登徒子之言问宋玉。玉曰："体貌闲丽，所受于天也；口多微辞，所学于师也；至于好色，臣无有也。"王曰："子不好色，亦有说乎？有说则止，无说则退。"玉曰："天下之佳人莫若楚国，楚国之丽者莫若臣里，臣里之美者莫若臣东家之子[②]。东家之子，增之一分则太长，减之一分则太短；着粉则太白，施朱则太赤；眉如翠羽[③]，肌如白雪，腰如束素，齿如含贝；嫣然一笑，惑阳城，迷下蔡[④]。然此女登墙窥臣三年，至今未许也。登徒子则不然，其妻蓬头挛耳，龃唇历齿[5]，旁行踽偻，又疥且痔。登徒子悦之，使有五子。王孰[6]察之，谁为好色者矣。"

是时，秦章华大夫在侧，因进而称曰："今夫宋玉盛称邻之女，以为美色。愚乱之邪臣，自以为守德，谓不如彼矣[7]。且夫南楚穷巷之妾，焉足为大王言乎？若臣之陋，目所曾睹者，未敢云也。"

王曰："试为寡人说之。"大夫曰："唯唯。臣少曾远游，周览九土，足历五都。出咸阳，熙邯郸，从容郑卫、溱洧[8]之间。是时向春之末，迎夏之阳，鸧鹒喈喈，群女出桑。此郊之姝，华色含光，体美容冶，不待饰装。臣观其丽者，因称诗曰：'遵大路兮揽子祛[9]。'赠以芳华辞甚妙。于是处子怳若有望而不来，忽若有来而不见。意密体疏，俯仰异观[10]，含喜微笑，窃视流眄。复称诗曰：'寤春风兮发鲜荣，洁斋俟兮惠音声，赠我如此兮不如无生[11]。'因迁延而辞避。盖徒以微辞相感动，精神相依凭。目欲其颜，心顾其义，扬诗守礼，终不过差[12]，故足称也。"

于是楚王称善，宋玉遂不退。

【注释】

①短：诋毁。

②东家之子：东邻之女。

③翠羽：翡翠鸟的羽毛。

④阳城、下蔡：均为当时楚国贵族的封邑。

⑤挛耳：耳朵卷曲。龃唇：嘴唇遮不住牙齿。历齿：牙齿疏落。

⑥孰：同"熟"，仔细。

⑦愚乱之邪臣：指登徒子。守德：注意品德。谓不如彼矣：现在看来是不及他（指宋玉）了。

⑧郑卫：春秋战国时的两个国家。溱洧：郑国的两条河。《诗·郑风·溱洧》写溱水、洧水边男女同游的风俗。

⑨"遵大路兮"句：《诗·郑风·遵大路》记载："遵大路兮，掺执子之祛兮。"这是一首写男女相悦的诗，故章华大夫以之挑逗采桑女子。

⑩意密体疏：心意亲密，但身体保持距离。异观：眼神和表情不同。

⑪洁斋俟兮惠音声：纯洁庄重地等待你赠我好音。赠我如此：以《遵大路》诗赠我。不如无生：不如死去。

⑫终不过差：始终没有越轨之举。

【思考与练习】

1. 通过本文的学习，了解作者的审美观。

2. 本文的艺术表现手法有何特点？

51. 再别康桥

徐志摩

徐志摩(1896—1931年),原名徐章垿,浙江海宁人,中国现代著名诗人。1918年夏赴美留学,1920年去英国,在剑桥大学研究政治经济。1921年开始诗歌创作,1922年回国,任北京大学教授。1923年发起并创建新月社,是“新月诗派”的代表诗人。1931年11月因飞机失事罹难。代表作有诗集《志摩的诗》、《翡冷翠的一夜》、《猛虎集》、《云游》等,散文集有《落叶》、《自剖》、《巴黎的鳞爪》等。本文选自《徐志摩全集》。

轻轻的我走了,
正如我轻轻的来;
我轻轻的招手,
作别西天的云彩。

那河畔的金柳,
是夕阳中的新娘;
波光里的艳影,
在我的心头荡漾。

软泥上的青荇[1],
油油的在水底招摇;
在康河[2]的柔波里,
我甘心做一条水草!

那榆荫下的一潭,
不是清泉,
是天上虹;
揉碎在浮藻间,
沉淀着彩虹似的梦。

寻梦?撑一支长篙,
向青草更青处漫溯;
满载一船星辉,
在星辉斑斓里放歌。

但我不能放歌,
悄悄是别离的笙箫;
夏虫也为我沉默,
沉默是今晚的康桥!

悄悄的我走了,
正如我悄悄的来;
我挥一挥衣袖,
不带走一片云彩。

【注释】

① 青荇:一种多年生水生草本植物,叶对生,漂浮水面。

② 康河:英国东部的大奥希河的一条支流,流经剑桥。

【思考与练习】

1. 怎样理解本文所表现的音乐之美?
2. 以本文的艺术之美解读作者的审美情趣。

52. 双桅船

舒　婷

舒婷(1952—),原名龚佩瑜,福建厦门人。1969年到闽西山区插队,1971年开始写诗,在知青中传抄。1980年进入福建文联创作室,成为20世纪80年代引起文坛广泛争议的“朦胧诗”的代表诗人。著有诗集《双桅船》、《会唱歌的鸢尾花》,散文集《心烟》等。代表作有《祖国啊,我亲爱的祖国》、《致橡树》、《双桅船》等。

舒婷的诗具有细腻柔婉浪漫的女性风格,内蕴丰厚,表达曲折,忧伤而不绝望,沉郁而不悲观,充满对理想的探索、对传统的反思和对人的价值的渴望,具有较丰富的美学价值。本文选自《双桅船》。

雾打湿了我的双翼
可风却不容我再迟疑
岸啊,心爱的岸
昨天刚刚和你告别
今天你又在这里
明天我们将在
另一个纬度相遇

是一场风暴,一盏灯
把我们联系在一起
是一场风暴,另一盏灯
使我们再分东西
不怕天涯海角
岂在朝朝夕夕
你在我的航程上
我在你的视线里

【思考与练习】

1. 这首诗中出现了哪些意象?说明它们的象征意义。
2. 试述朦胧诗的艺术表现特征。

53. 我是一个任性的孩子

顾　城

顾城(1956—1993年),祖籍上海,出生于北京,1962年开始写诗。12岁辍学,在农村生活多年后又做过多年临时工,1977年开始发表诗作,著有诗集《舒婷顾城抒情诗选》、《北岛顾城诗选》、《黑眼睛》、《顾城诗集》等。代表作有《一代人》、《远和近》、《生命幻想曲》、《我是一个任性的孩子》等。另与谢烨合著长篇小说《英儿》。

顾城是我国新时期朦胧诗派的代表人物,被称为以一颗童心看世界的“童话诗人”。他的诗在哲学上有尼采的思想家气度和思辨;在诗歌上有洛尔伽式的神话意境和雪莱的浪漫风格;在内容上较少物质现实的成分,在充满梦幻和童稚中,悲剧性地抒写着自己的审美理想。本文选自《舒婷顾城抒情诗选》。

也许
我是被妈妈宠坏的孩子
我任性

我希望
每一个时刻
都像彩色蜡笔那样美丽
我希望
能在心爱的白纸上画画
画出笨拙的自由
画下一双永远不会
流泪的眼睛
一片天空
一片属于天空的羽毛和树叶
一个淡绿的夜晚和苹果

我想画下早晨
画下露水
所能看见的微笑
画下所有最年轻的
没有痛苦的爱情
她没有见过阴云
她的眼睛是晴空的颜色
她永远看着我
永远,看着
绝不会忽然掉过头去

我想画下遥远的风景
画下清晰的地平线和水波
画下许许多多快乐的小河
画下丘陵——
长满淡淡的茸毛
我让他们挨得很近
让它们相爱
让每一个默许
每一阵静静的春天的激动
都成为一朵小花的生日

我还想画下未来
我没见过她,也不可能
但知道她很美
我画下她秋天的风衣
画下那些燃烧的烛火和枫叶
画下许多因为爱她
而熄灭的心
画下婚礼
画下一个个早早醒来的节日——
上面贴着玻璃糖纸
和北方童话的插图

我是一个任性的孩子
我想涂去一切不幸
我想在大地上
画满窗子
让所有习惯黑暗的眼睛
都习惯光明
我想画下风
画下一架比一架更高大的山岭
画下东方民族的渴望
画下大海——
无边无际愉快的声音

最后,在纸角上
我还想画下自己
画下一只树熊
他坐在维多利亚深色的丛林里
坐在安安静静的树枝上
发愣
他没有家
没有一颗留在远处的心
他只有,许许多多
浆果一样的梦
和很大很大的眼睛

我在希望
在想
但不知为什么
我没有领到蜡笔

没有得到一个彩色的时刻
我只有我
我的手指和创痛
只有撕碎那一张张
心爱的白纸
让它们去寻找蝴蝶
让它们从今天消失

我是一个孩子
一个被幻想妈妈宠坏的孩子
我任性

【思考与练习】

1. 分析理解这首诗的悲剧感和审美价值。

2. 怎样把握这首诗的思想性和感情基调?

3. 谈谈你对“我是一个任性的孩子/我想涂去一切不幸/我想在大地上/画满窗子/让所有习惯黑暗的眼睛/都习惯光明”这一节的理解。

54. 白朗宁夫人十四行诗(节选)

伊丽莎白·巴莱特

伊丽莎白·巴莱特(1806—1861年),英国著名女诗人。她从小就显现了好学的天性和文学上的才能,从没受过正式教育,却凭着自修,精通了古希腊文,还学会了拉丁文和欧洲好些国家的语言。但在15岁时,由于骑马不慎跌损了脊椎,卧病在床20余年。她承受了人生的巨大不幸,把她的悲哀和希望都写进诗歌里。1833年和1838年先后出版了《被缚的普罗米修斯》和诗集《天使们》,常在伦敦的文学杂志上投稿。1844年,她结识了青年诗人罗伯特·白朗宁,爱情的力量使她的生命发生了奇迹,她从病床上站了起来。热恋中她写下了献给她情人的《葡萄牙人十四行诗集》。

十四行诗原是配合曲调的一种意大利民歌体。文艺复兴时期著名意大利诗人彼得拉克采用这一诗歌体裁,写下了著名的歌颂爱情的诗集。后来英国一些宫廷诗人把这一诗体从南欧移植过来,在英国诗坛上风行一时。《葡萄牙人十四行诗集》共44首,写得委婉细腻,真挚深沉,是作者在亲身经历和亲身感受的基础上,凭借自己的才华写下的近代爱情组诗,向我们再现爱情战胜死亡这一古老而浪漫的主题。本文选自白朗宁夫人《抒情十四行诗集》(又名《葡萄牙人十四行诗集》),方平译。

1

我想起,当年希腊的诗人曾经歌咏:
年复一年,那良辰在殷切的盼望中
翩然降临,各自带一份礼物
分送给世人——年老或是年少。
当我这么想,感叹着诗人的古调,
穿过我泪眼所逐渐展开的幻觉,
我看见,那欢乐的岁月、哀伤的岁月——
我自己的年华,把一片片黑影连接着

掠过我的身。紧接着,我就觉察
(我哭了)我背后正有个神秘的黑影
在移动,而且一把揪住了我的发,
往后拉,还有一声吆喝(我只是在挣扎):
"这回是谁逮住你?猜!""死,"我答话。
听哪,那银铃似的回音:"不是死,是爱!"

2

可是在上帝的全宇宙里,总共才只
三个人听见了你那句话:除了
讲话的你、听话的我,就是他——
上帝自己!我们中间还有一个
出来答话;那昏黑的诅咒落上
我的眼皮,挡了你,不让我看见,
就算我瞑了目,放上沉沉的"压眼钱",
也不至于那么彻底隔绝。唉,
比谁都厉害,上帝的那一声"不行!"
要不然,世俗的诽谤离间不了我们,
任风波飞扬,也不能动摇那坚贞;
我们的手要伸过山岭,互相接触;
有那么一天,天空滚到我俩中间,
我俩向星辰起誓,还要更加握紧。

6

舍下我,走吧。可是我觉得,从此
我就一直徘徊在你的身影里。
在那孤独的生命的边缘,从今再不能
掌握自己的心灵,或是坦然地
把这手伸向日光,像从前那样,
而能约束自己不感到你的指尖
碰上我的掌心。劫运叫天悬地殊
来隔离我们,却留下你那颗心,
在我的心房搏动着双重声响。
正像是酒,总尝得出原来的葡萄,
我的起居和梦寐里,都有你的份。
当我向上帝祈祷,为着我自个儿,
他却听见了一个名字,那是你的;
又在我眼里,看见有两个人的眼泪。

7

全世界的面目,我想,忽然改变了,
自从我第一次在心灵上听到你的步子

轻轻,轻轻,来到我身旁——穿过我和
死亡的边缘:那幽微的间隙。站在
那里的我,只道这一回该倒下了,
却不料被爱救起,还教给一曲
生命的新歌。上帝赐我洗礼的
那一杯苦酒,我甘愿饮下,赞美它
甜蜜——甜蜜的,如果有你在我身旁。
天国和人间,将因为你的存在
而更改模样;而这曲歌,这支笛,
昨日里给爱着,还让人感到亲切,
那歌唱的天使知道,就因为
一声声都有你的名字在荡漾。

23

真是这样吗?如果我死了,你可会
失落一些生趣,由于失去了我?
阳光照着你,你会觉得它带一些寒意,
为着潮湿的黄土已盖没了我的脸?
真没想到啊!我体味到你这份情意
在信中。爱,我是你的,可就这样
给珍重?我能用我那双发抖的手
为你斟酒?好吧,那我就抛开了
死的梦幻,重新捧起那生命。
爱我吧,看着我,用暖气呵我吧!
多少闺秀,为着爱不惜牺牲了
财富和身份;我也要放弃那坟墓——
为了你;把我那迫近而可爱的天国的
景象,来跟载着你的土地交换!

【思考与练习】

1. 通过这首诗的学习,了解十四行诗的特点。
2. 谈谈《抒情十四行诗集》主题思想的现实意义。

55. 吉檀迦利(节选)

泰戈尔

罗宾德拉纳特·泰戈尔(1861—1941年),印度著名诗人、作家、艺术家和社会活动家。出生于加尔各答市的一个富有哲学和文学艺术修养的家庭,13岁开始诗歌创作。后赴英国学习文学和音乐,10余次周游列国，毕生致力于东西文明的交流和协调。

泰戈尔以诗人著称，创作了50多部诗集，被称为“诗圣”。他又是著名的小说家、剧作家、作曲家和画家，先后完成12部中长篇小说，100多篇短篇小说，20多部剧本，1500多幅画和2000多首歌曲。1913年，泰戈尔以诗歌集《吉檀迦利》荣获诺贝尔文学奖。

泰戈尔的诗歌代表作有《刚与柔》、《心中的向往》、《缤纷集》、《故事诗集》、《吉檀迦利》、《园丁集》、《新月集》、《飞鸟集》、《边缘集》和《生辰集》等。他的诗歌尽情地抒发了他对丰富多彩的现实生活的无限热爱，生动地表现了他对苦难深重的祖国人民的无限关怀。他的诗歌用生动流畅的孟加拉语写成，感情充沛，韵律和谐，文字优美，在内容上和形式上又达到了充分的多样化。他既描绘大自然的种种景观，也描绘人类生活的各个方面；既表现人与自然的关系，也表现人与神灵的交往。他使用长诗、短诗、抒情诗、叙事诗、十四行诗、赞美诗、对话体诗、格律诗和散文诗等多种体裁。他的诗歌创作达到了自由的境界，驰骋的情思和独特的表现融为一体，构成孟加拉和印度人民喜闻乐见的新形式，给孟加拉和印度新诗歌开辟了新天地，并且通过译文在世界各国赢得了广大的读者。

“吉檀迦利”是献诗的意思，即献给神的歌，是由103首短诗组成的散文诗集。整体犹如一部有头有尾、有主旋律又有变奏曲的多乐章交响乐。对神的虔敬，对人类的祝福，是《吉檀迦利》的主旋律。但每一首短诗又独立成章，有特定的思想内容。本文选自《吉檀迦利》，冰心译。

2

当你命令我歌唱的时候，我的心似乎要因着骄傲而炸裂，我仰望着你的脸，眼泪涌上我的眶里。

我生命中一切的凝涩与矛盾融化成一片甜柔的谐音——我的赞颂像一只欢乐的鸟，振翼飞越海洋。

我知道你喜欢我的歌唱。我知道只因为我是个歌者，才能走到你的面前。

我用我的歌曲的远伸的翅梢，触到了你的双脚，那是我从来不敢想望触到的。

在歌唱中陶醉，我忘了自己，你本是我的主人，我却称你为朋友。

3

我不知道你怎样地唱，我的主人！我总在惊奇地静听。

你的音乐的光辉照亮了世界。你的音乐的气息透彻诸天。你的音乐的圣泉冲过一切阻挡的岩石，向前奔涌。

我的心渴望和你合唱，而挣扎不出一点声音。我想说话，但是言语不成歌曲，我叫不出来。呵，你使我的心变成了你的音乐的漫天大网中的俘虏，我的主人！

4

我生命的生命，我要保持我的躯体永远纯洁，因为我知道你的生命的抚摩，接触着我的四肢。

我要永远从我的思想中屏除虚伪，因为我知道你就是那在我心中燃起理智之火的真理。

我要从我心中驱走一切的丑恶，使我的爱开花，因为我知道你在我的心宫深处安设了座位。

我要努力在我的行为上表现你，因为我知道是你的威力，给我力量来行动。

5

请容我懈息一会儿，来坐在你的身旁。我手边的工作等一下子再去完成。

不在你的面前，我的心就不知道什么是安逸和休息，我的工作变成了无边的劳役海中的无尽的劳役。

今天，炎暑来到我的窗前，轻嘘微语：群蜂在花树的宫廷中尽情弹唱。

这正是应该静坐的时光，和你相对，在这寂静和无边的闲暇里唱出生命的献歌。

6

摘下这朵花来，拿了去吧，不要迟延！我怕它会萎谢了，掉在尘土里。

它也许配不上你的花冠，但请你采折它，以你手采折的痛苦来给它光宠。我怕在我警觉之先，日光已逝，供献的时间过了。

虽然它颜色不深，香气很淡，请仍用这花来礼拜，趁着还有时间，就采折罢。

10

这是你的脚凳，你在最贫最贱最失所的人群中歇足。

我想向你鞠躬，我的敬礼不能达到你歇足地方的深处——那最贫最贱最失所的人群中。

你穿着破敝的衣服，在最贫最贱最失所的人群中行走，骄傲永远不能走近这个地方。

你和那最没有朋友的最贫最贱最失所的人们作伴，我的心永远找不到那个地方。

11

把礼赞和数珠撇在一边罢！你在门窗紧闭幽暗孤寂的殿角里，向谁礼拜呢？睁开眼你看，上帝不在你的面前！

他是在锄着枯地的农夫那里，在敲石的造路工人那里。太阳下，阴雨里，他和他们同在，衣袍上蒙着尘土。脱掉你的圣袍，甚至像他一样地下到泥土里去罢！

超脱吗？从哪里找超脱呢？我们的主已经高高兴兴地把创造的锁链戴起：他和我们大家永远联系在一起。

从静坐里走出来罢，丢开供养的香花！你的衣服污损了又何妨呢？去迎接他，在劳动里，流汗里，和他站在一起罢。

13

我要唱的歌，直到今天还没有唱出。

每天我总在乐器上调理弦索。

时间还没有到来；歌词也未曾填好：只有愿望的痛苦在我心中。

花蕊还未开放，只有风从旁叹息走过。

我没有看见过他的脸，也没有听见过他的声音：我只听见他轻蹑的足音，从我房前路上走过。

悠长的一天消磨在为他在地上铺设座位；但是灯火还未点上，我不能请他进来。

我生活在和他相会的希望中，但这相会的日子还没有来到。

14

我的欲望很多，我的哭泣也很可怜，但你永远用坚决的拒绝来拯救我，这刚强的慈悲已经紧密地交织在我的生命里。

你使我一天一天地更配领受你自动的简单伟大的赐予——这天空和光明，这躯体和生命与心灵——把我从极欲的危险中拯救了出来。

有时候我懈怠地捱延，有时候我急忙警觉寻找我的路向；但是你却忍心地躲藏起来。

你不断地拒绝我，从软弱动摇的欲望的危险中拯救了我，使我一天一天地更配得到你完全的接纳。

15

我来为你歌唱。在你的厅堂中，我坐在屋角。

在你的世界中我无事可做；我无用的生命只能放出无目的的歌声。

在你黑暗的殿中，夜半敲起默祷的钟声的时候，命令我罢，我的主人，来站在你面前歌唱。

当金琴在晨光中调好的时候，宠赐我罢，命令我来到你的面前。

16

我接到这世界节日的请柬，我的生命受了祝福。我的眼睛看见了美丽的景象，我的耳朵也听见了醉人的音乐。

在这宴会中，我的任务是奏乐，我也尽力演奏了。

现在，我问，那时间终于来到了吗？我可以进去瞻仰你的容颜，并献上我静默的敬礼吗？

18

云霾堆积，黑暗渐深。呵，爱，你为什么让我独在门外等候？

在中午工作最忙的时候，我和大家在一起，但在这黑暗寂寞的日子，我只企望着你。

若是你不容我见面，若是你完全把我抛弃，我真不知将如何度过这悠长的雨天。

我不住地凝望遥远的阴空，我的心和不宁的风一同彷徨悲叹。

19

若是你不说话，我就含忍着，以你的沉默来填满我的心。我要沉静地等候，像黑夜在星光中无眠，忍耐地低首。

清晨一定会来，黑暗也要消隐，你的声音将划破天空，从金泉中下注。

那时你的话语，要在我的每一鸟巢中生翼发声，你的音乐，要在我丛林繁花中盛开怒放。

27

灯火，灯火在哪里呢？用熊熊的渴望之火把它点上罢！

灯在这里，却没有一丝火焰，——这是你的命运吗？我的心呵！你还不如死了好！

悲哀在你门上敲着，她传话说你的主醒着呢，她叫你在夜的黑暗中奔赴爱的约会。

云雾遮满天空，雨也不停地下。我不知道我心里有什么在动荡，——我不懂得它的意义。

一霎的电光，在我的视线上抛下一道更深的黑暗，我的心摸索着寻找那夜的音乐对我呼唤的路径。

灯火，灯火在哪里呢？用熊熊的渴望之火把它点上罢！雷声在响，狂风怒吼着穿过天空。

夜像黑岩一般的黑。不要让时间在黑暗中度过罢。用你的生命把爱的灯点上罢。

103

在我向你合十膜拜之中，我的上帝，让我一切的感知都舒展在你的脚下，接触这个世界。

像七月的湿云，带着未落的雨点沉沉下垂，在我向你合十膜拜之中，让我的全副心灵在你的门前俯伏。

让我所有的诗歌，聚集起不同的调子，在我向你合十膜拜之中，成为一股洪流，倾注寂静的大海。

像一群思乡的鹤鸟，日夜飞向它们的山巢，在我向你合十膜拜之中，让我全部的生命，启程回到它永久的家乡。

【思考与练习】

1. 通过本文的学习，了解散文诗的艺术特征。
2. 阐述诗歌中诗人所表现的思想感情。
3. 谈谈你对泰戈尔作品的理解和认识。

56. 恶之花(节选)

夏尔・波德莱尔

夏尔・波德莱尔(1821—1867 年)，法国著名诗人，现代派诗歌的先驱。出生于巴黎，幼年丧父，生活漂泊不定。在中学读书时学习成绩优异，但因不守纪律被开除。之后，他走入社会，广交文友，博览群书，开始了文学创作。1855 年波德莱尔以《恶之花》为总题发表了 18 首诗。1857 年在此基础上加入了早期的一些作品，出版诗集《恶之花》。但其怪诞的思想和超前的理念触怒了保守势力，招致了一场激烈的围攻。波德莱尔被指控为伤风败俗，亵渎宗教，上了法庭，最后被迫删去被认为是大逆不道的 6 首“淫诗”。4 年后，《恶之花》新增了 35 首诗再版，获得了空前的成功。再版《恶之花》收集了 126 首诗，分成《忧郁和理想》、《巴黎风貌》、《酒》、《恶之花》、《反抗》、《死亡》等部分。

波德莱尔花了十几年的时间写作的一首一首的诗，在结集成《恶之花》时，并不是按照写作年代的顺序编排，而是以思想发展的逻辑贯穿起来的有秩序的紧密结构。他用最适合于表现内心隐秘和感情的艺术手法，独特而完美地展示出自己的精神世界。这些诗完美的形式同内容的悲观苦闷形成鲜明的对比，既有浪漫主义的主观情调，又有现实主义的客观反映。他的艺术理论和创作使他成为象征派的先驱，给近代西方诗歌开创了一个新时代。本文选自《恶之花》，郭宏安译。

一、告读者

读者们啊，谬误、罪孽、吝啬、愚昧，
占据人的精神，折磨人的肉体，
就好像乞丐喂养他们的虱子，
我们喂养着我们可爱的痛悔。

我们的罪顽固，我们的悔怯懦；
我们为坦白要求巨大的酬劳，
我们高兴地走上泥泞的大道，
以为不值钱的泪能洗掉污浊。

在恶的枕上，三倍伟大的撒旦，
久久抚慰我们受蛊惑的精神，
我们的意志是块纯净的黄金，
却被这位大化学家化作轻烟。

是魔鬼牵着使我们活动的线！
腐败恶臭，我们觉得魅力十足；
每天我们都向地狱迈进一步，
穿过恶浊的黑夜却并无反感。

像一个贫穷的荡子，亲吻吮吸
一个老妓的备受摧残的乳房，
我们把路上偷来的快乐隐藏，
紧紧抓住，像在挤一枚老橙子。

像万千蠕虫密匝匝挤到一处，
一群魔鬼在我们脑子里狂饮，
我们张口呼吸，胸膛里的死神
就像看不见的河，呻吟着奔出。

如果说奸淫、毒药、匕首和火焰，
尚未把它们可笑滑稽的图样
绣在我们的可悲的命运之上，
唉！那是我们的灵魂不够大胆。

我们罪孽的动物园污秽不堪，
有豺、豹子、母狗、猴子、蝎子、秃鹫，
还有毒蛇，这些怪物东奔西走，
咆哮，爬行，发出了低沉的叫喊。

有一个更丑陋、更凶恶、更卑鄙！
它不张牙舞爪，也不大喊大叫，
却往往把大地化作荒芜不毛，
还打着哈欠将世界一口吞噬。

它叫“厌倦”！——眼中带着无意的泪，
它吸着水烟筒，梦想着断头台，
读者，你认识这爱挑剔的妖怪，
——虚伪的读者，——我的兄弟和同类！

二、阳台

我的回忆之母，情人中的情人，
我全部的快乐，我全部的敬意！
你呀，你可曾记得抚爱之温存，

那炉边的温馨,那黄昏的魅力,
我的回忆之母,情人中的情人!

那些傍晚,有熊熊的炭火映照,
阳台上的黄昏,玫瑰色的氤氲。
你的乳房多温暖,你的心多好!
我们常把些不朽的事情谈论。
那些傍晚,有熊熊的炭火映照。

温暖的黄昏里阳光多么美丽!
宇宙多么深邃,心灵多么坚强!
我崇拜的女王,当我俯身向你,
我好像闻到你的血液的芳香,
温暖的黄昏里阳光多么美丽!

夜色转浓,仿佛隔板慢慢关好,
暗中我的眼睛猜到你的眼睛,
我啜饮你的气息,蜜糖啊毒药!
你的脚在我友爱的手中入梦。
夜色转浓,仿佛隔板慢慢关好。

我知道怎样召回幸福的时辰,
蜷缩在你的膝间,我重温过去。
因为呀,你慵倦的美哪里去寻?
除了你温存的心,可爱的身躯。
我知道怎样召回幸福的时辰。

那些盟誓、芬芳、无休止的亲吻,
可会复生于不可测知的深渊,
就像在深邃的海底沐浴干净、
重获青春的太阳又升上青天。
那些盟誓、芬芳、无休止的亲吻。

三、应和

自然是座庙宇,那里活的柱子,
有时说出了模模糊糊的话音;
人从那里过,穿越象征的森林,
森林用熟识的目光将他注视。

如同悠长的回声遥遥地汇合
在一个混沌深邃的统一体中，
广大浩漫，好像黑夜连着光明——
芳香、颜色和声音在互相应和。

有的芳香新鲜若儿童的肌肤，
柔和如双簧管，青翠如绿草场，
——别的则腐朽、浓郁、涵盖了万物，

像无极无限的东西四散飞扬，
如同龙涎香、麝香、安息香、乳香
那样歌唱精神与感觉的激昂。

四、忧郁之四

当低垂的天空如大盖般压在
被长久的厌倦折磨着的精神；
当环抱着的天际向我们射出
比夜还要愁惨的黑色的黎明；

当大地变成一间潮湿的牢房，
在那里啊，希望如蝙蝠般飞去，
冲着墙壁鼓动着胆怯的翅膀，
又把脑袋向朽坏的屋顶撞击；

当密麻麻的雨丝向四面伸展，
模仿着大牢里的铁栅的形状，
一大群无言的蜘蛛污秽不堪，
爬过来在我们的头脑里结网，

几口大钟一下子疯狂地跳起，
朝着空中迸发出可怕的尖叫，
就仿佛是一群游魂无家可依，
突然发出一阵阵执拗的哀号。

——送葬的长列，无鼓声也无音乐，
在我的灵魂里缓缓行进，希望
被打败，在哭泣，而暴虐的焦灼
在我低垂的头顶把黑旗插上。

【思考与练习】

1. 比较波德莱尔诗歌与传统诗歌的表现手法。

2. 了解波德莱尔诗歌中丑恶意象的象征意义。

57. 浮士德(节选)

歌　德

歌德(Johann Wolfgang Von Goethe 1749—1832 年),德国著名诗人,欧洲启蒙运动后期最伟大的作家。他生于法兰克福镇的一个富裕市民家庭,曾先后在莱比锡大学和斯特拉斯堡大学学法律,也曾短时期当过律师,但主要志趣在文学创作方面。1775—1786 年,他为改良现实社会,应聘到魏玛公国做官,但一事无成。他不但没战胜德国市民的鄙俗气,“相反,倒是鄙俗气战胜了他”(马克思)。于是,1786 年 6 月他前往意大利,专心从事绘画和文学创作。1788 年回到魏玛后只任剧院监督,政治上倾向保守,艺术上追求和谐、宁静的古典美。1794 年,与席勒交往后,随着欧洲民主、民族运动的高涨和空想社会主义思想的传播,他的思想和创作也随之出现了新的飞跃,完成了《浮士德》等代表作。

歌德的文学创作囊括抒情诗、无韵体自由诗、组诗、长篇叙事诗、牧童诗、历史诗、历史剧、悲剧、诗剧、长篇小说、短篇小说、教育小说、书信体小说和自传体诗歌、散文等各种体裁的文学作品。最著名的是书信体小说《少年维特之烦恼》(1774 年)、诗体哲理悲剧《浮士德》(1774—1831 年)和长篇小说《威廉 · 迈斯特》(1775 —1828 年)。本文选自《浮士德》序幕中的《天上序曲》、“悲剧 · 第二部”中第五幕第五场《宫中大院》,钱春绮译。

天上序曲

(天主、一群天使、其后梅非斯特、三位天使长上。)

拉斐尔

太阳按着古老的调门
跟群星兄弟竞相合唱,
完成她的既定的旅程,
她的步声像雷鸣一样。
天使见到她,获得生力,
虽然无人能究其根源;
不可思议的崇高的功业,
像开辟之日一样庄严。

加百列

迅速,不可思议地迅速,
壮丽的地球自行旋转;
天堂般的白昼跟恐怖、
深沉的黑夜交替循环;

大海从海底岩石深处
奋然汹涌出洪涛万顷，
大海和岩石又被卷入
永远迅速的天体运行。

米迦勒

一阵阵暴风由陆而海，
由海而陆地怒吼争先，
它们猖狂地在自己周围
形成作用强烈的锁链。
在雷霆轰鸣的道路前方，
破坏的电火闪烁先驰。
主啊，你的天使却敬仰
你的时日的从容推移。

三　人

天使们见到，获得生力，
虽然无人能究其根源；
你所有的崇高的功业，
像开辟之日一样庄严。

梅非斯特[①]

主啊，你又在我面前出现，
垂询有关我们的一切情况，
平素你也很喜欢跟我相见，
因此我也夹进侍者中央。
对不起，我吐不出高尚的辞藻，
尽管要受到在座诸位的白眼；
我慷慨激昂，定会惹你发笑，
如果你没改掉笑人的习惯。
关于太阳和世界，无可奉告，
我只看到世人是多么苦恼。
这种世界小神[②]，总是本性难改，
还像开辟之日那样古里古怪。
他们也许会较好地营生，
如果你没把天光的影子交给他们；
他们称之为“理性”，应用起来
比任何野兽还要显得粗野。
我看他们，请你原谅，
就像长腿的蚱蜢一样，
总是在飞，飞飞跳跳，
立即钻进草中唱起老调；

如果老钻在草中倒也太平！
偏看到垃圾堆，就把鼻子伸进。

天　主

再没有其它向我汇报？
你总是来大发牢骚，
世间永没有一事使你称心？

梅非斯特

天主！我觉得那里总是糟糕透顶。
看到世人悲惨的生活使我难过，
连我都不愿把那些苦人折磨。

天　主

你认识浮士德？

梅非斯特

博士？

天　主

我的仆人！

梅非斯特

的确！他侍奉你非比寻常。
凡间的饮食这傻瓜一概不尝。
他好高骛远，心血沸腾，
他也有一半知道自己是笨蛋；
他想摘下天上最美的星辰，
他想获得人间最大的快乐，
远近的一切，什么也不能
满足他那无限的雄心勃勃。

天　主

他侍奉我尽管迷混不清，
我就要引他进入澄明的境域。
园丁也知道，小树只要发青，
就会有花果点缀未来的年月。

梅非斯特

你赌什么？你还会将他失掉，
如果我得到你的允许，
慢慢引他走我的大道！

天　主

只要他在世间活下去，
我不阻止，听你安排，
人在奋斗时，难免迷误。

梅非斯特

那就谢谢;我跟死者
从不愿意有什么交往。
我最喜爱的乃是丰满健康的面庞。
我不接待死尸,我的习惯,
就像猫儿要玩弄活老鼠一般。

天　主

好吧,那就交给了你!
去勾引这个灵魂[③]脱离本源,
你抓得住他,那就让你
带他一同走你的路线,
将来你总要承认而感到羞辱:
善人虽受模糊的冲动驱使,
总会意识到正确的道路。

梅非斯特

好了! 不会拖很长时间。
我觉得我的打赌万无一失。
如果我达到我的目的,
允许我高唱凯歌,满腔欢欣。
让他去吃土,吃得开心,
像那条著名的蛇,我的亲戚。

天　主

那时听你怎样表演,
我从不憎恶跟你一样的同类。
在一切否定的精灵里面,
促狭鬼[④]最不使我感到烦累。
人类的活动劲头过于容易放松,
他们往往喜爱绝对的安闲;
因此我要给他们弄个同伴,
刺激之,鼓舞之,干他恶魔的活动。
可是你们,真正的神子,
请你们欣赏生动、丰沛的美!
永远活动长存的化育之力,
愿它以慈爱的藩篱将你们围护,
在游移现象之中漂浮的一切,
请用持久的思维使它们永驻。
(天界关闭,天使长各散。)

梅非斯特(独白。)

我常爱跟这位老者会晤,
唯恐失掉他的欢心。

我真钦佩他这位伟大的主，
跟恶魔交谈也这样合乎人情。

悲剧·第二部　第五幕第五场
宫中大院

火炬。

梅非斯特（任督工，站在前方。）

过来，过来！进来，进来！
摇摇晃晃的鬼怪，
全靠骨殖、肌腱、韧带
拼凑在一起的残废。

鬼怪⑤（合唱。）

我们赶快前来帮忙，
我们听到一个消息，
正有一片广大的地方，
要归入我们的手里。
我们带来测量的长索，
还有尖尖的木桩；
召唤我们来做什么，
我们竟把它遗忘。

梅非斯特

这里不要动技术脑筋，
只要照自己尺寸丈量；
个子最长的躺下来躺得直挺挺，
其余的就把周围的草拔光；
就像对待我们的先人，
挖出一个长方形土坑！
从宫殿走向这狭隘的住房，
总归是这样一个糊涂的下场。

鬼怪（做出滑稽的样子挖土。）

当我年轻时健壮而恋爱，
我觉得那真是乐意；
乐声悠扬的热闹地方，
少不了有我的足迹。
如今满怀恶意的老年
用拐杖对准我打来；
我跌倒在坟墓的门口，
为什么它正好洞开！

浮士德（走出宫殿，扶住门框。）

铲锹的声音使我多么愉快!
那是为我服役的民夫,
将围垦地跟陆地连在一处,
给波涛划出它的疆界,
筑一带坚堤围住海洋。

梅非斯特(旁白。)
你筑大堤,你筑海塘,
只是为我们鞠躬尽瘁;
因为你已替水的魔鬼[6],
尼普顿[7]备好盛大的筵席。
不管怎样,你已无希望;——
四大都跟随我们结成一帮:
结果总是归于毁灭。

浮士德
督工!

梅非斯特
有!

浮士德
你要想一切法子,
前去招募大批民夫
用酒饭和严规加以鼓舞,
出钱、诱骗或者压制!
你要每天前来向我汇报,
进行开掘的沟道掘了多少。

梅非斯特(低声。)
根据我所获得的报告,
没说起沟道,只说掘墓道。

浮士德
有一片沼泽横亘在山麓,
污染了一切已开拓之地;
把这臭水浜加以排除,
乃是功亏一篑的大事。
我为几百万人开拓疆土,
虽不算安全,但可以自由居住。
原野青葱而肥沃;人和牛羊
就能高兴地搬到新地之上,
立即移居在牢固的沙丘附近,
这是由勤劳勇敢的人民筑成。
里面的土地就像一座乐园,

尽管外面的海涛拍击到岸边，
如果它贪婪成性，要强行侵入，
大家会齐心奔赴，将决口堵住。
是的，我就向这种精神献身，
这是智慧的最后总结：
要每天争取自由和生存的人，
才有享受两者的权利。
因此在这里，幼者壮者和老者
都在危险中度过有为的岁月。
我愿看到这样的人群，
在自由的土地上跟自由的人民结邻！
那时，让我对那一瞬间开口：
停一停吧，你真美丽！
我的尘世生涯的痕迹就能够
永世永劫不会消逝。——
我抱着这种高度幸福的预感，
现在享受这个最高的瞬间。
（浮士德向后倒下，鬼怪们将他扶起，放在地上。）

梅非斯特

他不满足于任何幸福和喜欢，
只顾追求变化无常的形影；
这最后的，空虚无谓的瞬间，
这个可怜人也想要抓紧。
他那样顽固地跟我对抗，
时间胜利了，老人倒在砂地上。
时钟停了——

合　唱

停了！默然如在中宵。
时针垂降。

梅非斯特

垂下了，事情完成了。

合　唱

已经过去了

梅非斯特

过去！一句蠢话！
干吗说过去？
过去和全无是完全一样的同义语！
永恒的创造于我们何补？
被创造的又使它复归于无！

已经过去了！这话的意思是什么？
它就等于说，本来不曾有过，
翻转来又像是说，似亦有诸。
而我却毋宁喜爱永远的虚无。

埋　藏

鬼怪（独唱。）
这间房子是谁用铲锹
建造得如此粗糙？
众鬼怪（合唱。）
披麻衣的阴沉的过客，
对你已可算太好。
鬼怪（独唱。）
这间大厅是谁所布置？
桌子椅子在何处？
众鬼怪（合唱。）
生命只借一个短时期，
要索还者无其数。
梅非斯特
肉体躺下，灵魂却想逃走，
我要赶快出示血书的字条；——
可叹如今世人的方法[8]真不少，
从恶魔手里把灵魂抢走。
老办法会使世人讨厌，
新办法我们又不在行；
从前我可以一人单干，
如今我却要找人帮忙。
万事都对我们不利！
那些传统的习惯，古老的权利，
已经什么都不可靠，
从前，灵魂随最后一息飞出，
我守候着它，像捕捉最快的老鼠，
啪！就用脚爪将它紧紧抓牢。
如今灵魂却迟迟不肯离开
阴沉的场所，可恶的尸体的陋屋；
互相仇视的肉体的元素，
最后就不客气将它赶出体外。
因此我无时无刻不苦苦沉思
时间、方法、地点的讨厌的问题；

老迈的死神失去迅疾的精神，
是否真死？甚至还是个疑问；
我常猥亵地注视僵硬的肢体，
那只是假死，它还会蠢动而坐起。
（做出奇怪的、示范兵似的、召唤恶魔的样子。）
赶快过来！脚步要大大加快，
你们直角的先生，曲角的先生，
道地的恶魔旧家出身，
你们把地狱之口也同时带来。
地狱之口虽然有很多！很多！
它要按照身份和地位鲸吞；
可是对于这种最后的一招，
今后无须如此小心谨慎。
（恐怖的地狱之口在左方大开。）
犬齿张开了；从咽喉上膛上面
喷出火流，猛烈无比，
而在深处腾腾的烟气里面，
我看到烧着永恒烈火的城市。
红浪汹涌，一直拍击到牙齿周围，
堕落地狱者游过来，希望获救；
可是巨大的地狱犬将他们咬碎，
他们惶恐地又继续往火海巡游。
在各处角落里还有许多可发现，
范围极其狭窄，却恐怖重重！
你们恐吓罪人，确实有手段；
他们却当作虚伪、欺诈和幻梦。
（对生着短直角的胖魔鬼们。）
鼓着火腮的、大腹便便的光棍！
你们被地狱硫黄烧得多胖；
像木桩一样，短而不动的头颈！
注意他下身是否发出磷光：
那就是灵魂，长着翅膀的普绪刻[⑨]
拔掉了翅膀，就变成丑陋的毛虫；
我要用我的印戳[⑩]给他盖一盖，
然后带他去烈火旋风之中。

对身体下部要好好注意，
馋鬼们，这是你们的义务；
灵魂爱不爱栖息在那里，

对于这一点还搞不清楚。
他爱在肚脐眼里营巢，
记住我的话，他会从那里逃跑。
（对生着长弯角的瘦魔鬼们。）
示范兵一样的长人，滑稽的活宝，
你们向空中攫取，不停地探索；
伸出手臂，露出尖锐的利爪，
以便抓住那逃之夭夭的家伙。
他呆在老地方肯定不会舒畅，
而天才，总想要立刻高飞远扬。
（荣光[11]自右上方照临。）

一群天使

来吧，天使们，
天国的乡亲们，
请从容翔集：
宽恕罪人，
复活死人；
列队成行，
悠游飘荡，
给芸芸众生
留下慈爱的痕迹。

梅非斯特

我听到讨厌的乱七八糟的人声，
随着可恶的天光从上空传来：
这是童男童女的拙劣的歌声，
只有伪装虔诚者才感到喜爱。
你们知道，我们在恶劣的时光
曾想把人类推入毁灭的深渊；
我们想出的罪恶的勾当，
正好符合他们的信念。

他们伪善地来临，这些蠢人！
把许多灵魂从我们手里抢去，
用我们自己的武器攻击我们；
也是些恶魔，但戴着面具。
在这里失败，是你们永远的耻辱；
快走近墓旁，在边上紧紧地守住！

天使的合唱（撒玫瑰花。）

玫瑰花，多辉煌，

散发出幽香!
翩翩地飘舞,
使生命复苏,
小枝做翅膀,
含苞待放,
赶快开吧!
春光,请展开
绿叶红花;
给安息者
带去乐园吧!

梅非斯特(对恶魔们。)

干吗低头发抖? 是地狱的风气?
你们要顶住,让他们去撒。
每个蠢货,都坚守阵地!
他们以为对我们这样散花,
会把受热的魔鬼埋下;
你们吹,玫瑰会溶化,萎靡。
喷火鬼,喷吧! ——行了,行了!
遇到你们的热气,全都褪色了。——
不要太猛! 塞住嘴和鼻子!
你们确实喷得太用力。
适当的方寸,你们从不知道!
花不但萎缩,还变得枯黄、烧起来了!
已经带着有毒的明火飘来;
迎头抗御,紧紧地团结起来! ——
精力全垮了! 一切勇气都消失!
恶魔闻到生人的迷魂的热气。

天使(合唱。)

幸福的花朵,
快乐的火,
广施慈爱,
创造欢快,
体贴人心。
澄明的云天,
天使翩翩,
真理之言,
普照光明。

梅非斯特

该死! 这些蠢货真丢脸!

恶魔们竟然双脚朝天，
这些笨货在乱翻斤斗，
一屁股栽进地狱里去。
去洗个热澡吧！真是自作自受！
我却要依旧守在原处。——
（拂拭飘过来的玫瑰花。）
鬼火，滚吧！你！尽管照得通红，
一把抓住你，依旧是讨厌的胶冻。
干吗在飘荡？快给我消隐！——
像沥青和硫黄粘住我的头颈。

天使（合唱。）
不合你们本性的，
一定要避开，
扰乱你们内心的，
将无法忍耐。
如果强行逼迫，
我们也不甘示弱。
只有爱能将热爱者
领进她的天国。

梅非斯特
我的头脑和心肝烧得真难过，
一种超越恶魔的天火！
比地狱之火更加灼痛。——
因此你们会那样悲恸，
不幸的钟情者！你们在失恋之时，
还回过头来对着情人注视。

我也如此！干吗回头看那边？
我跟他们正在进行殊死战！
我从前看到他们是多么憎恨。
是什么奇缘使我身心改变？
我竟爱看他们，最可爱的少年；
是什么阻止我，不让我咒诅他们？——
如果我也甘受愚弄，
将来还有谁叫做痴汉？
我一向憎恨的这些顽童，
如今却使我非常爱怜！
漂亮的孩子们，我要请问：
你们可也是卢济弗[12]的后裔？

你们真俊，我真想跟你们亲吻。
我觉得你们来得适逢其时。
我是这样高兴，这是自然，
好像我已见过你们千次，
像馋猫一样暗暗地垂涎：
越看越觉得更增加一分美丽。
走过来吧，让我再看上一眼！

天　使

我们过来了，你干吗退缩不前？
我们靠拢你，你可能，就不要转身。
（天使们回旋走动，占领整个舞台。）

梅非斯特（被迫转移到舞台前部。）

你们骂我们是恶灵、该死，
你们才是道地的魔术师；
你们诱惑男子或女人。——
真是该诅咒的大祸！
难道这是爱的元素？
我的全身烧着情火，
感不到颈项被玫瑰之火粘住。——
你们飘来飘去，请降临下土，
稍许像俗人一样摆动可爱的手足；
确实，你们还是严肃些好！
我却想看到你们作一次微笑；
这将使我永远觉得醉心。
我指的是情人的眉目传情，
口角微微一动，那样就行。
长个子少年，我觉得你最讨我欢喜，
教士面孔对你却不适宜，
你的眼光要稍许脉脉含情！
多裸露一些也还是落落大方，
有褶的长衫太规矩了一点——
他们背转身——从背后对他们注望！——
这些小鬼真太令人垂涎！

天使（合唱。）

爱火啊，请转身
面向清澄的大气！
真理啊，请救济
诅咒自己的罪人；
让他们快乐

而脱离罪恶，
跟大家团结共处，
享受天福。

梅非斯特（镇定自己。）
怎么回事！——就像约伯[31]一样，
全身是水泡，他自己也惊心不已，
可是当他看清自己的本性，相信他自己
和他的血统，同时又觉得胜利；
恶魔的高贵部分依然无恙，
爱的作祟，只缠住皮肤而已；
可恶的火焰现在已经烧光，
我诅咒你们全体，这也是理所应当！

天使（合唱。）
神圣的热火！
你围抱的人，
觉得跟随善人
幸福地生活。
大家快起身，
一齐来赞美；
大气已清净，
魂啊请呼吸！

（他们带走浮士德的不朽的灵魂而升天。）

梅非斯特（环顾四周。）
怎么？——他们哪里去了？
乳臭未干的少年竟出其不意，
带着掠夺物逃往天上去了；
怪不得他们在墓旁馋涎欲滴！
我这唯一的至宝被他们侵吞：
抵押给我的这个高尚的灵魂，
竟被他们用诡计私自盗窃。

我能向谁去吐露苦衷？
谁能恢复我的既得之权？
你这样岁数还要受人愚弄，
你真是活该，你的情况好惨。
我做了错事，在人前丢脸，
一大笔资本，可耻啊！白白挥霍；
卑鄙的情欲，荒唐的色情，竟然
害苦了老奸巨猾的恶魔。

精明干练的人竟然做出
这种幼稚痴狂的行为，
最后坑陷我的愚蠢的程度
确实不能算作轻微。

【注释】

①梅非斯特：原文 Mephistopheles，语源可能来自希伯来语，意为说谎者，否定者，善的破坏者。

②小神：莱布尼茨《神正论》第一卷记载："人类就这样像是他们自己世界中的一位小神。"

③灵魂：指浮士德。

④促狭鬼：一般为滑头、恶作剧者、坏蛋之义。此处指冷淡、漠不关心、克制而使生活不愉快的人。因梅非斯特具有好冷嘲、好挖苦的脾气，故以此名呼之。

⑤鬼怪：古罗马人用以称谓邪恶的死者的鬼魂。他们是由皮肤和肌腱被复制的骨架，或者活动的干尸，在夜间游逛。

⑥魔鬼：异教被基督教取代后，其男神和女神分别变为魔鬼和魔女。

⑦尼普顿：海神，即涅普图努斯。

⑧方法：通过忏悔、告罪、补赎等使灵魂得救。

⑨普绪刻：希腊文译音，意为灵魂或蝴蝶。希腊人想像脱离肉体的灵魂像一只蝴蝶。

⑩印戳：指《启示录》中的"兽印记"。"没有拜过兽与兽像，也没有在额上和手上受过他印记之人的灵魂，他们都复活了。"

⑪荣光：绘画用语，指光芒四射的天光。

⑫卢济弗：拉丁语，带光者。原指晨星，后误解为撒旦，即反叛天主而堕入地狱的天使。此处意为：你们是不是堕入地狱的一群，如今只是戴上天使的假面？如果是如此，那就使梅非斯特更觉得一层亲近之感了。但丁在《神曲·天堂篇》第十九首说，卢济弗是"第一个骄傲的天使……一切造物的顶峰，因不愿等待光明，没有成熟就坠落"。

⑬约伯：《约伯记》第二章第七节记载："于是撒旦从耶和华面前退去，击打约伯，使他从脚掌到头顶长毒疮。"

【思考与练习】

1. 结合课文谈谈《浮士德》这部作品的主题思想和时代意义。
2. 通过本文的学习，了解象征主义的艺术创作。
3. 浅谈浮士德这一形象的哲学涵义。

第六章　戏剧欣赏

58. 牡丹亭(节选)

汤显祖

汤显祖(1550—1616年),字义仍,号若士,又号海若、清远道人,祖籍江西临川。他从小聪明好学,21岁中举。由于不肯依附权贵,虽博学多才,到34岁才中进士。后历任太常博士、礼部主事,浙江遂昌知县等职。虽然在任时政绩斐然,却因压制豪强,触怒权贵而招致上司的非议和地方势力的反对。万历二十六年(1598年),他愤而弃官归里,潜心于戏剧及诗词创作。他的戏剧作品《紫钗记》、《南柯记》、《牡丹亭》和《邯郸记》合称"临川四梦",其中《牡丹亭》是他的代表作。这些剧作不但为我国历代人民所喜爱,而且已传播到英、日、德、俄等很多国家,被视为世界戏剧艺术的珍品,他也被誉为"东方的莎士比亚"。

《牡丹亭》又名《还魂记》,全剧55出。写杜丽娘为追求爱情因梦而死,死而复生,终于同书生柳梦梅结为夫妻的故事。作者通过杜丽娘要求冲破封建礼教的强烈愿望和对自由爱情的热烈追求,表达了"崇尚真性情,反对假道学"的进步思想。文辞典雅,情节离奇,有浓厚的浪漫主义色彩。本文选自《牡丹亭》第十出。

第十出　游园

【绕池游】(旦[1]上)梦回莺啭[2],乱煞年光遍[3]。人立小庭深院。(贴[4]上)炷尽沉烟[5],抛残绣线[6],恁今春关情似[7]去年?[乌夜啼](旦)晓来望断梅关[8],宿妆残[9]。(贴)你侧着宜春髻子[10]恰凭阑。(旦)剪不断,理还乱[11],闷无端。(贴)已分付催花莺燕借春看。(旦)春香,可曾叫人扫除花径?(贴)分付了。(旦)取镜台衣服来。(贴取镜台衣服上)"云髻罢梳还对镜,罗衣欲换更添香[12]。"镜台衣服在此。

【步步娇】(旦)袅晴丝[13]吹来闲庭院,摇漾[14]春如线。停半晌[15],整花钿。没揣菱花[16],偷人半面[17],迤逗的彩云[18]偏。(行介[19])步香闺怎便把全身现!(贴)今日穿插[20]的好。

【醉扶归】(旦)你道翠生生出落的裙衫儿茜[21],艳晶晶花簪八宝填[22],可知我常一生儿爱好是天然[23]。恰三春好处[24]无人见。不提防沉鱼落雁[25]鸟惊喧,则怕的羞花闭月[26]花愁颤。(贴)早茶时了,请行。(行介)你看:"画廊金粉半零星,池馆苍苔一片青。踏草怕泥[27]新绣袜,惜花疼煞小金铃[28]。"(旦)不到园林,怎知春色如许[29]!

【皂罗袍】原来姹紫嫣红[30]开遍,似这般都付与断井颓垣[31]。良辰美景奈何天,赏心乐事谁家院[32]!恁般景致,我老爷和奶奶[33]再不提起。(合)朝飞暮卷[34],云霞翠轩[35];雨丝风片,烟波画船[36]。锦屏人忒看的这韶光[37]贱!(贴)是花都放了,那牡丹还早。

【好姐姐】(旦)遍青山啼红了杜鹃[38],荼蘼外烟丝醉软[39]。春香呵,牡丹虽好,他春归怎占的先[40]!(贴)成对儿莺燕呵,(合)闲凝眄[41],生生燕语明如剪[42],呖呖莺歌溜的圆[43]。(旦)

去罢。(贴)这园子委是观之不足[44]也。(旦)提他怎的!(行介)

【隔尾】观之不足由他缱[45],便赏遍了十二[46]亭台是枉然。到不如兴尽回家闲过遣。(作到介)(贴)“开我西阁门,展我东阁妆床[47]。瓶插映山紫[48],炉添沉水香[49]。”小姐,你歇息片时,俺瞧老夫人去也。(下)

【注释】

①旦:传统戏曲角色行当,扮演女性人物。

②啭:形容鸟声宛转。

③乱煞年光遍:缭乱的春光到处都是。年光:春光。

④贴:即贴旦,扮演剧中次要的女角。

⑤炷:燃烧。沉烟:沉香燃烧的烟。

⑥抛残绣线:丢下了绣剩的丝绒。此句表现青春少女春思慵懒的情态。

⑦恁:“恁么”的省文,即为什么。关情:牵动人的情怀。似:胜似,超过。

⑧望断梅关:呆呆地看着梅关方向。梅关:即江西与广东交界的大庾岭,宋代设有梅关,位置在本剧故事发生地点江西南安府的南面。

⑨宿妆残:隔夜妆粉还残留着。这是说杜丽娘早起懒于梳洗。

⑩宜春髻子:相传立春那天,妇女剪彩绸为燕子状,上贴“宜春”二字,戴在髻上。

⑪剪不断,理还乱:南唐后主李煜词《相见欢》中的句子。这里比喻杜丽娘无法摆脱由于长期禁锢而产生的苦闷。

⑫“云髻”二句:引自薛逢诗《宫词》,见《全唐诗》第548卷。云髻:形容妇女的发髻卷曲如云。更添香:指再熏些香料。

⑬袅:摇曳不定的样子。晴丝:即游丝,在春天晴朗的日子飘荡在空中的游丝。

⑭摇漾:飘摆荡漾。

⑮半晌:片刻。

⑯没揣:不料。菱花:镜子。古时用铜镜,背面所铸花纹一般为菱花,因此称为菱花镜,或用菱花作镜子的代称。

⑰偷人半面:偷偷地照见自己的半面脸孔。

⑱迤逗:挑逗。彩云:美丽的发卷的代称。

⑲介:戏曲术语,南戏、传奇剧本里关于动作、表情、演出效果等的舞台指示。与元杂剧剧本中的“科”相同。

⑳穿插:穿戴。穿指衣服,插指装饰品。

㉑翠生生:极言色彩鲜艳。出落的:显得。茜:红色。

㉒艳晶晶:光彩夺目的样子。花簪八宝填:镶嵌着多种宝石的簪子。

㉓爱好:爱美。天然:天然本性。

㉔三春好处:美丽的春光,比喻自己的青春美貌。

㉕不提防:不防备,没料到。沉鱼落雁:形容女人的美貌。意思是说,鱼见她的美色,自愧不如而下沉;雁见她的美色而停落下来。

㉖羞花闭月:形容女子异常美丽,使花儿感到羞惭,使月亮躲藏起来。

㉗泥:沾泥,这里用作动词。

㉘“惜花”句:据《开元天宝遗事》记载:“天宝初,宁王惜花,怕被鸟鹊啄坏,便在花园扯上红绳,系上小金铃,一有鸟就拉响金铃驱赶。因为拉得多了,小金铃都感受到疼了。

㉙如许:如此。

㉚姹紫嫣红:指各色娇艳绚丽的鲜花。

㉛断井颓垣:废弃的井,倒塌的墙,形容庭院破败。

㉜"良辰"二句:写杜丽娘看到盛开的鲜花和破败的花园,产生无限的怅惘之情。原出自谢灵运《拟魏太子邺中集诗序》:"天下良辰、美景、赏心、乐事,四者难并。"谁家:哪一家。

㉝老爷:指父亲。奶奶:指母亲。

㉞朝飞暮卷:唐王勃《滕王阁序》记载:"画栋朝飞南浦云,朱帘暮卷西山雨。"诗意形容亭台楼阁的高大、壮丽。

㉟云霞翠轩:云彩和霞光辉映着华丽的亭台楼阁。

㊱烟波画船:在烟雾迷蒙的水面上摇荡着彩画装饰的船。

㊲锦屏人:被隔绝在画屏里面的人,这里指幽居深闺、不能领略自然美景的人。忒:太。韶光:美好的时光,即春光。

㊳啼红了杜鹃:开遍了红色的杜鹃花。

㊴荼蘼:花名,晚春时开放。醉软:娇柔无力的样子。

㊵"牡丹"二句:牡丹虽美,但它开在春尽之时,怎能占得春季百花之先呢?这里暗指杜丽娘对美好青春被耽误的伤感和幽怨的情绪。

㊶凝眄:这里是注视的意思。

㊷生生燕语明如剪:形容乳燕的叫声像剪刀声一样明快。

㊸呖呖:莺的叫声。溜的圆:形容鸟的叫声圆润婉转。

㊹委是观之不足:实在是看不够。

㊺缱:留恋不舍。

㊻十二:虚指,犹言所有。

㊼"开我"二句:《木兰诗》有"开我东阁门,坐我西阁床。"

㊽映山紫:映山红(杜鹃红)的一种。

㊾沉水香:沉香的别称。

【思考与练习】

1. 分析杜丽娘在游园过程中的感情变化。
2. 分析《皂罗袍》支曲的语言艺术。

59.《日出》第一幕(节选)

曹　禺

曹禺(1910—1996年),现当代剧作家,原名万家宝,祖籍湖北潜江,生于天津一个封建官僚家庭。从小爱好文学和戏剧,广泛阅读古今中外的文学作品。1923年入天津南开中学,参加南开新剧团,演出中外剧作,显示了表演才能,并开始写作小说和新诗。1928年考入南开大学政治系,1930年转入清华大学西洋文学系,广泛接触欧美文学作品和西方戏剧。1933年创作了处女作四幕话剧《雷雨》,以高度的艺术成就震动了当时的中国戏剧界。此后又相继创作了《日出》、《原野》等话剧剧本,确立了他中国现代话剧大师的地位。抗日战争时期,他先后创作了《蜕变》、《北京人》等作品,并将巴金的小说《家》改编成剧本,受到了广泛好评 。中华人民共和国成立后,当选为第一届中国文联常委,后任北京人民艺术剧院院长、中国作家协会书记处书记、中央戏剧学院名誉院长、中国戏剧家协会主席等职。在此期间,他创作了话剧《明朗的天》,历史剧《胆剑篇》(执笔)、《王昭君》,出版有散文集《迎春集》及《曹禺选集》、《曹禺论创作》、《曹禺戏剧集》等。

《日出》完成于1936年,是曹禺的戏剧名作,也是中国现代戏剧史上优秀的现实主义力作。它直接把中国20世纪30年代金融资本主义社会的畸形描绘成巨幅画卷,呈现在观众面前,揭示了下层劳动人民的悲惨遭遇与痛苦挣扎,尖锐抨击了金钱统治下的半殖民地半封建社会制度的罪恶。本文选自《日出》第一幕。

人　物

陈白露——在××旅馆住着的一个女人,二十三岁。

方达生——陈白露从前的"朋友",二十五岁。

王福生——××旅馆的茶房。

潘月亭——大丰银行经理,五十四岁。

黑　三——一个地痞,小东西的养父。

小东西——一个刚到城里不久的女孩子,十五六岁。

时间和地点

第一幕　早春,某日晨五时。——在××旅馆的一间华丽的休息室内。

是××大旅馆一间华丽的休息室,正中门通甬道,右——左右以台上演员为准,与观众左右相反——通寝室,左通客厅,靠前偏右有一扇狭长的弧形窗户。窗外密密麻麻矗立着一座座高楼,虽在白昼,正面一边是宽阔的窗,屋里也嫌过于阴暗。除了天明斜射过来的晨光使这间屋有些光明之外,整天是见不着一线自然的光亮的。

屋内一切陈设都是现代式的:生硬而肤浅,刺激人的好奇心,并不给人舒适之感。正中立着烟儿,围着它横的竖的摆着方的、圆的、长的小凳和沙发。上面凌乱地放些颜色艳丽的坐垫。沿着那不见棱角的窗户,是一条水浪纹的沙发。左边有立柜、镜台和一张小几,上面放着些女人的化妆品。墙上挂着几张裸体油画、风景画,地下零零散散的是报纸、画报。在沙发上、小柜上放着女人的衣帽、围巾、手套等物。食柜上陈列着酒瓶、玻璃杯、暖壶、茶碗。右角立一架落地灯,灯旁有一张圆形小几,嵌着一层一层的玻璃,放些烟具和当时女人喜好的零碎东西,如洋娃娃、米老鼠之类。

正中悬一架银熠熠的钟,指着五点半,是夜色将尽的时候。幕开时,室内只有沙发旁的阅读灯射出一圈亮光。窗前的黄幔幕垂下来,屋内的陈设看不清晰。

缓慢的脚步声由甬道传进来。正中的门,"呀"地开了一半。一只秀美的手伸进来拧开中间的灯,室内豁然明亮,陈白露走进来。她穿着极薄的晚礼服,颜色鲜艳,多折的裙裾和上面两条粉飘带,拖在地面,如一片云彩。她发际插一朵红花,乌黑的头发烫成小姑娘似的鬈髻,垂在耳际。她的眼睛明媚动人,举动机警,一种嘲讽的笑总挂在嘴角。神色不时地露出倦怠和厌恶。这种生活的倦怠是她那种漂泊人特有的性质。她爱生活,她也厌恶生活。生活对于她是一串习惯的桎梏,她不再想真实的感情的慰藉。这些年的漂泊使她变得聪明,世上并没有她在女孩时代所幻梦的爱情。生活是铁一般的真实,有它自来的残忍!习惯,自己所习惯的种种生活的方式,是最狠心的桎梏,你即使怎样羡慕着自由,怎样憧憬着在爱情里伟大的牺牲(如一切感伤的小说和电影中时常夸张地来叙述的),也难以飞出自己的生活的狭之笼。因为她试验过,她曾经如一个未经世故的傻女孩子,带着如望万花筒那样的惊奇,和一个画儿似的男人飞出这笼。终于,像寓言中那习惯于金丝笼的鸟,已失掉在自由的树林里盘旋的能力和兴趣,又回到自己的丑恶的生活圈子里。当然她并不甘心这样生活下去,她很骄傲,她生怕旁人刺痛她的自尊心。但她只有等待,等待着有一天幸运会来叩她的门,她能意外地得一笔财富,使她能独立地生活着。然而也许有一天,她所等待的叩门声突然在深夜响了,她走去打开门,发现那来客,是那穿着黑衣服的,不做一声地走进来。她也会毫无留恋地和他同去，她知道生活中意外的幸福或快乐毕竟是意外，而平庸、痛苦、死亡永不会放开人的。

她现在拖着疲乏的步子走向台中。打了个呵欠。

陈白露　(走了两步，回过头)进来吧！(掷下皮包，一手倚着当中沙发的靠背。蹙着眉，脱下银色的高跟鞋，松了一口气，快意地揉抚着自己尖瘦的脚。真的，好容易到了家，索性靠在柔软的沙发上舒展一下。“咦”忽然她发现背后的那个人并没有跟进来。她套上鞋，倏地站起，转过身，腿还跪在沙发上，笑着向房门。)

咦！你怎么还不进来呀？(果然，有个人进来了。约莫有二十五六岁的光景，脸色不好看，皱着眉，穿一身半旧的西服。不知是疲倦，还是厌恶，他望着房内乱糟糟的陈设，一言不发地立在房门口。但是女人误会了意思，她眼盯住他，看出他是一副惊疑的神色。)

陈白露　走进来点，怕什么呀？

方达生　(冷冷地)不怕什么。(忽然不安地)你这屋子没有人吧？

陈白露　(看看四周，故意)谁知道？(望着他)大概是没有人吧！

方达生　(厌恶)真讨厌。这个地方到处都是人。

陈白露　(有心难为他，自然也因为他的态度使她不愉快)有人又怎么样？住在这个地方还怕人？

方达生　(望望女人，又望望周围)这几年，你原来住在这么个地方！

陈白露　(挑衅地)怎么，这个地方不好么？

方达生　(慢声)嗯——(不得已地)好！好！

陈白露　(笑着看男人那样呆呆地失了神)你怎么不脱大衣？

方达生　(突然收敛起来)哦，——？大衣？(想不起话来)是的，我没有脱，没有脱。

陈白露　(笑出声，看他怪好玩的)我知道你没有脱。我问你为什么这样客气，不肯自己脱？

方达生　(找不出理由，有点窘迫)也许，也许是因为不大习惯进门就脱衣服。(忽然)嗯——是不是这屋子有点冷？

陈白露　冷？——冷么？我觉得热得很呢。

方达生　(想法躲开她的注意)你看，你大概是没有关好窗户吧？

陈白露　(摇头)不会。(走到窗前，拉开幔子，露出那流线状的窗户)你看，关得好好的。(望着窗外，忽然惊喜地)喂，你看！你快来看！

方达生　(不知为什么，慌忙跑到她面前)什么？

陈白露　(用手在窗上的玻璃画一下)你看，霜！霜！

方达生　(扫兴地)你说的是霜啊！你呀，真——(底下的话自然是嫌她有点心浮气躁，但他没有说，只摇摇头)

陈白露　(好奇地)怎么，春天来了，还有霜呢。

方达生　(对她没有办法，小孩似的)嗯，奇怪吧！

陈白露　(兴高采烈地)我顶喜欢霜啦！你记得我小的时候就喜欢霜。你看霜多美，多好看！(孩子似的，忽然指着窗)你看，你看，这个像我么？

方达生　什么？(伸过头去)哪个？

陈白露　(急切地指指点点)我说的是这窗户上的霜，这一块！(男人偏看错了地方)不，这一块，你看，这不是一对眼睛！这高的是鼻子，凹的是嘴，这一片是头发。(拍着手)你看，这头发，这头发简直就是我！

方达生　(着意比较,寻找那相似之点,但是——)我看——(很老实地)并不大像。

陈白露　(没想到)谁说不像?(孩子似的执拗着,撒着娇)像!像!像!我说像!它就像!

方达生　(逆来顺受)好,像,像得很。

陈白露　(得意)啊,你说像吧!(又发现了新大陆)喂,你看,你看,这个人头像你,这个像你。

方达生　像我?

陈白露　(奇怪他会这样问)嗯,自然啦,就是这个。

方达生　(如同一个瞎子)哪儿?

陈白露　这块!这块!就是这一块。

方达生　(看了一会儿,实在看不出一点相似处,简单地)我,我看不出来。

陈白露　(败兴地)你这个人!还是跟从前一样的别扭,简直是没有办法。

方达生　是么?(微笑)今天我看了你一夜晚,就刚才这一点,还像从前的你。

陈白露　怎么?

方达生　(露出愉快的颜色)还是从前那点孩子气。

陈白露　你……你说(低声地)还有从前那点孩子气?(她仿佛回忆着,蹙着眉头。她打一个寒战,现实像一只铁掌又把她抓回来)

方达生　嗯,怎么?你怎么?

陈白露　(方才那一阵兴奋如一阵风吹过去,她突然感觉老了许多,几秒钟前那种娇痴可喜的神态不见了,她叹一口气,苍老地)达生,我从前有过这么一个时期,是一个孩子么?

方达生　(明白她的心情,鼓励地)只要你肯跟我走,你现在还是孩子,过真正的自由的生活。

陈白露　(摇头,久经世故地)哼,自由!哪儿有自由?

方达生　什么,你——(他住了嘴,知道这不是劝告的事。他拿出一条手帕,仿佛擦鼻涕那样动作一下,他望到别处,踱了两步,停下来环视)

陈白露　(又恢复平日所习惯那种漠然的态度)你看什么?

方达生　(笑了笑,放下帽子)不看什么,你住的地方,很——(指指周围,又说不出什么来,忽然找出一句不关轻重而又能掩饰自己情绪的称誉)很讲究。

陈白露　(明白男人的话并不是诚意的)嗯,讲究吗?(顺手把脚下一个靠枕拿起来,放在沙发上,不在意地)住得过去就是了。(瞌睡虫似乎钻进女人的鼻孔里,不自主地来一个呵欠。传染病似的接着男人也打一个呵欠。女人向男人笑笑。男人像个刚哭过的小孩,手背揉着眼睛)你累了么?

方达生　还好。

陈白露　想睡觉么?

方达生　还好。——方才是你一个人同他们那些人在跳,我一开始就坐着。

陈白露　你为什么不一起玩玩?

方达生　(冷冷地)我告诉过你,我不会跳舞,并且我也不愿意那么发疯似的乱蹦。

陈白露　(笑得有些不自然)发疯,对了!我天天过的是这样发疯的生活。(远远鸡喔喔地叫了一声)你听!鸡叫了。

方达生　奇怪,怎么这个地方会有鸡叫?

陈白露　附近就是一个市场。(看表,忽然抬起头)你猜,现在是几点钟了?

方达生　(拐颈想想)大概有五点半,就要天亮了。我在那舞场里,五分钟总看一次表。

陈白露　(奚落地)就那么着急么?

方达生　(爽直地)你知道我现在在乡下住久了,在那种热闹地方总有点不耐烦。

陈白露　(理着自己的头发)现在呢?

方达生　(吐出一口气)自然比较安心一点。我想这里既然没有人,我可以跟你说几句话。

陈白露　可是(手掩着口,打个呵欠)现在就要天亮了。(忽然)咦,为什么你不坐下?

方达生　(拘谨地)你——你并没有坐。

陈白露　(笑起来,露出一口齐整洁白的牙齿)你真是书呆子,乡下人,到我这里来的朋友没有等我让座的。(坐到他面前,轻轻地推他坐在一张沙发上)坐下。(回头,走到墙边小柜前)渴得很,让我先喝一口水再陪着你,好么?(倒水,拿起烟盒)抽烟么?

方达生　(瞪她一眼)方才告诉过你,我不会抽烟。

陈白露　(善意地讥讽着他)你真是个好人!(自己很熟练地燃上香烟,悠悠然呼出淡蓝的氤氲)

方达生　(望着女人巧妙地吐出烟圈,忽然,忍不住叹一声,同情而忧伤地)真的,我想不到,竹均,你居然会变——

陈白露　(放下烟)等一等,你叫我什么?

方达生　(吃了一惊)你的名字,你不愿意听么?

陈白露　(回忆)竹均,竹均,仿佛有多少年没有人这么叫我了。达生,你再叫我一遍。

方达生　(受感动)怎么,竹均——

陈白露　(回味男人叫的情调)甜得很,也苦得很。你再这样叫我一声。

方达生　(不懂女人的意思)哦,竹均,你不知道我心里头——(忽然)这里真没人么?

陈白露　没有人,当然没有人。

方达生　(难过地)我看你现在这个样子。你不知道我的心,我的心里头是多么——(有删节)

陈白露　你真是个乡下人,太认真,在此地多住几天,你就明白活着就是那么一回事。每个人都这样,你为什么这样小气?好了,现在好了,没有人啦,你跟我谈你要谈的话吧。

方达生　(从深思醒过来)我刚才对你说什么?

陈白露　你真有点记性坏。(明快地)你刚才说心里头怎么啦!这位张乔治先生就来了。

方达生　(沉吟着,叹一口气)对了,"心里头","心里头",我就是这么一个人,永远在心里头活着。可是竹均,(诚恳地)我看你这个样子,你真不知道我心里头是多么——(有删节)

方达生　竹均,怎么你现在会变成这样——

陈白露　(口快地)这样什么?

方达生　(叫她吓回去)呃,呃,这样地好客,——嗯,这样地爽快。

陈白露　我原来不是很爽快么?

方达生　(不肯直接道破)我不是,我不是这个意思……我说,你好像比从前大方得——

陈白露　(来得快)我从前也并不小气呀!哦,得了,你不要拿这样好听的话跟我说。我知道你心里是不是说我有点太随便,太不在乎。你大概有点疑心我很放荡,是不是?

方达生　(想掩饰)我……自然……我……

陈白露　(追一步)你说老实话,是不是?

方达生 （忽然来了勇气）嗯——对了。你是比以前改变多了。你简直不是我以前想的那个人。你说话，走路，态度，行为，都，都变了。我一夜晚坐在舞场观察你。你完全不是从前那样天真的女孩子，你变了。你现在简直叫我失望，失望极了。

陈白露 （故作惊异）失望？

方达生 （痛苦）失望，嗯，失望，我没有想到我跑到这里，你已经变成这么随便的女人。我是看不下去你这种样子。我在几千里外听见关于你种种的事情，我不相信。我不相信我从前最喜欢的人会叫人说得一个钱也不值。我来看你，我发现你在这么一个地方住着。一个单身的女人，自己住在旅馆里，交些不三不四的朋友，这种行为简直是——放荡！堕落！——你要我怎么说呢？

陈白露 （立起，故意冒了火）你怎么敢当着面说我堕落！在我的屋子里，你怎么敢说对我失望！你跟我有什么关系，你敢这么教训我？

方达生 （觉得已得罪了她）自然现在我跟你没有什么关系。

陈白露 （不放松）难道从前我们有什么关系？

方达生 （嗫嚅）呃，自然也不能说有。（低头）不过你应该记得你是爱过我的；并且你也知道我这一次到这里来是为什么？

陈白露 （顽石一般）为什么，我不知道！

方达生 （恳求地）我不喜欢看你这样，跟我这样装糊涂！你自然明白，我要你跟我回去。

陈白露 （睁着大眼睛）回去？回到哪儿去？你当然晓得我家里现在没有人。

方达生 不，不，我说你回到我那里，我要你，我要你嫁给我。

陈白露 （恍然大悟的样子）哦，你昨天找我，原来是要给我说媒，要我嫁人啊？（方才明白的语调）嗯！——

方达生 （还是那股别扭劲儿）我不是给你说媒，我要你嫁给我。那就是说，我做你的丈夫，你做我的——

陈白露 得了，得了，你不用解释。“嫁人”这两字，我们女人还明白怎么讲。可是，我的老朋友，就这么爽快么？

方达生 （取出车票）车票就在这里。要走，天亮以后，坐早上十点的车，我们就可以离开这儿。

陈白露 我瞧瞧。（拿过车票）你真买了两张，一张来回，一张单程，——哦，连卧铺都有了。（笑）你真周到。

方达生 （急煎煎地）那么你是答应了，没有问题了。（拿起帽子）

陈白露 不，等等，我只问你一句话——

方达生 什么？

陈白露 （很大方地）你有多少钱？

方达生 （没想到）我不懂你的意思。

陈白露 不懂？我问你养得活我么？（男人的字典里没有这样的字，简直是惊吓得说不出话来）咦？你不要这样看我！你说我不应该这么说话么？我要人养活我，你难道不明白？我要舒服，你不明白么？我出门要坐汽车，应酬要穿些好衣服，我要玩，我要跳舞，你难道听不明白？

方达生　(冷酷地)竹均,你听着,你已经忘记你自己是谁了?

陈白露　你要问我自己是谁么?你听着:出身,书香门第,陈小姐;教育,爱华女校的高材生;履历,一阵子的社交明星,几个大慈善游艺会的主办委员……父亲死了,家里更穷了,做过电影明星,当过红舞女。怎么,这么一套好身世,难道我不知道自己是谁?

方达生　(不屑地)你好像很自负似的。

陈白露　嗯,我为什么不呢?我一个人闯出来。自从离开了家乡,不靠亲戚,不靠朋友,能活就活,不能活就算。到了现在,你看我不是好好活着,我为什么不自负?

方达生　可是你以为你这样弄来的钱是名誉的么?

陈白露　可怜,达生,你真是个书呆子。你以为这些有名誉的人物弄来的钱就名誉么?我这里很有几个场面上的人物,你可以瞧瞧,形形色色:银行家,实业家,做小官的都有。假若你认为他们的职业是名誉的,那我这样弄来的钱要比他们还名誉得多。

方达生　我不明白你究竟是什么意思,也许名誉的看法——

陈白露　嗯,也许名誉的看法,你跟我有些不同。我没故意害过人,我没有把人家吃的饭硬抢到自己的碗里。我同他们一样爱钱,想法子弄钱,但我弄来的钱是我牺牲过我最宝贵的东西换来的。我没有费着脑子骗过人。我没有用着方法抢过人。我的生活是别人甘心愿意来维持,因为我牺牲过我自己。我对男人尽过女子最可怜的义务,我享着女人应该享的权利!

方达生　(望着女人明灼灼的眼睛)可怕,可怕!——你现在怎么能会一点顾忌也没有,一点羞耻的心也没有。你难道不知道金钱一迷了心,人生最可宝贵的爱情,就会像鸟儿从窗户飞了么?

陈白露　(略带辛酸)爱情?(停顿,掸掸烟灰,悠长地)什么是爱情?(手一挥,一口烟袅袅地把这两个字吹得无影无踪)你是个小孩子!我不跟你谈了。

方达生　(不死心)好,竹均,我看你这两年的生活已经叫你死了一半。不过我来了,我看见你这样,我不能看你这样下去。我一定要感化你,我要——

陈白露　(忍不住笑)什么,你要感化我?

方达生　好吧,你笑吧,我现在也不愿意跟你多辩了。我知道你以为我是个傻子。从那么远的路走到这里来找你,说出这一大堆傻话。不过我还愿意做一次傻请求,我想把这件事跟你说一遍。我希望你还嫁给我,请你慎重地考虑一下,二十四小时内,希望你给我一个满意的答复。

陈白露　(故做惊吓状)二十四小时!可吓死我了。达生,要是到了你的期限,我的答复是不满意的,那么,你是否就要下动员令,逼着我嫁你么?

方达生　那,呃,那,——

陈白露　那你怎么样?

方达生　如果你不嫁给我——

陈白露　你怎么样?

方达生　(苦闷地)那——那我也许自杀。

陈白露　什么?(不高兴地)你怎么也学会这一套!

方达生　(觉得自己有点太时髦了)不,我不自杀。你放心,我不会为一个女人自杀的。我自己会走,我要走得远远的。

陈白露 （放下烟）对呀，这还像一个大人说的话。（立起）好了，我的傻孩子，那么你用不着再等二十四小时啦！

方达生 （立起以后）什么？

陈白露 （微笑）我现在就可以答复你。

方达生 （更慌了）现在？——不，你等一等。我有点慌。你先别说，我把心稳一稳。

陈白露 （很冷静地）我先给你倒一杯凉茶，你定定心好不好？

方达生 不，用不着。

陈白露 抽一支烟。

方达生 （不高兴）我告诉过你三遍，我不会抽烟！（摸着心）得了，过去了，你说吧。

陈白露 你心稳了。

方达生 （颤声）嗯！

陈白露 那么，（替他拿帽子）你就可以走了。

方达生 什么？

陈白露 在任何情形之下，我是不会嫁给你的。

方达生 为，为什么？

陈白露 不为什么！你真傻！这类事情说不出个什么理由来的。你难道不明白？

方达生 那么，你对我没有什么感情？

陈白露 也可以这么说吧。（方达生想拉住她的手，但她飘然走到墙边）

方达生 你干什么？

陈白露 我想按电铃。

方达生 做什么？

陈白露 你真的要自杀，我好叫证人哪。

方达生 （望着她，颓然跌在沙发里）方才的话是你真心说的话，没有一点意气作用么？

陈白露 你看我现在还像个再有意气的人么？

方达生 （立起）竹均！（拿起帽子）

陈白露 你这是做什么？

方达生 我们再见了。

陈白露 哦，再见了。（夸张的悲戚，拉住他的手）那么，我们永别了！

方达生 （几乎要流眼泪）嗯，永别了！

陈白露 （看他到门口）你真预备要走么？

方达生 （孩子似的）嗯。

陈白露 那么，你大概忘了你的来回车票。

方达生 哦！（走回来）

陈白露 （举着车票）你真要走么？

方达生 嗯，竹均！（回头，用手帕偷偷揩去忍不住的眼泪）

陈白露 （两手抓着他的肩膀）你怎么啦？傻孩子，眼睛都挂了灯笼了么？你真不害羞，眼泪是我们女人的事！好了，（如哄小兄弟一样）我的可怜虫，叫我气哭了，嗯？我给你擦擦，你看，那么大的人！多笑话！不哭了，不哭了！是吧？（男人经过了这一番抚慰，心中更委屈起来，反而抽咽出了声音。白露大笑，推着他坐下）达生，你看你，让我跟你说一句实在话。你先不要这样孩子气，你想，你要走，你就能随便走么？

方达生　（抬起头）怎么？

陈白露　（举车票）这是不是你的车票？

方达生　嗯，怎么？

陈白露　你看，这一下（把车票撕成两片）好不好？（扔在痰盂里）我替你保存在这里头，好不好？

方达生　你，你怎么——

陈白露　你不懂？

方达生　（眉梢挂着欢喜）怎么，竹均，你又答应我了么？

陈白露　不，不，你误会我的意思，我没有答应你。我方才是撕你的车票，我不是撕我的卖身契。我是一辈子卖给这个地方的。

方达生　那你为什么不让我走？

陈白露　（诚恳地）你以为世界上就是你一个人这样多情么？我不能嫁给你，难道就是我恨了你？你连跟我玩一两天，谈谈过去的情分都没有了么？你有点太古板，不结婚就不能做一个好朋友？难道想想我们以往的情感，就不能叫我们留恋一点么？你一进门，就斜眼看着我，东不是，西不是的，你说我这个不对，那个不对。你说了我，骂了我，你简直是瞧不起我，你还要我立刻嫁给你。还要我二十四小时内答复你，哦，还要我立刻跟你走。你想一个女子就是顺从得像一只羊，也不至于可怜到这步田地啊！

方达生　（憨直）我向来是这个样子。我不会表示爱情，你叫我跪着，说些好听的话，我是不会的。

陈白露　是啊，所以无妨你先在我这里多学学，过两天，你就会了的。好了，你愿意不愿意跟我再谈一两天？

方达生　（爽直地）可是谈些什么呢？

陈白露　话自然多得很，我可以介绍你看看这个地方，好好地招待你一下。你可以看看这里的人怎么过日子。

方达生　不，用不着，这里的人都是鬼，我不用看；并且我的行李昨天已经送到车站了。

陈白露　真送到车站么？

方达生　自然我从来不——从来不说谎话的。

［她关上门。过度兴奋使她无力地倚在门框上。同时疲乏仿佛也在袭击着她，她是真有些倦意了。一夜晚的烟酒和激动吸去了她大半的精力，她打一个呵欠，手背揉着青晕更深了的眼睛。她走到桌前，燃着一支香烟。外面远处又一声鸡鸣。她回过头，凝望窗外漫漫浩浩一片墨影渐渐透出深蓝的颜色。她丢下香烟，轻快地走到窗前，将电灯熄灭，打开窗子，很朦胧地映入对面一片楼顶棱棱角角的轮廓，顶上仿佛晾着裤褂床单一类的东西，掩映出重重叠叠的黑影。她立在窗口，斜望出去，深深吸进一口凉气，不自主地打一个寒战。远处传来低沉的工厂的汽笛声，哀悼似的长号着。

屋内光影暧昧，不见轮廓。这时由屋的左面食物柜后悄悄爬出一个人形，倚着柜子立起，颤抖着，一面蹑足向门口走，预备乘机偷逃。白露这时觉得背后窸窸窣窣有人行走。她回转头，看过去，那人仿佛钉在那里，不能动转］

陈白露　（低声）有贼。

那　人　（低声）别叫，别叫！

陈白露　谁？你是谁？

那　人　(缩做一团,喘气,颤抖)小……姐！小……姐！

陈白露　(胆子大了些)你是干什么的?

那　人　我……我……(抽咽)

[白露赶紧跑到墙边开灯,室内大放光明。在她面前,立着一个瘦弱胆怯的女孩子,有十五六岁,两根小辫垂在胸前,头发乱蓬蓬的,惊惶地睁着两个大眼睛望着白露,眼泪在睫毛下挂着。她穿一件染满油渍、肥大绝伦的蓝绸褂子,衣裙同袖管几乎拖曳地面。裤子也宽大无比,裤管在地上摩擦着。这一身衣服使她显得异样怯弱渺小,如一个婴儿裹在巨人的袍褂里。因为寒冷和恐惧,她抖得可怜。在她亮晶晶的双眼里,流露出天真和哀求。她低下头,一寸一寸地向后蹒跚,手里提着裤子,提心吊胆,怕一不谨慎,跌在地上]

陈白露　(望着这可笑又可怜的动物)哦,原来是这么一个小东西!

小东西　(惶恐而忸怩)是,小姐。(小东西一跛一跛地向后退,一不小心踏在自己的裤管上,几乎跌倒)

陈白露　(忍不住笑——但是故意地绷起脸)啊,你怎么会想到我这里偷东西?啊!(佯为怒态)小东西,你说!

小东西　(手弄着衣裙)我……我没有偷东西。

陈白露　(指着)那么,你这衣服偷的是谁的?

小东西　(低头打量自己的衣服)我,我偷的是我妈妈的。

陈白露　谁是你妈妈?

小东西　(望白露一眼,呆呆地撩开眼前的头发)我妈妈!——我不知道我妈妈是谁。

陈白露　(笑了——依然忖度地)你这个糊涂孩子,你怎么连你妈妈都不知道。你妈住在什么地方?

小东西　(指屋顶)在楼上。

陈白露　在楼上。(她恍然明白了)哦,你在楼上,谁叫你跑出来的?

小东西　(声音细得快听不见)我,我自己。

陈白露　为什么?

小东西　(胆怯)因为……他们……(低下头去)

陈白露　怎么?

小东西　(恧然[①])他们前天晚上——(惧怕使她说不下去)

陈白露　你说,这儿不要紧的。

小东西　他们前天晚上要我跟一个黑胖子睡在一起。我怕极了,我不肯,他们就——(抽咽)

陈白露　哦,他们打你了。

小东西　(点头)嗯,拿皮鞭子抽。昨天晚上他们又把我带到这儿来,那黑胖子又来了。我实在是怕,我吓得叫起来,那黑胖子气走了,他们……(抽咽)

陈白露　(泫然)他们又打你了。

小东西　(摇头,眼泪流下来)没有,隔壁有人,他们怕人听见。堵住我的嘴,掐我,拿(哭起来)……拿……拿烟签子扎我。(忍住泪)您看,您看!(伸出臂膊,白露拉着她的手。太虚弱了,小东西不由自主地跪下去,但膝盖触地,“啊”的一声,她立刻又起来)

陈白露　(抱住她)你怎么啦?

小东西　(痛楚地)腿上扎的也是,小姐。

陈白露　天！(不敢看她的臂膊)你这只臂膊怎么会这样！……(想找出什么包扎一下)

小东西　不要紧的，小姐，不要紧的。(盖上自己的臂膊)他们怕我跑，不给我衣服，叫我睡在床上。

陈白露　你跑出去的时候，他们干什么？

小东西　在隔壁抽烟打牌。我才偷偷起来，把妈妈的衣服穿上。

陈白露　你怎么不一直跑出去？

小东西　(仿佛很懂事的)我上哪儿去？我不认识人，我没有钱。

陈白露　不过，你的妈妈呢？

小东西　在楼上。

陈白露　不是，我说你的亲妈妈，生你的妈妈。

小东西　她？(眼眶含满了泪)她早死了。

陈白露　父亲呢？

小东西　前个月死的。

陈白露　哦！(回过身去)——可是你怎么跑到我这里来？他们很容易找着你的。

小东西　(恐惧到了极点)不，不，不！(跪下)小姐，您修个好吧，不要叫他们找着我，那他们会打死我的。(拉着小姐的手)小姐，小姐，您修个好吧！(叩头)

陈白露　你起来。(把她拉起来)我没有说把你送回去。你先坐着，让我们想个法子。

小东西　好，好，小姐。(她忽然跑到门前把门关好)

陈白露　你干什么？

小东西　把门关严，人进不来。

陈白露　哦！(拍着她的肩)不要紧的。你先不要怕。

小东西　(颤抖)嗯，不怕，我不怕。(又走了几步)

陈白露　你要到哪儿去？

小东西　(低头)我想回去。

陈白露　(奇怪)回去？还回到他们那里？

小东西　(低头)嗯。

陈白露　为什么？

小东西　饿——实在饿。也许他们不知道我跑出来。天亮了，他们还会打我，但也许会给我吃的。

陈白露　呵，我多糊涂！你多少时间没有吃东西？(一面跑到食物柜前)

小东西　两天多了。他们说，要等那黑胖子喜欢了，才给我吃。

陈白露　来，你先吃吧。

小东西　(接过来)谢谢。(有删节)

[潘经理进。大丰银行的经理潘月亭——一块庞然大物，头发已经斑白，行动很迟缓，然而见着白露，他的年纪、举动、态度就突然来得如他自己的儿子一般年轻，而他的最小的少爷已经二十出头了。他的秃顶油亮亮的，眼睛瞢瞢的，鼻子像个狮子狗；有两撇胡子，一张大嘴；金质的牙时常在呵呵大笑的时刻，夸耀地闪烁着。他穿一身古铜色皮袍，上面套着缎坎肩，那上面挂着金表链和翠坠儿。他仿佛刚穿上衣服，领口还未系好，上一边的领子还折在里面，一只手拿着雪茄，皱着眉却又忍不住笑。那样尴尬的神气迎着白露]

潘月亭 白露，我知道你会找我来的！我等了你一夜晚，幸亏李石清来了，跟我谈谈银行的事，不然真不知道怎么过。我叫人看看你，没回来。你看我请你吃饭，你不去；我请你跳舞，你不去；我请你——可是（非常得意）我知道你早晚会找我的。

陈白露 （睨视）你这么相信你的魔力么？

潘月亭 （自负地）可惜，你没有瞧见我年轻的时候，——（低声）我知道你想我，（自作多情）是不是？你想我。你说，你想我，是不是？（呵呵大笑）

陈白露 嗯！我想你——

潘月亭 是的，我知道，（指点着）你良心好。

陈白露 嗯，我想你给我办一件事。

潘月亭 （故意皱起眉头）又是办事，又是办事。——你见着我，没有别的，你专门好管这些闲事。

陈白露 你怎么知道的？

潘月亭 福升全告诉我了。

陈白露 你管不管？

潘月亭 （走近小东西）原来是这么个小东西。

小东西 是，老爷。

陈白露 你看她多么可怜。——她——

潘月亭 得了，我知道，反正总是那么一套。

陈白露 （要挟地）月亭，你管不管？

潘月亭 我管！我管！

陈白露 小东西，你还不谢谢潘经理。

［小东西正要跪下］

潘月亭 （拦住她）得了，得了。白露，你真会给我找麻烦。

陈白露 你听！（外面人声）他们好像就在门口，小东西，你到（指右面）那屋去。

［小东西进右屋］

［门外男（甲）声：是这个门么？］

［门外男（乙）声：是！］

陈白露 （向潘）他们大概指着我的这个门。

潘月亭 嗯！

［门外男（甲）声：别含糊，你是看见她进了这个门？］

［门外男（乙）声：嗯。］

［门外男（甲）声：没有出来？］

［门外女人声：你看你，走到门口，又犹疑什么？］

［门外男（丙）声：不，弄清楚，别走错了门。］

［男人说话混杂声。］

陈白露 月亭，你不能等他们进来，你打开门出去，叫他们滚蛋。

潘月亭 这帮人他们大概都认识我，叫他们走还不容易？

陈白露 好，月亭，谢谢你，谢谢你，你真是个好人。

潘月亭 （傻笑）自从我认识你，你第一次说谢谢我。

陈白露 （揶揄地）因为你第一次当好人。

潘月亭　怎么你又挖苦我！白露，你——

陈白露　不要吵了，你打发他们走吧。

潘月亭　好。（转门钮，正要开门）

陈白露　可是月亭，你当然知道这个小东西是金八看上的。

潘月亭　金八。什么？（手拿回来）

陈白露　她把金八得罪了。

潘月亭　什么，这是金八看上的人？

陈白露　福升没有告诉你？

潘月亭　没有，没有，你看你，差点做个错事！

陈白露　怎么，月亭，你改主意了？

潘月亭　白露，你不知道，金八这个家伙不大讲面子，这个东西有点太霸道。

陈白露　那么，你不管了？

潘月亭　不是我不管，是我不能管，并且这么一个乡下孩子，你又何必——

陈白露　月亭，你不要拦我，你不管就不管，不要拦我。

潘月亭　你看，你看。

[门外男（丙）声：（粗暴地）敲门，她一定在这儿，一定在这儿]

[门外男（甲）声：怎么？]

[门外男（丙）声：你看，这不是大妈的手绢？那孩子不是穿大妈的褂子跑的么？]

[门外女人声：可不是，就是我的手绢。]

[门外男（甲）声：那一定是这个门，她一定在这里。开门，开门。]

陈白露　（揶揄地）你不怕啊！（正要开门迎出）

潘月亭　（拉住白露的手）你别理他们！

[门外人声：开门，开门，我们找人。]

陈白露　月亭，你先进那屋去，省得你为难，我要开门！

潘月亭　别，白露！

陈白露　你进去！（指左边）你进去，——我生气了！

潘月亭　好，我进去。

陈白露　快快。

[潘进左门，白露立刻大开中门]

陈白露　（对门外）你们进来吧！你们找谁？

门外男（甲）　（穿着黑衣服，戴着黑帽子的）你管我找谁呢？（气汹汹地，对着后面的流氓们）进来，你们都进来，搜搜吧。

陈白露　（忽然声色俱厉）站住，都进来？谁叫你们都进来？你吃些什么长大的？你们要是横不讲理，这个码头横不讲理的祖宗在这儿呢！（笑）你们是搜私货么？我这儿搜烟土有烟土，搜手枪有手枪。（挺起胸）不含糊你们！（指左屋）我这间屋里有五百两烟土，（指右屋）那间屋里有八十杆手枪。你们说，要什么吧？这点东西总够你们大家玩的吧。（门口的人一时吓住了）进来呀！诸位！（很客气地）你们怎么不进来呀？那么大的人，怕什么呀！

男（丙）　（懵懂地）进来就进来！这算个什么？

男（甲）　混蛋，谁叫你进来的？滚出去！

男(丙) (颟顸[②]地)滚就滚,这又算什么!

男(甲) (笑)您别,别多心。你这生的是哪一家子气!我们没有事也不会到这儿来打搅。我们跑丢了一个小孩子,一个刚混事由的。我们到这儿来也是看看,怕她藏在什么地方,回头吓着您。

陈白露 (恍然)哦,你们这一大帮人赶到我这儿来,是为找一个小姑娘呀!

男(甲) (非常关心)那么您大概一定是看见她进来了。

陈白露 对不起,我没有看见。

男(甲) 可是在您门口我们找着她丢的一个手绢。

陈白露 那她要丢,我有什么法子?

男(甲) 您不知道,刚才还有人瞧见她进到您门里来。

陈白露 到我的屋子来!那我可说在头里,她要偷了我的东西,你们可得赔。

男(甲) 您别打哈哈。我们说不定都是一家子的人。您也帮个忙,我看得出来,您跟金八爷一定也是——

陈白露 金八爷?哦,你们也是八爷的朋友?

男(甲) (笑)够不上朋友,常给他老人家办点小事。

陈白露 那么,好极了。金八爷方才叫我告诉门口的人,叫你们滚开。

男(甲) 怎么?金八爷跟您会说——

陈白露 (索性做到底)八爷就在这儿。

男(甲) (疑惑)在这儿?我们刚送八爷出旅馆。

陈白露 可是你们没有看见,他又进来了。

男(甲) 又进来了?(停顿,看出她的谎)那我们得见见,我们得把这件事禀告一下!(回向门口)你们说,对不对?

[门口人声:对,对,我们得见见。]

陈白露 (镇静)不成!八爷说不愿见人。

男(甲) 他不会不见我。我要见他,我要见。

陈白露 不成,你不能见。

男(甲) 不能见,我也得见!(看见白露向着右边小东西藏的屋子走)八爷大概就在这个屋子。

陈白露 (忽然跑到左边潘藏匿的房屋门口。故意用两手抵着门框)好,你进到那屋子去吧!

男(甲) 哦,(过来)——八奶奶又要跟我们打哈哈,是不是?(向白露走来狞笑。凶恶地)躲开!躲开!

陈白露 你大概要找死!(回头向左门)八爷,八爷,你先出来,教训教训他们这帮混账东西。

[门开,潘月亭披着一个睡衣出。]

潘月亭 (低声指着门内)白露,吵什么,八爷睡觉了。(望着男甲)咦,黑三?是你!你这是干什么?

男(甲) 哦,(想不到)潘四爷,你老人家也在这儿。

潘月亭 我刚跟八爷进来,到这儿来歇歇腿,抽口烟,你们在这儿是要造反,怎么啦?

男(甲) (嗫嚅)怎么,八爷是在这儿,(笑)——呃,在这儿歇着呢。

潘月亭　怎么,你要进来谈谈么?那么,请来坐坐吧!(大开门)我烧一口烟,叫金八起来,陪陪你好么?

男(甲)　(赔着笑)潘四爷跟我们开什么心?

潘月亭　不坐坐么?门口那几位不进来歇歇?不么?

男(甲)　不,不,您看我们也是有公事——

潘月亭　好极了。你们要有事,那就请你们给我滚蛋,少在这里废话!

男(甲)　(服从地)是,潘四爷,您别生这么大的气!我们得罪的地方,您可得多担待着点。(忽然回头向门口的人们)你们看什么?你们这些混蛋还不滚!他妈的这些死人!(又转过笑脸)没有法子!这群王八羔子!回头,潘四爷,八爷醒了,您可千万别提这码事。小姐,您多替我们美言两句。刚才冒犯您了!大人不记小人过!我该死!(自己打自己的嘴巴)该死!该死!

陈白露　好好,快滚吧。

男(甲)　(谄媚)您出气了吧?好,我们走了。

[男(甲)下]

陈白露　(关上门)完了,(自语)我第一次做这么一件痛快的事。

潘月亭　完了,我第一次做这么一件荒唐事。

陈白露　好啦,走啦,请金八爷归位吧。

潘月亭　哼!"请神容易送神难"。用这个招牌,把他们赶走了倒容易。回头见着金八,我们说不定就有乱子,出麻烦。

陈白露　今天不管明天事。反正这事好玩得很。

潘月亭　好玩?

陈白露　我看什么事都"好玩",你说是不是?(呵欠)我真有点累了,(忽然瞥见地上的日影)喂!你看,你看!

潘月亭　什么?什么?

陈白露　太阳,太阳,——太阳都出来了。(跑到窗前)

潘月亭　(干涩地)太阳出来就出来得了,这有什么喊头。

陈白露　(对着日光,外面隐隐有雀噪声)你看,满天的云彩,满天的亮——喂,你听,麻雀!(窗外吱吱雀噪声)春天来了。(满心欢悦,手舞足蹈地)哦!我喜欢太阳,我喜欢春天,我喜欢年轻,我喜欢我自己!哦,我喜欢!(长长吸一口冷气)(下略)

【注释】

①恧(nǜ)然:惭愧的样子。

②颟顸(mān hān):不明事理,糊涂。

【思考与练习】

1. 谈谈《日出》所蕴含的悲剧性和时代意义。

2. 试析陈白露这一人物形象的性格特点。

3. 通过《日出》的学习,了解话剧的艺术表现特点。

60. 哈姆莱特(节选)

莎士比亚

威廉·莎士比亚(1564—1616年),欧洲文艺复兴时期伟大的戏剧家和诗人。他出生于英国中部斯特拉福镇一个富裕家庭。少年时就对戏剧产生浓厚的兴趣,后来到伦敦谋生。先在剧场外为观众看马,后又当戏院杂役、演员,以后又为戏院改编和创作剧本,成名之后成为专职剧作家和剧团股东。在社会交往中,他结识了一些大学生和新贵族,受到人文主义思想的影响。

莎士比亚的诗歌作品有叙事长诗两部,十四行诗一卷154首,以及一些杂诗。戏剧作品37部,包括历史剧、喜剧、悲剧、传奇剧等。这些剧作反映了16世纪至17世纪初英国的现实,表现了新兴资产阶级的理想,情节曲折,语言丰富,人物形象生动,成为世界文学中著名的艺术典型。代表作品有《罗密欧与朱丽叶》、《威尼斯商人》、《哈姆莱特》、《奥瑟罗》、《李尔王》、《麦克白》等。本文选自《莎士比亚全集》,朱生豪译。

第三幕　第一场

城堡中一室[①]

(国王、王后、波洛涅斯、奥菲利娅、罗森格兰兹及吉尔登斯吞上。)

国王　你们不能用迂回婉转的方法,探出他为什么这样神魂颠倒,让紊乱而危险的疯狂困扰他的安静的生活吗?

罗森格兰兹　他承认他自己有些神经迷惘,可是绝口不肯说为了什么缘故。

吉尔登斯吞　他也不肯虚心接受我们的探问;当我们想要引导他吐露他自己的一些真相的时候,他总是用假作痴呆的神气故意回避。

王后　他对待你们还客气吗?

罗森格兰兹　很有礼貌。

吉尔登斯吞　可是不大自然。

罗森格兰兹　他很吝惜自己的话,可是我们问他话的时候,他回答起来却是毫无拘束。

王后　你们有没有劝诱他找些什么消遣?

罗森格兰兹　娘娘,我们来的时候,刚巧有一班戏子也要到这儿来,被我们赶过来了。我们把这消息告诉了他,他听了好像很高兴。现在他们已经到了宫里,我想他已经吩咐他们今晚为他演出了。

波洛涅斯　一点不错;他还叫我来请两位陛下同去看看他们演得怎样哩。

国王　那好极了;我非常高兴听见他在这方面感到兴趣。请你们两位还要更进一步鼓起他的兴味,把他的心思移转到这种娱乐上面。

罗森格兰兹　是,陛下。(罗森格兰兹、吉尔登斯吞同下。)

国王　亲爱的乔特鲁德,你也暂时离开我们;因为我们已经暗中差人去叫哈姆莱特到这儿来,让他和奥菲利娅见见面,就像他们偶然相遇一般。她的父亲跟我两人将要权充一下密探,躲在可以看见他们,却不能被他们看见的地方,注意他们会面的情形,从他的行为上判断他的疯病究竟是不是因为恋爱上的苦闷。

王后　我愿意服从您的意旨。奥菲利娅,但愿你的美貌果然是哈姆莱特疯狂的原因;更愿你的美德能够帮助他恢复原状,使你们两人都能安享尊荣。

奥菲利娅　娘娘,但愿如此。(王后下。)

波洛涅斯　奥菲利娅,你在这儿走走。陛下,我们就去躲起来吧。(向奥菲利娅。)你拿这本书去读,他看见你这样用功,就不会疑心你为什么一个人在这儿了。人们往往用至诚的外表和虔敬的行动,掩饰一颗魔鬼般的内心,这样的例子是太多了。

国王　(旁白。)啊,这句话太真实了!它在我的良心上抽了多么重的一鞭!涂脂抹粉的娼妇的脸,还不及掩藏在虚伪的言辞后面的我的行为更丑恶。难堪的重负啊!

波洛涅斯　我听见他来了;我们退下去吧,陛下。(国王及波洛涅斯下。)

(哈姆莱特上。)

哈姆莱特　生存还是毁灭,这是一个值得考虑的问题;默然忍受命运的暴虐的毒箭,或是挺身反抗人世的无涯的苦难,通过斗争把它们扫清,这两种行为,哪一种更高贵?死了;睡着了;什么都完了;要是在这一种睡眠之中,我们心头的创痛,以及其他无数血肉之躯所不能避免的打击,都可以从此消失,那正是我们求之不得的结局。死了;睡着了;睡着了也许还会做梦;嗯,阻碍就在这儿:因为当我们摆脱了这一具腐朽的皮囊以后,在那死的睡眠里,究竟将要做些什么梦,那不能不使我们踌躇顾虑。人们甘心久困于患难之中,也就是为了这个缘故;谁愿意忍受人世的鞭挞和讥嘲、压迫者的凌辱、傲慢者的冷眼、被轻蔑的爱情的惨痛、法律的迁延、官吏的横暴和费尽辛勤所换来的小人的鄙视。要是他只用一柄小小的刀子,就可以清算他自己的一生,谁愿意负着这样的重担,在烦劳的生命的压迫下呻吟流汗?倘不是因为惧怕不可知的死后,惧怕那从来不曾有一个旅人回来过的神秘之国,是它迷惑了我们的意志,使我们宁愿忍受目前的折磨,不敢向我们所不知道的痛苦飞去。这样,重重的顾虑使我们全变成了懦夫,决心的赤热的光彩,被审慎的思维盖上了一层灰色,伟大的事业在这一种考虑之下,也会逆流而退,失去了行动的意义。且慢!美丽的奥菲利娅!——女神,在你的祈祷之中,不要忘记替我忏悔我的罪孽。

奥菲利娅　我的好殿下,您这许多天来贵体安好吗?

哈姆莱特　谢谢你,很好,很好,很好。

奥菲利娅　殿下,我有几件您送给我的纪念品,我早就想把它们还给您;请您现在收回去吧。

哈姆莱特　不,我不要;我从来没有给你什么东西。

奥菲利娅　殿下,我记得很清楚您把它们送给了我,那时候您还向我说了许多甜言蜜语,使这些东西格外显得贵重;现在它们的芳香已经消散,请您拿回去吧,因为在有骨气的人看来,送礼的人要是变了心,礼物虽贵,也会失去了价值。拿去吧,殿下。

哈姆莱特　哈哈!你贞洁吗?

奥菲利娅　殿下!

哈姆莱特　你美丽吗?

奥菲利娅　殿下是什么意思?

哈姆莱特　要是你既贞洁又美丽,那么你的贞洁应该断绝跟你的美丽来往。

奥菲利娅　殿下,难道美丽除了贞洁以外,还有什么更好的伴侣吗?

哈姆莱特　嗯,真的;因为美丽可以使贞洁变成淫荡,贞洁却未必能使美丽受它自己的感化;这句话从前像是怪诞之谈,可是现在时间已经把它证实了。我的确曾经爱过你。

奥菲利娅　真的,殿下,您曾经使我相信您爱我。

哈姆莱特　你当初就不应该相信我,因为美德不能熏陶我们罪恶的本性;我没有爱过你。

奥菲利娅　那么我真是受骗了。

哈姆莱特　进尼姑庵去吧;为什么你要生一群罪人出来呢?我自己还不算是一个顶坏的人;可是我可以指出我的许多过失,一个人有了那些过失,他的母亲还是不要生下他好。我很骄傲,有仇必报,富于野心,我的罪恶是那么多,连我的思想也容纳不下,我的想像也不能给它们形象,甚至于我都没有充分的时间可以把它们实行出来。像我这样的家伙,匍匐于天地之间,有什么用处呢?我们都是些十足的坏人;一个也不要相信我们。进尼姑庵去吧。你的父亲呢?

奥菲利娅　在家里,殿下。

哈姆莱特　把他关起来,让他只好在家里发发傻劲。再会!

奥菲利娅　哎哟,天哪!救救他!

哈姆莱特　要是你一定要嫁人,我就把这一个诅咒送给你做嫁奁:尽管你像冰一样坚贞,像雪一样纯洁,你还是逃不过谗言的诽谤。进尼姑庵去吧,去;再会!或者要是你必须嫁人的话,就嫁给一个傻瓜吧;因为聪明人都明白你们会叫他们变成怎样的怪物。进尼姑庵去吧,去;越快越好。再会!

奥菲利娅　天上的神明啊,让他清醒过来吧!

哈姆莱特　我也知道你们会怎样涂脂抹粉;上帝给了你们一张脸,你们又替自己另外造了一张。你们淫声浪气,替上帝造下的生物乱取名字,卖弄你们不懂事的风骚。算了吧,我再也不敢领教了;它已经使我发了狂。我说,我们以后再不要结什么婚了;已经结过婚的,除了一个人以外,都可以让他们活下去;没有结婚的不准再结婚。进尼姑庵去吧,去。(下。)

奥菲利娅　啊,一颗多么高贵的心就这样陨落了!朝臣的眼睛、学者的辩舌、军人的利剑、国家所瞩望的一朵娇花;时流的明镜、人伦的雅范、举世注目的中心,这样无可挽回地陨落了!我是一切妇女中间最伤心而不幸的,我曾经从他音乐一般的盟誓中吮吸芬芳的甘蜜,现在却眼看着他的高贵无上的理智,像一串美妙的银铃失去了和谐的音调,无比的青春美貌,在疯狂中凋谢!啊!我好苦,谁料过去的繁华,变作今朝的泥土!

(国王及波洛涅斯重上。)

国王　恋爱!他的精神错乱不像是为了恋爱;他说的话虽然有些颠倒,也不像是疯狂。他有些什么心事盘踞在他的灵魂里,我怕它也许会产生危险的结果。为了防止万一,我已经当机立断,决定了一个办法:他必须立刻到英国去,向他们追索延宕未纳的贡物;也许他到海外各国游历一趟以后,时时变换的环境,可以替他排解这一桩使他神思恍惚的心事。你看怎么样?

波洛涅斯　那很好;可是我相信他的烦闷的根本原因,还是为了恋爱上的失意。啊,奥菲利娅!你不用告诉我们哈姆莱特殿下说些什么话;我们全都听见了。陛下,照您的意思办吧;您要是认为可以的话,不妨在戏剧终场以后,让他的母后独自一人跟他在一起,恳求他向她吐露他的心事;她必须很坦白地跟他谈谈,我就找一个地方听他们说些什么。要是她也探听不出他的秘密来，您就叫他到英国去，或者凭着您的高见，把他关禁在一个适当的地方。

国王　就这样吧；大人物的疯狂是不能听其自然的。（同下。）

【注释】

①为弄清真相，哈姆莱特装疯卖傻，而克劳狄斯对此心存疑虑，安排王子的朋友监视他，并利用王子与奥菲利娅的恋情窥视王子的真实内心。这时的哈姆莱特陷入了由于现实与理想的矛盾引起的思想危机之中。"生存还是毁灭"这段著名的独白，深刻地揭示了他对现实的思考和批判，反映了他的内心矛盾和苦闷，也曲折地表达了作家对人生以及当时社会的看法。

【思考与练习】

1. 为什么说哈姆莱特的悲剧是人文主义者的悲剧？
2. "生存还是毁灭"这段独白，表现了主人公怎样的内心世界？
3. 本节内容对全剧的主题表达有什么帮助？

下编　语言文学理论

第一章　语言学概要

第一节　汉　字

文字是记录语言的书写符号系统,是重要的辅助性交际工具。人类有了文字,就突破了语言在时间和空间上的限制,扩大了语言的交际功能。有了文字,人类社会的历史、知识、技术和经验得以系统地流传下来,传播开去,这就促进了社会的发展。有了文字,产生了书面语言,就可以更好地对语言进行加工,促进语言的规范化。这样文字也就促进了语言的发展,使语言更加精密和丰富。

汉字是记录汉语的书写符号系统,是汉民族通用的文字。它对我国社会的发展,对汉族语言的发展,都有过重要作用。中华民族创造的光辉灿烂的古代文化,都靠汉字记载下来,传播四方,成为全世界人民共同的宝贵财富。

自从有了人类,就有了语言,而文字是在人类的文化发展到一定阶段的时候才出现的。汉族是世界上具有悠久文明历史的民族,汉字也是世界上起源很早的文字之一。殷商的甲骨文,距今已有三千多年的历史,从形体和造字法来看,甲骨文已是相当成熟的文字。由此可见,汉字产生的时间比这更早。

我国历史上流传着"仓颉造字"的说法,甚至把汉字神秘化。实际上汉字并不是一世、一时或一人的创作,而是人们共同造出来的。文字一般起源于图画。鲁迅先生说:"文字在人民间萌芽。""在社会里,仓颉也不止一个,有的在刀柄上刻点画,有的在门户上画一些画,心心相印,口口相传,文字就多起来,史官一采集,便可以敷衍记事了。"萌芽的原始文字可能是分散的,不成系统的。经过整理,图形或符号完全同语言一致起来,并能够代表语言用来记事,这样文字就逐步成熟了。

一、汉字形体的演变

现行汉字是从古代汉字演变来的。汉字的历史悠久,历史上出现过甲骨文、金文、篆书、隶书、楷书以及草书、行书等字体。

甲骨文是指殷商时代刻写在龟甲或兽骨上的文字。其特点是:笔形是细瘦的线条,拐弯多是方笔,外形参差不齐,大小不一,写法不固定,异体字繁多。

金文是指古代铸或刻在青铜器上的文字,通行于西周。它的笔形粗满丰肥,外形比甲骨文方正、匀称,异体字也较多。

篆书一般分为大篆和小篆两种。大篆是指春秋战国时代秦国的文字,字形比金文整齐,笔画均匀,仍有少量异体字。小篆是秦始皇统一六国后整理、推行的标准字体,字形比大篆更匀称、整齐,笔画圆转简化,基本废除了异体字。

隶书有秦隶、汉隶两种。秦隶是秦代运用的隶书。它把小篆圆转弧形的笔画变成了方折平直的笔画,基本摆脱了古文字象形的特点。汉隶是在秦隶的基础上演变来的,是汉代通行的字体,字形方正,撇、捺和长横有波磔。

楷书是从隶书发展演变来的,兴起于汉末,盛行于魏晋,一直沿用到今天。楷书同汉隶的基本结构相同,主要区别是笔形不同,楷书的笔画没有波磔,字形方正,书写简便。

草书和行书一直是辅助性字体。草书包括章草、今草、狂草。章草是隶书的手写体,东汉章帝时盛行。它保存了汉隶的波磔,虽有连笔,但字字独立。今草产生于东汉末,是从章草变化来的,笔画连绵,字字顾盼呼应,贯通一气,笔形是楷书化的草写,没有章草的波势。狂草是唐代产生的,变化多端,极难辨认,变成了纯艺术品,很少有实用价值。

行书产生于东汉末,是一种介于楷书和草书之间的字体。它近楷不拘,近草不放,笔画连绵,各字独立,好写好认,切合实用。

二、汉字的构成

汉字的构成方式就是汉字的造字方法。一般地说,汉字有象形、指事、会意、形声四种造字法。

(一)象形

象形就是描绘事物形状的造字法。用这种方法造的字就是象形字。

象形字有的像事物的整体轮廓,如“车、舟”等;有的像事物的部分特征,如“牛”像牛角上弯,“羊”像羊角下弯;有的除具体的事物外还有附带部分,如“瓜”等。

象形字近于图画,又同图画有本质区别。象形字表示语音中的词,用来记录特定的语音;图画不表示语音中的词,不能用来记录语音,没有固定的形、音、义。

象形字在汉字中占的数量不多,但它是构成汉字的基础。大部分会意字和形声字是以象形字为构字部件组成的。掌握了象形字,就基本上掌握了汉字的基本构件。

象形这种造字法局限性很大。复杂的事物难以象形,抽象的概念无法象形,客观事物无限纷繁,要想一律造成象形字是根本不可能的。所以单靠这种造字法不能满足记录语言的需要。

(二)指事

指事就是用象征符号或在象形字上加提示符号来表示某个词的造字法。用这种方法造的字就是指事字。

指事字有的是只用象征性符号表示,如用三条线表示“三”,以长弧线或长横线为基础,上边和下边加一短线表示“上”和“下”;有的是在象形字上加提示符号,如“本”是“木”下部加一短横,表示树根的所在,“末”是“木”上部加一短横,表示树梢的所在。

指事字和象形字都是独体字,它们的主要区别是:指事字重在用抽象符号进行提示,象形字重在像原物之形。

指事这种造字法也有很大的局限性,因为用象征符号表示词义是相当困难的。指事字比象形字少得多。

（三）会意

用两个或几个字组成一个字，把这几个字的意义合成新字的意义，这种造字法叫会意。用会意方法造的字叫会意字。

会意字是合体字，至少由两个字组成。它不同于有附带部分的象形字和象形字加提示符号的指事字，因为这类象形字中的附带部分和指事字中的提示符号都不成字。

会意字比象形字和指事字都多。但它们都没有表音成分，作为记录语言的符号也有很大的局限性。

（四）形声

由表示字义的偏旁和表示字音的偏旁组成新字，这种构字法叫形声。用形声法造的字叫形声字，形声字有表音成分，同语言的声音在一定程度上发生了联系，与没有表音成分的象形字、指事字、会意字相比有一定的优越性。同一个形旁加上不同的声旁，可以造出意义有关而读音不同的一批字；同一个声旁，也可以加上不同的形旁，组成读音有关而意义不同的一批字。现行汉字大部分是形声字。

古代讲的“六书”，除了上面讲的四种造字法外，还有转注、假借。关于转注的解释，说法很不一致。一般认为是指同一部首，读音相同或相近，意义上有共同点的一组字。例如：“老”和“考”，同属“老”部，声音相近，意义相通，只是由于语音上的变异，分化成两个字。就造字法来说，按《说文解字》的分析，“老”是会意，“考”是形声。因此，转注不是造字法，而是一种用字法。假借也是一种用字法。语言中有了某个词，但还没有表示这个词的字，于是就在通行字中找一个同音字来替代。例如：“其”本是簸箕的象形，后借以表示代词和助词的“其”；“自”本是鼻子的象形，后借以表示代词和介词的“自”。从造字法来看，“其、自”是象形字。因此，假借是用字法，不是一种新的造字法。

汉字的构成是由表意向表音发展的。文字要满足记录语言的需要，就要具有表音的成分。汉字虽然至今仍属于表意文字体系，但是产生了大量形声字。形声字成为汉字发展的主流，是汉字向表音发展的重要标志。

三、正确使用汉字

通用的规范汉字的形体是以国家正式公布的《简化字总表》、《第一批异体字整理表》和《印刷通用汉字字形表》为依据的。每一个使用汉字的人都应遵照执行。在字音和字义方面要依据有关的字（词）典。

掌握标准简化字要以《简化字总表》为依据。《简化字总表》包括三个表。第一表收不作简化偏旁用的简化字 350 个；第二表收可作简化偏旁用的简化字 132 个和不独立成字的简化偏旁 14 个；第三表收简化字 1753 个，这些简化字是用第二表的简化字和简化偏旁类推出来的。

1955 年国家公布的《第一批异体字整理表》，把那些通行时间长、使用范围广以及笔画少的 810 个字定为规范字；另一些不太通行、笔画比较多的 1053 个字就作为异体字废除了。我们应该掌握表中所选定的全部规范字，不用已经废除的异体字。

第二节　词　汇

一、语素

语素是最小的音义结合体。例如:“书”是一个语素,它的语音形式是“shū”,它的意义是“成本的著作”;“言”是一个语素,它的语音形式是“yán”,意义是“话”或者“说话”;“马虎”也是一个语素,它的语音形式是“mǎ hu”,意义是“不认真”。它们都是音义结合体。语素不能再分成更小的音义结合体,“马虎”分成音节“马”和“虎”,与原来语素的意义无关。

现代汉语的语素大部分是单音节的,如“天、地、河、农、士、啥、而、吗”等,也有两个音节的,如“踌躇、荒唐、牢骚、参差、尼龙”等;还有三个或三个以上音节的,如“萨其马、托拉斯、的确良、法西斯、哈尔滨”等。双音节的语素有一部分是从外语借来的,三音节以上的语素几乎全是从外语借来的。

语素可以根据不同的标准分出各种类型。如按音节多少,可分为单音节语素和多音节语素。以语素的构词能力为标准分类,可以分为三种:

自由语素:能够独立成词或能够与其他语素自由组合成词的语素叫自由语素。

半自由语素:不能独立成词,只能同其他语素自由组合成词,在构词时位置不固定的语素叫半自由语素。

不自由语素:不能独立成词,而且同别的语素组合成词时位置固定的语素叫不自由语素。

由于汉语的词逐渐由单音向双音乃至多音发展,古代汉语的许多词(自由语素)在现代汉语中变成了构词成分(半自由或不自由语素),如“祖、语、言、子”等,它们只在一些文言格式和成语、熟语中被当作词用。

二、词

比语素高一级的语言单位是词。词是能够独立运用的最小的语言单位。“独立运用”是指能够单独成句或单独作句子成分或单独起语法作用。

词是由语素构成的。词中表示基本意义的语素叫词根,词根是词的词汇意义的主要承担者。加在词根上表示附加意义的语素叫词缀。

由一个语素构成的词叫单纯词。由两个或两个以上的语素构成的词叫合成词。

词是造句的单位,语素是构词的单位。词是由语素构成的,语素只有构成词之后才能在句子中起作用。记录它们的书写符号则是字。

词包含语音和意义两个部分,词的意义部分即词义。词义是由多种因素构成的。一般来说,实词都有一种与概念相联系的核心意义——理性义,此外,还可能有附着在理性义上面的色彩义。

词的构成简表

- 词
  - 单纯词
    - 单音节：杠、红、五
    - 多音节
      - 联绵词
        - 双声：澎湃
        - 叠韵：苍茫
        - 其他：芙蓉
      - 叠音词：狒狒、猩猩
      - 音译词：咖啡、巧克力
  - 合成词
    - 复合式
      - 联合型：途径、骨肉、动静
      - 偏正型：新潮
      - 补充型：提高、车辆
      - 动宾型：投资
      - 主谓型：地震
    - 附加式
      - 词缀·词根型：老虎
      - 词根·词缀型：刷子
    - 重叠式：姐姐

第三节　语　法

语法是语言中词、词组、句子的组织规律。语言中语素构成词，词构成词组，词、词组构成句子，都是有规律的。

语法是语言的要素之一。光有词汇不能形成语言。只有运用语法规则把词组织起来，语言才能成为交际工具。

语法有词法、句法之分。词法研究词的结构规律、词的语法类别和特征等。句法研究词组、句子的组织规律，词组、句子的结构和类型等。

一、句子和句子成分

句子是能够表达一个相对完整的意思并且有一个特定语调的语言单位。句子按其语气语调可分为陈述句、疑问句、祈使句和感叹句四种。按其陈述的对象和陈述的内容是否齐全分为主谓句和非主谓句。按其构成是由单一的主谓结构或非主谓结构还是具有两个或两个以上的互不包含的主谓结构或非主谓结构分为单句和复句。

句子成分是按一定的语法关系组成句子的组成成分。句子成分也就是句法结构成分，主要是词组的组成成分。句子成分的定名是由各组成成分之间的结构关系决定的。

主语是陈述对象；谓语是对主语加以陈述的。谓语中如果有宾语，就分出述语和宾语两个成分。述语是支配、关涉后面的宾语的，它可以是一个动词，也可以是一个以动词为中心的词组。宾语是被支配、关涉的对象。被修饰、限制、补充的成分叫中心语，起修饰、限制、补充作用的成分，叫附加成分。附加成分可分为定语、状语、补语三种。定语是名词性词组里中心语的附加成分；状语是动词、形容词性词组里中心语前面的附加成分；补语是动词、形容词性词组里中心语后面的附加成分。

二、词组

词组是由若干词构成的造句单位,是语义上和语法上都能逐层搭配起来的没有语调的一组词。词组主要由实词加实词组成,也可以由实词加虚词组成。组成成分之间有一定的语法关系。根据不同的语法关系,词组可以分为许多类型。

词组的类型:
- 基本类型:主谓词组、述宾词组、偏正词组、补充词组、联合词组
- 结构类型:简单词组、复杂词组
- 功能类型:名词性词组、动词性词组、形容词性词组、介词词组

三、词类

词类是词的语法分类。分类的目的是为了讲述词的用法,说明语句结构。词的分类是以它的语法特征为依据的,这种语法特征包括词的形态特征(词形变化)、词与词的组合能力和充当句子成分的能力。

能够单独充当句子成分的词叫实词。不能单独充当句子成分,主要是表示一定的语法意义的词叫虚词。根据词的不同语法特征,实词可分为名词、动词、形容词、数词、量词、副词、代词、叹词等八类;虚词可分为介词、连词、助词、语气词等四类。

名词是表示人和事物名称的词,其语法特征是在句子中常作主语、宾语,一般不能同副词组合。

动词是表示动作、行为、心理活动或存在、变化、消失等的词,其语法特征是在句子中作谓语或谓语中心语,能与副词组合,但一般不与程度副词组合。

形容词是表示性质、状态的词,其语法特征是在句子中都能作定语,大多能作谓语或谓语中心语,少数也可作状语、补语,大部分词能同程度副词组合。

数词是表示数目和次序的词。表示数目多少的叫基数,表示次序的叫序数。数词的语法特征是数词经常同量词组合,一般不直接同名词组合。

量词是表示计算单位的词,可分为物量词和动量词两类。量词的语法特征是量词出现在数词之后,同数词一起组成数量词词组,作定语、状语或补语。量词不能单独作定语。

副词是限制、修饰动词、形容词,表示程度、范围、时间等的词。副词的语法特征是在句子中作状语,一般不能单独回答问题,但有一部分副词能起关联作用。

代词是有代替、指示作用的词。代替人或事物名称的词叫人称代词;表示疑问的词叫疑问代词;指称或区别人、物、情况的词叫指示代词。代词的语法特征是代词同它所代替或指示的实词或词组的用法大致相当。

叹词是表示感叹或呼唤、应答的词。叹词的独立性最强,一般不同别的词语发生结构关系,在句中常作感叹语。叹词的写法不固定,同一声音,往往用不同的汉字表示。

介词不能单独作句子成分,介词主要用在名词或名词性词语前面,共同组成介词词组,作动词、形容词的附加成分,表示时间、处所、方式、条件、对象等。介词词组主要作状语,有的作补语、定语。

连词是连接词、词组、分句或句子的虚词。

助词是附着在其他语言单位上表示动态等语法意义的虚词。它的特征在于附着性很强,一般读轻声。常见的助词有结构助词、动态助词、比况助词、其他助词。

语气词是放在句尾或句中停顿处表示种种语气的词。依所表示的语气不同,语气词可分为四种:陈述语气、疑问语气、祈使语气、感叹语气。

四、句型

(一)单句

主谓句:主谓谓语句:由主谓词组充当谓语的句子叫主谓谓语句。

双宾句:及物动词所表示的动作既涉及人,又涉及事物,可带两个宾语,两个宾语之间没有结构关系。

连谓句:由连谓词组(两个或两个以上谓词性词语连用,在意义上每个都能与同一主语发生主谓关系)充当谓语的句子。

兼语句:由兼语词组充当谓语的句子叫兼语句。

存在句:句首有表示处所的词语,全句表示什么地方存在、出现或消失了什么事物的句子。

把字句:用"把"或"将"字将动词的支配、关涉对象放在动词之前的一种句型。

被字句:主语是受事,而用"被"字引进施事,或将"被"字直接附于动词前的句子。

疑问句:是非问:结构像陈述句,只是要用升、降语调或兼用语气词"吗"等。

特指问:用疑问词代替未知部分的疑问句。

选择问:提出两种或几种看法,希望对方选择一种来答复。

正反问:把可能有的事情的正面和反面并列说出来,让人选择一项答语。

非主谓句:动词性非主谓句:由述宾词组组成,不需要甚至无法补出主语。

形容词性非主谓句:通常由一个形容词或形容词性词组组成。

名词性非主谓句:由一个名词或名词性偏正词组组成,分不出主谓。

叹词句:由叹词组成。

变式句:主谓倒装句:谓语在前,主语在后。

定语、状语后置句:定语、状语在中心语的后面。

省略句:省去句子中一些不说自明的成分。

(二)复句

联合复句:并列关系:每个分句分别叙说有关的几件事情或同一事物的几个方面,分句间的关系是平列的或相对的。

顺承关系:几个分句按顺序说出连续的动作或相关的情况。

解说关系:后一分句对前一分句进行解释、说明或总括。

选择关系:分别说出两种或几种可能的情况,让人从中选择,或说出选定其中一种,舍弃另一种。

递进关系:后面分句的意思比前面分句的意思更进一层,一般由轻到重,由小到大,由浅到深,由易到难。

偏正复句:转折关系:正句同偏句的意思相反或相对。

条件关系:偏句提出一种条件,正句说明在满足这种条件的情况下所产生的结果。

假设关系:偏句提出一种假设,正句说明结论。

因果关系:偏句说出原因,正句说出结果。

多重复句:由两个或两个以上层次组成的复句就叫多重复句。

紧缩复句:由两三个分句紧缩在一起,中间没有停顿的句子。

(三)句组

由两个或几个在意义上有密切联系、结构上各自独立的单句或复句组成的句子就叫句组。

第四节　修　辞

一、修辞的概念

修辞有两层含义:一是指一种语言中加强表达效果的所有方法和手段,也就是一般所说的修辞学研究的对象;二是指人们在语言实践中对各种加强语言表达效果的方法和手段的运用,这就是说话和写作中的修辞活动。

语音、词汇、语法是语言的三要素,而修辞是从表达方法、表达效果的角度去研究语音、词汇、语法的运用,是对语言各方面的综合运用的研究。

二、辞格

(一)比喻

描写事物或说明道理时,用同它有相似点的别的事物或道理来打比方,这种辞格叫比喻。比喻里被比方的事物叫"本体",用来打比方的事物叫"喻体",联系二者的词语叫"比喻词"。

比喻的作用有二:一是对事物的特征进行描绘或渲染,使事物生动、具体;二是用浅显常见的事物对深奥的道理加以说明。

比喻主要可分为三类:明喻、暗喻、借喻。

(二)比拟

根据想像把物当作人写,或把人当作物写,或把甲物当作乙物来写,这种辞格叫比拟。比拟具有思想的跳跃性,能使读者展开想像的翅膀,捕捉它的意境,体味它的深意,并使读者对所表达的事物产生鲜明的印象,感受到作者对该事物的强烈感情,从而引起共鸣。

比拟可分为拟人和拟物两大类。比拟和比喻有某些相似点,都是两事物相比。不同点是:比喻重点在"喻",即以乙事物"喻"甲事物,甲乙两事物一主一从;比拟的重点在"拟",即将甲事物"当作"乙事物来写,甲乙两事物彼此交融、浑然一体。

(三)借代

不直接说某人或某事物的名称,借和它密切相关的名称去代替,这种辞格叫借代,也叫换名。被代替的事物叫本体,用来代替的事物叫借体。

借代重在事物的相关性,也就是利用客观事物之间的种种关系巧妙地形成一种语言上的艺术换名。这样的换名可以引人联想,使表达收到形象突出、特点鲜明、具体生动的效果。

借代有特征代本体、专名代泛称、具体代抽象、部分代整体等几种情况。

借代与借喻有相近的地方，也有区别。借喻是喻中有代，借代是代而不喻；借喻侧重“相似性”，借代侧重“相关性”；借喻可以改为明喻，借代则不能。

（四）夸张

为了表达的需要，故意言过其实，对客观的人、事物尽力作扩大或缩小的描述，这种辞格叫夸张。夸张是在客观真实的基础上，对事物的特征加以合情合理的渲染，使人感到真实可信。

夸张的目的在于深刻地表现出作者对事物的鲜明的感情态度，从而引起读者的强烈共鸣；同时通过对事物形象的渲染，引起人们丰富的想像，以突出事物的本质和特征。运用夸张要以客观实际为基础，要明确、显豁、力求新颖。

夸张的方式有三种：扩大夸张、缩小夸张、超前夸张。

（五）对偶

结构相同或基本相同、字数相等、意义上密切相关的两个词组或句子成对排列，这种辞格叫对偶。

对偶从形式上看，音节整齐匀称，节律感强；从内容上看，凝练集中，概括力强。它有鲜明的民族特点和特有的表现力，便于记诵，因而在抒情、叙事、议论等文章中广泛使用。

对偶就上联和下联在意义上的联系可大致分为正对、反对、串对三种。

（六）对比

对比是把两种不同事物或者同一事物的两个方面，放在一起相互比较的一种辞格。

对比可以使事物的性质、状态、特征更加鲜明突出。对比可使语言色彩鲜明，揭示好同坏、善同恶、美同丑的对立，使人们在比较中得到鉴别。同时，对比还可以揭示事物的对立面，反映事物内部既矛盾又统一的辩证关系，使人们全面地看问题。

对比有两体对比和一体两面对比之分。

（七）衬托

为了突出主要事物，用类似的事物或反面的、有差别的事物作陪衬的辞格叫衬托。

衬托的作用，主要在于突现正面或反面事物，表达强烈的思想感情，使文章的中心思想深化。

衬托有旁衬和反衬两种。

衬托和对比不同。衬托有主次之分，陪衬事物是说明、突出被陪衬事物的。对比是表明对立现象的，两种对立的事物并无主次之分，而是相互依存的。

（八）排比

把结构相同或相似、语气一致、意思密切关联的句子或句子成分排列起来，使语势得到增强，感情得到加深，这种辞格叫排比。

构成排比的一组语句总是包含三项或三项以上相关的内容，它们的关系是并列的，各部分又常常带有共同或相近的提示语，使前后联结，结构紧凑，文意贯通，语势强劲。排比多用于说理或抒情。用排比说理，可以把论点阐述得更严密、更透彻；用排比抒情，可以把情感抒发得淋漓尽致。

（九）层递

根据事物的逻辑关系，连用结构相似、内容上递升或递降的语句，表达层层递进的事理，这种辞格叫层递。它借步步推进,使人们的思想认识层层深化,使人们对所表达的事理产生强烈深刻的印象。

层递有递升和递降两种形式。

层递和排比两种辞格,虽然都必须具有三项以上的事物,但排比的特点是:结构必须相同或相似,不相似的要用提示语串联起来;叙述或说明的东西,必须是一个问题的几个方面,或相关的几个问题,它们之间的关系是并列的。而层递在结构上并不强调相同,也无须用提示语,在多项事物之间的关系上,它不是并列的,而是具有等级的。因此,可以明确地区分它们:尽管形式上具有排比的鲜明特点,如果在内容上是递升或递降的,它是层递;或尽管结构上不同,但在内容上反映了事物或事物的递升或递降关系,也是层递。

(十)反复

为了突出某个意思,强调某种感情,特意重复某个词语或句子,这种辞格叫反复。反复具有突出思想、强调感情、分清层次、加强节奏感的修辞效果。

反复可分为连续反复和间隔反复两种。

间隔反复往往与排比合用。从句式看,是排比;从语句重复看,是反复。这种综合运用,可以同时发挥两种辞格的作用:一方面使表达的意思更加突出;另一方面使气势更加磅礴。但反复和排比毕竟是两种不同的修辞手法。反复着眼于词语或句子字面的重复,排比着眼于结构相同或相似、意义相近、语气一致;反复的作用是强调突出,排比的作用是增强气势。

反复和重复不同。重复是一种语病,使人感到内容空虚,语言累赘;反复则是一种常用的积极表达手段,是为了突出意思,强调感情。

(十一)设问和反问

无疑而问,自问自答,以引导读者注意和思考问题,这种辞格叫设问。反问也是无疑而问,明知故问,但它只问不答,把要表达的确定意思包含在问句里。否定句用反问的语气说出来就表达肯定的内容,肯定句用反问的语气说出来就表达否定的内容。

设问的作用是提醒注意,引导思考,突出某些内容,使文章有变化,起波澜。反问这种说法语气强烈,能激发读者的感情,给读者留下深刻的印象。

设问和反问都是无疑而问,但是有明显的区别。设问不表示肯定什么或否定什么,反问明确地表示肯定和否定的内容。设问主要是提出问题,引起注意,启发思考;反问主要是加强语气,用明确的语气表明作者自己的思想。

(十二)双关

利用语音或语义的条件,有意使语句同时兼有两种意思,表面上说这个意思,实际上是另一个意思,这另一个意思才是说话的真意所在,这种辞格叫双关。双关可以使语言幽默,饶有风趣,同时能适应某种特殊语境的需要,使表达含蓄曲折、生动活泼,以增强文章的表现力。

就构成的条件看,双关可分为谐音双关和语义双关两种。

语义双关和借喻不同。借喻是以喻体代本体,说的是喻体,要表达的是本体,是比喻与被比喻的关系,目的在于使抽象深奥的事物表达得具体、生动、简洁。语义双关表达的是两种意思,借一个词语或句子的意义关顾两个事物,表里意思不一,目的在于收到含蓄委婉、幽默风趣的效果。

（十三）拈连和仿词

拈连：利用上下文的联系，把用于甲事物的词语巧妙地用于乙事物的修辞方法。这在一定的语言环境中可以增强语言的生动性。

仿词：在现成词语的比照下，更换词语中的某个词或语素，临时仿造新词语的修辞方法。仿词大多是以反义联想为基础的，所以往往是反义连用。

仿词和被仿词往往同时出现，这样，仿词在意义上就有所依托，形成反义对用，收到互相映衬、启发联想的作用。仿词也可以单独出现，这时被仿的词潜在地起作用。仿词大都表现讽刺或诙谐、幽默的味道，常能深刻有力地突出事物的本质，显示出新鲜而又风趣的表达活力。

（十四）顶真和回环

顶真：用上一句结尾的词语作下一句的起头，使前后的句子头尾蝉联，上递下接，这种辞格叫顶真，也叫联珠。顶真修辞可使议事说理准确、谨严、周密，状物叙事条理清晰，抒情写意格调清新。

回环：把前后语句组织成穿梭一样的循环往复的形式，以表达不同事物间的有机联系，这种辞格叫回环。

顶真和回环在头尾顶接这一点上相似，但又有根本的不同。顶真是反映事物间的顺接或联结关系的，它从一个事物到另一个事物，顺连而下。回环是在词语相同的情况下，巧妙地调遣它们，利用它们不同结构关系的不同含义形成回环往复的语言形式，从甲事物到乙事物，又从乙事物到甲事物。

（十五）反语

使用与本来意思相反的词语或句子去表达本意，这种辞格叫反语。反语多用于批判、揭露，具有辛辣讽刺、幽默有趣的效果，使文章富有战斗性。在一定的语言环境中，反语比正面的论述更为有力。

在语言实践中，根据表达的需要，往往是多种辞格综合运用，形成错综复杂的形式，以收到更加突出的修辞效果。

第二章 文学史概述

第一节 中国古代文学

一、先秦文学

先秦是指秦王朝统一之前的一个漫长的历史时期。我们的祖先经历了原始社会、奴隶社会,创造了灿烂的先秦文化。这个时期是中国文学从萌芽状态到初步发展的阶段,还没有形成独立的文学观念,也没有专门从事文学创作的人。

原始时代的文学以原始歌谣和原始神话为代表。原始歌谣是原始人在生产劳动过程中集体的口头创作,是为了协调劳动动作、鼓舞劳动情绪而随口歌唱出来的,是最早出现的一种文学样式。而我们所熟悉的女娲补天、精卫填海、夸父逐日等美丽的原始神话故事,则是原始人以幻想的形式来解释自然,以表达他们征服自然、支配自然的愿望,神话也由此而产生。

先秦文学的巨大成就之一是诗歌。《诗经》是我国最早的诗歌总集,成书于公元前6世纪,它的诞生,标志着我国古代诗歌的辉煌开端。《诗经》中的作品,产生于漫长的时代和辽阔的地域,反映了宽广的社会生活画面,其思想内容丰富多彩,博大精深。《诗经》的艺术成就同样对后世的文学产生了巨大而深远的影响。汉儒将其奉为经典。《诗经》按乐曲的不同分为"风"、"雅"、"颂"三部分。"风"属于地方曲调,计160篇,有15国风(即15个地区的民间歌谣)。"雅"是属于朝廷的"正声雅乐",计105篇,"小雅"74篇,"大雅"31篇。"雅"大部分是贵族作品,也有一部分是民间歌谣。"颂"是宗庙祭祀的乐歌,计40篇,有《周颂》(周朝的)31篇、《鲁颂》(鲁国的)4篇、《商颂》(商的后代宋国的)5篇。"风"和"雅"中的民歌是《诗经》中最有价值的作品。这些民歌,有的表现了当时的阶级对立和被压迫者的反抗,有的反映了当时青年男女的爱情和婚姻问题,有的咏唱了人民的劳动,有的歌颂了人民对本民族的热爱。《诗经》是四言诗的一个高峰,基本上是四字一句,其间杂用二言、三言、五言、七言以至八言的句子,长短参差,错落有致。《诗经》采用"赋"、"比"、"兴"的表现方法。"赋"是铺叙陈述的意思;"比"是用一种事物跟另一种事物打比方;"兴"是感物起兴,即借助他物以引起所咏唱的事物,多用在一首诗或一章诗的开头。《诗经》采用当时的口语来写,语言准确生动,形象鲜明,声调和谐,增强了诗的形象性、音乐性和感染力。《诗经》是一部思想性和艺术性高度结合的优秀作品。

在春秋之前,我国产生了第一部散文的集子——《尚书》。"尚书"即上古之书的意思,亦称《书》、《书经》,是我国古代散文的发端。春秋末年,孔子依据鲁国史官所编的史书加工创作的《春秋》,是我国最早的一部私人撰写的编年史。全书记录了自鲁隐公元年(公元前722年)至鲁哀公十四年(公元前481年),计242年所发生的片断史实,文字简洁谨严,善于在一字之中寓作者的褒贬之意。

春秋末期和战国时期是我国历史上经济制度和政治制度的大变动时期，各诸侯国之间及其内部的阶级斗争和政治斗争错综复杂，加上生产力的发展和经济的繁荣，促进了“士”阶层的出现，促进了文化和文学的繁荣。于是《左传》、《公羊传》、《谷梁传》、《国语》、《战国策》等历史著作应运而生。同时由于各诸侯国的争雄和“士”阶层的产生，在我国历史上出现了诸子蜂起、百家争鸣的局面，形成了代表不同阶级、不同阶层利益的学术派别，产生了《老子》、《论语》、《墨子》、《孟子》、《庄子》、《列子》、《晏子春秋》、《孙子》、《荀子》、《韩非子》、《吕氏春秋》等诸子著作，群星灿烂，盛况空前。

《左传》是当时规模最大的历史著作。它是战国初期鲁国的史官依据孔子的《春秋》并参考各国史料编纂而成的，与《谷梁传》、《公羊传》合称“春秋三传”。它记叙了春秋时代各国的政治、经济、军事、外交和文化活动。《左传》具有较高的文学价值，它善于对庞杂的材料进行剪裁，章法有条不紊，用简练的语言描写头绪纷繁、波澜壮阔的战争事件；还善于通过人物的对话、行动和其他细节来刻画人物形象，并能用委婉曲折的文笔表达含蓄的外柔中刚的外交辞令。

《国语》是我国第一部国别体史书。《左传》侧重于记事，而《国语》侧重于记言。《国语》记事起自周穆王十二年（公元前 965 年）止于周贞定王十六年（公元前 453 年），旧称“春秋外传”，所记事实大多通过君王的言论和大臣们的谏说之辞来表现，故称《国语》。国语的文字朴实简练，逻辑严密。

《战国策》又是一部国别体史书，由史料汇编而成。西汉刘向考订整理后，定名为《战国策》，总共 33 篇，按国别记述，上接春秋，下迄秦统一。其内容以策士的游说活动为中心，反映出这一时期各国政治、外交的情况。语言明快流畅，恣意多变，委曲尽情，富于文采，多用铺排和夸张手法，辞藻绚丽，气势酣畅。所记的策士说辞，常常引用生动的寓言故事帮助说理。这些寓言，形象鲜明，寓意深刻，又浅显易懂，是中国文学宝库中的瑰宝。

《论语》是早期的诸子散文，是儒家的经典著作。它记录了孔子的政治、哲学、教育、伦理和文艺等各方面的思想，共有 20 篇。《论语》的语言概括性强，具有格言特色，善于委婉曲折地传神达意，通过对话来刻画人物个性。

《孟子》一书共 7 篇，记述孟轲的言行。其文章气势充沛，好用排句，论辩方式灵活多样，文辞酣畅流利，常用现实中常见的事例打比方，说明深刻复杂的道理，既生动形象，又贴切自然。它还常用讽刺性的寓言来阐明哲理。

《庄子》是道家的重要代表作，现存 33 篇。《庄子》散文的艺术成就很高，常用形象化的手法表达抽象的哲学思想是其主要特色。文章中有许多神妙的寓言故事和出奇的比喻，构成了光怪陆离的艺术形象，表现了庄子非凡的想像力。《庄子》散文语言华美，气势开阔，想像丰富，充满着浓厚的浪漫主义色彩，具有独特的艺术风格。

荀子名况，战国末年赵国人，著有《荀子》一书，现存 32 篇。他的《天论》是先秦时期杰出的唯物主义哲学代表作，文中提出了“制天命而用之”的著名论断。他的《劝学篇》雄辩地论述了学习的重要性，强调后天教育和环境对人的影响，阐明了正确的学习态度和方法。他采用民歌形式写的韵文《成相篇》和《赋篇》，开创了汉代辞赋的先河。

韩非是战国后期韩国人，著有《韩非子》，共有 55 篇，是先秦法家学说的集大成者。韩非强调君主集权，代表作有《五蠹》、《孤愤》和《说难》，对后代论说文的发展有一定的影响。

他文笔犀利，说理精密，善于运用寓言和历史故事来阐明道理，喻意深刻，在先秦著作中较为突出。

楚辞是战国时期出现的楚国的新诗体。主要创作者屈原是战国时期楚国伟大的诗人，他的作品有《九歌》11 篇、《九章》9 篇以及《离骚》、《天问》、《招魂》、《卜居》、《渔父》各 1 篇，共 25 篇。其中《离骚》是屈原重要的代表作品，全诗共 373 句，表达了诗人追求政治革新、振兴祖国的美好理想，反映了诗人不屈不挠的斗争意志和不惜以身殉国的崇高精神，是中国古代最宏伟的抒情诗篇。楚辞以楚国民歌为基础，吸收了北方诗歌的某些特点，有浓郁的地方色彩，打破了《诗经》以四言为主的句式，创造了以六言为主、参差错落的句式。屈原的出现，标志着诗歌由集体创作为主的时代进入了诗人独立创作的新时代。屈原之后，楚国又产生了宋玉、唐勒、景差等以辞赋见称的诗人。其中宋玉比较突出，他从屈原的骚体作品中汲取养料，创作了赋的体裁，撰写了《风赋》、《登徒子好色赋》等对汉赋有较大影响的作品。后来西汉刘向编辑的《楚辞》，以屈、宋的作品为主，其特色是“书楚语，作楚声，记楚地，名楚物”，故称“楚辞”。

总之，先秦的文学十分繁荣，形式多样，不仅思想内容丰富深刻，而且具有高度的艺术水平，充分体现了我国古代人民的聪明才智。它对我国后来的文学发展，在各方面都起了极其重要的开创作用。

二、两汉魏晋南北朝文学

西汉初期，由于全国统一，政治相对稳定，生产逐步恢复和发展。到汉武帝时，社会经济达到一定程度的繁荣富庶，统治阶级大治宫室御苑，田猎游乐，追求穷奢极欲的物质享受。在这种物质基础上，产生了一种基本上为宫廷上层统治者服务的文学样式——汉赋。参与创作的不仅有帝王大臣、名宿鸿儒，还有司马相如等专家，出现了一批专门从事文学活动的文人群，并有了区别文学与非文学的意识。强大的中央集权国家的形成，使汉代文人具有宏大的视野，因而产生了《史记》这样的鸿篇巨制。汉代形成了五言诗，并于东汉中后期开始在文人中流行。这种诗体在魏晋南北朝文学中占据了主导地位，唐以后又与七言诗并列，为中国古典诗歌的两大基本样式。在辞赋的推动下，汉代出现了各种四言韵文样式，如颂、连珠、赞、箴、碑铭、吊文、诔等，汉代以政论为主的实用性散文，对后世文学发展也有着广泛的影响。由于汉代文人将在辞赋中磨炼成的修辞技巧运用于散文，推进了散文的修辞化，至魏晋发展为骈文，成为中国文学史上最为精致的美文形式，从魏晋到唐代风靡了数百年。

汉赋是汉代的新兴文体，是汉初文人在模拟楚辞的基础上发展形成的。汉初称为“骚体赋”，此后逐渐形成散体大赋，成为汉代文学的标志性文体。东汉后期，大赋逐渐衰落，出现了抒情小赋。大赋的特点是介于诗与散文之间，韵散相间。尽管韵文所占比重很大，但已缺少诗的意味；极力铺陈排比、渲染夸张，从多种角度对景物、事物进行充分的形容描写；虚拟人物，采用主客问答的方式；辞藻丰富华丽，但发展到极端则成为辞藻的堆砌；以铺陈颂扬为主，篇末有一些讽谏之言，徒具形式，毫无意义，曰“劝百讽一”。贾谊是骚体赋的主要作家，《▮鸟赋》、《吊屈原赋》是其代表作。枚乘是由骚体转变为大赋的第一位作家，他的《七发》是标志大赋形成的第一篇作品。司马相如是汉大赋的主要代表作家，代表作是《子虚赋》、《上林赋》。杨雄的《甘泉赋》和《长杨赋》、班固的《两都赋》、张衡的《二京赋》等都是大赋的名篇。

汉代文学中另一类较有价值的作品是乐府诗中的民歌。“乐府”原是汉代音乐机关的名称。六朝时期,人们把汉代乐府机关制作、收集、传唱的诗歌也称之为“乐府”,“乐府”二字由机关名称演变成为一种诗体的名称。沿用到后世,凡入乐的诗歌都称为“乐府”;用乐府古题,不论能否入乐,也皆称“乐府”。唐代诗人有所谓“新乐府”的创作,其实与音乐无关,只是取其内容继承了汉乐府的现实主义精神,也称为“乐府”。汉乐府诗中的文人创作多为歌功颂德之作,没有什么价值。民间诗歌不仅内容深刻,而且艺术上达到很高的水平。汉乐府民歌与《诗经》一脉相承,继承发扬了现实主义传统,广阔、深刻地反映社会现实。叙事性是汉乐府民歌最基本的艺术特征,诗歌的叙事技巧逐渐成熟,到汉末终于产生了杰出的长篇叙事诗——《孔雀东南飞》。汉乐府民歌的语言朴素自然,近于口语,形式多变,句式长短不齐,从二言到七言皆有。这些作品对后代文人创作产生了巨大的影响,从建安时代曹操父子运用乐府旧题写作大量诗歌一直到唐代大诗人白居易提倡的新乐府运动,都可以看到汉乐府与他们之间的密切联系。

汉代还有一组无名作家的作品《古诗十九首》。这组诗的内容大都表现游子、思妇的离愁别绪和消极悲观、及时行乐等思想,充满了感伤低沉的情调。它们全部采用五言的形式,语言质朴自然,在艺术描写方面有较高成就,是文人五言诗成熟的标志。

汉武帝时,出现了我国历史上伟大的散文作家司马迁。他的《史记》既是一部伟大的历史著作,也是一部成就极高的文学著作,被鲁迅赞为“史家之绝唱,无韵之《离骚》”。全书共130篇,包括本纪12篇,表10篇,书8篇,世家30篇,列传70篇。本纪记载历代帝王的大事,表是各时期的简明大事记,书是记载天文、历法、水利、经济等方面情况的专门史,世家记载贵族王侯的历史,列传记载社会各阶层、各方面代表人物。五种体例互相配合,构建了以纪传为主的史书新体例,开创了纪传文学体式,成功地塑造了丰富多彩的历史人物形象。作者塑造人物形象采用了多种艺术手法,把人物放在重大的历史事件和矛盾冲突中去记述人物的活动,抓住人物的主要特征着重描写,通过其他人物对比映衬,通过生动的细节显示人物性格。《史记》善于谋篇布局,注重传记的故事性,尽量使传记有曲折生动的情节。对历史资料注重剪裁取舍,以便突出重点。此外,《史记》还具有强烈的抒情性。司马迁在写作中带着强烈的感情色彩,篇后的“太史公曰”更是集中表现作者感情的手段。在语言艺术方面,《史记》也具有杰出的成就。人物的语言都能符合其性格特点,在叙事和论赞中常引用民歌、民谣、谚语和俗语,使语言显得生动活泼。此外,司马迁还把前代的书面语言和汉代的口语加以改造和提炼,创造了具有时代特征的新的书面语,对汉语书面语的发展有巨大的贡献。

魏晋南北朝是中国历史上一个长期分裂、动乱的时期,又是一个社会思想活跃、各种学说并兴的时期,是继战国“百家争鸣”以后,我国历史上又一个思想解放的时代。随着社会思想的演变,文学越来越多地被用来表现作家个人的思想感情和美的追求,由此形成了中国文学史上重要的转折。这一时期社会的上层包括许多帝王在内,普遍热心于文学创作,从而影响了整个社会。由于文学作品日渐繁多,产生了将文学与其他学术相区别、视之为一种独立学科的意识。这一时期对各种文体的特点的探究,对文学基本性质的认识,极大地推动了文学的发展。

“建安”是汉献帝的年号,由建安到魏初的文学称为建安文学。开创者和领导者是曹操,重要诗人有“三曹”(曹操、曹丕、曹植)和“七子”(孔融、陈琳、王粲、徐干、阮瑀、应玚、刘桢)以及女诗人蔡琰。曹操一生在戎马间生活,对现实有较多的接触,他的作品如《蒿里行》、《苦寒行》、《却东西门行》、《薤露行》等诗都反映了汉末动乱的社会现实和人民流离失所的苦痛。在《短歌行》、《步出夏门行》等作品中则抒写了他要求建功立业的愿望。他写的诗歌全部采用乐府歌辞的旧题,感情深沉,情调苍凉悲壮。曹植(192—232 年)在年轻时就很有文学才华,过着贵族公子的优裕生活。早期作品如《箜篌引》、《白马篇》等就是他这一时期生活的写照。但在他哥哥曹丕做了皇帝以后,他政治上受到了压抑,在 41 岁时就抑郁不得志而死去。在《赠白马王彪》、《吁嗟篇》、《野田黄雀行》等作品里强烈地反映了这种统治阶级的内部矛盾和自己受压抑的不满情绪。曹植作品虽然仍旧采用乐府旧题,但抒情的成分却大为加强,语言趋向精美华丽,诗歌中的作者形象更为鲜明突出,对以后文人五言诗的发展起了积极的推动作用。七子中的一些诗人亲自经历了当时动乱的社会现实,因此写出了像王粲的《七哀诗》、陈琳的《饮马长城窟行》、阮瑀的《驾出北郭门行》这类反映当时社会现实面貌的作品,为建安文学增添了现实主义的光辉。

“正始”是魏齐王曹芳的年号,“正始文学”是指正始年间到西晋初的文学。这一时期,一方面是司马氏残酷诛杀造成政治上的恐怖与黑暗;另一方面是思想文化上玄学大为兴盛,诗风发生明显的转变。这一时期最有成就的作家是阮籍和稽康。阮籍的《咏怀诗》、稽康的散文在魏晋文学中占有重要地位。

西晋最有成就的诗人是左思,他的《咏史》借咏史以抒怀,提高了咏史诗的表现力。陶渊明是东晋时期成就最高的伟大诗人。他出身于没落的官僚地主家庭,自己曾做过县令、参军一类小官,但他在与现实生活的接触中,看到当时官场的污浊腐败,毅然辞官归隐。他的诗歌质朴自然,明白如话,真实地表达了他的生活遭遇和思想感情。他的歌颂田园生活的作品,开创了后代诗歌创作中田园诗这一流派。他的一些辞赋和散文,如抒写弃官归隐时愉快心情的《归去来兮辞》,寄托作者社会理想的《桃花源记》等,都是著名的作品。

南朝宋代比较有名的诗人有谢灵运和鲍照。谢灵运是第一个大力写作山水诗的诗人,他的诗歌描写自然景物比较细致,注重字句的锻炼,但有时过分雕琢。鲍照出身寒微,一生很不得意,在他的《拟行路难》、《东武吟》、《拟古》等诗中,对世家大族垄断政权的不合理现象表示了强烈不满,对下层人民遭受的压迫和剥削表示了极大同情。他写了很多七言歌行,在学习乐府民歌的基础上为七言诗体的创作开创了一个新的局面。

南朝的齐、梁、陈三个朝代,诗歌的作者大都是统治阶级上层分子,作品的内容比较空虚贫乏。其中谢眺的山水诗写得比较清新自然,而且能够在刻画山水景物的同时融入自己的思想感情。这一时期的诗歌在形式上大都讲求声律的和谐与字句的整齐对偶,对唐代近体诗的形成有很大的影响。散文写作也由散入偶,出现了一种讲求对偶工整、音调和谐、追求用典的新文体——骈文。

魏晋南北朝时期,小说作品繁多,内容丰富。如东晋干宝的志怪小说《搜神记》,其中除宣扬鬼神迷信的作品外,也保存了一些优秀的神话故事和民间传说。如《干将莫邪》、《韩凭夫妇》、《吴王小女》、《李寄》等篇,反映了统治者的昏庸残暴和人民不畏强暴、敢于斗争的反抗精神。

南朝宋代刘义庆的《世说新语》则是记载汉末到东晋这一阶段士族阶层轶事和言谈的笔记小说。它的语言非常精炼,往往通过一言一行勾勒出人物的肖像和他们的精神面貌,对后代的笔记小说产生过深远的影响。

齐、梁时代,出现了两部文学理论批评的专门著作:刘勰的《文心雕龙》和钟嵘的《诗品》。《文心雕龙》对文学的创作方法、文体的源流演变以及对作家作品的评价作了全面系统的论述。《诗品》把汉代以来一百多个五言诗作者分为上、中、下三品,追源溯流,对每个作家进行了评论。

两汉魏晋南北朝这一时期的文学,在辞赋、散文、诗歌、小说、文学理论批评等各个方面都取得了独特的成就,特别是司马迁的《史记》,以它的独创性和高度艺术成就成为后代史传文学和散文创作的典范。诗歌中的乐府民歌,以曹氏父子为代表的建安文学以及陶渊明、谢灵运、鲍照、谢眺等人的作品,对诗歌创作的内容和形式都开辟了新的领域,为唐代诗坛的高度繁荣奠定了良好的基础。

三、唐代文学

唐代是我国封建社会历史上空前强盛和繁荣的时代,也是我国古代文化获得迅速发展、古代文学大放异彩的时代。唐代文苑,百花竞放,其作品数量之众,文学形式之丰富多样,是此前各个时期的文学所无法相比的。诗歌是唐代文学的主流,唐代诗人对社会的观察与思考,诗人自身不同的人生观与人生理想,都在诗歌中充分地表现出来。唐诗发展的各个阶段,都有一些开宗立派、别具一格的杰出诗人出现,他们共同汇聚为唐诗群星璀璨的盛大局面。唐诗兴盛的原因,一是唐王朝的国力强盛;二是思想开放,文禁较松;三是朝廷重视文士,提倡文学;四是南北文风的融合与中外文化广泛的交流;五是文学自身的继承、发展与推陈出新;此外还有多种文艺形式的相互影响。唐诗的发展,一般分为初唐、盛唐、中唐、晚唐四个时期。初唐时期,诗坛上出现了王勃、杨炯、卢照邻、骆宾王四位杰出诗人,时称"四杰"。他们以自己的创作实践扭转了齐梁的不正诗风,发展了诗歌形式,为五言律诗奠定了基础,使七言诗发展成熟。盛唐是唐王朝极盛和开始转向衰败的时期,也是唐诗繁荣昌盛的高峰时期。这一时期,诗坛上名家如林。以高适、岑参为代表的边塞诗派,以王维、孟浩然为代表的山水田园诗派,都产生于这一时期。伟大的浪漫主义诗人李白和伟大的现实主义诗人杜甫是盛唐的杰出代表。中唐时期,以白居易为代表的新乐府诗派,发展了杜甫"即事名篇"的传统,大量创作新题乐府,反映民间疾苦,抨击种种弊政,掀起了又一次现实主义高潮,为唐诗的复兴作出了不可磨灭的贡献。同时,韩愈、孟郊诗派艺术上刻意求新、奇特险怪、别具一格。柳宗元托山水以抒幽愤、写田家以寄同情;刘禹锡学习并创作民歌,怀古、讽刺,名篇迭出;李贺力避蹈袭,自成一家。上述诸家共同构成了色彩斑斓的中唐诗坛。晚唐是唐诗发展的夕阳返照时期。杜牧、李商隐继承李白、杜甫的传统,诗歌艺术成就很高,但气度、魄力大为不如;温庭筠诗作浓艳纤巧,为晚唐形式主义诗风的代表。

唐代文学另一个引人注目的特色就是以韩愈、柳宗元作品为代表的散文。他们对六朝时期盛行的骈文在文体和文风上了进行改革,提出了比较明确、系统的文学主张,开拓了散文的应用范围,丰富发展了散文的表现手法,写出了优秀的新体散文,培养和造就了一大批优秀的散文作家,开创了以唐宋八大家为代表的散文传统,对后世文学的发展产生了深远的影响。

唐人传奇是唐代兴起的文言短篇小说,是我国古代小说意识开始成熟的标志。作者开始自觉地运用虚构、夸饰、典型化等艺术手法,叙事婉转,情节曲折,语言华丽,篇幅较长,结构完整。它不仅直接影响了宋以后的传奇小说,而且对于由宋至清的我国古典文言小说和白话小说，都产生了广泛的影响。元、明、清三代的戏曲，也往往从唐传奇汲取题材，或者径直把其中故事演为新的杂剧或传奇。

四、宋代文学

宋朝是一个以成熟的文官制度为基础、君主专制和中央集权空前强化的王朝，因此，严重束缚了文学的自由精神气质，明显缺乏唐代文人那种豪气干云、天真直率、舒展自由的性格特点。但宋代的文学还是相当繁盛的，尤其是宋词的创作。尽管宋代文人真正重视的还是诗歌，但唐诗作为一个难以企及的巅峰，迫使他们不得不另辟蹊径，把宋词的意境、形式、技巧都发展到了鼎盛时期，使之赢得了与诗相当的文学地位。北宋初年的词，多受五代的影响。著名的作家如晏殊、晏几道父子，或富贵艳丽，或婉转秀丽，都承袭了花间派的风格。自柳永开始，词风大变。柳永是第一个大量写"长调"的词人，长于铺叙，多用俗语，内容反映了都市中下层人民的生活和知识分子怀才不遇的苦闷。他的词在社会上广泛流传，相传"凡有井水处，即能歌柳词"。柳永词虽以铺叙见长，但仍不脱婉约之风。苏轼则一反柳永旖旎之情，代以清旷豪放之风。苏轼才情横溢，常以诗赋、经典语入词，并用散文句法作词。他扩大了词的表现范围，以词写情说理，吊古伤今。他的词风，不拘声律，自由奔放，使词脱离音乐，成为一种独立的新诗体。自苏词出，使宋词与五代词始有截然之别，并由此形成了豪放派词。苏轼之后，北宋主要词人是周邦彦，承柳永余风并加以发展。周邦彦也是一位音乐家，创造了不少新的词调，他的词声律严整，"曼声促节，繁会相宣"，适合于歌唱。他还善于把古人诗句融化入词。人们说他的词集婉约派的大成，影响所及，开南宋姜夔、吴文英一派。北宋末年，出现了我国文坛上著名的女词人李清照。她的词兼众家之所长，主要写爱情和歌颂自然，意境深切，用语清新，显示了不凡的才华。特别因晚年遭受国破家亡的痛苦，她将漂泊的身世和悲凉的心情融入词中，真切感人，具有很高的艺术境界。

南宋时期文人身处家破国残的境地，爱国热情空前高涨，词坛上涌现出大批爱国词人，最著名的首推辛弃疾。辛弃疾一生以抗敌报国自许，由于夙愿未酬，便将满腔爱国热情和慷慨激昂熔铸于词篇之中。他的词抚时感事，气魄雄伟，在风格上继承了苏轼词豪放的特色，并加以变化，大大发展了散文化的句法。南宋后期格律派词人姜夔继承并发展周邦彦的传统，词句工巧，结构完整。由于他精通音律，他的词音律特别和谐。他还一改周派词人喜作露骨情词的陋习，创造了典雅沉郁的词风。

宋代散文的发展达到了高潮。北宋中期，欧阳修领导文坛，倡导复兴古文。他文宗韩愈，但独富韵味，委婉畅达。他创作了《泷冈阡表》、《醉翁亭记》等散文名作，又校补了韩愈的文集作为典范，还运用自己的政治影响，经过30多年的努力，终于奠定了一代文风。王安石的散文，多属政论。其文雄辩简洁，言之有物，一扫文人浮泛之习。他的《读孟尝君传》，寥寥90字，就有力地驳倒了世俗的看法。其他如《答司马谏议书》、《游褒禅山记》等，都是他的代表作。三苏的散文，以苏轼成就为最高。他才气横溢，所写散文自由驰骋，纵横多变。他自评"作文如行云流水，初无定质；但当行于所当行，止于所不可不止"。大抵飘忽变化处如庄子，雄劲明快处如贾谊，圆转周到处如陆贽。佳作极多，以《赤壁赋》、《石钟山记》等最为人们传诵。和欧阳修同时代或相先后的散文家，还有范仲淹、宋祁、刘敞、司马光等。明代将欧阳修、王安石、三苏（苏洵、苏轼、苏辙）、曾巩和唐代的韩愈、柳宗元合称为"唐宋八大家"，并选录他们的文章，作为学习散文的典范。

五、元明清文学

元朝的统一带来了农业、手工业的恢复,交通运输的便利和都市经济的繁荣,为文化的发展和新的文学样式的产生创造了良好的物质条件;而统治者所实行的残酷的阶级压迫和民族压迫以及广大人民的强烈反抗,自然成为文学所反映的主要内容。

作为案头文学的诗、词,这时已不能满足人们,特别是市民对文化娱乐生活的需要,元曲由此应运而生,成为一个时代文学的代表。元曲是杂剧和散曲的合称,有着独特的艺术风格,开辟了我国戏曲史的黄金时代。现存作品有150种左右。关汉卿是元杂剧的创始者和代表作家,他多才多艺,熟悉戏院,一生写了60多种杂剧,揭露社会的黑暗和统治者的残暴,鼓舞人民为反抗压迫而斗争。他的杰作《窦娥冤》,描写窦娥冤屈致死的悲惨遭遇,歌颂她善良正直的品质和不屈不挠的精神,艺术形象光彩照人。王实甫也是颇负盛名的杂剧作家,代表作《西厢记》讴歌青年男女反对封建势力,追求爱情自由的斗争热情,曲词优美,充满诗情画意。关、王而外,元朝前期较知名的杂剧作家还有康进之、高文秀、纪君祥、石君宝、白朴、马致远等人,他们以《李逵负荆》、《赵氏孤儿》、《秋胡戏妻》、《墙头马上》、《梧桐雨》、《汉宫秋》等优秀作品,为杂剧的繁荣作出了贡献。元朝后期,杂剧中心南移,出现了郑光祖、乔吉、宫天挺等作家和《倩女离魂》等佳作。但是,杂剧的现实性和战斗性已大为减弱,而对封建道德的宣扬则有增无减,终于走向衰微。与此同时,始于南宋的南曲戏文兴盛起来,并在元末南方农民起义的政治形势下广为流行。南戏的著名作家有高明、施惠等,《琵琶记》、《拜月亭》等有影响的南戏的创作,为明清传奇戏的发展奠定了基础。

散曲是元代新兴的诗体,它吸收了宋词、民间曲词和女真、蒙古等少数民族乐曲的成就,是以当时流行的曲调清唱的一种抒情韵文,包括小令和套数。小令又叫做"叶儿",是单个的曲子;套数则是由两个以上同一宫调的曲子按照一定规则连缀起来的套曲。散曲作为通俗文学,富有民间风格和地方色彩是它的主要特色。它多以叹世、归隐、写景、咏史和诉说恋情为题材,思想性低于同时代的杂剧。元前期的散曲朴素自然,著名的作家仍推关汉卿和马致远。关汉卿的代表作《南吕·一枝花·不伏老》,以生动的比喻和泼辣的语言,描写了一个戏曲行会作者的浪漫生活。马致远擅长于自然景色的描绘,《天净沙·秋思》情景交融,给人以强烈的艺术感受。元后期的散曲讲究格律词藻,趋于典雅工丽,成就不如前期,佳作有张可久的《卖花声·怀古》、睢景臣的《般涉调·哨遍·高祖还乡》、张养浩的《山坡羊·潼关怀古》和张鸣善的《水仙子·讥时》等。

明朝开国以后,加强中央集权,提倡程朱理学,禁锢人们的思想,并实行以八股取士的制度,使文学的发展受到限制。明朝中叶,城市工商业逐渐繁荣,产生了资本主义的萌芽,随着社会经济和文化思想的发展,小说和戏曲成了文学的主流。

明代的长篇章回小说,是在宋元话本的基础上,吸收民间其他讲话和演唱材料,由文人整理加工而产生的。明初章回巨著的开山之作是罗贯中的《三国演义》,与之媲美的是施耐庵的《水浒传》。前者反映魏、蜀、吴封建统治集团的复杂矛盾和激烈斗争,后者描写北宋末年波澜壮阔的农民起义。其后,又出现了《西游记》、《新列国志》(即清代印行的《东周列国志》)、《封神演义》和《金瓶梅》等作品。吴承恩的《西游记》通过神话故事表达人民摆脱压迫、征服自然、主宰自己命运的迫切愿望。这些长篇小说结构宏大,人物众多,不乏鲜明的个性,故事情节曲折,语言通俗生动,各以现实主义或浪漫主义的艺术特征取胜。

短篇小说在艺术上更加完美，主题集中，情节曲折，人物心理活动刻画细致。《喻世明言》、《警世通言》、《醒世恒言》三部短篇小说集，合称“三言”，对明代社会，特别是对市民生活的描写绘声绘色。《杜十娘怒沉百宝箱》塑造了一个向往自由和幸福，与黑暗势力作宁死不屈的抗争的妇女形象，是其中最优秀的作品。

取代元杂剧而兴起的明传奇，开辟了戏曲发展的新阶段。传奇是以唱南曲为主的戏曲，汤显祖是最杰出的传奇作家。他才情横溢的浪漫主义杰作《牡丹亭》，通过杜丽娘和柳梦梅生死离合的爱情故事，歌颂了他们蔑视旧礼教、追求个性解放、争取婚姻自主的顽强斗争精神，情深意切，曲辞优美，艺术境界神奇，富有极大的感染力。明传奇作品甚多，《宝剑记》、《浣纱记》、《鸣凤记》等，都以曲折的或直接的方式，对现实的政治斗争作了艺术的反映。

清朝是我国封建社会的最后一个王朝，统治阶级不断加强对人民的思想钳制，文化上实行高压政策，八股取士的制度更加腐朽，因此，反对封建专制的斗争成为文学创作的重要内容。各种体裁的作品所取得的成就极不平衡，小说甚为出色，戏曲亦有佳作，受拟古主义影响的诗、词、散文，则未免逊色。

清代的小说创作，在思想性和艺术性上，都达到了新的高度。蒲松龄的《聊斋志异》是一部优秀的文言短篇小说集。它主要描写青年男女对爱情生活的追求，揭露封建统治者对人民的压榨和科举制度埋没人才的罪恶，颂扬劳动者反抗压迫的斗争。《聊斋志异》构思奇妙，人物个性鲜明，语言生动活泼，其中的《促织》、《席方平》、《画皮》等都是脍炙人口的作品。吴敬梓的《儒林外史》是讽刺文学的巨著，它以嬉笑怒骂的巧妙文笔，刻画了各类士人虚伪无耻、丑态百出的可憎面目，抨击了八股取士的腐朽和旧礼教吃人的罪恶，也塑造了一些正面人物的形象，体现出作者强烈的爱憎。曹雪芹的《红楼梦》代表了我国古代小说的最高成就，它以贾、史、王、薛四大家族的盛衰为背景，以贾宝玉、林黛玉的爱情悲剧为主要线索，揭示封建社会行将就木的结局，谴责剥削阶级的腐化堕落和他们对下层人民的凌辱，对于叛逆的贵族青年和勇于反抗的奴婢，深情地予以赞美。作者善于按照实际生活塑造人物形象，既突出他们的性格特征，也写出他们性格的复杂性；善于在广阔的社会联系中，从不同角度多侧面地刻画人物性格；善于通过强烈的对比、互相映衬来表现人物的不同性格特征；善于通过大场面、大事件，把人物放置在矛盾冲突的漩涡里，用人物自己的言行表现他们的性格；善于描写人物的心理，揭示人物的精神面貌；善于运用白描的手法描摹人物的神志；善于创造各种意境以烘托人物的性格和气质。这些表现手法，丰富和发展了我国古典小说现实主义的艺术传统。小说情节线索主、副相辅相成，互为表里，贯穿全书；结构布局，有张有弛，浓淡相间，大小事件环环相扣，层层展现出一幅多彩的生活画面；利用小人物和小事件，连接和转换情节，浑然无迹。这一完整谨严的长篇结构，是我国章回小说结构完善和成熟的标志。《红楼梦》的语言风格平淡而又含蓄，简洁而又精细，通俗而又典雅，有浓烈的生活气息和极强的表现力。

元明两代崛起和兴盛的杂剧和传奇，到了清代，气势已大不如前。以李玉为代表的清初戏剧家，写出了一些反映明清之际尖锐的民族矛盾和阶级矛盾的作品。如传奇《清忠谱》揭露明末统治的黑暗，歌颂市民反抗暴政的斗争。洪昇的《长生殿》和孔尚任的《桃花扇》是清传奇的杰作。《长生殿》曲折地反映了社会的动荡和人民的痛苦；《桃花扇》塑造了一个被压迫而有民族气节、忠于爱情而坚贞不屈的光辉的女性形象。在戏曲创作的基础上，戏曲理论也得到发展。李渔在《闲情偶寄》中对戏曲的结构、音律、语言和演唱技术等作了认真的论述和有益的探讨。清中叶以后,文人创作的戏曲渐趋衰落。产生于民间的地方戏曲则逐渐兴盛起来,为近代京剧和地方戏的发展打下了基础。

第二节 20世纪中国文学

一、诗歌

“五四”运动开创了中国文学的新纪元。以胡适为代表的新文化运动的代表人物首先以新诗为突破口,在提倡“诗体解放”的同时,还提出了“诗的经验主义”,其核心就是言之有物。主要作家有刘半农、周作人、沈尹默、俞平伯等。“开一代诗风”的新诗创作出现在20世纪20年代初。1921年郭沫若的《女神》出版,以狂飙突进的精神展示了“五四”精神,塑造了自我抒情主人公的形象,以自由诗的形式为新诗开拓了道路。1922年汪静之、冯雪峰、潘漠华、应修人等出版了他们的合集《湖畔》,同年还出版了汪静之的个人诗集《惠的风》,1923年又有合集《春的歌集》出版,文学史上称这四位诗人为“湖畔诗人”。“湖畔诗人”天真、开朗的自我抒情主人公形象,表现了诗人个性与时代精神的结合。从某种意义上,与《女神》中叛逆、创造的自我抒情主人公形象是互相补充的。1923年冰心的《繁星》与《春水》,以及宗白华的《流云小诗》出版,引起了人们对“小诗体”的关注与兴趣。小诗是一种即兴式的短诗,表现作者的刹那感受,寄寓人生的哲理或美的情思,由客观描写转向内心。篇幅短小,却包含了广阔的内涵,在新诗的发展史上具有过渡意义。

新月派诗歌是中国新诗创作进入自觉时期的标志。1927年以北京《晨报副刊》“诗镌”为基本阵地,闻一多、徐志摩、朱湘、饶梦侃、孙大雨等组成前期“新月派”。其目的:一是要在新诗与旧诗之间架起一座桥梁;二是把创作的重心由“白话”转移到“诗”自身。他们提出“理性节制情感”的美学原则和形式格律化的主张。在创作中将直抒胸臆变为主观情愫的客观对象化,注重诗歌韵律的“和谐”、“均齐”,强调诗歌的建筑美、音乐美、绘画美。主要作品有闻一多的《红烛》、《死水》,徐志摩的《雪花的快乐》、《为要寻一个明星》,朱湘的《夏天》、《草莽集》等。

1932年9月中国诗歌会成立,代表人物有蒲风、穆木天、殷夫、杨骚、任钧等人。他们在艺术表现上大都采取直接描摹现实的方式,在诗歌形式上提出了“歌谣化”的主张,强调诗歌应当与音乐合在一起,而成为民众歌唱的东西。主要的诗作有蒲风的《茫茫夜》、《迎着狂风和暴雨》,穆木天的《在喀林巴岭上》,殷夫的《孩儿塔》等。

“七七”事变以后,民族解放运动使中国诗歌进入一个新的阶段。三四十年代的代表诗人是艾青,他的诗在中国新诗发展史上完成了历史的“综合”。一方面坚持中国诗歌会“忠实于现实的,战斗的”传统;另一方面又克服并扬弃其“幼稚的叫喊”的弱点,进一步丰富和发展了新诗。艾青的诗歌主要有《我爱这土地》、《雪落在中国的土地上》、《给太阳》等。七月诗派是在艾青的影响下,以理论家兼诗人胡风为中心,以《七月》及以后的《希望》、《诗垦地》、《诗创作》、《泥土》、《呼吸》等杂志为基本阵地而形成的青年诗人群,主要代表诗人有鲁藜、绿原、冀汸、阿垄、曾卓、芦甸、孙钿、方然、牛汉等。他们以提倡革命现实主义与自由诗体为主要旗帜。但在1949年以后,“七月”诗人无一例外地成为胡风反革命集团冤案的成员，中断创作近30年。七月诗派的诗歌创作，大都收集在胡风主编的《七月诗丛》、《七月新丛》与《七月文丛》的诗集中，1981年又编辑出版了《白色花》，收集七月诗派的20位诗人的作品。

20世纪40年代，在文艺为无产阶级政治服务的主流意识指导下，“诗的歌谣化”发展到了极致，“诗歌平民化”的命题被发展到了极端。诗歌特点表现：一是与“新歌谣”一样，歌颂新思想、新生活。二是诗人主体的消失。诗歌要表现群体情感，描写群众斗争和劳动生活，抒发个人感情被视为小资产阶级情调，遭到批判。三是追求语言的朴实，尽量吸收口语、土语进入诗歌。《王贵与李香香》是这一时期的歌谣体新诗的代表作。

1949年以后，中国历史进入了新的发展阶段。一段时间，政治抒情诗、颂歌成为诗歌的主要形式。空洞的抒情、概念化的叙事、散文化的口号式语言成为诗歌的时代特色。50年代的胡风冤案和反右运动对于当代诗歌是一个极大的摧残。“文革”期间几乎没有诗歌，只是一些受迫害、失去写作权利的诗人在流放期间写下了自己的体验，也产生了一些优秀的作品，如穆旦的《智慧之歌》、《冥想》、《友谊》等。“文革”期间进行创作的还有处于当时革命浪潮中的“知青”，影响比较大的有食指的《海洋三部曲》、《四点零八分的北京》、《相信未来》等。在此期间青年诗歌写作形成规模的是“白洋淀诗群”。他们是到白洋淀地区插队的一批北京知青。他们的诗歌创作，成为20世纪80年代后“朦胧诗”的先声和准备，也是20世纪90年代大陆民间诗刊的源头。

20世纪80年代，诗歌的环境得到明显改善。诗人可以从多方面获取诗歌资源。“五四”以来的新诗得以重新审视，西方文学思潮涌入，港台诗歌理论的介绍，都促进了诗歌的发展。20世纪80年代初，诗歌创作主要是归来者的诗歌和朦胧诗。归来者主要是“胡风分子”、“右派”和“文革”搁笔的诗人，如艾青、绿原、曾卓、公刘等。他们的诗歌，或反思“文革”，或反映实际生活，或沉思知识分子命运，或探索生命悲剧的意义，具有很高的社会意义和价值。与归来者并行的是“新潮诗歌”，主要是北岛、舒婷等青年诗人的创作，这就是后来的“朦胧诗”。主要代表作有北岛的《回答》、《结局或开始》，舒婷的《双桅船》、《致橡树》，顾城的《黑眼睛》等。

在“朦胧诗”尚未退潮时，一批更年轻的诗人开始涉足诗歌，他们大多出生于20世纪60年代，对“文革”有着不同的记忆。同时，20世纪50年代以来判断事物的善与恶、美与丑、光明与黑暗的“二元对产”模式被打破，后起的诗人感到当代诗歌在语言、文本方面缺失，希望在这些方面进行开拓和实验。这就是被称为“后朦胧诗”或者“第三代诗”的诗人。他们的主要成员有韩东、于坚、吕德安、小君、陆忆敏等。“海上诗群”主要诗人有默默、刘漫流、孟浪、王寅、陈东东等。1984年开始，四川成为“新生代”诗歌最活跃的地区。“非非主义”以及周伦佑、蓝马；“整体主义”以及石光华、杨远宏等；“新传统主义”以及廖亦武、欧阳江河等；“莽汉主义”以及万夏、李亚伟、胡冬等都出现在四川。还有“女性诗歌”如翟永明、陆忆敏、唐亚平、伊雷等。“新生代”诗歌的“诗歌到语言为止”，“莽汉主义”破坏、解构，“海上诗群”的焦虑、绝望、反讽、幽默的交替运作，“女性主义”诗人性别意识的强调，都在某种程度上促进了诗歌多元发展和探索。这个时期值得注意的诗人作品还有海子和他的《太阳》七部书，骆一禾的《世界的血》、《大海》等。

进入20世纪90年代，随着市场化的出现，诗歌刊物萎缩，出版社考虑经济效益，很少出版诗歌。可是，这并没有使诗歌衰落，更新的诗人和诗歌作品在不断涌现。如伊沙提出“饿死诗人”的口号,20 世纪 80 年代兴起的口语诗歌发展到极端,民间诗歌刊物风起云涌,特别是互联网的作用,使诗人、诗歌作品以极其快的速度传播。所有这一切,都带来了 20 世纪 90 年代诗歌在体制外、刊物外的活跃。

二、散文

现代中国文学的开始是从白话的散文和诗歌开始的。“五四”时期,是散文革故鼎新自由发展的时期。周作人是现代散文的大家。他最早从西方引入“美文”的概念,提倡“记述的”、“艺术的”叙事抒情散文,“给新文学开辟了一块新的土地”;以后,他又形成了一整套的散文理论,强调以自我为中心,提倡言志的小品文,认为这种小品文是“个人的文学尖端”。他写于 20 世纪 20 年代的《北京的茶食》、《故乡的野菜》、《苦雨》、《喝茶》、《乌篷船》等,都是现代散文的名粹。与周作人的言志散文风格相近,形成同一流派的散文作家有俞平伯、钟敬文、冯文炳等。俞平伯的《陶然亭的雪》、《清河坊》、《西湖的六月十八夜》等,在 20 世纪 20 年代曾受到很多读者的喜爱。

“五四”散文创作坚持缜密、追求漂亮的作家主要是文学研究会的作家。“冰心体”散文满蕴着温柔、微带着忧愁的清丽风格,得到了许多青年的喜爱。朱自清是极少数能用白话写出脍炙人口名篇的散文家。《绿》、《荷塘月色》、《桨声灯影里的秦淮河》是他写景抒情的名篇,都体现出作者对自然景物的精确观察,对声音、色彩的敏锐感觉,通过千姿百态、或动或静的鲜明形象,巧妙的比喻、联想,融入自己的感情色彩,便构成细密、幽远、浑圆的意境。《背影》以白描的手法叙说父亲送别儿子的一段场景,以不可言说的典型的细节注入父亲的至深亲情,也从另一个侧面展示了旧世界、旧家庭已经垂垂老矣,无力呵护自己的后代子女,只能任由他们去飘零流浪的无奈。20 世纪 20 年代初期,丰子恺的小品集《缘缘堂随笔》以某种佛理的眼光去观察生活,将琐屑的事物叙说得娓娓动听。文学研究会作家、共产党人瞿秋白,他的《饿乡记程》、《赤都心史》既是散文,也是中国报告文学的先声。他后期的杂文可与鲁迅媲美。郁达夫是创造社的作家,他坦诚、率直、热情的散文,使他成为独树一帜的作家。他认为现代散文“更带有自叙传的色彩”。“语丝派”林语堂提倡“幽默”、“闲适”,活跃了散文创作,拓宽了散文文体。他的散文《剪拂集》、《大荒集》、《我的话》等,与现实拉开距离,以自由主义立场写“热心冷眼看人生”的文章。

20 世纪 30 年代,左翼作家影响较大的有瞿秋白、矛盾、唐弢、徐懋庸、聂绀弩等,他们传承了鲁迅的杂文风格。20 世纪 40 年代,在国统区坚持杂文创作的作家聂绀弩有作品《蛇与塔》、《历史的奥秘》、《早醒记》等。解放区的重要作品有王实味的《野百合花》、丁玲的《三八节有感》、萧军的《论同志之“爱”与“耐”》、艾青的《了解作家与尊重作家》等。1937 年到 1941 年,孤岛时期的上海,散文值得注意的作家是张爱玲。抗战时期的散文作家中,作品较为突出的有梁实秋的《雅舍小品》、沈从文的《湘西》、萧红的《怀念鲁迅先生》、巴金的《醉与梦》和《黑土》等。

1949 年以后,散文的发展进入了另一个阶段。20 世纪 50 年代初,纪实性的通讯、报告文学、特写在散文中占据绝对分量。当时的创作有两大主题:一是歌颂新时代,描述社会主义建设;一是表现朝鲜战争的英雄行动。主要作家有巴金、刘白羽、杨朔、魏巍、黄钢、菡子等,其中以魏巍的创作影响最大。随着通讯报告文学的发展,散文小品处于被削弱的地位,佳作寥寥。20 世纪 50 年代中期实行“百花齐放,百家争鸣”方针,散文有所复兴。在题材、风格等方面都出现了一些变化。散文的另一次“复兴”是在20世纪60年代初。1961年《人民日报》在第8版开辟“笔谈散文”专栏，冰心、吴伯箫、秦牧、徐迟、黄秋耘、川岛等都发表见解。在两年的时间里，形成了一支散文作家队伍，发表、出版了体现当时水准的作品；形成了杨朔、刘白羽、秦牧散文模式。20世纪60年代后期，由于“文革”的影响，基本上没有好的作品出现。

20世纪80年代开始时，作为20世纪60年代初散文“复兴标志”的杨朔、秦牧、刘白羽的散文仍在读者中有很大影响，作家也在沿袭他们的模式。如贾平凹最初的《丑石》、《月迹》等，仍然不脱杨朔散文的模式。20世纪80年代初，反思“文革”灾难，描述知识分子心路历程，呼唤“心交给读者”、“讲真话”的作家作品有巴金的《随想录》、杨绛的《干校六记》、陈白尘的《云梦断忆》，都从不同侧面展示了民族悲剧，给人以强烈的震撼。不久，散文中出现了侧重“自我”经验的书写，由对社会主题的呼唤转向对个人心境、情感的表达，语言也更加注重个性的作品。孙犁的《晚华集》、张洁的《拣麦穗》、唐敏的《心中的大自然》等，都是这方面的上乘作品。20世纪80年代中期以后，散文的“自我表现”逐渐推向深入，面向人的感觉、情绪、意识流，着力表现现代人的内心世界，创作出一批“朦胧散文”，也称为“新散文”。主要作家有赵玫、周佩红、刘烨园等。

20世纪80年代末到90年代，散文更加多元化，余秋雨、王充闾等的“文化散文”，张中行、贾植芳等的“学者散文”，周国平等的“哲理散文”，唐敏、叶梦等的“女性散文”，大仙、王俊义等的“现代散文”等，在更广阔的意义上拓宽了散文的创作题材，在散文艺术的探索方面进行了积极的努力。有的作家将小说、戏剧的创作方法引进散文，使散文的形式、语言、结构都发生了很大变化。

三、小说

在中国文学史上，小说取得文学的正宗地位是从“五四”开始的。1918年5月鲁迅发表于《新青年》上的《狂人日记》，是现代文学史上第一篇用现代体式的白话创作的短篇小说，它以“表现的深切和格式”开辟了中国文学(小说)发展的新时代。《狂人日记》后，至1922年鲁迅连续写了15篇小说，于1923年8月结集为《呐喊》。1924年到1925年所写的11篇与从《呐喊》中抽出的《不周山》一起编辑为《彷徨》，这标志着中国现代小说的成熟。

“五四”时期，新文化运动除旧布新的巨大力量，引出了一批“问题小说”。它的主要功绩是建立了现代市镇和乡土文学的基本叙述模式。罗家伦的《是爱情还是痛苦》、俞平伯的《花匠》、叶圣陶的《这也是一个人?》等显露了“问题小说”的端倪。冰心的《斯人独憔悴》正式开创了“问题小说”的风气。主要作家作品有冰心的《超人》，王统照的《沉思》、《湖畔儿语》等。王统照还是中国现代中长篇小说的最初的实践者。“问题小说”的大部分作家后来倾向于现实主义的人生派写实小说。如叶圣陶就是从“问题小说”起步，成为“五四”人生派的代表作家。他的《隔膜》、《一个朋友》、《苦菜》都是与“改造国民性”有相通之处的作品。

人生派写实小说作家主要由叶圣陶和文学研究会的乡土小说作家群组成。他们的成熟作品都产生于“五四”之后，以王鲁彦的《柚子》、彭家煌的《怂恿》成就最大。而以创造社作家为主的浪漫主义抒情小说流派，在小说领域将“表现自我”的主观性推至极端。他们强调小说的主观性与抒情性，作品大多有一个抒情主人公的自我形象。作者不是通过人物性格的刻画，以某种思想意识教化读者，而是直接抒发主人公的强烈感情去打动读者。郭沫若

1920年写的《未央》、《鼠灾》就初具“自叙传”的抒情小说特征。但“自叙传”的抒情小说作为潮流涌起，还是以郁达夫的《沉沦》、陶晶孙的《音乐会小曲》、叶鼎洛的《前梦》、叶灵凤的《女娲氏之遗孽》等为标志。

“五四”时期的通俗小说在道德观念和文学形式上滞后于时代，但在市民中仍然拥有一定的读者群。虽然它们在与新小说的争斗中败落下来，但在越来越向“俗”的方向发展的过程中，也在试图加强自身的“现代性”。因此，逐渐形成了现代小说雅俗分流、相互渗透的格局。通俗小说主要有社会小说、武侠小说、历史演义等类型。

20世纪30年代中国小说繁盛一时，小说大家除鲁迅外，矛盾、老舍、巴金先后出版了长篇小说，其代表作分别有《子夜》、《骆驼祥子》、《激流三部曲》之一的《家》，为中国现代长篇小说的发展起到了促进作用。青年小说家登上文坛后，锐意明显，创作丰硕。这个时期的小说大致有三个板块，即以“左联”为核心的左翼作家、远离文学党派和商业机制的“京派”和接近市场和读者的“海派”。

“左联”的左翼小说主要有蒋光慈的《少年漂泊者》、《短裤党》、《野祭》、《冲了云围的月亮》，柔石的《疯人》集、长篇小说《旧时代之死》、中篇小说《三姊妹》等，丁玲的《水》、《母亲》，张天翼的《包氏父子》、《清明时节》，蒋牧良的《赈米》、《伙食尾子》、《生死朋友》、《旱》等。20世纪30年代在北方，“京派”作家的创作非常活跃。他们统一的审美情感是诚实、从容、宽厚，题材新鲜，结构完整。主要作家作品有沈从文的湘西系列(《边城》、《长河》、《龙朱》、《八骏图》等)，废名的《莫须有先生传》、《桥》，萧乾的《篱下》、《车子孙命运》、《皈依》，芦焚的《谷》、《人下人》，杨振声的《报复》、《抛锚》，李健吾的《心病》、《陷阱》、《坛子》，林徽因的小说集《模影零篇》等。“海派”小说的主要特点是:受市民审美趣味的牵制，与政治性、社会性强烈的主流文学拉开距离，把新文学推向世俗化、商业化，过度地描写都市，提出“都市男女”的海派文学主题。主要的作家作品有张资平的《苔莉》、《最后的幸福》、《上帝的女儿》，叶灵凤的《女娲氏之遗孽》、小说集《菊子夫人》、《鸠绿媚》、《红的天使》等。20世纪30年代在上海风靡一时的“新感觉派”是中国最完整的一支现代派小说，第一次用现代人的眼光打量上海，以现代的形式表达东方大都会的城与人的神韵。主要作家作品有刘纳鸥的小说集《都市风景线》，穆时英的《公墓》、《上海的狐步舞》、《黑牡丹》，施蛰存的短篇小说集《上元灯》。

抗战爆发后，国家分为国统区、解放区与沦陷区，这种背景也影响到文学，形成了国统区的讽刺和追忆小说、解放区的现实主义新型小说和沦陷区的洋场通俗先锋混合小说。沙汀是抗战之中最杰出的讽刺小说家之一，代表作有《在其香居茶馆里》、《淘金记》、《丁跛公》。此外，还有艾芜的《丰饶的原野》、《山野》、《故乡》，钱钟书的长篇小说《围城》，姚雪垠的《差半车麦秸》，丘东平的《一个连长的战斗遭遇》。

20世纪40年代体验追忆的小说比较丰富，重要的作家作品有路翎的《饥饿的郭素娥》、《财主底儿女们》，冯至的《伍子胥》，袁犀的《贝壳》、《面纱》，师陀的《结婚》，汪曾祺的《邂逅集》。东北作家群的作家写出了以表现童年故乡记忆为主的作品，如萧红的《呼兰河传》、骆宾基的《童年》、端木蕻良的《科尔沁旗草原》等。20世纪40年代在沦陷区以上海为首的都市，小说呈现出先锋和现代通俗小说并行的局面。张爱玲的小说，既贴近都市生活，又展示人性丑陋，故事通俗，手法先锋，因而雅俗共赏，如《金锁记》、《红玫瑰与白玫瑰》、《连环套》表现女性的痛苦、挣扎与毁灭;《倾城之恋》反映在现代环境下依然顽固存在的封建心灵的文化错位，展示了作家天才的成分和独特的生活积累。苏青用平实的写实笔调创作的自传体小说《结婚十年》，以一个女性的大胆描写男女情事，得到了市民的青睐，成为典型的畅销书作家。国统区先锋与通俗两栖的作家是徐讦，他的作品既善于编织奇幻虚渺的传奇故事，又有对生命态度的严肃探索。主要作品有《鬼恋》、《荒谬的英雄海峡》、《精神病患者的悲歌》、《风萧萧》等，都显示了通俗与先锋的结合。

解放区的小说大多属于新现实主义，作品大多描写解放区的新人。农村题材作品主要有孙犁的《荷花淀》、《丈夫》，康濯的《我的两家房东》，丁玲的《太阳照在桑干河上》，周立波的《暴风骤雨》，欧阳山的《高干大》等。农村题材小说重要的作家是赵树理，他的小说汲取现代小说的情节、故事结构，吸收评书的写作手法，风格明快、简约，富有幽默感，实现了艺术性与大众性比较完美的结合。主要作品有《小二黑结婚》、《李有才板话》、《李家庄的变迁》、《传家宝》等。军事战争题材作品有刘白羽的《无敌三勇士》、《政治委员》，邵子南的《地雷阵》，柯蓝的《洋铁桶的故事》，马烽的《吕梁英雄传》，孔厥、袁静的《新儿女英雄传》等。

1949年以后，现代小说家发生了分化，有的搁笔，有的转向，有的去国外，许多作家被忘却。坚持创作的小说家也因政治因素而改变了创作的题材、风格和艺术手法。这一时期的农村小说主要反映农业合作化、大跃进，如柳青的《创业史》、周立波的《山乡巨变》、赵树理的《三里湾》等。历史小说主要表现“革命历史”题材，追求史诗效应，如杜鹏程的《保卫延安》、梁斌的《红旗谱》等。短篇小说则有以抒情叙事方式表现革命历史的作品，如茹志鹃的《百合花》、刘真的《核桃的秘密》。

“文革”期间流行的小说只有浩然的《金光大道》、《艳阳天》。

“新时期”以来，小说在复兴“五四”传统，发展小说艺术方面取得了长足的进展。20世纪80年代前期，伤痕文学有刘心武的《班主任》、卢新华的《伤痕》、张弦的《记忆》、周克芹的《许茂和他的女儿们》。改革文学主要有蒋子龙的《乔厂长上任记》、张洁的《沉重的翅膀》、李国文的《花园街5号》。反思小说坚持小说的“问题意识”，通过表现人物命运来反思1949年以来的政治运动，作品有方之的《内奸》、宗璞的《我是谁》、谌容的《人到中年》、古华的《芙蓉镇》等。20世纪80年代后期，小说出现了新的潮流，比较重要的有“寻根小说”、“先锋小说”、“新写实小说”。“寻根小说”希望通过借鉴西方现代文学来解决新时期文学的发展难题，在小说艺术上把对生活场景、细节的描写同象征、寓言加以结合。主要作品有汪曾祺的《受戒》、《大淖记事》，莫言的《红高粱》，韩少功的《爸爸爸》、《女女女》，阿城的《棋王》、《遍地风流》，郑义的《远村》、《老井》，郑万隆的《异乡异闻》，王安忆的《小鲍庄》等。“先锋小说”主要在于它的探索性、实验性，如王蒙对“意识流”的运用，宗璞对荒诞、变形手法的运用，都是表现实验意识与先锋思想。主要作家作品有刘索拉的《你别无选择》，马原的《冈底斯的诱惑》，余华的《十八岁出门远行》、《河边的错误》，格非的《迷舟》，孙甘露的《信使之函》，苏童的《罂粟之家》、《妻妾成群》，叶兆言的《五月的黄昏》，残雪的《苍老的浮云》。“新写实小说”的创作方法仍然以写实为主要特征，但特别注重显示生活原生态，直面现实，直面人生。对于当代小说强调“典型化”，注重普通人的琐碎生活，表现个人的孤独、无助，采取一种还原生活的写作方式。主要作品有刘震云的《单位》、《一地鸡毛》，刘恒的《狗日的粮食》、《伏羲伏羲》，方方的《风景》，池莉的《烦恼人生》、《不谈爱情》等。

四、戏剧

中国传统戏剧主要是京剧以及与其模式相近的地方戏，19 世纪末话剧传入中国。中国人演出话剧是从教会学生的业余演出开始的。1907 年 2 月，留学日本的学生组织了以李叔同、欧阳予倩等为主要成员的春柳社在东京演出了根据林纾翻译小说改编的《黑奴吁天录》，引起了东京戏剧界的轰动。这种以言语动作为主要表现手段，注重布景、道具、化装、服饰、表演的写实性的新的戏剧形式，被称之为"文明新戏"。由于春柳社以及后来的新剧同志会、春阳社、进化团的努力，"文明新戏"从国外演到国内，地域不断扩大，获得了全国性的影响。1910 年底，由任天知发起，汪仲贤、欧阳予倩、陈大悲等参与的"进化团"是现代文学史上第一个新剧团体。他们打出"天知派新戏"的旗帜，演出的《血蓑衣》、《东亚风云》、《新茶花》等话剧，演遍大江南北，创造了现代话剧早期创作演出的新模式。他们的戏剧以宣传革命、批判封建统治为己任，没有完整的剧本，强调演员的即兴表演，把戏剧的教化功能发挥到了极致。1914 年，在中国第一个大都市上海，出现了一批以"职业化"、"商业性"为特征的剧团，主要有新民社、春柳社、民鸣社、开明社、文明社等。此时的变化是教化功能逐步淡化，突出了戏剧的表演性和娱乐性，题材向世俗生活靠拢，审美趣味向市民阶层靠拢。但由于过分迁就市民的落后封建意识和恶俗趣味，艺术上粗制滥造而走向衰落。

"五四"新文化运动中，戏剧再次勃兴，出现了新的戏剧观，把戏剧作为传播思想、组织社会、改善人生的工具。提倡现实主义戏剧，要求戏剧取材于现实生活，描写普通人，打破"大团圆"结局，在引进国外戏剧的同时，重新估价中国传统戏剧，将其提到正宗文学的地位。活跃在戏剧艺术上的作家作品主要有胡适的《终身大事》，陈大悲的《幽兰女士》，欧阳予倩的《泼妇》，洪深的《赵阎王》，田汉的《获虎之夜》、《南归》、《古潭的声音》，郭沫若的《棠棣之花》等。

20 世纪 30 年代，中国出现了话剧史上第一个大师级的作家曹禺，标志着现代话剧的成熟。曹禺的话剧作品主要有《雷雨》、《日出》、《原野》、《北京人》、《家》等作品。这一时期的戏剧作家还有夏衍、李健吾、宋之的、陈白尘。抗战时期，话剧发生了深刻的变化。"广场戏剧"的出现，打破了舞台与观众的界限，观众与演员之间产生了心灵与情感的交流，戏剧的政治教化功能与宣泄功能得到统一。这时主要的作品有《放下你的鞭子》、《八百壮士》等。而在大后方则再度兴起"剧场戏剧"，主要表现为历史剧的繁荣、正面描写知识分子的作品潮流和讽刺喜剧的活跃。历史剧主要作品有宋之的的《武则天》、陈白尘的《石达开的末路》、吴祖光的《正气歌》、郭沫若的《屈原》、阿英的《碧血花》等。正面描写知识分子的戏剧有于伶的《长夜行》、吴祖光的《少年游》、夏衍的《法西斯细菌》等。讽刺喜剧作品主要有陈白尘的《魔窟》、《乱世男女》、《结婚进行曲》、《升官图》，老舍的《残雾》等。1949 年以后，话剧朝着正规的剧场艺术发展。为配合政治运动和现实生活产生了一些作品，如老舍的《龙须沟》、曹禺的《明朗的天》。1958 年以后，提出"回忆革命史，歌颂大跃进"的口号，产生了一些比较有艺术性的重要作品，如老舍的《茶馆》，郭沫若的《蔡文姬》，田汉的《关汉卿》，曹禺的《剑胆篇》、《王昭君》等。"文革"十年，在"三突出"的原则下，只产生了《沙家浜》、《红灯记》、《智取威虎山》、《龙江颂》、《杜鹃山》、《海港》、《红色娘子军》、《白毛女》八个"革命样板戏"，呈现出公式化、标准化的弊端。

新时期以来，戏剧重新焕发出活力。出现了许多优秀的戏剧作品。十一届三中全会以后,戏剧得到了进一步发展,强调重视人的价值,批判封建主义、官僚主义,描写历史重大事件,注重历史的真实性,把握时代生活旋律,呼吁体制改革,批判腐败现象,张扬作家的主体意识,重视艺术思维与艺术形式的创新,探索戏剧的多样化,引入现代艺术手法进行戏剧改革。主要作品有崔德志的《报春花》,赵梓雄的《未来在召唤》,赵国庆的《救救她》,白桦的《曙光》,沙叶新的《陈毅市长》,宗福先、贺国甫的《血,总是热的》,高行健的《车站》、《绝对信号》、《野人》,刘树纲的《一个死者对生者的访问》,魏明伦的荒诞川剧《潘金莲》等。

进入20世纪90年代后,戏剧文学的变化更是突飞猛进,特别是小剧场演出的活跃,标志着戏剧艺术的繁荣和商业性的结合。《阳台》、《思凡》、《留守女士》、《屋顶》、《情痴》等具有试验和先锋气质的戏剧作品出现在观众的视野之中。1995年北京人艺小剧场建成开放后,许多年轻富有朝气的创作者陆续演出了自己的作品,得到了观众和市场的检阅。《爱情蚂蚁》、《雨过天晴》、《驿站桃花》等作品使孟京辉、李六乙、田沁鑫等人得到了更多观众的认识和肯定。小剧场的演出特色在吸引观众的同时,也促使戏剧工作者撇开艺术家的幌子融入社会生活,因此,那些形式大于内容的作品开始为观众所厌烦。

五、影视文学

中国的影视文学发展较晚。1896年电影传入中国,1905年北京丰泰照相馆老板任景丰拍摄戏曲片《定军山》,揭开了中国电影史的第一页。1920年上海产生第一批长故事片,形成中国电影的萌芽期。20世纪30年代上海电影界兴起了一个以左翼艺术家为主导的现实主义电影运动,以夏衍、田汉、阳翰笙、洪深、蔡楚生、司徒慧敏、聂耳、袁牧之、孙瑜等为代表,他们的作品有《狂流》、《三个摩登女性》、《姐妹花》、《渔光曲》、《神女》、《大路》、《桃李劫》、《十字街头》和《马路天使》等,大胆反映社会矛盾,真实描写民众生活,表现了反帝反封建的时代呼声。这是中国电影史上的第一次高潮。

20世纪30年代以后,中国电影的创作经验更加丰富,到20世纪40年代后半期产生了史东山编导的《八千里路云和月》,蔡楚生、郑君里编导的《一江春水向东流》,沉浮编导的《万家灯火》,陈白尘、郑君里编导的《乌鸦与麻雀》和李天济、费穆编导的《小城之春》等一批经典之作,形成中国电影的又一次高潮。

新中国成立后,《中华儿女》、《白毛女》、《翠岗红旗》、《南征北战》、《董存瑞》、《柳堡的故事》、《上甘岭》等一批优秀影片的出现,说明电影在表现新时代新人物方面取得成功。1959年以国庆十周年献礼为契机,摄制了《林则徐》、《老兵新传》、《林家铺子》、《战火中的青春》、《五朵金花》等一批优秀影片,形成新中国电影创作的第一次高潮。20世纪60年代初,由于调整文艺政策,使得这一艺术高潮向纵深发展,形成一场有理论主张、有艺术实践的艺术创新运动,代表作品有《创新独白》、《早春二月》、《舞台姐妹》、《农奴》、《小兵张嘎》、《枯木逢春》等。"文革"十年,电影是重灾区。20世纪80年代中期又开始兴起电影创作的新高潮。老导演谢晋、谢铁骊、成荫、凌子风等老当益壮,中青年导演吴贻弓、谢飞、李前宽、丁荫楠、吴天明等成为中坚力量,《天云山传奇》、《巴山夜雨》、《人到中年》、《邻居》、《沙鸥》、《城南旧事》、《孙中山》、《野山》、《芙蓉镇》、《开国大典》、《大决战》等优秀作品不胜枚举。20世纪80年代中期以后,中国电影在反映生活的深度、广度,在实现题材、风格、样式的多样化方面,在电影语言的探索和创新方面都达到前所未有的高度。

1984年前后,电影界出现了一批富有探索精神的年轻导演,即所谓的"第五代导演",包括陈凯歌、张艺谋、田壮壮、吴子牛、黄建新等。他们在电影艺术上的创新与探索,主要表现在对电影语言和视听方式的更新,追求主体性的审美感受,运用象征手法,在精心布局的画面意象中,体现出深沉的历史文化意蕴。代表作品有陈凯歌的《黄土地》、《霸王别姬》,张艺谋的《红高粱》、《秋菊打官司》、《菊豆》、《大红灯笼高高挂》,田壮壮的《盗马贼》和《猎场札撒》、《摇滚青年》等。

六、港台文学

台湾文学是在大陆文学运动直接影响与推动下发展的。台湾新文学发端于1920年7月,留日的台湾学生效仿大陆的《新青年》在东京创办《台湾青年》,引发台湾新文学运动。台湾新文学的先驱者是当时负笈北京的张我军,他在1924年、1925年分别发表的《致台湾青年的一封信》、《糟糕的台湾文学》等,批评旧文学,倡导新文学,并促成了台湾第一批白话文学作品的出现。"七七"事变后,台湾新文学运动严重受挫,只有少数作家在夹缝中隐忍为文,写出少量的作品,如吴浊流的《先生妈》、杨逵的《鹅妈妈出嫁》、吕赫若的《风水》和吴浊流的长篇小说《亚细亚孤儿》等。1949年以后,由于实行"战时紧急戒严令",台湾文学即为反共的政治文学所取代。20世纪60年代,吴浊流创办《台湾文艺》,才有了一个由台湾人所创办专门提供给台籍小说家的文艺园地。20世纪50年代最具代表性的文学作品有林海音的《城南旧事》、陈纪滢的《荻村传》、彭歌的《落月》。

当代台湾文学的繁荣是在20世纪六七十年代。出现了一大批卓有成就的作家和作品,如白先勇的《台北人》、王祯和的《玫瑰玫瑰我爱你》、陈映真的《将军旗》、李昂的《杀夫》、张大春的《四喜忧国》等。

台湾文学创作尤其是诗歌创作,一直处于相当兴盛的状况。20世纪上半叶中国的新诗运动在台湾得到继续,其形式、语言、技巧日益成熟,出现了一个包括痖弦、余光中、洛夫、郑愁予、杨牧、周梦蝶、罗门等在内的杰出的诗群。

香港文学与台湾文学以及其他殖民地国家文学都不同,未形成独立的英语文学。由于香港毗邻大陆,在文化上一直与大陆联系比较紧密。20世纪50年代前,在香港从事创作的基本上是本土的或者南迁的作家,文化与创作环境与大陆大致一样,所以香港的现代文学很不典型。直到20世纪40年代末,香港出现了吕伦、黄谷柳等少数香港本地作家,写出《穷巷》、《虾球传》等作品,才初步出现了名副其实的香港文学。

20世纪60年代,香港文学中现实主义文学与现代主义文学并驾齐驱。现实主义文学的代表作家作品有叶灵凤选编的《新雨集》、吴其敏选编的《五十人集》等。与此同时,现代主义文学开始传播。1963年刘以鬯发表了他创作的意识流小说《酒徒》,被认为是香港第一部长篇小说。刘以鬯的"实验小说",西西的魔幻现实主义意味的小说《我城》,李援华的戏剧《惊梦》、《昭君出塞》、《天涯何处无芳草》等为香港现代主义文学增添了佳作。此外,20世纪60年代香港通俗文学的勃兴,也给文学创作带来了新的生机。以金庸、梁羽生为代表的武侠小说的异军突起,成为香港文学的一道风景。

20世纪70年代的香港文学处于徘徊状态,严肃文学的质量下降,文坛大幅度地向通俗文学倾斜,出现了通俗文学的繁荣期。题材主要是武侠小说、言情小说、科幻小说和框框杂文。武侠小说主要有金庸的《笑傲江湖》、《鹿鼎记》,梁羽生的《七剑下天山》、《萍踪侠侣》,倪匡的《黑女侠木兰花》等。科幻小说有倪匡的《蓝血人》、《钻石花》、《地图》、《丛林之神》。

言情小说有亦舒的《喜宝》、《曾经深爱过》，严沁的《绿色山庄》、《古屋》，岑凯伦的《彩虹公主》、《白马王子》等。

20 世纪 80 年代的香港文学出现了一个历史性的转折。最引人瞩目的是新一代南迁作家的创作。他们大多 20 世纪 70 年代定居香港，比本土作家更有激情。他们的共同倾向是初期创作怀念故乡，有明晰的大陆文学格调。此后，他们以香港生活为题材，关注香港社会生活。主要作家作品有白洛的《瞑色入高楼》，东瑞的《夜夜欢歌》、《夜来风雨声》，陶然的《天平》，陈浩泉的《香港小姐》，李碧华的《胭脂扣》，吴正的《上海人》等。此外，还有从台湾来的余光中、施淑青、严沁等，他们的创作也给香港文学增添了新的色彩。

港台文学在大陆影响较大的有金庸、梁羽生的武侠小说，余光中、王鼎钧的散文，白先勇、李昂的小说。

第三节　西方文学

一、古代欧洲文学

古希腊、古罗马文学是欧洲文学的源头。古希腊早期文学的主要成就是神话和荷马史诗。古希腊神话系统完整，神和人同形同性。荷马史诗《伊利昂记》（一译《伊利亚特》）和《奥德修记》（一译《奥德赛》）是古希腊最早的文学作品，相传为盲人荷马所作。古希腊文学最繁荣的时期，悲剧、喜剧的成就最为突出，产生了三大悲剧诗人和一大喜剧诗人。“悲剧之父”埃斯库罗斯和他的代表作《普罗米修斯》，“戏剧中的荷马”索福克勒斯和他的代表作《俄狄浦斯王》，最富民主倾向的悲剧诗人欧里庇得斯和他的代表作《美狄亚》以及“喜剧之父”阿里斯托芬和他的代表作《阿卡奈人》，共同开创了悲剧和政治讽刺喜剧的先河。古罗马文学是欧洲古代文学史上另一个重要时期，它是在古希腊文学的影响下发展起来的，是古希腊文学与欧洲近代文学之间的桥梁。维吉尔是古罗马最重要的作家和诗人，他的代表作史诗《伊尼特》是全部古罗马文学中最重要的作品。

二、中世纪欧洲文学

中古文学是封建社会的文学，又称为中世纪文学。公元 476 年罗马帝国灭亡，欧洲历史进入中世纪，基督成为封建社会的精神支柱，它代表封建统治阶级的利益，在文化思想领域内实行专制，因而文学的发展也受到压抑。教会文学和骑士文学成为统治人民的工具。在民间文学基础上发展起来的英雄史诗和市民文学是欧洲中世纪文学的主要成就，法国的《罗兰之歌》、《列那狐的故事》是最有代表性的作品。

意大利诗人但丁是欧洲中世纪最伟大的作家。他是中世纪的最后一位诗人，同时又是新时代的最初一位诗人。他的长诗《神曲》是欧洲文学史上一部具有划时代意义的巨著。《神曲》分为三部：《地狱》、《炼狱》、《天堂》。它用梦幻故事的形式，广泛而深刻地反映了欧洲从中世纪向资本主义过渡时期的社会生活。结构巧妙而严整，用当时意大利口语写成，打破了拉丁文垄断文坛的局面。

三、近代欧美文学

14 世纪以后，资产阶级作为新兴的革命阶级登上了历史舞台，掀起了近代史上第一次反封建的思想文化运动，即宗教改革和文艺复兴。文学方面随之出现新的繁荣，揭开了欧洲近代文学的历史。文艺复兴时期形成的资产阶级思想被称为人文主义。它既是这一时期反封建斗争的思想武器，又是这一时期文学的中心思想。人文主义文学是这一时期欧洲文学的主流。

意大利是文艺复兴和人文主义文学的发源地。彼特拉克是第一个人文主义者，他的诗集《歌集》，首创十四行诗，开一代诗风，为近代资产阶级抒情诗的发展奠定了基础。薄伽丘的著名短篇小说集《十日谈》是近代欧洲第一部现实主义作品。法国的拉伯雷是欧洲最重要的人文主义作家之一，代表作是长篇小说《巨人传》。西班牙的人文主义文学极其繁荣，戏剧以维伽的《羊泉村》为代表。塞万提斯是欧洲近代现实主义小说的先驱，代表作《堂吉诃德》是文艺复兴时期欧洲最优秀的长篇小说。小说以史诗般的规模，真实、全面而深刻地反映了 16—17 世纪西班牙的社会现实，成功地塑造了不朽的艺术典型堂吉诃德。从此，堂吉诃德的名字成为脱离实际、耽于幻想、主观主义的同义语。

英国人文主义文学是文艺复兴时期欧洲文学的顶峰。乔叟是英国最早的人文主义作家，代表作是《坎特伯雷故事集》。托马斯·莫尔是英国早期人文主义运动中最富民主倾向的代表，他的《乌托邦》是近代空想社会主义小说的开端。文艺复兴时期的英国文学，以戏剧的成就最大。莎士比亚是文艺复兴时期英国和欧洲最重要的作家，也是世界文学史上最重要的几个文学巨匠之一。他一生写有剧本 37 部，长篇 2 部，十四行诗集 1 部（154 首），剧作成就最高。他的戏剧创作可分三个时期：早期以历史剧、喜剧为主，《亨利四世》是莎士比亚最好的历史剧。《威尼斯商人》则是最富于社会讽刺意义的喜剧。悲剧《罗密欧与朱丽叶》标志着莎士比亚创作的成熟。中期主要成就是悲剧，这是他创作最光辉的时期。《哈姆莱特》、《奥赛罗》、《李尔王》、《麦克白》被称为莎士比亚的四大悲剧。后期又称为传奇剧时期，代表作是《暴风雨》。

17 世纪的欧洲处在新兴的资产阶级与旧的封建制度继续斗争的时期。英国资产阶级革命的胜利，标志着中世纪的终结和世界近代史的开端。17 世纪的欧洲文学，英法两国成就最大。弥尔顿是当时欧洲最杰出的诗人，他的作品表现了资产阶级的革命精神，唱出了时代的强音。他的作品多以《圣经》为题材。在双目失明的情况下，为了鼓吹革命，口授了长篇诗《失乐园》、《复乐园》和诗剧《力士参孙》。法国古典主义文学以戏剧成就最为卓著。高乃依的悲剧，莫里哀的喜剧，达到了这一时期欧洲文学的最高水平。高乃依是法国古典主义悲剧的创始人，其代表作《熙德》是古典主义悲剧的奠基之作。莫里哀是 17 世纪法国最重要的喜剧作家，他的创作把喜剧艺术真正提高到近代喜剧的水平，对欧洲戏剧的发展产生了深远的影响。代表作《伪君子》是欧洲古典喜剧的杰作，剧本的锋芒直指教会，突出地批判了宗教的虚伪性和对社会的危害性。

18 世纪欧洲各国推翻封建制度的政治革命已势在必行，声势浩大的思想文化革命运动比文艺复兴运动带有更强烈的政治革命性质。它在鼓吹资产阶级、启迪人们的革命意识方面，发挥了重大的战斗作用。18 世纪，英国启蒙文学的主要成就是长篇小说。笛福是英国现实主义小说的奠基人，代表作《鲁滨逊漂流记》反映了资产阶级上升时期要求个性自由、勇于冒险、追求财富的进取精神，歌颂了资产阶级向海外扩张的殖民主义政策。它被认为是近代长篇小说的奠基作品之一。斯威夫特是激进的民主派，代表作讽刺小说《格列佛游记》，以高度的讽刺艺术著称于世。菲尔丁是18世纪英国最杰出的小说家，代表作《汤姆·琼斯》通过汤姆和苏菲的爱情故事，反映了18世纪中叶英国的社会生活，涉及面广，形象生动，标志着18世纪英国现实主义小说的最高成就。

伏尔泰是法国启蒙运动的精神领袖，代表作有哲理小说《老实人》，揭露了封建统治的残暴和天主教会的罪恶，批判了盲目乐观主义。狄德罗的代表作是哲理小说《修女》，它抨击了教会对人性的摧残。卢梭是法国启蒙运动中的民主派，代表作是书信体长篇小说《新爱洛绮斯》，描写了一位家庭教师与女学生的爱情悲剧，强烈地控诉了封建道德和封建等级制度。

莱辛是德国启蒙运动的代表，是德国民族文学的奠基人。18世纪七八十年代发生了声势浩大的全国文学运动——狂飙突进运动。青年时代的歌德和席勒是这一运动的主要代表。席勒是德国启蒙文学家、杰出的诗人和剧作家，德国民族文学的代表作家之一。他的两个剧本《强盗》和《阴谋与爱情》，突出地表现了这一运动的叛逆精神。歌德是德国最伟大的民族诗人，是18世纪中叶到19世纪初期德国和欧洲最重要的作家，欧洲启蒙文学最杰出的代表。书信体小说《少年维特之烦恼》是他在狂飙突进运动时期最重要的作品。小说描写德国先进青年维特与落后、平庸、停滞的德国现实之间的矛盾，揭露和批判了当时德国社会许多不合理的现象，表达了觉醒的德国青年一代的革命情绪。这是第一部有重大国际影响的德国文学作品。长篇诗剧《浮士德》是歌德用毕生心血完成的一部杰作。诗剧通过主人公浮士德努力追求的一生，概括了资产阶级上升时期先进知识分子不满现实、极力探索人生意义和理想社会的全部过程。

19世纪初期，欧洲各国的资产阶级民主运动蓬勃开展，而资本主义国家的现实又使启蒙主义理想陷于破产，在这样的背景下，浪漫主义文学流派冲破了古典主义的束缚而兴起。德国最有代表性的浪漫主义诗人是海涅。他的创作完成了德国浪漫主义文学向民主主义革命文学的过渡，代表作是政治抒情长诗《德国——一个冬天的童话》。英国浪漫主义文学的代表作家是拜伦和雪莱。拜伦是英国杰出的资产阶级民主主义诗人，19世纪欧洲浪漫主义文学的重要代表作家。他诗歌中的反抗精神，曾在世界上一些被压迫民族的爱国志士和反封建专制的民主战士中激起强烈的共鸣。他在《东方叙事诗》里塑造的高傲、孤独、倔强的叛逆者形象，被称为“拜伦式的英雄”。但他们的追求自由和反抗都具有明显的个人主义特征。雪莱是英国诗歌领域中第一个表现出空想社会主义思想的诗人，他的代表作是抒情诗剧《解放了的普罗米修斯》。他的抒情诗《西风颂》以西风喻革命力量，预言革命的春天必将来临。恩格斯称他是“天才的预言家”。法国浪漫主义最杰出的代表作家是雨果。1827年雨果发表了剧本《克伦威尔》。他在剧本《序言》中公开抨击古典主义的清规戒律。《序言》是浪漫主义运动的宣言，雨果因此而成为浪漫主义运动的领袖。他的剧本《欧那尼》公演的巨大成功，标志着浪漫主义对古典主义斗争的胜利。长篇历史小说《巴黎圣母院》，写了副主教克罗德对吉卜赛女郎爱斯梅哈达的迫害，突出了反封建反教会的主题，是这一时期浪漫主义小说的代表作。而他的《悲惨世界》则是一部现实主义和浪漫主义相结合的优秀作品。

批判现实主义是西欧资本主义确立和发展时期的产物，是在继承和发展文艺复兴，特别是启蒙运动文学的现实主义传统的基础上形成的新的文学潮流。它以卓越的艺术技巧写出了典型环境中的典型人物，揭露了资本主义社会的弊端，达到了欧美资产阶级文学的最高水平。19 世纪欧洲批判现实主义的发展，以 1871 年巴黎公社革命为界，分为前后期。前期(19 世纪 30—60 年代)是批判现实主义文学的产生和发展时期，以法国和英国为中心，涌现出司汤达、巴尔扎克、狄更斯、福楼拜等一批杰出的批判现实主义作家。后期(19 世纪 70 年代至 20 世纪初)是西欧批判现实主义文学的衰落时期。这一时期，东欧、北欧和俄国的批判现实主义文学成就超过西欧，出现了易卜生、托尔斯泰等杰出作家。

法国是批判现实主义的发源地，形成于 19 世纪 30 年代，19 世纪四五十年代达到高潮。法国批判现实主义文学的奠基人是司汤达和巴尔扎克。司汤达的代表作长篇小说《红与黑》是欧洲第一部批判现实主义的杰作。小说取材于法国当时的社会，围绕着主人公于连的个人奋斗过程，广泛地反映了 19 世纪 20 年代法国的社会风貌，对天主教、封建贵族、资产阶级的丑恶作了淋漓尽致的揭露讽刺。巴尔扎克的历史小说《朱安党人》标志着巴尔扎克批判现实主义创作的开始。小说的成功，初步奠定了他在文学界的地位。从此，他的创作进入全盛时期。《欧也妮·葛朗台》标志着他批判现实主义风格的形成。他用 20 年的心血和精力，精心铸造出欧洲乃至世界文学史上一座宏伟灿烂的纪念碑——《人间喜剧》。这是一部 19 世纪法国社会的“风俗史”，是一部封建贵族的没落衰亡史和一部资产阶级的罪恶发迹史。法国后期批判现实主义文学的批判性大大削弱，出现了客观、科学、冷静的现实主义新风格。它的倡导者和主要代表是福楼拜，代表作是《包法利夫人》。后期重要作家还有莫泊桑，代表作是《羊脂球》。

英国批判现实主义文学开始于 19 世纪 30 年代，19 世纪四五十年代达到繁荣，出现了狄更斯等“一派出色的小说家”。19 世纪 70 年代后，英国发展到帝国主义阶段，批判现实主义的批判性减弱了，代表作家有哈代等。狄更斯一生写了 14 部长篇小说和许多中短篇小说以及杂文、游记等，题材非常广泛。他的创作充分体现了英国批判现实主义文学的特点，表现出幽默讽刺的风格。重要作品有《董贝父子》、《大卫·科波菲尔》、《艰难时世》、《双城记》等。《艰难时世》是狄更斯最重要的作品之一，它反映了 19 世纪四五十年代英国社会中尖锐的劳资矛盾，揭露了资本家残酷剥削的罪行，批判了当时流行的为资本剥削辩护的思想理论——曼彻斯特派的功利主义哲学和政治经济学。萨克雷的《名利场》，通过两个女主人公不同的经历，对英国上流社会的冷酷自私、尔虞我诈、趋炎附势作了揭露和讽刺。哈代是英国后期批判现实主义最重要的小说家，代表作是长篇小说《德伯家的苔丝》，通过农家姑娘苔丝的悲惨命运，对资本主义社会的伦理道德提出了抗议。后期代表作家还有萧伯纳，代表作是《巴巴拉少校》。

俄国批判现实主义形成于 19 世纪 30 年代，经过普希金、果戈里的创作实践和别林斯基的理论总结，到 19 世纪 40 年代取得完全胜利。19 世纪五六十年代进入空前繁荣时期，优秀作家作品有冈察洛夫的《奥勃洛摩夫》，屠格涅夫的《前夜》和《父与子》，车尔尼雪夫斯基的《怎么办》，陀思妥耶夫斯基的《罪与罚》，托尔斯泰的《战争与和平》，奥斯特洛夫斯基的剧作《大雷雨》，涅克拉索夫的长诗《在俄罗斯谁能快乐而自由》等。19 世纪 70—90 年代达到高峰，优秀作家作品有托尔斯泰的《安娜·卡列尼娜》和《复活》及契诃夫的短篇小说等，直到 20 世纪初才趋于没落。他们在思想和艺术方面，都达到相当高的水平。

普希金是 19 世纪俄罗斯伟大的民族诗人、浪漫主义文学的主要代表和俄国批判现实主义文学的奠基人。代表作有诗体小说《叶普盖尼·奥涅金》，这是俄国批判现实主义文学的奠基作品。果戈里是俄国批判现实主义文学“自然派”的奠基人。他的剧本《钦差大臣》是俄国现实主义戏剧发展史上的重要里程碑。他的《死魂灵》(第一部)是俄国批判现实主义文学第一部具有高度思想艺术水平的长篇小说。车尔尼雪夫斯基的《怎么办》是俄国文学史上反对沙皇专制制度最激烈的作品,其中的领袖人物拉赫美托夫是世界文学中第一个职业革命家的形象。列夫·托尔斯泰的创作标志着欧洲批判现实主义文学的高峰。他的文学创作活动长达60年之久,跨越了俄国革命的三个历史时期。《战争与和平》、《安娜·卡列尼娜》、《复活》三部长篇小说是他的代表作品,体现着托尔斯泰的最高艺术成就。契诃夫是俄国19世纪批判现实主义最后一个杰出的作家,他以擅长写短篇小说著称,也写过剧本。他的短篇小说是俄国批判现实主义文学的光辉典范。

19世纪末,批判现实主义文学在北欧的挪威获得很大发展,产生了许多优秀作品,文学呈现出繁荣景象,这标志着北欧批判现实主义文学取得重大的成就。揭露资产阶级政客和市侩们的丑恶面目是北欧批判现实主义文学的重要内容。反对异族奴役和封建专制,争取自由和独立是东欧各国批判现实主义文学的共同主题。裴多菲就是这个时期东欧文学中成就较高的民族诗人,他的诗歌是匈牙利革命的记录。安徒生是19世纪丹麦文学的代表作家,他的成就以童话最为突出,一共发表了156篇童话和故事,是19世纪第一个赢得世界声誉的北欧作家。易卜生是挪威著名的戏剧家,其代表作社会问题剧《玩偶之家》是“妇女独立的宣言书”,流行于世界许多国家。比昂逊是与易卜生齐名的挪威作家,其代表作是《破产》。

美国同挪威、俄国一样,在19世纪末西欧资产阶级文学出现衰落的情况下,异军突起,取得了新的成就。19世纪中叶,浪漫主义文学主宰文坛,而具有资产阶级民主主义倾向的现实主义文学则刚刚萌芽。当时废除蓄奴制的南北战争即将爆发,现实主义倾向的文学应运而生。斯托夫人的小说《汤姆叔叔的小屋》(旧译《黑奴吁天录》)于1852年出版,它是废奴文学最重要的作品,是美国第一部具有鲜明的民主倾向的现实主义作品。积极支持南北战争的著名民主诗人惠特曼早期创作浪漫主义色彩很浓,南北战争前后,诗歌增强了现实主义精神。1855年,他的代表作《草叶集》问世,是美国近代文学史上一座光辉的里程碑。南北战争以后,浪漫主义文学逐渐衰退,批判现实主义文学逐渐兴起,最主要的代表作家是马克·吐温。他以幽默、讽刺的手法,揭露美国资本主义虚伪的民主和自由,揭发美国的种族歧视和对外的侵略扩张。他在将近50年中创作了许多长篇小说、中短篇小说、政论、杂文、游记等。其代表作是小说《哈克贝利·费恩历险记》。其后,著名的批判现实主义作家有弗兰克·诺里斯,代表作小说《章鱼》是美国文学史上最早控诉垄断资本残酷掠夺农村的作品。

19世纪的欧洲出现了无产阶级文学的萌芽。英国宪章派诗歌、1848年革命时期法国和德国的工人诗歌,揭开了世界无产阶级文学史的序幕。而在巴黎公社中诞生的巴黎公社文学,标志着无产阶级文学发展史上一个崭新的阶段。最杰出的代表作家是欧仁·鲍狄埃,代表作是震撼世界的《国际歌》,写于公社失败后的第二天。英国宪章派诗歌产生于宪章运动,它是世界上最早的无产阶级文学。最有代表性的诗人是艾内斯特·琼斯和威廉·林顿。德国无产阶级诗歌是早期无产阶级文学的重要组成部分,杰出代表作家是维尔特,他是德国无产阶级第一个和最重要的诗人。

四、现代欧美文学

现代欧美文学是现代外国文学中重要的、最富有活力的组成部分，现代文学的各种风格与流派在这一时期的欧美文学中都得到了表现。欧美现代文学是由传统向现代转型并走向新的繁荣的文学。现实主义文学和现代主义文学是两大主流。现实主义文学是欧美传统文学在20世纪的深化与拓展，而现代主义文学是一种具有“反传统”倾向的文学，表现了欧美传统文学在新时代的转型与创新。从本质上看，现实主义文学和现代主义文学都是对传统文学的继承与发展，而且在20世纪复杂的社会条件下，这两大文学主流在人文观念、美学思想和艺术技巧上既互相撞击又彼此交融。

欧美现实主义文学具有多元性，名目繁多，令人眼花缭乱，但主要的有两种：一是以社会性、典型性、客观性和批判性为基本特征的传统现实主义文学，又称为批判现实主义文学；二是以社会主义革命和建设为创作的主要内容，以社会主义现实主义为基本创作方法的新型的现实主义文学，称为社会主义现实主义文学，又称为无产阶级文学。传统现实主义代表作家作品有：英国萧伯纳的剧本《华伦夫人的职业》、赫伯特·劳伦斯的小说《虹》、约翰·高乐斯华绥的《福尔赛世家》三部曲、萨尔默特·毛姆的长篇小说《人生的枷锁》等。法国罗曼·罗兰的《约翰·克利斯朵夫》、阿纳托尔·法郎士的长篇小说《企鹅岛》、罗歇·马丁·杜伽尔的《蒂博一家》等；德国亨利希·曼的《臣仆》、托马斯·曼的《布登勃洛克一家》、贝托尔特·布莱希特的剧本《伽里略传》和《大胆妈妈和她的孩子们》、埃里希·马利亚·雷马克的《西线无战事》等；奥地利斯蒂芬·茨威格的中篇小说《象棋的故事》等；意大利皮兰德娄的剧本《六个寻找作者的剧中人》、莫拉维亚的短篇小说集《罗马故事》。美国西奥图·德莱塞的《美国的悲剧》、海明威的《永别了，武器》、尤普顿·辛克莱的《屠场》等。

20世纪初，社会主义现实主义文学脱颖而出。高尔基是苏联社会主义现实主义文学的杰出代表，他的长篇小说《母亲》，塑造了世界文学史上第一个血肉丰满的英雄形象，成为社会主义现实主义文学的奠基作品。此后，又涌现出一批优秀的作家和作品，如奥斯特洛夫斯基的小说《钢铁是怎样炼成的》，马雅可夫斯基的长诗《列宁》，法捷耶夫的小说《青年近卫军》和《毁灭》，肖洛霍夫的《静静的顿河》，绥拉菲莫维奇的《铁流》等，都是苏联社会主义现实主义文学的杰出代表。东欧各国的社会主义现实主义文学在20世纪也取得了很大的成就，具有世界影响的作家和作品有：民主德国作家安娜·西格斯的《第七个十字架》、《死者青春常在》，诗人约·贝希尔的《十四行诗集》，捷克斯洛伐克著名作家尤·伏契克的《绞刑架下的报告》，南斯拉夫小说家诺贝尔文学奖获得者安德里奇的《德里纳河上的桥》，罗马尼亚萨多维亚努的《斧头》等，都从不同的创作角度丰富了社会主义现实主义文学。

现代主义文学又称为现代派文学、先锋派文学，是20世纪欧美诸多文学流派的总称。这些文学流派主张不同，风格各异，它们同时并存或频繁更迭，相互影响渗透或相互排斥刺激，本身就构成了一个眼花缭乱的多元化的艺术世界。它们共同举起“反传统”的旗帜，表现出强烈的挑战意识和先锋精神。它们的探索成败得失不一，在文学史上的地位也不尽相同，但总体而论，它们扩大了文学的视野，丰富了文学的观念，拓展了文学把握世界和表现世界的能力。

现代主义文学萌芽于19世纪中叶的唯美主义文学，确立于20世纪20年代。当时的欧美现实主义文学和浪漫主义文学，伴随着资产阶级民主革命的低落而逐渐衰退，失去其往日的艺术魅力,并逐渐向唯美主义文学转化,这就为现代派文学的产生提供了契机。美国的爱伦·坡和法国的波德莱尔被认为是现代派的鼻祖。

现代主义文学的思想特征是具有强烈的文化批判倾向,突出地表现异化主题。现代主义文学的艺术特征是强调表现内心生活和心理真实,具有主观性和内倾性特征,普遍运用象征隐喻的手法,追求艺术的深度,提倡以丑为美,热衷于艺术技巧的革新与实验。现代主义文学以第二次世界大战为分界,可分为前期和后期两个阶段。前期的现代主义叫做现代主义,而后期的现代主义则叫做后现代主义。前期的现代主义文学流派主要有后期象征主义、表现主义、未来主义、超现实主义、意识流小说等。后期的现代主义文学流派主要有存在主义文学、荒诞派戏剧、新小说派、黑色幽默、魔幻现实主义等。后期在继承前期叛逆精神和创新意识的基础上,对现实的否定更加彻底,直面荒诞的世界和荒诞的人生,悲观色彩更加浓郁,哲理思考更加深入,对形式的追求也更加热烈。

后期象征主义是在20世纪初形成的文学流派,在创作方法上,从简单象征发展到意象象征,从个别象征发展到普遍象征,从情感象征发展到情感与理智并举,具有思辨性和哲理性。后期象征主义在文学上的主要成就是诗歌创作。1857年法国诗人波德莱尔发表诗集《恶之花》,标志该派正式形成,而英国诗人艾略特的《荒原》则是该流派的顶峰之作。其他主要作家有爱尔兰诗人叶芝、奥地利诗人里尔克、比利时剧作家梅特林克、德国剧作家霍普特曼、英国作家约翰·沁等。

表现主义,20世纪初产生于德国,后蔓延到欧美各国。表现主义文学善于透过事物的外层表象,展现内在的本质,从人的外部行为提示内在的灵魂,善于直接表现人物的心灵体验,展现内在的生命冲动。表现主义作家的作品首推奥地利卡夫卡的长篇小说《美国》、《审判》、《城堡》,而他的短篇小说《变形记》则是表现主义文学的代表作。其次是美国剧作家奥尼尔的《毛猿》、《天边外》,瑞典剧作家斯特林堡的《去大马士革》三部曲和《鬼魂奏鸣曲》等。

未来主义是20世纪从意大利流行到欧洲各国的现代主义文学流派。它的基本特征是:主张彻底抛弃艺术遗产和传统文化,歌颂机械文明和都市混乱,赞扬"速度美"和"力量美";主张打破旧有的形式规范,用自由不羁的语句随心所欲地进行艺术创作。未来主义运动的创始人意大利诗人、剧作家、文艺理论家托马佐·马里内蒂在1909年2月法国《费加罗报》发表惊世骇俗的论文《未来主义的创作和宣言》,宣告未来主义的诞生。他的代表作剧本《他们来了》中无情节、无人物、无高潮,总共才几百个字,三四句台词,该剧对后来荒诞派戏剧有较深的影响。其他代表作家有法国诗人阿波利奈尔、俄国诗人马雅可夫斯基。

超现实主义文学产生于20世纪两次世界大战期间。强调表现超理性、超现实的无意识世界和梦幻世界,主张用纯精神的自动反应进行文学创作,广泛使用"自动写作法"和"梦幻记录法",具有晦涩艰深的风格,追求神秘离奇的艺术效果。法国作家布勒东是超现实主义的创始人和理论家,其代表作是《娜佳》。法国的阿拉贡和艾吕雅也是超现实主义的重要代表。

意识流文学形成于第一次世界大战前后,风行于20世纪20—30年代,以小说成就最大,因此称为"意识流小说"。意识流小说不重视描摹客观世界,而着力表现人的内心真实,特别是着力表现人的意识流,从而打破了传统小说的模式和结构方法,用心理逻辑去组织故事。在创作技巧上,意识流小说大量采用内心独白、自由联想、象征暗示的手法,语言、文体和标点等方面都有很大的创新。这些创作方法后来被现代作家广泛采用,成了现代小说的基本创作方法之一。法国作家马塞尔·普鲁斯特是意识流小说的先驱,长篇巨著《追忆逝水年华》是其代表作。爱尔兰作家乔伊斯的《尤利西斯》与艾略特的《荒原》一起被认为是现代主义文学的经典作品。其他有影响的作家有英国女作家伍尔芙,美国作家福格纳、海明威等。

存在主义文学第二次世界大战前夕产生于法国,战后盛行于西方世界,它是在存在主义哲学的基础上形成的。其基本主题是揭露世界与人的存在的荒诞性,肯定人的存在先于人的本质,表现人在荒诞、绝望的境况中的精神自由和选择,这是存在主义文学在思想内容方面最突出的特点。存在主义文学的代表作家作品有法国存在主义大师萨特的小说《厌恶》和哲理剧《禁闭》,加缪的小说《局外人》等。此外,法国的德·波伏瓦、美国的索尔·贝娄、英国的戈尔丁等是具有存在主义倾向和色彩的作家。

荒诞派戏剧使荒诞本身戏剧化,使戏剧形式荒诞化。它的主要特点是提示了世界和人的处境、人自身的生存状态的荒诞性,突破了传统戏剧中必不可少的情节和结构,以破碎的舞台形象代替形象生动的人物,以荒诞的甚至是语无伦次的"梦呓"代替传统戏剧中的应答与对话。法国的塞缪尔·贝克特和尤金·尤奈斯库是该流派的创始人,代表作分别是《等待戈多》和《秃头歌女》。

新小说派的主要特点是贬低文学的思想性和倾向性,关注技巧与表现手法;取消人物在小说中的中心地位,情节含混不清甚至相互矛盾;把绘画原则应用到小说创作中,把小说由"时间的艺术"变成"空间的艺术"。萨洛特的论文集《怀疑的时代》是新小说派的宣言书,其代表作是《匿名者肖像画》。

黑色幽默不是一个自觉形成的流派,它没有文学组织,也无共同的文学纲领,只是大致相同的文学风格与人生态度将一些作家联系在一起。它的基本特征是在思想上,关注现实,对现实的荒诞感有一种深沉的痛苦和愤怒。所谓黑色幽默,就是阴郁的幽默,它以表面上轻松、调侃、玩世不恭,实则无可奈何的语调叙述深沉而恐怖的故事,从而产生荒诞不经、滑稽可笑的喜剧效果。小说的主人公往往是性格乖僻的"反英雄",情节结构具有非逻辑特性。其代表作品有海勒的《第二十二条军规》、托马斯品钦的《万有引力之虹》、约翰·巴斯的《烟草经纪人》等。

魔幻现实主义在现代派文学领域占有十分重要的地位。它充满了神奇的色彩,这种神奇色彩是由拉美地区特殊现实和思维方式决定的,是远古神话、信仰、巫术、魔法在文学上的积淀,同时也是由于拉美统治的严酷性,不允许作家直接描写现实,迫使他们以光怪陆离的魔幻世界来间接反映现实。魔幻性和现实性均是通过象征、夸张和时空变异等手法来体现的。危地马拉作家安赫尔·阿斯图里亚斯的长篇小说《总统先生》被公认为是第一部成熟的魔幻现实主义小说,他的另一部代表作是《玉米人》。墨西哥作家胡安·卢福尔的名著《佩德罗·帕拉莫》是魔幻现实主义真正成熟的标志。

第三章　文学鉴赏

文学鉴赏是人们在阅读文学作品时所产生的一种精神活动。在这种活动中，读者对文学作品中所创造的艺术形象、艺术意境进行感受、体验、领悟、理解、玩味，得到赏心悦目、怡情养性的审美享受和思想认识、道德情操等方面的教益。

第一节　文学鉴赏的性质和一般过程

一、文学鉴赏的一般过程

(一)艺术感受

艺术感受是指阅读文学作品时，在感觉和知觉中初步接触文学形象、意境，并开始有情感体验的初级阶段。在这一阶段，读者以文学语言为中介，在理解其含义的基础上，感受到文学作品感性形象的各种外在表现，在知觉中将其"复合"为完整的表象，从而进入作品所描绘的意境，体验到作者的思想感情。就叙事文学的人物形象来说，从感受其形体外貌、言谈举止、风度仪表获得初步完整的印象。于是，知道一些什么样的人，相互之间的大致关系是什么，自己又产生了一些什么样的情感波动和心灵震荡等。就抒情诗来说，从对其音韵、色彩、物态、景观的感受，获得对整体画面的印象，知道它是一种什么样的情景，又抒发寄托了什么样的感情。

(二)审美判断

审美判断是在艺术感受的基础上对作品形象的总体把握，它是艺术感受的深化，最终达到对鉴赏对象的理解。在这一阶段，通过思索和分析，进一步领会作品所蕴含的意义，深入体察艺术形象所揭示的社会生活本质，以及艺术魅力之所在。或为它的成功叫好，或为它的不足惋惜，或为它的生花妙笔所惊赞，或为它的深邃思想所折服。在活跃流动的激动感情中渗入了更多的理性因素，从而对它作出理解性的情感评价。但审美判断并不是一般的逻辑演绎和理性结论，而是对作品形象整体的理解性情感评价，它始终保持着艺术鉴赏那种动情观照、想像、联想和再创造的性质。把欣赏说成是"纯粹的直觉活动"固然是不对的，但如果把审美判断当做是对作品简单地下结论、作概括、讲是非得失也是不对的，因为这不是艺术鉴赏中的判断，而是抽象的理性判断。审美判断总是情理交融并以情感判断完成的。

(三)寻索玩味

寻索玩味是鉴赏者经过艺术感受、审美判断之后，反复思索、回味文学作品动人、动情之处，并由此生发出对社会、人生、艺术的某些新的领悟，以致沉醉其中，使自己的心灵在不知不觉中得到升华，达到了审美享受的极致。从心理学角度看，寻索玩味不是面对鉴赏对象，而是面对自己头脑中再创造的记忆表象的思索探寻，它表现了艺术鉴赏中的一种延留性和持续性。相传孔子“在齐闻韶”，三月不知肉味。他在玩味中沉醉了，因为他叹服于《韶乐》的尽善尽美，仿佛那庄严肃穆而又优美的音乐旋律把他带到了“尽善尽美”的境界，精神的愉悦压倒了物质的享受。通过这种寻索玩味，人们的心灵便有所升华。

文学鉴赏的过程不是截然分开的，而是相互联系的。一般来说，能感受才能判断，能感受判断才能有所玩味和领悟。因此，这三个阶段也是相对的。从心理学上来说，虽然整个鉴赏过程大致会经历感觉、知觉、想像、联想、情感、思维等心理过程，但审美鉴赏的感觉和知觉一开始，情感性因素和理解性因素就渗入其中了，想像和联想也就接着展开了。无论是想像、联想，还是情感、思维，又不能离开感觉、知觉而进行。因此，审美鉴赏是一个完整的过程。

二、文学鉴赏的再创造

文学鉴赏的过程，既是审美享受的过程，也是审美再创造的过程。不过它与艺术作品的创造过程不同，它是在具体鉴赏作品基础上的再创造。如果把艺术作品的创作称为“一度创造”，那么，审美鉴赏则是“二度创造”。它的创造要受具体作品的制约和限制。

任何文学鉴赏，鉴赏者都要根据自身的生活经验、特殊处境、文化修养等对鉴赏对象进行想像、联想、加工、补充，把作品中的形象转化为自己头脑中的形象，这就是文学鉴赏中的再创造。在再创造中，想像和联想占有重要地位，并且是再创造的一大特点。但是这种联想、想像不是随意性的，而是受鉴赏对象的制约和影响的。鉴赏对象为鉴赏者提供了想像、联想的基本形态和线索，规定了他再创造的方向，指引他怎样去加工和补充形象。因而鉴赏中的再创造原则上不能像艺术创作那样，可以“杂取种种人，合成一个”，他只能以鉴赏对象为“模特儿”，“杂取”与之相关相似的东西，在想像中予以补充和强化。《红楼梦》中林黛玉听到《牡丹亭》的唱词：“原来姹紫嫣红开遍，似这般都付与断井颓垣”，“良辰美景奈何天，赏心乐事谁家院”，“只为你如花美眷，似水流年”等内容的句子，她所联想到的只能是与之相关相似的生活情景，如“水流花谢两无情”，“流水落花春去也，天上人间”，“花落水流红，闲愁万种”等，凭着这些联想，她补充和丰富了《牡丹亭》唱词中的意蕴和境界，有了再创造的性质，获得了她在鉴赏时的特殊的情感体验、精神享受。因此，艺术鉴赏中的再创造即二度创造是一种有限创造，它的想像与艺术作品中的想像相比，更多的是再造性想像，不能像艺术作品创作时的“无中生有”。从这个意义上说，艺术鉴赏中的再创造及再创造中的联想、想像，是对鉴赏对象的一种“复活”和丰富，是“同质异形”的创造，而不是“异质异形”的创造。鉴赏的差异性表现为“形异”，鉴赏的一致性则表现为“质同”。忽视这一点，就会导致对鉴赏对象的误解或曲解。

三、文学鉴赏中的共鸣

共鸣是文学鉴赏中一种普遍的心理感应现象，一般指人们鉴赏文学艺术作品时所引起的同作品所表现的思想感情的相通、类似或交流融合的思想感情活动。

在文学鉴赏中，当文学作品中人物、情景符合读者自己的审美理想、趣味、心境时，鉴赏者往往会进入特定的情景之中，爱作者之所爱，恨作者之所恨，以致像喜亦喜，像忧亦忧，达到物我交融、物我一致的境地，这就产生了共鸣。如当林黛玉听《牡丹亭》的唱词时，产生了与杜丽娘类似的“如花美眷，似水流年”的深闺自怜的相似感情，以致心摇神荡，如痴如醉，

“心痛神驰，眼中落泪”，这就是一种共鸣。由此可见，共鸣的产生比较集中在作品的思想内容方面，是与作品所表现的思想感情相通，或对人物命运、遭遇的认同。

四、文学鉴赏的主观差异性与客观一致性

文学鉴赏的主观差异性，主要指作为鉴赏主体的读者在鉴赏中的主观性及由此而产生的各种差异。由于一定的鉴赏主体总是属于一定的阶级、民族和时代，因而这种差异自然包含阶级差异、时代差异和民族差异。不过，由于文学鉴赏一般总是表现为个体性的活动，因而文学鉴赏的主观差异性主要是个体的主观性，以及由个体主观的再创造活动所产生的对鉴赏对象想像、补充、加工的不同。这就造成了所谓“一千个观众就会有一千个哈姆莱特”的情况。这是因为作为鉴赏者的个体，在鉴赏过程中总是要结合自我的感受和评价，去寻找自己所要接受的东西。读者的气质不同感受会不同，爱好不同鉴赏所得也不同。文学鉴赏的主观性因素很多，经历、教养、个性、气质、习惯、趣味等都可能形成差异。王维的“大漠孤烟直，长河落日圆”对文学家来说，可能特别赞赏他“直”和“圆”二字的准确、形象，看到的是广袤、空旷、寂寥的大漠风光，情不自禁地会激起“劝君更尽一杯酒，西出阳关无故人”之感；而科学家则可能由自己的实践经验联想到自己为之献出过热情和心血的科学事业中的某种表象；数学家也许会联想到垂直线和外切圆，觉得那是一幅绝妙的美的构图，如此等等。可见，艺术鉴赏总是要不断调动自己头脑中储存的审美经验、知识、经历对文学作品进行感受和理解，各人的状况不同，再创造的形象和鉴赏中的所得也就不同。

文学鉴赏尽管存在着主观差异性，但仍有它的客观一致性。这种一致性，根本上是由艺术形象本身的基本特征即“质”的规定性所制约的。鉴赏的主观差异，只能是在艺术形象和艺术意境所规定的范围内和所指引的方向下，结合自己的艺术感受、知识、经历、文学修养适当地延伸、扩大或缩小，而不能从根本上改变它，另给它一种新的质。因此，尽管“一千个观众就会有一千个哈姆莱特”，但他毕竟是哈姆莱特，而不可能是奥塞罗、李尔王、罗密欧，这就好像孙悟空拔下一根毫毛可以变化为无数个孙悟空，却不能变化出猪八戒一样！客观一致性还表现在艺术形象本身价值的客观性。一部成功的艺术作品，一个成功的艺术典型，鉴赏者无论有多大的主观性，甚至怀着某种偏见，但都不能否定它本身的审美价值。人们通过广泛的欣赏，对作品能得出比较一致的公允结论，这正是艺术作品自身客观价值的体现。一部优秀作品之所以能够广泛流传，正是它自身的价值在读者的欣赏实践中得出一致评价的结果。

第二节　文学鉴赏的特点

一、直觉性

审美经验告诉我们，不论是鉴赏自然美、社会美还是艺术美，都不是先有理智的判断然后才有美感，而是感知到美的对象还来不及作理性分析时，就会在那一瞬间感到对象的美或不美。如诗歌的音韵感、色彩感、情绪波动感，往往立即使人们认定其美或不美。这种似乎未经思索的感受或判断就是一种直觉性，在艺术鉴赏中，这就是审美直觉。艺术直觉的产生

与人的经历、感情有直接关系。

艺术直觉有两种：一种是低级的直觉，是一种见形象不见意义的直觉。这种直觉获得的美感是片面的、表面的、肤浅的。另一种是包含理性因素的高级直觉。它是人类文化发展的历史和个人文化修养、审美经验的积淀，是艺术地把握世界的一种特殊形式。从心理机制看，鉴赏者平时将审美经验作为一种信息储存在大脑中，形成表象记忆，同时由于长期的鉴赏习惯可以变成条件反射，优美的艺术形象映入眼帘，传入耳膜后，立即与储存的类似审美对象及其所包含的美的信息联系起来，形成了具有个人主观色彩而又把握了对象意蕴的直观形象。这就是说，真正文学鉴赏中的审美直觉，具有一种穿透力和整合力，它能从对象的表象穿透而达到其内核，并将其整合为完整形象。这种穿透力和整合力是伴随活跃而飞转的想像来完成的，即在想像中穿透又在想像中整合，从而获得鉴赏的那种特殊感受和特殊美感。一般来说，文学鉴赏中的直觉性与人的文学修养和鉴赏经验有密切关系。

二、情感性

情感在文学鉴赏中是一种巨大的心理动力。鉴赏源于情感需要，满足的也是情感需要。鉴赏者在对艺术形象的直观领悟中，“意与象通”，激发起情感活动，从而关心作品中人物的前途和命运，体验他们的痛苦和欢乐，因此会像喜亦喜，像忧亦忧，产生喜怒哀乐的情感变化。可见，鉴赏不仅是动情观照，也是寓情观照。情感性是文学鉴赏的一大特点，这一特点与欣赏活动具有艺术再创造的性质是密不可分的。正因为这种情感性，文学鉴赏才会带给人美的满足和享受。

三、领悟性

文学鉴赏需要鉴赏者有与作家作品相适应的情绪心境，通过艺术想像设身处地、推己及人、以人度物，抓住艺术形象蕴于内而形于外的特点，体验其情，领悟其理，发掘不尽之意。我国古代鉴赏者借佛教“参”、“悟”的道理，主张“妙语”。即鉴赏者在艺术感受基础上，以己度物深入体验，从感性直观一下子领悟其理。朱光潜说：“世间有许多奥妙，人心有许多灵悟，都非语言可以表达。”的确，有许多意境深远优美的诗歌，看起来美，想起来美，但一时还找不到准确的语言表达其中的奥妙，只有在意味深长的审美体验中发现、创造、玩味、揣摩，领会其中的无言之美。

第三节　文学鉴赏的意义

一、文学鉴赏与文学的社会作用

首先，文学鉴赏是实现文学社会作用的必要条件。一部文学作品问世以后，只具备了产生社会作用的可能性，只有通过群众性的鉴赏，这种可能性才能变成现实性。一座完美的雕像不和观众见面，它只不过是一堆经过艺术加工的石头或其他金属材料。同样，一部好的文学作品，如果把它藏在深山，不让人阅读鉴赏，也只不过是经过工人排字、加工、印刷后的一叠纸张，不发生任何社会作用。相反，一部文学作品读者越多，流传越广，那么它的美学价值、社会意义就能充分体现,社会作用也就能充分发挥。如我国的《三国演义》、《水浒传》、《西游记》、《红楼梦》等名著,自诞生以来,读者众多,加之用戏剧、曲艺、连环画等各种艺术形式进行改编流传,使识字和不识字的人,老年人与青少年都可以鉴赏,因而它们的社会影响十分深远、广泛。可见优秀的文学作品,只有被广大人民群众鉴赏接受之后,才能发挥它的社会效用。其次,文学鉴赏可以提高读者的艺术修养和思想情操。文学艺术随时代发展而发展,不同时代的社会生活、风尚、习俗、趣味,对那个时代的读者都有重大影响,并改变读者的审美趣味,提高读者的审美鉴赏能力。一个时代创作方法、文学体裁的演变,都要引起读者鉴赏习惯、趣味的变化。如我国当代文学中意识流的引进,时空交错在文学中的运用,艺术形象情绪心境的“长镜头”描写,心理小说、朦胧诗的问世等,影响并造就了一些懂得这种艺术的读者,影响并逐渐改变着原来一些读者的鉴赏心理。

二、文学鉴赏与文学创作和文学批评

文学鉴赏不仅是实现文学社会作用的必要条件,而且对文学创作、文学批评也有积极意义。首先,文学鉴赏是文学创作的积极反馈。文学创作为鉴赏提供对象,而鉴赏是创作的一种动力。优秀的创作可以提高鉴赏水平,高水平的鉴赏又可以推动创作质量的提高,二者是生产与消费的关系。文学鉴赏是一种精神消费,同样它也生产着文学创作。在文学创作过程中,作家赋予作品一定的审美价值和社会意义,通过读者的鉴赏把它体现出来,这样就形成了两个过程,一个是创作过程:作家—作品;一个是鉴赏过程:作品—读者。这两个过程构成了一个作家—作品—读者三位一体的动态环节,组成完整的文学活动过程。在这个过程中,从鉴赏角度讲,作品不经过读者鉴赏,不能算真正的作品。通过鉴赏,创作者可以从读者那里了解到可贵的信息:作品得失如何?水平如何?趣味如何?读者心理如何?从而改进自己的创作活动,自觉考虑怎样为满足社会需要进行创作。可见,文学鉴赏对文学创作不是被动的、可有可无的,而是能动地促进文学创作发展的。我国文学史上从“话本”小说的兴盛到“章回体”长篇小说的兴盛,这与当时广大市民的欣赏趣味和要求有密切关系。新时期以来,我国短篇小说的繁荣,中篇小说的崛起,报告文学的迅速发展,其重要原因就是作者了解读者喜欢鉴赏那些关系到国家前途、个人命运的作品,因而在创作上自觉地适应读者的需要。

其次,文学鉴赏是文学批评的基础。文学鉴赏和文学批评同中有异,异中有同,二者关系十分密切。它们都以文学作品为认识对象,都要经过艺术感受、审美判断和体验、玩味、分析,然后才能作出自己的评价。在思维过程中,都要受时代、阶级、民族以及政治思想、文艺思潮、社会心理的影响,都要结合自己的思想感情、生活经验、文化知识、艺术修养,对文学作品中的艺术形象和艺术意境进行再认识、再创造、再评价。但二者又存在着显著差别。文学鉴赏比较宽泛、较为自由,侧重感情评价,带有浓厚的主观性;文学批评是在文学鉴赏的基础上,对作家作品进行的系统的科学的分析、研究和批评,受一定时代、阶级的政治思想和某种文艺思潮、文艺流派的艺术观点的制约。

文学鉴赏和文学批评相互依赖,相得益彰。文学批评对文学鉴赏来讲,是对文学鉴赏的总结和提高,是沟通作品和读者的桥梁,能帮助读者正确鉴赏作品,提高鉴赏能力,培养健康的审美趣味;文学鉴赏要借鉴文学批评的成果,以便对文学作品有更深的理解,获得更高的审美享受。一般来说,文学鉴赏是文学批评的基础,离开文学鉴赏就没有文学批评,只有建立在文学鉴赏基础上的文学批评，才能真正揭示文学艺术形象和艺术意境的思想意义，体会文学形象的生动、真实和艺术魅力，领会艺术意境的无言之美，文学批评才会正确而全面。

文学鉴赏是具有广泛群众性的文学活动。通过群众性的文学鉴赏，作家可以了解不同的读者群的不同需要，了解他们审美意识的变化和作品所产生的社会效果，从而促使作者对自己的创作进行反思和总结，进一步端正创作思想，提高创作水平，努力创作人民群众喜闻乐见的作品。同时，文学鉴赏又是一种寓教于乐的精神活动，是一种群众性的自我教育的普遍形式。通过文学鉴赏，读者从作品的艺术形象中获得精神享受，得到健康的娱乐，并在不知不觉中受到潜移默化的良好影响，更自觉地去"求真、向善、爱美"。

第四章　文学批评

人类的文学活动从总体上说是三大活动,即文学的生产活动、文学的传播活动和文学的接受活动,而文学产品的生产则是文学活动的基础和前提。在这个过程中产生和形成了各种各样的文学现象,如文学思潮、文学流派、文学史、文学理论等。文学批评就是文学活动过程中产生的一种文学现象,也是文学活动的一个有机组成部分,是以文学产品为中心而兼及一切文学活动和各种文学现象的理性分析、评价和判断。这就意味着文学批评的主要对象是文学产品,与文学生产密切相关,它是在接受文学产品的基础上进行的。因此,文学批评兼及一切文学活动的各种文学现象,其中包括对文学批评自身的评价和判断。

第一节　文学批评的标准

文学批评标准是文学批评的核心问题。所谓文学批评的标准,是指人们衡量和评价文学作品思想与艺术价值的尺度。它体现着人们对文学本质特征和社会作用等方面的认识,以及对文学作品的基本要求。它既是从一定的创作实践和批评实践中概括和总结出来的,也是批评者主体性活动的产物。

一、思想标准

思想标准是衡量文学作品思想性的尺度。所谓思想性是指作品题材、主题、艺术形象所显示出来的社会、政治、道德、美学的观点及其对读者所产生的思想力量。一般来说,一部文学作品是一个艺术世界,是一幅社会风俗画,是一部形象的百科全书,思想内容包罗万象,涉及各个方面,很难用政治或道德、哲学或宗教的某一尺度去衡量它,必须从整体出发,考察它的思想内涵如何。

运用思想标准评价文学作品时要注意三个基本点:一是从作品与社会生活的关系考察作品是否具有高度的真实性。这个真实性应该是生活现象的真实与历史本质的真实的统一。二是从作品与作家的关系考察作品是否具有进步的倾向性。作品的倾向性是作家渗透在作品中的对社会生活、对人生命运、对历史发展的趋向等的理解、认识、追求和主张。三是从作品影响人们的特殊途径考察作品是否具有积极健康的情感性。

二、艺术标准

艺术标准是衡量文学作品艺术性高低的尺度。艺术性是指作家的艺术才情、气质、修养、创造能力等各种因素在其所创造的作品中所显示出来的艺术魅力及其所达到的艺术水品。艺术性主要是由作品的文体构成、形象创造和意蕴表现体现出来的。文体构成的完美性、形象创造的鲜明性、意蕴表现的深刻性,可以说是艺术标准的基本内涵。

文体的评价是对文体的外在形态、内部结构所达到的完美程度作出分析判断。由语言、结构、表现手法等要素构成的文体是否符合艺术的形式美法则，是衡量其艺术性高低的标志。而艺术形象的评价则注重其形象的鲜明性、生动性、独特性和概括性。意蕴批评就是对艺术作品深层的“所指性”和感性内涵、哲理内涵、社会思想内涵等的批评。

在实际的文学批评中，思想标准和艺术标准是密不可分的，作家在选择题材、提炼主题、艺术构思、艺术传达的整个创作过程中，文与质、内容与形式都是有机地结合在一起的。任何脱离文学作品整体有机性而片面地、孤立地分析作品内容或形式的批评，都不可能正确地分析、评价作品思想价值和艺术价值。

第二节　文学批评的原则

文学批评的原则是指进行文学批评应该遵循的一般规范，用来调整和处理批评者和批评对象的关系，以更好地开展文学批评，发挥文学批评应有的作用。一般来说，文学批评的原则有以下几点：

一、尊重艺术规律，重视艺术分析

文学作品的思想性和艺术性包孕在文学艺术形象中，批评者只有尊重艺术规律，完整地感受艺术形象，进而作出艺术分析，才能切中肯綮，作出正确的判断。离开艺术规律和艺术分析的批评不能叫文学批评。文学作品对社会生活、对人类情感的表现虽然具有“全息”的性质，从里面可以看到政治、道德、宗教等内容，但它又是艺术的而非政治、道德和宗教的，它所包含的内容，只有在符合艺术规律的前提下，才可能有意义和有作用。对不同种类的文学作品要抓住它们各自的不同特点，而不能一把尺子量到底。

二、实事求是

一个优秀的文学批评家在对作品进行审美评判时，最可贵的品格就是克服偏见，从具体作品出发，实事求是地给以评价，不溢美，不过恶。

三、知人论世，顾及全人全篇

“知人论世”是我国古典文论中著名的理论。孟子说：“颂其诗，读其书，不知其人可乎？是以论其世也。”所谓“知人”，就是研究创作主体——作家的生活经历、家庭环境、阶级地位、思想状况、文化艺术修养、兴趣爱好以及感情、心理、性格、气质等精神个性。文学是社会生活在作家头脑中能动的反映，作家的精神个性自觉或不自觉地渗透到艺术形象和艺术意境之内，了解作家，才能更好地了解他的创作。所谓“论世”，就是把作品放到特定的时代、社会环境中去，联系时代的政治、经济、文化状况进行分析。而不能把作品孤立起来，随心所欲地加以解释。文学批评应该从一部作品的整体性着眼，从总体倾向上去考察，品评其得失、短长，不要抓住一个情节、一个场面以偏概全，更不要寻章摘句作片面的批评，而应该联系作家的整个思想和创作以及他所处的社会历史条件和具体环境来分析评价。

第三节 文学批评的形态

历史上有过多种多样的文学批评形态，其中有的形态不仅在当时产生过巨大影响，而且深深地影响了后世的批评，并且被现代批评所吸收和包容。

一、伦理批评

伦理批评又称为道德批评，它以一定的道德意识及其由此而形成的伦理关系作为规范来评价作品是否合乎道德，从而以善恶为基本范畴来决定对批评对象的取舍或评定其高下得失。这种批评着重于对文学作品的道德意识的评价，实现作品的伦理价值及道德教化作用。但是，由于道德是一个历史范畴，伦理关系是一种历史关系，因而在不同的社会发展阶段、不同的民族地域、不同的阶层中，道德意识、伦理关系和善恶标准都会有不同的甚至相互对立的具体内涵。这就使得伦理批评的内容具有多样性。

二、社会历史批评

这种批评强调文学与社会生活的关系，认为文学作品的主要价值在于它的社会认识功用和历史意义。其基本原则是分析、理解和评价作品，必须将作品产生的时代背景、历史条件以及作家个人的生活经历联系起来。

三、审美批评

审美批评着眼于文学作品的美的构成及其审美价值，文学作品以什么样的情感并在多大程度上得到了成功的表现和引起了读者的心灵震荡与情感激动。着重强调作品的愉悦、娱乐作用，把文学作品看做是在真善美的基础上“超功利”的一种审美对象。因此，审美批评往往联系作品对读者产生的美感程度的强弱和久暂来品评其高下得失，具有赏析式评价的性质。

四、心理批评

心理批评是指运用现代心理学的成果对作家的创作心理及作品人物心理进行分析，从而探讨作品真实的意图以获得其真实价值的评价方法。其特点是运用精神分析学、实验心理学、格式塔心理学等方式，对真实内容进行分析。这种真实内容往往隐藏在文本的后面。精神分析的批评着重于从艺术作品的分析中论证作家的潜意识、本能欲望是如何成为创作的动机的，同时就文学的效果与特点所产生的影响作出心理学的解释。精神分析学的创始人弗洛伊德认为，文学创作是人的本能冲动“升华”的结果，也是得不到现实满足的欲望的补偿；创作者不仅从这种升华中使自己的心理得到平衡，而且因享受这种补偿而解除精神紧张。同时，创作者在表达他的幻想时提供给我们纯粹的形式，也是美的享受。格式塔心理学的批评着重于艺术或文学作品的整体完形结构的评价。它认为整体不等于部分的总和，整体是先于部分而决定各个部分的性质和意义的，这本身就是一种心理现象。

五、语言批评

语言批评从总体上说也不完全称为一种批评形态，而是诸多批评流派如象征主义、形式主义、新批评以及结构主义等文学批评中涉及文学语言的分析的一种概括。文学本质上是一种特殊的语言形式，文学作品中语言的语境、语义、能指性、信息作用是构成意象、形成结构的极其重要的因素，因而探求作品的意图也必须通过对文本的语言分析。但这种分析并不以对个别作品文本作出解释为目的，而是通过与个别作品文本的接触作为研究文学语言活动方式和阅读过程的一种方法。

第四节　文学批评者应有的修养

进行文学批评除了应该有尊重作家、尊重创作规律的正确态度外，还应该有必要的修养。

首先，要有较高的思想修养。因为有较高的思想修养才能高屋建瓴地把握作品，对作品反映的生活、思想作出正确的判断，并生发出作品的意蕴来。文学通过艺术形象反映生活，常常把人们理论上还不太明确的东西，甚至连作者自己都不太清楚的问题生动、深刻地反映出来，表达出一定时期人们普遍的感情、意向、愿望、要求。这种情况就需要有较高思想修养的文学批评家通过艺术分析，把作品中模糊不清但很有价值的东西挖掘出来，把读者思考的火花凝聚起来，并用概念和理论形式把它明确表达出来。同时，在文学批评过程中，由于批评者立场、观点、方法、知识、艺术修养不同，对不同文学作品或同一文学作品的评价会有明显的差别，甚至会得出相反的结论，这就要求文学批评家具备哲学家的睿智、雄辩家的激情、批评家的犀利，对作品全面深入地剖析，摆事实，讲道理，以理服人，纠正错误的文学批评，推动文学创作健康发展。

其次，应有一定的审美能力和文学、美学修养。文学批评不但要从历史的角度去探讨，而且要从美学的观点去分析，这才能科学地评价文学作品，有助于总结文学创作的规律，回答时代提出的新的文学、美学课题，有助于读者的阅读鉴赏，提高群众的鉴赏水平。因此，文学批评必须具有较高的审美能力和文学、美学修养。只有具有较高的审美能力和文学、美学修养，才能对文学作品有真切的感受，并从艺术自身的特点对作品进行准确的艺术把握，才能“内行”地看出作品真正的优劣好坏，成败得失，使批评落到实处。

最后，要有广博的知识，有对社会、人生的深刻了解。一般来说，优秀的文学家都是阅历丰富、知识渊博、多才多艺的。文学作品所反映的是社会生活的整体，涉及社会生活的方方面面，被称为“百科全书”。一部优秀的文学作品就是一座艺术宝库。面对这样的精神产品，批评者如果阅历不深，知识贫乏，对社会、人生缺乏了解，批评起来就无的放矢，浅薄而浮泛，不但倒了读者的胃口，而且无益于作家的创作。

总之，文学批评者的必要修养是正确开展文学批评的前提条件。如果一个批评家各方面修养很高，他就能独具慧眼，创作出与优秀文学作品同样光彩夺目的文学批评论著，与作家一起共同缔造一个时代艺术的高峰。